Akademiker und Professionen

Erika M. Hoerning

AF156269

Akademiker und Professionen

Die DDR-Intelligenz nach der Wende

Erika M. Hoerning

 Lucius & Lucius · Stuttgart

Anschrift der Autorin:

PD Dr. Erika M. Hoerning
Max-Planck-Institut für Bildungsforschung
Lentzeallee 94
14195 Berlin
e-mail: erika.hoerning@freenet.de

Bibliografische Information der Deutschen Nationalbibliothek
Die Deutsche Nationalbibliothek verzeichnet diese Publikation in der Deutschen
Nationalbibliografie; detaillierte bibliografische Daten sind im Internet über
http://dnb.d-nb.de abrufbar.

ISBN 978-3-8282-0398-3
© Lucius & Lucius Verlagsgesellschaft mbH Stuttgart 2007
    Gerokstr. 51, D-70184 Stuttgart
    www.luciusverlag.com

Druck und Einband: Rosch-Buch, Scheßlitz

Printed in Germany

Inhalt

Verschiedene, nicht immer sozialwissenschaftliche Sichtweisen auf die ‚Intelligenz' und die
‚Intellektuellen' – Als der Ostblock zusammenbrach oder: Der Verlust von ‚scheinbaren'
Eindeutigkeiten – Wirkungen und Konsequenzen intellektueller Einmischungen – Versuche
zur Mobilisierung der Intellektuellen

Die Entstehung der Intelligenz – Die neue ‚sozialistische Intelligenz': Wer gehörte dazu? –
Von der Intelligentsia zur Intelligenz – Die Geschichte der Intelligenz in der DDR –
Loyalitäten und Konflikte: Die Bedeutung persönlicher Bindungen im Intergenerations-
zusammenhang – Die zweifache Systemtransformation und das Schicksal unterschiedlicher
Formationen der Intelligenz – Resümee: Oder die vielen Fragen

Die Akademiker – Die Professionen

Was soll untersucht werden? – Fragestellungen – Theoretische Einbettung – Altersgruppen,
Kohorten, Generationen – Der Gegenstand der Untersuchung – Das empirische Vorgehen:
Erhebung, Bearbeitung, Auswertung – Welche Professionen und Laufbahnen werden
vorgestellt?

Die DDR, das Bildungsbürgertum und die (medizinische) Profession – Die sozialistische
Umgestaltung des Gesundheitswesens – Ärztinnen und Ärzte in der DDR – Ärzte: Der

Vorbemerkungen und Dank

Bevor der Ostblock zusammenbrach, redete die westliche Welt kaum von der Intelligenz, sondern sie redete von Intellektuellen, Gebildeten oder von Akademikern, und man meinte damit eine Gruppe von Personen, die Berufe oder Ämter mit hohem gesellschaftlichen Prestige ausübten und die als Mitglieder eines Standes, einer Profession, einer Schicht oder der bürgerlichen Klasse einen bestimmten Lebensstil pflegen, der sie von anderen Gesellschaftsmitgliedern unterschied und unterscheidet.

Die historischen Bedingungen, unter denen die modernen Weltsichten und intellektuellen Strategien der ost- und westdeutschen Intelligenz/Intellektuellen, Akademiker und Professionen geformt wurden oder anders ausgedrückt, die historischen Herausforderungen, auf die diese Gruppen reagiert haben, stehen im Mittelpunkt der Analyse. Das sind Fragen nach dem gesellschaftlichen Status dieser Gruppen, das selbst- und fremdwahrgenommene gesellschaftliche Engagement, die Organisation des ‚Standes‘ und der sozialen Ordnung und aus diesen sehr unterschiedlichen Perspektiven die Lokalisierung des Wissens, die Wissensproduktion und die Wissensverwertung. Betrachtet man jedoch die Anschlussfähigkeit einzelner Berufe der Intelligenz nach dem Zusammenbruch der DDR, so zeigen sich durchaus für die Personen vorteilhafte und weniger vorteilhafte Transformationsvorgänge. Wie kann man das erklären? Unstrittig ist, dass der westdeutsche Arbeitsmarkt die Transformationsvorgänge beeinträchtigte. Aber bei näherem Hinsehen zeigt sich, dass der gewachsene Charakter der westdeutschen Professionen eine zentrale Rolle bei der Aufnahme von ehemaligen DDR-KollegInnen spielte. Wie unterstützten, förderten und berieten die westlichen Professionen, besonders ihre beruflichen Verbände, ihre neuen KollegInnen?

Der kollektive Generationswechsel auf der politisch-administrativen Ebene wird durch die Angleichung der fünf neuen Bundesländer an die normativen Strukturen der Bundesrepublik vollzogen mit der politischen Vision, dass in wenigen Jahren die politisch-regionale Herkunft zumindest auf der materiellen Ebene nicht mehr diskriminierend wirkt. Mit dem politischen und sozialen Umbruch geht die individuelle Biographiepflege durch Wahlmöglichkeiten und Selbstverantwortung für einen Lebensplan einher, Karrieren werden fortan nicht mehr politisch und bürokratisch geplant. Es ist nicht nur der Verlust einer ‚biographischen Gewissheit‘, sondern vermutlich auch ein mehr oder minder weitgehender Bruch mit der biographischen Vergangenheit. Ein Bruch mit und die Verwerfung der biographischen Vergangenheit bedeuten, dass die eigene Lebensgeschichte nicht mehr als Sinnstiftung, als Erfahrungsparadigma für die zukünftige Lebensgeschichte und zur intergenerationalen Weitergabe zur Verfügung steht. Von den westlichen professionellen Hilfen konnten diejenigen akademischen Berufsgruppen profitieren, die während der DDR-Zeit die professionellen Kernbereiche der Ausbildung, Forschung, Auswahl des wissenschaftlichen Nachwuchses und die professionelle Arbeitsteilung weitgehend aufrecht erhalten und auch durchsetzen konnten; Kontinuität in den akademischen Berufen auf beiden Seiten hat vorteilhafte Transformationen erzeugt. Die Transformationsprozesse von Medizinern, eines Landessuperintendenten, von Juristen, Journalisten und von bis in die Spitze aufgestiegenen Frauen werden in Fallstudien betrachtet, um dieses Phänomen zu untersuchen.

An der Durchführung dieser Studie waren viele Personen beteiligt. Als erstes möchte ich mich bei den Gesprächspartnerinnen und Gesprächspartnern bedanken, die nicht nur dazu beitrugen, dass ich eine Menge über die ehemalige DDR gelernt habe, sondern die meine vielen Nachfragen mit Geduld beantworteten, die mir auch halfen, Personen der Intelligenz zu finden, die für diese Studie unschätzbar waren. Sie alle nahmen sich viel Zeit, um die Studie zu unterstützen. Inzwischen sind einige Teilnehmerinnen und Teilnehmer dieser Studie gestorben.

Eine besondere Hilfe war der ehemalige Soziologe und Statistiker Ingolf Wartenberg, der die Interviews transkribierte und kommentierte und meinen Blick bei der Aufbereitung und Auswertung der Interviews schärfte. Die enge Zusammenarbeit mit dem dänisch/schwedischen Wissenschaftler Feiwel Kupferberg, der sich ebenfalls mit der Intelligenz der DDR beschäftigte, führte zu zahlreichen Diskussionen und auch zu einer Publikation, zu Gastaufenthalten in Berlin und Aalborg/Dänemark. Die Arbeitsgruppe ‚Professionssoziologie' in der DGS, ihre Workshops und Tagungen, war ein besonderes Forum zur Diskussion von Papieren. Auf der anderen Seite des Forschungsprozesses stehen die Kolleginnen und Kollegen. Nach Abschluss der dreijährigen Erhebungsphase, der Transkriptionen und Kommentierungen arbeiteten Nicole Hochleitner und Holger Herma mit an der Feinauswertung. Holger Herma hat große Teile des Journalistenkapitels konzipiert. Birgit Brodkorb stand mir über den gesamten Zeitraum als Projektsachbearbeiterin zur Verfügung, sie beschaffte Publikationen aller Art und besorgte die Manuskripterstellung und die umfangreichen Korrekturen bis zum Abschluss, eine nicht immer leichte Aufgabe. Ein besonderer Dank gilt dem Max-Planck-Institut für Bildungsforschung in Berlin, ohne dessen Unterstützung die Studie und die Publikation nicht zustande gekommen wäre. Und nicht zuletzt möchte ich meiner Freundin Bianka Ralle für ihre unendliche Geduld danken.

Berlin, Februar 2007   Erika M. Hoerning

Einführung

Verschiedene, nicht immer sozialwissenschaftliche Sichtweisen auf die ‚Intelligenz' und die ‚Intellektuellen' – Als der Ostblock zusammenbrach oder: Der Verlust von ‚scheinbaren' Eindeutigkeiten – Wirkungen und Konsequenzen intellektueller Einmischungen – Versuche zur Mobilisierung der Intellektuellen

Verschiedene, nicht immer sozialwissenschaftliche Sichtweisen auf die ‚Intelligenz' und die ‚Intellektuellen'

Die Frage nach der Intelligenz und ihrer gesellschaftlichen Verortung erweist sich bei näherem Hinsehen als kompliziert, denn von wem rede ich, wenn ich Intelligenz meine: Rede ich von einer Klasse, einer Schicht, einer historisch transitorischen Gruppe eines ‚untergegangenen' politischen und gesellschaftlichen Systems, einer von Klassen- und Gruppenbindungen freien Gruppe oder Individuen, oder ist der ‚Club der Besten' gemeint? Sind die, die der Intelligenz qua Fremd- oder Selbstreferenz zugeordnet werden, die neuen Mandarine, eine „durch Bildung besonders ausgewiesene Beamtenkaste" (Krais 1993, 241), sind es die gesellschaftlichen Grenzgänger ohne Beamtenstatus (Wiehn 1971, 4), sind es die Hofnarren der Gesellschaft, sind es die, die Kritik als Beruf betrachten, sind es die Gebildeten oder die Personen mit Hochschulbildung, die durch Arbeitsverhältnisse an die Macht gebunden sind, oder sind es die, die als Freischaffende daran nicht gebunden sind? Und unterscheidet sich die Intelligenz von den Intellektuellen?

Als der Ostblock zusammenbrach oder: Der Verlust von ‚scheinbaren' Eindeutigkeiten

Bis zum Zusammenbruch des Ostblocks waren mit den Begriffen ‚Intelligenz' und ‚Intellektuelle' in der alltäglichen und journalistischen, aber auch wissenschaftlichen Welt scheinbar Eindeutigkeiten verbunden. Bevor der Ostblock zusammenbrach, redete die westliche Welt kaum von der ‚Intelligenz', sondern sie redete von Intellektuellen, Gebildeten oder von Akademikern, und man meinte damit eine Gruppe von Personen, die Berufe oder Ämter mit hohem gesellschaftlichem Prestige ausübten und die als Mitglieder eines Standes, einer Schicht oder der bürgerlichen Klasse einen bestimmten Lebensstil lebten, der sie von anderen Gesellschaftsmitgliedern unterschied und unterscheidet.

Wirkungen und Konsequenzen intellektueller Einmischungen

Die Gesellschaftsmitglieder erwarten etwas von den Gebildeten, von den Akademikern oder den Angehörigen von Professionen, sie erwarten, dass diese über ihre professionelle Kompetenz hinaus sich als Intellektuelle kritisch in die politischen Debatten einmischen. Werden solche Einmischungen von der anderen (politischen) Seite als Attacken empfunden, so gibt es verschiedene Reaktionsmöglichkeiten. Eine Reaktion ist die, dass dem Überbringer von Nachrichten ‚der Kopf abgeschlagen wird', oder anders ausgedrückt, dass Kritiker individualisiert und diffamiert werden.

Eine andere Reaktionsmöglichkeit ist die Anerkennung des Gegners: 1960 auf dem Höhepunkt der Algerienkrise, als in Frankreich im ‚Manifest der 121 (Intellektuellen)' die Soldaten zur Gehorsamsverweigerung aufgefordert wurden, legte man General de Gaulle nahe, den Berühmtesten der Unterzeichner, Jean Paul Sartre, verhaften zu lassen, was der General mit den Worten ablehnte: „Einen Voltaire verhaftet man nicht! Auch Sartre ist Frankreich und ein Teil französischer Kultur." (vgl. Améry 1968, zitiert in: Wiehn 1971, 314; Höge 1998, 15)

Die Institution des modernen Intellektuellen, entstanden durch die Dreyfus-Affäre im 19. Jh. und dem damit verbundenen ‚Manifest der Intellektuellen', zuerst federführend durch Emile Zola, konnte politisch erst dann eingreifen, als sie sich als spezifische Autorität konstituiert hatte (Höge 1998, 18). Schriftsteller, Verleger, bildende Künstler und Wissenschaftler griffen in das politische Geschehen ein, und sie warfen die spezifische Autorität ihres Feldes in die Diskussion, „... die gegründet ist auf ihre Zugehörigkeit zu einer relativ autonomen Welt der Kunst, der Wissenschaft und der Literatur und auf all die mit dieser Autonomie verknüpften Werte: moralische Kraft, ..., Uneigennützigkeit, Kompetenz usw. ... (D)ie vergessene und verdrängte Geschichte, deren Produkt die Intellektuellen sind ... ist eine von Wiederholungen, weil die Bewegung des Feldes in Richtung Autonomie begleitet wird von einem ständigen Hin- und Herschwanken der Einstellung zur Politik zwischen dem Engagement in der Welt irdischer Zwecke und dem Rückzug in den Elfenbeinturm." (Bourdieu 1991, 42/43)

Es ging 1894 in der Dreyfus-Affäre nicht nur um einen Justizskandal, einer Verurteilung des Hauptmanns Dreyfus aufgrund gefälschter Beweise, sondern es ging auch darum, dass nach der Aufdeckung dieses Justizskandals vom Militär, von hohen Beamten und Justizorganen die Rehabilitierung des Hauptmanns hintertrieben wurde. Der offene Brief Zolas an den Präsidenten der Republik, abgedruckt 1898 in L'Aurore, mit sieben Anklagepunkten gegen rechtsstaatliche Verletzungen und das einen Tag später folgende ‚Manifest der 102 Intellektuellen' aus den unterschiedlichsten Berufen als Unterstützung für Zola entzündeten den Streit. Als der Streit um oder über Dreyfus von den Intellektuellen, die im Rahmen allgemeiner Ziele auf Recht und Gerechtigkeit pochten, aufgegriffen wurde, entbrannte die Auseinandersetzung. Die Intellektuellen hatten den Gegenstand des Streits neu definiert, sie hatten ihn zu einer Angelegenheit der öffentlichen Ordnung und des öffentlichen Interesses gemacht, indem sie auf der Unabhängigkeit der Justiz bestanden. Die Unterzeichner warfen ihr gesamtes öffentliches Ansehen in die Waagschale, aber ihre Argumente wurden nicht deshalb akzeptiert, weil sie berühmte Schriftsteller oder Forscher waren, sondern weil sie sich als Autoritäten mit der sozialen Ordnung im allgemeinen befassten, und sie fanden Gehör.

Anders in der alten Bundesrepublik, als Bundeskanzler Ludwig Erhard 1965 sich seinen Zorn über die Intellektuellen von der Seele redete und sie als Pinscher klassifizierte. „Neuerdings ist es ja Mode, daß die Dichter unter die Sozialpolitiker und ... Sozialkritiker gegangen sind. Wenn sie das tun, das ist natürlich ihr gutes demokratisches Recht, dann müssen sie sich aber auch gefallen lassen, so angesprochen zu werden, wie sie es verdienen, nämlich als Banausen und Nichtskönner, die über Dinge urteilen, von denen sie einfach nichts verstehen. Ich habe keine Lust, mich mit Herrn Hochhuth zu unterhalten über Wirtschafts- und Sozialpolitik ... Ich würde mir auch nicht anmaßen, Herrn Professor Heisenberg gute Lehren über Kernphysik zu erteilen. ... Die (Intellektuellen) sprechen von Dingen, von denen sie von Tuten und Blasen keine Ahnung haben. ... Da hört der Dichter auf, da fängt der ganz kleine Pinscher an." (Die Zeit 1965, zitiert in: Wiehn 1971) Bundeskanzler Erhard verbietet sich als Vertreter eines Berufsstandes, dem der Politik, die Einmischung von außen, weil jede Kritik eines nicht dem Berufsstand Nahestehenden eine inkompetente Kritik sei.

Versuche zur Mobilisierung der Intellektuellen

Gesellschaftliche Umwälzungen werden häufig von dem Ruf nach den Intellektuellen begleitet, und zwar immer dann, wenn es um den Verlust von Eindeutigkeiten geht. Der Ruf wird von außen an die Intellektuellen gerichtet, und gleichzeitig bewegt die Aufforderung nach Deutung auch die Intellektuellen selbst. Paul Noack (1991) fordert nach dem Zusammenbruch der DDR Gleichgesinnte auf, in die verbreitete demokratisierte Diskussion mit einzusteigen, denn „... keine Gesellschaft (braucht) eine funktionierende Intellektuellen-Schicht notwendiger ... als die unsere, (eine Gesellschaft, die) in Einheit verunheitlicht (ist) ..." (ibid., 137).

Bourdieu (1991) unterstreicht diese Aufforderung und stellt fest, dass die Intellektuellen dringend lernen müssen, sich selbst zu kritisieren, besonders ihre Neigungen zum Populismus, um den Schwund ihrer Autorität aufzuhalten und sich als Klasse mit eigenen Strukturen, Symbolen und Wirkungsmitteln zu konstituieren. Demgegenüber wirbt Lepenies (1992) in seinem Essay um Verständnis für die Intellektuellen, die in Deutschland eher ungeliebt und zurückgezogen sind, als dass sie sich ihrer eigenen Rolle bewusst werden, denn der Kritiker muss damit leben, dass er kritisiert wird. Jedoch fehlten nach dem Verschwinden des Ostblocks und des ‚real existierenden Sozialismus' Konzepte, um zu deuten, was um uns herum passierte. Deshalb erwartet man „ ... von den Intellektuellen ..., daß sie sich zu Wort melden in einer Situation, die durch den Verlust der alten Ordnung in Europa gekennzeichnet ist, durch den Verlust vertrauter Verhältnisse, ... vertrauter Denkmuster und Weltsichten; und man schilt sie, weil man meint, daß sie diesen Erwartungen nicht nachkommen" (Krais 1993, 241).

Das vorab Gesagte lässt sich wie folgt zusammenfassen: Sichtweisen auf die, die als Intellektuelle oder Angehörige der Intelligenz in der Gesellschaft agieren, werden von unterschiedlichen Gruppen hervorgehoben, von Politikern, von Journalisten, aber auch von Hochschullehrern, berufsständischen Organisationen und anderen. ‚Die Intelligenz' oder auch ‚die Intellektuellen' sind zu unterschiedlichen historischen Zeitpunkten immer wieder eine öffentliche Erwähnung wert beziehungsweise bringen sich selbst, sei es durch öffentliche Auftritte an politisch sensiblen Stellen, sei es durch gegenseitige Beschimpfungen, ins Gerede. Sie bringen sich immer dann ins Gerede, wenn – im Sartreschen Sinne – der Intellektuelle sich in Dinge einmischt, die ihn nichts angehen, wie seine Kritiker meinen. Das ist nicht nur ein Phänomen von Gesellschaften des 21. Jh. Die „Intellectuals play a special role in social life. In general they tend to revolt against the existing order wherever it hinders their freedom of intellectual activity. Their demand for freedom of teaching, freedom of study, university autonomy and freedom of student activities has played a prominent role in the development of moments of revolt in Europe and is beginning to be of some importance in the United States." (Michels <1932>, 1963, 118)

In westlichen Kulturkreisen werden die Begriffe Intelligenz und Intellektuelle häufig synonym, dann wieder diskriminierend zur Ab- beziehungsweise Ausgrenzung einzelner Personen oder Gruppen verwendet (Müller 1971; Bering 1978; Brunkhorst 1987). Historische und politische Konjunkturen geben diesen Begriffen und den dahinter vermuteten Personen und Gruppen negative oder positive Status- und Funktionszuschreibungen (Bourdieu 1989, 19). Sie werden als Personen oder Gruppen von anderen Personen oder Gruppen beschimpft und geschmäht (Habermas 1987b, 27-54), geachtet oder gar besonders hervorgehoben. Angehörige der Intelligenz oder ‚die Intellektuellen' kritisieren sich gelegentlich untereinander in der Öffentlichkeit (Schelsky 1975; Bourdieu 1988b, 1989, 1991, 1992; Habermas 1987a, 1987b; Aron 1957; Lepenies 1992; Reich 1992; Bude 1997), und häufig verwechseln die Intellektuellen selbst ihren Mikrokosmos mit der gesamtgesellschaftlichen Ebene (Bourdieu 1989, 30), wenn sie sich über die Grenzen des Mikrokosmos hinaus als Gruppe durch Aufrufe oder Manifeste an die Öffentlichkeit wenden.

Von Zeit zu Zeit flammt die Diskussion über die ‚Intellektuellen' oder die ‚Intelligenz' in der westlichen Nachkriegssoziologie auf. 1963 begann M. Rainer Lepsius seinen Habilitationsvortrag (publiziert 1964, 75) mit dem Statement, dass die „intellektuelle Diskussion über Ordnung und Zukunft der deutschen Gesellschaft" zur Zeit zurückhaltend sei. Heute nennen wir das damals identifizierte ‚mangelnde Staatsbewusstsein' Politikverdrossenheit, und der Dichter, Schriftsteller und Kulturkritiker Hans Magnus Enzensberger, der 1963 feststellte, dass das geistige Klima sich in erster Linie mit der Verdauung beschäftigte, konstatiert 1993, dass er nun von allen großen Ideen durch die allerorten verbreitete Sozialarbeitergesinnung desillusioniert sei (zitiert in: Mattenklott 1993), oder wie Wolfgang Lepenies feststellt, habe die Intellektuellen ein „Sanierungsdenken ..., das trivial-marxistische Züge trägt ..." (1992, 62), befallen.

Enzensberger (zitiert in: Mattenklott 1993) fordert die Intellektuellen, die Angehörigen seiner Gruppe auf, sich endlich von der Sozialarbeitergesinnung zu befreien; gemeint sind *die* Intellektuellen, die sich mit der Nüchternheit von ver-zweifelten Sanitätern nach der Schlacht damit herumschlagen, wo sie demon-strieren, wo sie spenden und wen sie unterstützen sollen, und sich dadurch selbst neutralisieren. Die verzweifelte Nüchternheit der Sanitäter nach der Schlacht drückt sich dadurch aus, dass sie aussichtslose Fälle sich selbst überlassen, leicht lädierte Fälle zur Selbsthilfe ermuntern und die schwierigen, aber kurierbaren Fälle mit aller Kraft unterstützen. Er empfiehlt den ideologischen Kompromiss und die Vernunft der Selbsterhaltung. „Jedes intelligente System bedarf, um zu bestehen, eines Ausgleichs zwischen eigenem und anderem, zwischen Identität und Alterität; nicht aus moralischen Gründen, sondern im Interesse des eigenen Überlebens." (Mat-tenklott 1993)

Die Reflexion über die Rolle, die Aufgaben und das Verhältnis der Intelli-genz beziehungsweise der Intellektuellen zur Macht und den übrigen Klassen der Gesellschaft beginnt erneut Ende der 1980er Jahre, als der Ostblock zusammen-brach. Die Verantwortung der Intellektuellen ist gefordert, wenn es einerseits um den Verlust der alten sozialen Ordnung geht (siehe weiter oben, Krais 1993, 241), oder wenn es darum geht, die Verstrickungsverhältnisse der Intelligenz mit der Macht der verschwundenen sozialistischen Staaten zu thematisieren.

Dieser kurze Überblick zeigt, wie vage, ambivalent und unscharf die Begriffe Intellektuelle und Intelligenz verwendet werden. Auffallend ist zunächst, dass der Begriff Intelligenz in der westlichen Literatur für die Bezeichnung einer gesellschaftlichen Gruppe (mit nur ganz wenigen Ausnahmen [Gouldner 1980]) nicht verwendet wird; es fällt ferner auf, dass in Lexika häufig die synonyme Ver-wendung der Begriffe Intellektuelle und Intelligenz empfohlen wird (Kurucz 1967, zitiert in Endruweit et al. 1989, 309). Es gibt auch Beispiele dafür, wo die Intelli-genz der DDR zu ‚kritischen‘, fast bürgerlichen Intellektuellen mutiert, nicht im Sinne von Abweichung und Renegatentum, sondern in ihrer kritischen Position zur vergangenen und aktuellen Gesellschaftspolitik (Land/Possekel 1992; Lötsch/ Lötsch 1990; Lötsch 1993). Gelegentlich wird auch davor gewarnt, Intelligenz mit ‚Professionellen‘ gleichzusetzen, doch können durchaus Personen der Intelligenz Professionelle sein.

Es bleibt die Frage offen, nach welchen Kriterien man Angehörige der Intelligenz beschreiben kann: nach formaler Bildung, nach sozialer Herkunft, nach Berufen; welchen berufsständischen Organisationen sie angehört, welche gesellschaftlichen Funktionen sie wahrnimmt oder danach, welches Ansehen sie in einer Gesellschaft genießt, oder wie verschiedene gesellschaftliche Eliten mit der Intelligenz kooperieren beziehungsweise sie ablehnen, oder danach, welcher Klasse sie sich selbst zugehörig fühlt. Kurzum: Wie unterscheiden sich Angehörige der Intelligenz als soziale Gruppe von anderen sozialen Gruppen in der Gesellschaft beziehungsweise wo hat die Gruppe gesellschaftlich ihren Ort?

1 Zur Soziologie der Intelligenz und der Professionen

1.1 Fallanalyse: Der gesellschaftliche Ort der Intelligenz in der DDR

Die Entstehung der Intelligenz – Die neue ‚sozialistische Intelligenz': Wer gehörte dazu? – Von der Intelligentsia zur Intelligenz – Die Geschichte der Intelligenz in der DDR – Loyalitäten und Konflikte: Die Bedeutung persönlicher Bindungen im Intergenerationszusammenhang – Die zweifache Systemtransformation und das Schicksal unterschiedlicher Formationen der Intelligenz – Resümee: Oder die vielen Fragen

Die Entstehung der Intelligenz[1]

Bereits mit der Gründung der DDR 1949 tauchte in den Beschreibungen der gesellschaftlichen Schichtung der DDR die ‚Intelligenz' auf, eine soziale Formation, die meist als ‚Zwischenschicht'[2] beschrieben wurde. Im sozialen Gefüge der DDR hatte die Intelligenz ihren eigenen Ort – und ihre eigene Geschichte. Mit dem Niedergang der DDR 1989 verschwand die ‚Intelligenz'. Wer gehörte in der DDR zur Intelligenz, welche Rolle spielte diese soziale Schicht oder Zwischenschicht in der Gesellschaft beziehungsweise im Machtgefüge der DDR? Und was unterschied sie von den Intellektuellen nach westlichem Verständnis, was hatte sie mit jenen gemeinsam?

Der Begriff ‚Intelligenz' wurde in Deutschland schon im 19. Jh. zur Bezeichnung einer sozialen Gruppe verwendet; so benutzte Hegel diesen Begriff, und auch in den politischen Debatten des Vormärz tauchte er auf. Später gehörte er zum Vokabular der Sozialdemokratie; er stand dort gleichwertig neben den Begriffen ‚Gebildete', ‚Akademiker' und dem späteren Begriff der Intellektuellen. Auf Marx und Engels allerdings konnte man sich dabei nicht berufen; sie sprachen

---

[1]   Mit Veränderungen 2001 publiziert unter dem Titel „Der gesellschaftliche Ort der Intelligenz in der DDR". In: Krais, Beate, Hg., An der Spitze. Konstanz: UVK, 113-155. Weitere Teile wurden entnommen und überarbeitet aus: Hoerning, Erika M., und Feiwel Kupferberg (1999): Die anhaltende Loyalität der ostdeutschen Intelligenz. **BIOS,** 12, 1: 28-49 und Hoerning, Erika M. (1999a): „Gemeinwohlorientierung im staatssozialistischen System der DDR". Dokumentation des 5. Workshops des Arbeitskreises ‚Professionelles Handeln'. ‚Im Dienste der Menschheit? Gemeinwohlorientierung als Maxime professionellen Handelns'. Publikation siehe: http://soziologie.fb14.uni-dortmund.de/hitzler/ akprofhandeln-dokus.html, 18 Seiten.

[2]   Schicht oder Zwischenschicht ist in der DDR-Soziologie keine Bezeichnung für soziale Unterschiede, sondern eine gesellschaftliche Teilstruktur zwischen oder auch innerhalb sozialer Klassen (vgl. Ernst 1997, 17).

weder in ihren politischen Schriften noch in ihren klassentheoretischen Beiträgen von der ‚Intelligenz'.

In der soziologischen Diskussion über die Intellektuellen wurde der Begriff ‚Intelligenz' lange Zeit synonym verwendet. Schumpeter sah die Intellektuellen als verantwortungslose Zuschauer, die über Kenntnisse aus zweiter Hand verfügen und die überall als Störenfriede und unerwünschte Aufklärer auftauchen (1959, 147; vgl. auch Schelsky 1975 über die Priesterherrschaft der Intellektuellen). Auf Karl Mannheim, der die Intellektuellen als diejenigen sieht, die in der modernen Gesellschaft die ‚Deutung der Welt' besorgen, geht das Wort von den ‚freischwebenden Intellektuellen' zurück: Er spricht von der ‚freien Intelligenz' der Moderne, die aufgrund ihrer Stellung jenseits der sozialen Klassen zur dynamischen gesellschaftlichen Synthese fähig ist (Mannheim 1985, 11/12). Theodor Geiger (1949/1987) wiederum, der von der ‚Intelligenz' sprach, argumentiert gegen die unterstellte ‚Ungebundenheit der Intelligenz' und nahm eine Differenzierung vor: Die Akademiker sind alle diejenigen, die einen formalen Bildungsabschluss erworben haben; die Gebildeten sind diejenigen, die unmittelbaren Anteil an repräsentativen Beständen der Geisteskultur haben, und schließlich gehören zur eigentlichen Intelligenz diejenigen, die die repräsentative Kultur schaffen. Die ‚Encyclopaedia of the Social Sciences' subsumierte in der Ausgabe von 1937[15] (Michels) ebenso wie 1968 (Shils) den Intelligenzbegriff unter Intellectuals. Dies charakterisiert generell die westliche soziologische Literatur der Nachkriegszeit: Der Intelligenzbegriff ist dem des ‚Intellektuellen' nachgeordnet. Alles Wissenswerte über die Intelligenz findet man in Klammern und Fußnoten, oder es wird der Intelligenz im Sinne eines Spezialfalls der Akademiker oder der Intellektuellen ein Kapitel gewidmet.

Die Seins- und Ortsbestimmung der Intellektuellen in der westdeutschen Gesellschaft wurde in ihrer Ambivalenz und Unstrukturiertheit 1964 von M. Rainer Lepsius aufgegriffen. Er knüpfte an Theodor Geiger an, unterschied aber zwischen ‚Intelligenz' und ‚Intellektuellen': Zunächst einmal gibt es, wie bei Geiger, die Kulturproduzenten, die „durch die Hervorbringung religiöser, ästhetischer und wissenschaftlicher Lebensdeutungen oder zur Schaffung der theoretischen Voraussetzungen für die Rationalisierung des Daseins durch die Anwendung theoretischen Wissens auf die Lebensbewältigung beitragen. Zu Intellektuellen werden Intelligenzler (und andere) immer dann und nur solange sie Kritik üben." (Lepsius 1964, 82) Die Spiegelaffäre 1962, so die These von Lepsius, habe den Intellektuellen mehr Selbstbewusstsein und öffentliche Beachtung verschafft als ihre Diskussionen um die Frage der Schuld und Bewältigung der NS-Vergangenheit oder um die Wiederaufrüstung in den 1950er Jahren.

Im Zusammenhang mit der Diskussion um die Klassengliederung der westdeutschen Gesellschaft gab es in den 1960er und 1970er Jahren auch Beiträge marxistisch orientierter Theoretiker zur ‚technischen Intelligenz' beziehungsweise zur ‚Intelligenz als neuer Klasse' (Autorenkollektiv des IMSF 1975; Lange 1972;

Kievenheim/Leisewitz 1973; Konrád/Szelényi 1978). Gouldner veröffentlichte 1979 in USA und 1980 in Deutschland ‚16 Thesen zur Zukunft der Intellektuellen und der technischen Intelligenz' in modernen Gesellschaften und definierte sie als Neue Klasse (die Kulturbourgeoisie) mit einem eigenständigen Kapitalstock, dem Humankapital. Diese Debatte verstummte jedoch Ende der 1970er Jahre wieder.

Erst mit dem Untergang des Ostblocks wurde das Thema ‚Intelligenz' oder ‚Intellektuelle' wieder interessanter. Nimmt man allerdings Veröffentlichungen in Fachzeitschriften zum Maßstab dessen, wie ein Thema in der soziologischen Gemeinde rezipiert wird, dann kann keine Rede davon sein, dass das Thema Intelligenz oder Intellektuelle in den letzten Jahren Konjunktur gehabt habe. Auf der Suche nach Fachbeiträgen in sieben nationalen und internationalen sozialwissenschaftlichen Fachzeitschriften unter den Stichworten: Intelligenz, Intellektuelle, Akademiker, Profession, Bildungsschicht, Bildungselite, wurden zwischen 1983 bis 1992 insgesamt 28 Beiträge gezählt. Die Kölner Zeitschrift für Soziologie und Sozialpsychologie veröffentlichte in diesem Zeitraum vier, die Soziale Welt fünf, die Zeitschrift für Soziologie zwei und die Zeitschrift für Sozialisationsforschung und Erziehungssoziologie zehn Beiträge zu den oben genannten Themen; die American Sociological Review publizierte zwei und das British Journal of Sociology fünf Beiträge. 1972 veröffentlichte die Zeitschrift der Amerikanischen Akademie der Künste und der Wissenschaften, Dædalus, zwei Hefte: ‚Intellectuals and Change' und ‚Intellectuals and Tradition'. Ab 1993 erscheinen jedoch in den Fachzeitschriften vermehrt empirische Abhandlungen über die Intelligenz der DDR im Transformationsprozess.

Lepenies (1992) weist auf einen entscheidenden Punkt der historischen Entwicklung hin. Die Intellektuellen sind in der modernen Gesellschaft nicht seltener geworden, haben aber ihre singuläre Stellung verloren. Die Bildungsexpansion hat Bildung verallgemeinert, die Professionen quantitativ erweitert, spezialisierte Fachkompetenz ebenso wie historisches Denken alltäglicher gemacht. So wird auch der politische Alltag, wie Lepenies schreibt, „zunehmend von Intellektuellen geprägt, die in sogenannte ‚verantwortliche Positionen' geraten. Die Zunft der Intellektuellen zieht im Habitus von Möchtegern-Politikern oder doch zumindest von politischen Kommentatoren einher. ... Was dem Intellektuellen heute noch bleibt ist die raffinierte Umschreibung und Kommentierung des Common sense. Wie es scheint, hat mit dem Verschwinden des Sozialismus die Realpolitik endgültig die Utopie abgelöst." (ibid., 78/79) Was nicht anderes bedeutet als das ‚Verschwinden des Genres', die „Intelligenz schwebt heutzutage nicht länger, sie steht mit festen Beinen auf der Erde und reiht sich ein" (ibid., 78).

Wo aber in dieser Gemengelage von ‚Intellektuellen', ‚Gebildeten', ‚Professionellen' und ‚hochqualifizierten Experten' ist die DDR-Intelligenz einzuordnen? Wenn sie im Selbstverständnis der DDR eine eigene Schicht – wenn auch eine ‚Zwischenschicht' von transitorischer Bedeutung – darstellte, wo war der Raum für kritisches Denken? Und wie ist es zu erklären, dass die – nach westlichem Verständnis – Intellektuellen der DDR am Geschehen um den Untergang der DDR praktisch keinen Anteil hatten?

Die neue „sozialistische Intelligenz': Wer gehörte dazu?

Wie jeder Industriestaat benötigte auch die DDR akademisch qualifizierte Experten für das Funktionieren ihrer Gesellschaft, und dieser Bedarf war um so spürbarer, als sie vom Zeitpunkt ihrer Gründung an mit einem erheblichen und zu keinem Zeitpunkt abreißenden Verlust an solchen Experten – Lehrern und Lehrerinnen, Wissenschaftlern, Ärztinnen und Ärzten, Verwaltungsfachleuten, Richterinnen und Richtern, Ingenieuren, Ökonomen – zu kämpfen hatte. Mit großen Bemühungen um das Bildungssystem gelang es jedoch, die Zahl der Hochqualifizierten in der DDR deutlich zu erhöhen: 1970 hatten 10 von 100 Beschäftigten einen Hoch- oder Fachschulabschluss, zu Beginn der 1980er Jahre waren es 20 von 100 Beschäftigten, die über diese Bildungsabschlüsse verfügten. Die ‚neue sozialistische Intelligenz' sollte ihr Expertenwissen der Arbeiterklasse zur Verfügung stellen und unter Anleitung der Partei der Arbeiterklasse am Aufbau des Sozialismus mitarbeiten. Versucht man nun, sich anhand der Sozialstatistik der DDR ein genaueres Bild der DDR-Intelligenz zu verschaffen, so wird schnell deutlich, dass die Intelligenz mehr umfasste als den hochqualifizierten Experten im westlichen Verständnis, dass sie aber auch nicht als die Schicht der ‚Intellektuellen' oder ‚Akademiker' zu beschreiben ist.

Im Jahre 1985 gehörten – entsprechend der politischen und sozialwissenschaftlichen Definition in der DDR – der Arbeiterklasse 74.7 Prozent der Berufstätigen an, die Klasse der Genossenschaftsbauern umfasste 6.8 Prozent, genossenschaftliche Handwerker waren mit 1.8 Prozent und private Handwerker, Kommissionshändler und andere waren mit 1.7 Prozent vertreten; 15 Prozent der arbeitenden Bevölkerung wurden der Intelligenz zugeordnet, das entsprach 1.3 Mio. Personen (Autorenkollektiv/Weidig 1988). Ebenso wie die Veröffentlichungen der westdeutschen Deutschlandforschung vor 1989 verweist Winkler 1990 im ‚Sozialreport der DDR 1990' darauf, dass „die Schicht der Intelligenz, ihr quantitativer Anteil (wegen Doppelzurechungen, E.M.H.), oft zu groß bemessen wird", und dass für Fachschulabschlüsse die Zuordnung ‚Intelligenz' überwiegend nicht geeignet sei (Winkler 1990, 73; Autorenkollektiv/Lötsch 1980).

Die in der westlichen Sozialforschung häufig verwendete statistische Klassifikation der DDR-Intelligenz in Hoch- und Fachhochschulabsolventen beschreibt nur einen Teil dieser Personengruppe (Zimmermann et al. 1985, 658; Belitz-Demiriz/Voigt 1990a, 1990b; Belwe 1990; Erbe 1982; Glaeßner 1977, 1988a, 1988b, 1988c, 1988d; Glaeßner/ Rudolph 1978; Grundmann/Heuer 1986; Kuczynski 1987; Lötsch/Lötsch 1990; Ludz 1973; Prokop 1984; Rudolph 1979;

Winkler [Sozialreport] 1995). Zur Intelligenz der DDR gehörten nämlich auch Personen, die über Bildungstitel einer Hochschule nicht verfügten, so zum Beispiel ‚Kämpfer gegen den Faschismus'; ‚Opfer des Faschismus' oder Genossen, die durch die ‚Schule der Produktion' gegangen waren. Auch über die unsicheren Anfangszeiten der DDR hinaus sollten Führungs- und Leitungspositionen in Staat und Gesellschaft mit Personen besetzt werden, die durch die ‚Schule der Produktion' gegangen waren. Die ‚Schule der Produktion' war jedoch auch ein Disziplinierungsinstrument für politische Abweichler aus der Intelligenz. Abweichler wurden in die Produktion geschickt und mussten sich dort bewähren. „Manuelle Arbeit symbolisierte hier, ganz entsprechend den hergebrachten Verteilungen beruflichen Prestiges und entgegen ihrer Bestimmung, wie sie in der ideologisch konstruierten Kultfigur des Arbeiters enthalten war, einen Abstieg." (Stock 1997, 306) Andererseits wurden Personen der Arbeiterklasse zugeordnet, die ein Hochschulstudium abgeschlossen und akademische Titel erworben hatten, die sogenannte Parteiintelligenz. Das waren die politische Führungselite, Kontroll- und Vollzugsorgane wie MitarbeiterInnen der Staatssicherheit, der Polizei und der Armee (Nomenklatura).

Nach dem ‚Gesetzblatt der Deutschen Demokratischen Republik' (17. Juli 1951, 675-577) gehörten zur Intelligenz der DDR Beschäftigte in wissenschaftlichen, künstlerischen, pädagogischen und medizinischen Einrichtungen. Das waren hauptberuflich tätige Hochschullehrer und -leiter, Wissenschaftler an wissenschaftlichen Bibliotheken und Museen, Verlagsleiter, Chefredakteure, Cheflektoren; Verwaltungsdirektoren von Hochschulen und bedeutenden wissenschaftlichen Einrichtungen; aber auch qualifizierte Feinmechanikermeister, Mechanikermeister, Präparatoren, Garteninspektoren, Gartenmeister an Hochschulinstituten; hauptberuflich tätige Ärzte im öffentlichen Gesundheitswesen, Zahnärzte, Apotheker, leitende Schwestern und Pfleger, leitende Hebammen, Tierärzte; leitende und wissenschaftliche Mitarbeiter der pädagogischen Institute, Fachschulen, Lehrer und Erzieher, auch an allgemeinbildenden Schulen und Berufsschulen; Intendanten und Stellvertreter, Opern- und Schauspieldirektoren, Direktoren an Schauspiel-, Musik- und Tanzschulen sowie das Fachpersonal der Einrichtungen der bildenden Künste wie Garderobeninspektoren, Maskenbildner und Souffleusen. Allen diesen Berufsgruppen war gemeinsam, dass es für sie eine zusätzliche Altersversorgung gab: die sogenannte ‚Intelligenzrente'[3]. Allerdings ist der Personenkreis mit der Anwartschaft

---

[3]   In die Zusatzversorgungssysteme wurden aufgenommen: am 17.8.1950 die technische Intelligenz; am 12.7.1951 die Intelligenz an wissenschaftlichen, künstlerischen, pädagogischen und medizinischen Einrichtungen; am 1.1.1952 die Mitarbeiter der Akademie der Wissenschaften zu Berlin und der Deutschen Akademie der Landwirtschaftswissenschaften; am 1.1.1959 die Ärzte, Zahnärzte, Tierärzte mit eigener Praxis; am 1.8.1968 die hauptamtlichen Mitarbeiter der SED; am 1.1.1972 die hauptamtlichen Mitarbeiter der Nationalen Front, die hauptamtlichen Mitarbeiter der Blockparteien; am 1.8.1973 die hauptamtlichen Mitarbeiter der Gesellschaft für Sport und Technik; am 1.8.1973 die hauptamtlichen Mitarbeiter des Staatsapparats; am 1.9.1976 die Pädagogen in Einrichtungen der

Fußnote wird auf der nächsten Seite fortgesetzt

auf eine Intelligenzrente nicht deckungsgleich mit der Gesamtheit der Intelligenz. Zur Intelligenz zählten beispielsweise auch Assistenten und Oberassistenten an den Universitäten, die jedoch in die zusätzliche Altersversorgung nicht aufgenommen wurden.

Wenn wir über die Intelligenz der DDR reden, müssen wir also in Rechnung stellen,

-    dass Abgänge aus der Intelligenz als sozialer Aufstieg in die ‚Arbeiterklasse' (Nomenklatura, Parteielite, herrschende Klasse) möglich waren;

-    dass es den inter- und intragenerationalen Aufstieg aus der Arbeiter- und Bauernklasse in die Intelligenz gab, der ausdrücklich vorgesehen war, jedoch auch den disziplinierenden Abstieg in die ‚Schule der Produktion' für politische Abweichler (Stock 1997, 306);

-    dass die Kategorie ‚Intelligenz' – wie bei der zusätzlichen Altersversorgung – auch als Titel für herausragende politische Persönlichkeiten vergeben wurde.

Die der Intelligenz zugewiesene gesellschaftliche Rolle ging, wie in den sozialistischen Zuordnungen deutlich wird, weit über die Rolle des Experten oder – im westlichen Verständnis – des hochqualifizierten ‚professional' hinaus, und sie schließt bestimmte Aspekte des Intellektuellen mit ein. Als transitorische Zwischenschicht hatte die Intelligenz bei der Realisierung des Traums von einer wissenschaftlich gesteuerten, das heißt nach den Prinzipien des wissenschaftlichen Sozialismus gestalteten Gesellschaft, eine Schlüsselrolle inne. Dies wird deutlich, wenn man das historische Modell für diese Konzeption, die osteuropäische Gesellschaft, vor allem Russland, seit dem Ende des 19. Jh. betrachtet.

Von der Intelligentsia zur Intelligenz

In Osteuropa wurde die Feudalgesellschaft, das Zarentum und der ihm ergebene Adel nicht von einer bürgerlich-berufsständischen Gesellschaft wie in Westeuropa abgelöst, sondern von der ‚kommunistischen' Gesellschaft, denn „in Rußland gab es kein Bürgertum, das fähig gewesen wäre, einen eigenen Akademikerstand hervorzubringen ..." (Geyer 1985, 207). Angestoßen wurde dieser Prozess von der sich im

---

Volks- und Berufsbildung, Ballettmitglieder in staatlichen Einrichtungen der DDR; am 1. 1. 1979 die Ärzte, Zahnärzte, Apotheker und Hochschulkader in konfessionellen Einrichtungen des Gesundheits- und Sozialwesens. In den 1980er Jahren wurden in die zusätzliche Altersversorgung (Intelligenzrente) die künstlerisch Beschäftigten von Rundfunk, Fernsehen, Filmwesen, Staatszirkus und VEB Deutsche Schallplatte, die künstlerisch Beschäftigten in Theatern, Orchestern und staatlichen Ensembles, die freiberuflich tätigen Mitglieder des Schriftstellerverbandes am 1.1.1986 aufgenommen und am 1.1.1989 die freischaffenden bildenden Künstler.

19. Jh. konstituierenden Intelligentsia, die als ‚klassische Intelligentsia' aus politisch motivierten Abwanderungen aus dem ländlichen und städtischen Adel hervorging (Gella 1976b, 9ff)[4]. „Intelligenzija im russischen Sinn meint einen überaus heterogenen Gesinnungsverband, der sich aus allen Ständen, allen Ecken und Enden der sozialen Welt rekrutierte: Aus Leuten jeglichen Rangs, Söhnen und Töchtern des erblichen wie des persönlichen Adels, der niederen Geistlichkeit, der unteren Beamtenränge, weniger aus dem Kaufmannsstand oder ... den ‚kleinbürgerlichen' Grundschichten der Städte. Intelligenz aus bäuerlichem und proletarischem Milieu trat im Lauf der Zeit hinzu. Wer zur Intelligenzija zählte, verstand sich als Kontrapunkt zur ‚Gesellschaft', zu ihren Normen und Ordnungen, und blieb selbst als Liberaler darauf bedacht, mit einem ‚Bourgeois' russischen oder westlichen Zuschnitts nicht verwechselt zu werden." (Müller 1971, 77ff)[5]

Dass die russische und auch polnische Intelligentsia den Charakter einer sozialen Bewegung hatte, im Gegensatz zu den westlichen Intellektuellen aus dem Bildungsbürgertum, zeigt sich unter anderem auch in sozialromantischen und populistischen Emotionen, teilweise in der unkritischen Verklärung des Volkes, dem man zu dienen versprach, ein Anspruch der mit hochgradig elitärer Selbstgewissheit zusammenfiel. „‚Kritisch denkende Persönlichkeiten' sahen sich zur Aufklärung ‚bewußtloser' Massen berufen, zur Formulierung ihrer ‚wahren' Interessen, zur Anleitung und Führung." (Geyer 1985, 208/209) Aus der russischen und polnischen Intelligenz des 19. Jh. gingen Führer verschiedener sozialer Bewegungen hervor, sie galten dem linken Spektrum zugehörig, und sie arbeiteten für den sozialen Fortschritt, für die Revolution und/oder für die nationale Unabhängigkeit.

Die neue polnische städtische Intelligentsia hatte häufig in Deutschland, Österreich und Russland studiert. Universitätsprofessoren, Lehrer, Rechtsanwälte, Ärzte, Journalisten und Priester, ausgebildet in den Teilungsgebieten, bildeten eine sehr kleine, aber aktive Intelligenzschicht (Gella 1976a, 189). Der nicht-adeligen Intelligenz war, anders als in Deutschland, der Aufstieg in staatliche Positionen verwehrt. Jedoch gab es ein gemeinsames Thema zwischen der nicht-adeligen

---

[4]   Unabhängig davon, ob es ratsam erscheint, „den soziologischen Terminus ‚Intelligencija' in seiner russischen Lautgestaltung beizubehalten" (Müller 1971, 26), verwende ich in diesem Kapitel den heute im deutschsprachigen soziologischen Raum üblichen Begriff ‚Intelligenz'. Die Schreibweisen Intelligencija, Intelligenzija, Intelligentsia verwende ich dann, wenn es die historisch-soziologische Betrachtungsweise verlangt.

[5]   Zum 80sten Geburtstag von Alexander Solschenizyn verwies Sonija Margolina darauf, dass dieser den Typus des russischen Intelligenzlers des 19. Jh. verkörpere: „Solschenizyn glaubte fest an die prophetische Berufung des Schriftstellers, der dem Volk die Wahrheit verkünden und es gegen den repressiven Staat in Schutz nehmen müsse. Er war ein Mahner und rigoroser Moralist, großrussischer Patriot und politischer Volkstümler." (Margolina 1998, 3)

Intelligenz und dem polnischen Adel: Die Befreiung von den Teilungsmächten, der Aufbau einer polnischen Nation und die Durchsetzung einer Bildungs- und Landreform. Die enorme Bedeutung der Intelligenz für Polen hebt Koestler hervor, wenn er schreibt, dass sie ihre Nation über alle Teilungsgrenzen hinweg repräsentierte, dabei über Schichten und Stände hinaus wuchs und zur bewegenden Kraft für eine moderne Gesellschaftsentwicklung wurde (Koestler 1985, 190).

Die Wende für die klassische Intelligenz kam in Russland nach 1905. Die kommunistische Partei konnte eine unabhängige soziale Schicht wie die Intelligentsia nicht tolerieren. Die klassische Intelligentsia wurde per Dekret zu ‚Kopfarbeitern' erklärt und in ihren Beschäftigungsverhältnissen zu ‚sozialistischen Beamten', deren erste Handlungsmaxime die bedingungslose Loyalität gegenüber der Partei war. Auf die einzelnen Schritte der häufig schmerzhaften Eingliederung der osteuropäischen Intelligentsia in das politische Schicht- und Klassengefüge kann an dieser Stelle nur verwiesen werden (Gessen 1998, 9-32).

Nahezu gleichzeitig wurde in den 1920er und 1930er Jahren dieses Jh. in der Sowjetunion mit einem ‚beispiellosen Tempo' die Industrialisierung durchgeführt. Diesem Prozess standen hervorragende Wissenschaftler und Künstler zur Seite, die im öffentlichen Bewusstsein ein hohes Prestige genossen. „Die russischen Akademiker waren geschützt und geachtet; ihre Herkunft aus vorrevolutionären Adels- und Bürgerkreisen wurde toleriert. Akademiemitglieder genossen stets ein im Vergleich zur Position ihrer Kollegen im Westen außergewöhnliches soziales Prestige und, bis in die Verzweigungen ihrer Familien hinein, erstaunliche Privilegien ... So ergab sich überall in der Sowjetunion das seltene Bild einer symbiotischen hierarchischen Ordnung ... Sonderstatus und Privilegien – damit war die Intelligenz der Stalinzeit ruhiggestellt. ... Einschüchterungen, Vergünstigungen und ein Bündnis: Das war der Gesellschaftsvertrag zwischen Parteiapparat, Intelligenz und akademischer Intelligenz zur Stalinzeit ..." (Reich 1992, 78-80) In Variationen blieb dieses Modell in den sozialistischen Staaten auch in der Zeit nach Stalin erhalten.

Die Intelligenz muss also als eine den Ländern des ‚realen Sozialismus' eigene soziale Formation angesehen werden, deren Bedeutung sich zum einen aus dem in diesen Ländern vorherrschenden Verständnis vom Aufbau des Sozialismus, zum anderen aus der spezifischen Konstellation sozialer Bewegungen Osteuropas im 19. und frühen 20. Jh. herleitet. Im Prozess der Transformation von der bürgerlichen, ja faschistischen deutschen Gesellschaft zur sozialistischen Gesellschaft der DDR kam der Intelligenz die Aufgabe zu, den jeweiligen historischen Erfordernissen entsprechend wissenschaftliche Erkenntnisse in die Praxis umzusetzen, in die Auseinandersetzungen mit ideologischen und politischen Exponenten des Bürgertums einzugreifen, kurzum, das natur- und gesellschaftswissenschaftliche Instrumentarium für die Gestaltung der neuen Gesellschaft bereitzustellen und weiterzuentwickeln. Immer aber musste diese Arbeit – die Arbeit des Denkens, des Entwickelns und Gestaltens

– in den ‚Dienst der Arbeiterklasse' gestellt werden – faktisch bedeutet dies, wie immer wieder kritisch vermerkt wurde, die Unterordnung unter die Partei. „Die ... Stellung der Intelligenz innerhalb der Gesellschaft (als Teil der Arbeiterklasse) macht die lauten Forderungen, sie möge ihre Bestrebungen dem Willen und den Interessen der Arbeiterklasse unterordnen, wie sie in der UdSSR, Polen und anderen sozialistischen Ländern erhoben werden, sinnlos. In Wahrheit ist mit diesen Forderungen das Unterordnen unter den Willen der Partei oder, noch konkreter, ihres zentralen Apparates, seiner Funktionäre, gemeint." (Sacharow 1973, 13)

Die Geschichte der Intelligenz in der DDR

In den 40 Jahren des Bestehens der DDR hat die Intelligenz eine bewegte Geschichte durchlebt. Zunächst einmal ging es darum, überhaupt erst die ‚neue Intelligenz' der DDR zu formen.

Bei der ersten gesellschaftlichen Transformation nach dem Zweiten Weltkrieg wurde nicht nur das Wirtschaftsbürgertum enteignet, es sollten auch explizit die Bildungsprivilegien der bürgerlichen Bildungsschicht gebrochen werden. Politisch wurde dies mit dem Abbau von sozialen Unterschieden begründet, denn „(a)llen Befähigten – ohne Rücksicht auf Herkunft, Stellung und Vermögen der Eltern – (sollte) der Weg zu den höchsten Bildungsstätten des Landes frei gemacht ..." werden (gemeinsamer Aufruf der KPD und SPD, Oktober 1945, Weber 1980, 29). Die sozial selektive Leistungsauslese, bei der Kinder aus bürgerlichen Elternhäusern höhere Chancen hatten, wurde zu Gunsten des Vorrangs von Arbeiter- und Bauernkindern – und das humanistische Gymnasium zu Gunsten der Einheitsschule – abgeschafft. „Schon in der sowjetischen Besatzungszone, danach in der DDR, galt Bildung als ein Mittel, um die soziale Schichtstruktur der Gesellschaft zielgerichtet zu beeinflussen. ... Die mit Bildungsbegriffen explizit oder implizit verbundenen Legitimationen der sozialen Stellen der ‚sozialistischen Intelligenz'"(Stock 1997, 295) standen für Strukturveränderungen im Bildungssystem, für die Verdrängung der bürgerlichen Bildungsschicht, für die Rekrutierungsmechanismen der sozialistischen oder auch neuen Intelligenz und für die sich im Generationswechsel verändernden Mobilitätschancen.

Vor 1945 hatten fünf Prozent der Oberschüler/innen eine proletarische Herkunft. Bereits 1949 kamen in der DDR 31 Prozent und 1952 dann 43 Prozent der Oberschüler/innen aus der Arbeiter- und Bauernklasse. Die systematische Unterstützung von Arbeiter- und Bauernkindern für das Hochschulstudium erfolgte seit 1946 durch die dafür eingerichteten Vorstudienanstalten, die später als Vorstudienabteilungen den Hochschulen angegliedert wurden, „bis sie mit ihrer Umwandlung in ‚Arbeiter- und Bauernfakultäten' (ABF) im Jahre 1949 einen Status innerhalb der Universitäten zugewiesen bekamen" (Stock 1997, 303). In zwei bis drei Jahren wurden die ABF-Absolventen auf das Zulassungsverfahren für ein

Hochschulstudium vorbereitet. Proletarische Herkunft und ABF-Vorbereitung waren kulturelles Kapital für den Zugang zur Hochschule. 1961 wurden die Arbeiter- und Bauernfakultäten aufgelöst. Die verbliebenen ABF-Einrichtungen wurden umgewandelt und dienten nun der Vorbereitung zum Studium im (sozialistischen) Ausland. Das vorrangige Selektionskriterium für den Zugang zu den Bildungsinstitutionen und zum Statuserwerb, die soziale Herkunft aus der Arbeiterklasse bzw. aus der Bauernklasse wurde seit Beginn der 1960er Jahre im Interesse des technischen Fortschritts und der wirtschaftlichen Effizienzsteigerungen zurückgenommen. Mehr und mehr wurden die schulischen Leistungen ausschlaggebend für den Zugang zu Bildungskarrieren (Stock 1997, 312ff).

Aufgrund der politischen Erneuerung nach Kriegsende, der Verdrängung und auch der Abwanderung der alten bürgerlichen Bildungseliten standen der neuen Intelligenz („die Aufbauer') der 1950er Jahre außerordentliche Karrierechancen offen. Bereits 1949 waren 69 Prozent der Lehrer nach SBZ/DDR-Richtlinien Neulehrer, das heißt, sie waren durch besondere (schnelle) Bildungsmaßnahmen für diese Berufskarrieren ausgebildet worden (MPIB/DFG-Projekt 1999). 80 Prozent der Richter und 78 Prozent der Staatsanwälte im Gebiet der späteren SBZ/DDR waren Mitglieder der NSDAP, die am 4. September 1945 aus dem Dienst entfernt wurden. Die alten Justizorgane wurden nahezu vollkommen aufgelöst und neu geschaffen[6]. Am 26. Februar 1948 war diese Aktion abgeschlossen. Das war ein einzigartiger Elitenwechsel in der Justiz[7]. Die seit Dezember 1945 laufenden Lehrgänge zur Ausbildung von Volksrichtern suchten gezielt nach 25- bis 35-Jährigen. Die Teilnehmer der ersten Lehrgänge waren zu 79 Prozent Mitglieder der SED, was in den folgenden Lehrgängen noch zunahm. Außerdem sollten in „den Kursen ... möglichst viele Arbeiter bzw. Volksschüler aufgenommen (werden). Der Anteil der Volksschüler lag im ersten und zweiten Lehrgang bei etwas über 50%, etwa 10%

---

[6]   „Bis September 1948 wurden etwa 900 Richter, 130 Staatsanwälte und über 7.000 weitere Justizbedienstete entlassen, so daß die Quote der Mitglieder der NSDAP und ihrer Hilfsorganisationen nunmehr unter 3 % lag. ... Schon Ende 1950 stammten etwa 1.300 Richter und Staatsanwälte aus diesen Lehrgängen (Volksrichterkurse, E.M.H.), so daß 57 % der Richter und 71 % der Staatsanwälte Volksrichter waren. 63 % aller Richter und 89 % aller Staatsanwälte gehörten jetzt der SED an." (Eckert 2000, 222/223)

[7]   Anders in der Bundesrepublik. „Der dem Bundesgesetzgeber durch Artikel 131 GG erteilte Auftrag ging dahin, die Rechtsverhältnisse von Personen einschließlich der Flüchtlinge und Vertriebenen, die am 8. Mai 1945 im öffentlichen Dienst standen, aus anderen als beamten- oder tarifrechtlichen Gründen ausgeschieden sind und bisher nicht, oder nicht ihrer früheren Stellung entsprechend verwendet werden, zu regeln ..." (Anders 1954, 15) (Erste Verordnung zur Durchführung des Gesetzes zur Regelung der Rechtsverhältnisse der unter § 131 des Grundgesetzes fallenden Personen, 12. November 1951) (BGBl. I, S. 886) (ibid., 15). Bereits 1953 waren – bis auf wenige spektakuläre Ausnahmen – die NS-Richter und die NS-Staatsanwaltschaft in ihren Ämtern zurück (vgl. dazu: Wesel 1990).

waren Abiturienten, die übrigen hatten die mittlere Reife oder eine nicht abge-schlossene höhere Schulbildung." (Feth 1994, 360; Lorenz 1994, 135ff)

Die neue (sozialistische) Intelligenz der 1950er Jahre setzte sich aus der gebliebenen alten bürgerlichen, der bürgerlich-kommunistischen[8] und der sich im Aufbau befindenden neuen Intelligenz aus der Arbeiter- und Bauernklasse zusam-men. Die Begriffe ‚Bildungsbürgertum' und ‚Professionen' wurden politisch zu Kampfbegriffen, denn offiziell wurde die alte bürgerliche Intelligenz der antagonisti-schen Klassengesellschaft entrissen und mit der neuen Intelligenz verschmolzen.

Dieser Fusionierungsprozess in der Geschichte der DDR-Intelligenz ist nicht nur eine Geschichte der Diskriminierung und Verdrängung von Individuen und gesellschaftlichen Gruppen, sie ist auch die Geschichte der positiven Angebote und Anreize an Kooperationspartner zum Aufbau der sozialistischen Gesellschaft. Dazu gehörte es, Individuen aus bildungsfernen Schichten (Arbeiter, Bauern) mit großem Aufwand dem Hoch- und Fachschulstudium zuzuführen, dazu gehörte auch, dass die traditionelle bürgerliche Bildungsschicht ausgeschlossen wurde, was in die DDR-Geschichte als ‚Brechung des Bildungsprivilegs der bürgerlichen Klasse' einging. Gaus (1986) ging davon aus, dass in der DDR-Gesellschaft mehr als in den anderen sozialistischen Gesellschaften die „frühere Oberschicht (ein-schließlich des oberen Mittelstands) keinerlei Rolle mehr spielt" (33). In der DDR folgte aus dem (in Kauf genommenen) Exodus der bürgerlichen Eliten (Abwande-rung oder Rückzug), dass die tonangebenden neuen Eliten, die sogenannten kleinen

---

[8]   Mit der bürgerlich-kommunistischen – in Teilen auch jüdischen – Intelligenz, im Volksmund die *Rote Aristokratie,* verbinden sich unter anderem folgende Namen: Hilde Benjamin, 1902-1989, Justizministerin der DDR; Bertold Brecht, 1898-1956, Westemigration, Dichter, Schriftsteller und Regisseur; Gerhart Eisler, 1897-1968, Westemigration, Vorsitzender des Staatlichen Rundfunkkomi-tees der DDR; Egbert von Frankenberg und Proschlitz, Jg. 1909, Nationalkomitee Freies Deutsch-land/Bund Deutscher Offiziere, in der DDR militärpolitischer Kommentator des Staatlichen Komitees für Rundfunk; Irene Gysi, Jg. 1912, Westemigration, Direktorin des DDR-Zentrums des Internationalen Theaterinstituts der UNESCO für die DDR; Klaus Gysi, Jg. 1912, Westemigration, Kulturminister, Staatssekretär für Kirchenfragen; Robert Havemann, 1910-1982, Widerstandskämpfer im NS, Hochschullehrer, Physiker und Philosoph; Wolfgang Heise, 1925-1987, Internierungslager im Dritten Reich, Philosoph und Kunsttheoretiker; Jürgen Kuczynski, 1904-1997, Westemigration, Wirtschaftshistoriker; Irene Runge, Jg. 1942, Westemigration, Publizistin; Karl-Eduard von Schnitzler, Jg. 1918, Fernsehkommentator; Helene Weigel, 1900-1971, Westemigration, Schauspielerin und Theaterleiterin; Elisabeth Charlotte Welskopf-Henrich, 1901-1979, Historikerin (alte und frühe Geschichte) und Schriftstellerin für Kinder- und Indianerbücher und viele andere. Angehörige der bürgerlichen-kommunistischen Intelligenz und alle diejenigen, die im Dritten Reich Deutschland verlassen mussten, oder im Dritten Reich im Untergrund für die kommunistische Partei arbeiteten und/oder von den Nazis aufgrund ihrer Untergrundtätigkeiten in Gefängnisse und Konzentrationsla-ger verbracht wurden, wurden in der DDR als Opfer oder Kämpfer gegen den Faschismus eingestuft. Das erlittene Unrecht und ihr Einsatz für die kommunistischen Ideale wurde durch Privilegien für sie und ihre Familien kompensiert.

Leute, stilistisch und geschmacklich den Ton angaben. Die neue tonangebende Klasse – weit entfernt von der klassischen Arbeiterklasse – wurde von großen Teilen der Intelligenz begrüßt, weil endlich „die soziologisch größte Schicht der Gesellschaft (...) den allgemeinen Lebenszuschnitt" (Gaus 1986, 137) bestimmte.

Richtig jedoch ist auch, dass die Entmachtung der gebildeten bürgerlichen Schichten in den Hochschulen nach 1949 so radikal nicht durchgeführt wurde. Vor allem ließ sich das traditionale Mentalitätsprogramm dieser Schichten aus dem sozialen Ordnungsgefüge der Gesellschaft der DDR nicht per Dekret verdrängen (vgl. Gaus 1987; Woderich 1992, 80; Jessen 1994, 217ff). Vor allem durch die intergenerationale Weitergabe in den Familien und durch die Fortexistenz der Fachkulturen in bestimmten akademischen Berufen blieben Traditionen des Bildungsbürgertums in den Berufsbildern und in der Lebensführung erhalten. Zwar verließen zahlreiche Be- und Verdrängte in den 1950er Jahren die DDR, aber, so stellt Peter Alheit fest, die wenigen Angehörigen der gebildeten bürgerlichen Schichten, die in der DDR blieben, „verloren das überkommene kulturelle Kapital so wenig, wie die Aufsteiger aus der Arbeiterklasse es sich problemlos aneignen konnten" (Alheit 1992, 405). Die staatssozialistischen Machteliten versuchten die Erhaltung und Herausbildung kulturellen Kapitals bürgerlicher Prägung mit einer doktrinären Einheitssemantik zu verhindern, jedoch gelang dies nur unvollständig, denn „heteronome Teilöffentlichkeiten ... existierten im Prinzip seit Bestehen des SED-Staates zumindest in den klassischen Gegenmilieus der protestantischen Kirche, entstanden aber ansatzweise immer wieder auch bei den künstlerischen und wissenschaftlichen Eliten" (ibid., 407). Hinzu kam, dass die DDR beim Aufbau an zahlreichen Stellen nicht auf bestimmte qualifizierte Fachkräfte verzichten konnte, auch dann nicht, wenn diese sich in der Vergangenheit und Gegenwart nicht als antifaschistisch und antibürgerlich ausgewiesen hatten. Die Politik war, um Abwanderungen in die Bundesrepublik zu verhindern, gezwungen, Zugeständnisse zu machen (Bessel/Jessen 1996; Jessen 1996, 76ff). Wenn es sich auf der Ebene der beruflichen Praxis um nicht-entbehrliche Fachmenschen handelte, wurden diese hofiert und begünstigt. Somit wurde „... (das) Bürgertum als ideologischer Klassenfeind zugleich (auch, E.M.H.) ein ökonomisch notwendiger Bündnispartner" (Kleßmann 1994, 255; vgl. Hoerning 1995). Die umworbenen Vertreter aus verschiedenen bürgerlichen Berufen nutzten die Chancen, die ihnen durch die strukturellen Mängel geboten wurden, um in ‚Einzelverträgen' bei Anstellungen nicht nur Gehälter und Positionen auszuhandeln, sondern Wohnraum (Häuser), den Besuch der höheren Schule und Studiermöglichkeiten für die Kinder als Bestandteile ihrer Arbeitsverträge festzuschreiben.

Nach offiziellem Verständnis wurden in diesem Transformationsprozess die verbliebenen bürgerlichen Residuate umgewandelt beziehungsweise transformiert, denn „die Intelligenz, um die es zunächst (bei der Gründung der DDR, E.M.H.) ging, war die aus der bürgerlichen Gesellschaft hervorgegangene Intelligenz, die sich auf der Grundlage des bürgerlichen Bildungsprivilegs formiert hatte. In diesem Abschnitt der Entwicklung mußte das Ziel, wesentliche Aspekte des alten Schichtcharakters – wie soziale und geistige elitäre Abgeschiedenheit – zu überwinden, notwendigerweise im Vordergrund stehen." (Autorenkollektiv/Weidig 1988, 125, 128) Die Überwindung des so bezeichneten bürgerlichen Charakters der Intelligenz war der Start für den Aufbau einer neuen sozialistischen Intelligenz.

In den offiziellen Verlautbarungen war die Schicht der sozialistischen Intelligenz eine geliebte Retortengeburt, ein Vorzeigeprojekt innerhalb der Partei- und Staatspolitik der DDR; in der Realität war der Umgang der Führung mit der Intelligenz höchst ambivalent. Sie wurde in besonderer Weise hervorgehoben, aber auch kontrolliert und beaufsichtigt, bevormundet und entmündigt (Henrich 1989). Der Aufstand in Ungarn von 1956 verwies generell die Intellektuellen in die Schranken, auch die sozialistischen/kommunistischen Intellektuellen; die ‚deutsche Art' der Entstalinisierung Ende der 1950er Jahre, die vielfach durch Schauprozesse zur Zerschlagung von ‚bürgerlich infizierten' Dissidentengruppen führte, erzwang mehr oder minder den Exodus der bürgerlichen und auch der kommunistischen Intelligenz bis 1961 aus der DDR (Grebing 1977a, 1977b; Hoeft über Janka et al. 1990; Janka 1990, 1991; Kantorowicz 1978, 1979; Rauh über Ruben 1991; Leonhard 1990, 1992a, 1992b). Seit der Gründung der DDR verlief parallel dazu die Reform des Bildungssystems und gleichzeitig die Einrichtung besonderer Bildungsinstitutionen (Verwaltungsschulen/-akademien und Parteihochschulen; Arbeiter- und Bauernfakultäten usw.) zur Produktion und Reproduktion einer ‚neuen (sozialistischen) Intelligenz' für die führenden Positionen im Partei- und Staatsapparat, aber auch für (leitende) Positionen in wirtschaftlichen, kulturellen und wissenschaftlichen Institutionen und Einrichtungen der Volksbildung.

Der Bau der Mauer 1961 hatte die Option, in den Westen zu gehen, zu einer mit hohen Risiken beladenen Handlungsalternative gemacht. Wollte man dieses Risiko nicht auf sich nehmen, musste die Lebensplanung fortan auf die DDR ausgerichtet werden. Dazu gehörte auch, wenn es um bestimmte berufliche Karriereverläufe ging, das sind Berufe mit hohem Ideologieanteil (Lehrer, Kulturschaffende, wissenschaftliche Berufe in den Human- oder Sozialwissenschaften) oder leitende Positionen, ein ‚Ja' zur Parteimitgliedschaft.

Andererseits hatten das offizielle Ende des Stalinismus 1956 und ebenso der Mauerbau 1961 zur Folge, dass sich zahlreiche, bewusst in der DDR gebliebene Angehörige der Intelligenz erneut herausgefordert fühlten, den Aufbau eines antifaschistischen und sozialistischen Staates zu unterstützen. Zwei Interviewausschnitte sollen diese Position verdeutlichen:

Ich erinnere mich zum Beispiel noch genau an Erlebnisse, wo wir also kurz vor 1961 sagten: Da fehlen wieder welche, die Lebensmittel waren ausverkauft, unsere Arbeiter arbeiteten drüben (in West-Berlin), tauschten aber ihr Geld zu einem günstigen Kurs um (und schädigten die DDR), das war eine Situation, wo du als bewusste Genossin und bewusste Bürgerin dieses Staates voll in Sorge warst und sagtest, es müsste was geschehen. Wo wir faktisch die Mauer verstanden haben und sagten, Gott sei Dank. Aber aus der Tatsache der Mauer ist nichts gemacht worden, so dass die Mauer dann wirklich zum Gefängnis wurde für die Bevölkerung. (Gespräch 1991, Jg. 1930, Soziologin)

... für diejenigen, die sich zur DDR bekannten und nicht mit ihr bereits damals, sagen wir mal, im Konflikt lagen, war der Bau der Mauer auch eine Erleichterung, dass das endlich aufhörte, das täglich zu beobachtende Ausbluten des Landes. Und tatsächlich haben damals auch sehr viele innovative Prozesse begonnen: in der Wirtschaft das Neue Ökonomische System der Planung und Leitung, in der Jugendpolitik, in der Kunst. Die besten Regisseure haben sich gesagt: Jetzt ist es Zeit, jetzt gibt es neue Möglichkeiten, Filme mit neuen Stoffen zu machen, die unsere eigene Wirklichkeit etwas präziser fokussieren, und haben dann angefangen, in der Weise zu arbeiten, wie wir es für möglich hielten und sind dann eben 1965 auf dem 11. Plenum ... zurückgepfiffen worden. (Gespräch 1993, Jg. 1930, Kulturschaffender)

Mit dem 11. Plenum des Zentralkomitees der SED gegen die Kulturschaffenden, 1965, endeten die Hoffnungen auf ein nach-stalinistisches pluralistisches Gesellschaftsmodell sozialistischer Prägung. Der Einmarsch verschiedener Staaten des Warschauer Pakts in die ČSSR 1968 markiert das Ende dieser Hoffnung in besonderer Weise. Angehörige der DDR-Intelligenz, die diesen Einmarsch verurteilten, mussten mit Entfernung aus ihren beruflichen Positionen rechnen oder Umsetzungen in Kauf nehmen.

Nach 1968, insbesondere mit dem Amtsantritt von Erich Honecker, 1971, kam es zu einer nahezu bürokratischen Ausprägung der Beziehungen zwischen der Intelligenz und dem Staat. Die Intelligenz wurde im Laufe der 1970er Jahre in der offiziellen Politik der DDR zum Bündnispartner der Arbeiterklasse erklärt. Unstrittig im politischen Programm der DDR war, dass es die Funktion der ‚Partei' war, der Arbeiterklasse zu dienen. Die Nomenklatura wies sich selbst ihre Rolle als Stellvertreter der Arbeiterklasse zu. Die Zwischenschicht der Intelligenz hingegen sollte nur für eine Übergangsperiode existieren. In dieser Zeit sollten die Unterschiede zwischen Arbeiterklasse und Intelligenz nivellieren[9]. Während sich die Zwischenschicht der Intelligenz erst einmal um die Arbeiterklasse verdient machen musste, um sich am Ende, das heißt wenn einmal die Annäherung oder gar Auflösung der Klassen und Schichten vollzogen sein würde, selbst abzuschaffen. 1981 verfasste der Soziologe Manfred Lötsch einen Artikel, der sich mit der Triebkraftfunktion sozialer Unterschiede und der Mobilisierung der brachliegenden intellektuellen Reserven der Intelligenz befasste. Sein Argument war, dass zur weiteren wissenschaftlich-technische Revolution ein ‚Effektivitätsschub' vonnöten sei, der nur durch Profilierung und Herausbildung der Besten ausgelöst werden könne. Hingegen führe die Gleichmacherei durch Nivellierung der intellektuellen Reserven sowohl gesellschaft-

---

[9]   Wann genau diese ‚Übergangsperiode' beendet sein sollte, war jedoch nicht klar. So dokumentiert die **Zeitschrift für ärztliche Fortbildung** bereits 1961 in einer eindrücklichen Graphik, dass die früheren Differenzen im Geburtsgewicht von Babys aus Intelligenz- und Arbeiterfamilien mittlerweile vollkommen ausgeglichen waren. (Ernst 1997, 19)

lich als auch individuell in die falsche Richtung (siehe Lötsch/Freitag 1981; Lötsch/-Wörner 1983; Belwe 1983, 108ff; Lötsch/Lötsch 1985). Dieses Konzept stand der zukünftigen Auflösung der Intelligenz konträr gegenüber.

Engler (1992) nennt die Partei und ihre Funktion für sozialen Aufstieg in der Honecker-Zeit ein ‚Gehäuse der Hörigkeit‘, in das die Menschen massenhaft strömten. Die Partei verwaltete die knappen Ressourcen ‚Positionen und Privilegien‘ und mutierte zur Disziplinaranstalt für Aufstiegswillige. Bierwisch (1990) zeigt, wie zentral die Rolle des Parteisekretärs in den Einrichtungen für Forschung und Lehre war, welchen Überwachungen, Demütigungen und Entmündigungen die Intelligenz bei der Durchsetzung ihrer Karrieren ausgesetzt war und an welchen Stellen im wissenschaftlichen Produktionsprozess professionelle Standards zu Gunsten von Wohlverhalten aufgegeben wurden. Und immer wieder wurden einzelne Personen aus der Intelligenz, die sich reformkritisch öffentlich zu Wort meldeten, wie Havemann, später Bahro, Biermann, Loest, Heise, Kühne, Ruben u.a. und ihre Anhänger, in ihren Dienststellen und/oder Berufsverbänden (zum Beispiel im Schriftstellerverband) und auch öffentlich gemaßregelt, relegiert, sie verließen das Land oder sie wurden des Landes verwiesen.

Angehörige der Intelligenz begannen erst in der zweiten Hälfte der 1980er Jahre verstärkt Ausreiseanträge zu stellen. 17 Prozent der 1989er Anträge wurden von Personen aus der Intelligenz gestellt, das waren 10.011 Personen, und davon waren 890 Ärzte und Zahnärzte und 592 Lehrer aus der Volksbildung. Die zunehmende Zahl derer, die die plötzliche Gelegenheit zum Tausch der Staatsbürgerschaft ergriffen (Joppke 1993), irritierte nicht nur die politische Elite, sondern auch diejenigen, die blieben, denn „(w)eithin ungeklärt war das Verhältnis zwischen Oppositionsgruppen und Ausreiseantragstellern, da eine systemimmanente Opposition das Bleiben in der DDR voraussetzte" (Neubert 1997, 340).

Loyalitäten und Konflikte: Die Bedeutung persönlicher Bindungen im Intergenerationszusammenhang

Nach dem Untergang der DDR ist immer wieder die Frage aufgeworfen worden, weshalb sich dort, anders als etwa in Polen, in der Tschechoslowakei und in Ungarn, keine Bewegung intellektueller Dissidenten entwickelt hatte. Vielmehr wurde festgestellt, dass die Schicht der Intelligenz mehr als alle anderen Bevölkerungsgruppen systemloyal gewesen sei: Angehörige der Intelligenz stellten seltener Ausreiseanträge als die anderen Bevölkerungsgruppen, sie verließen auch 1989 nicht spektakulär über Ungarn oder die ČSSR die DDR, und sie waren häufiger Parteimitglieder als andere gesellschaftliche Gruppen. Es wird argumentiert, dass die Parteimitgliedschaft Gefolgschaftstreue/Loyalität erzeugt und/oder erzwungen habe: „Als höchste bzw. auch nach außen hin öffentlich bekundete Form machtkonformen Verhaltens gilt sicherlich die Mitgliedschaft in der jeweils staatstragenden Partei der einzelnen sozialistischen Länder sowie die Übernahme von Funktionen in der Partei selbst oder der parteiabhängigen Organisationen (wie zum Beispiel den Gewerkschaften, der FDJ). Aufgrund ihres institutionalisierten Charakters stellt diese Form des machtkonformen Verhaltens ein äußerliches, klar definiertes Merkmal dar." (Solga 1994, 530)

Zwar war der Druck auf die Intelligenz, sich parteikonform zu verhalten, in den vier Jahrzehnten des Bestehens der DDR sehr unterschiedlich, und auch die Partei selbst veränderte sich in dieser Zeit. Engler (1993a) macht jedoch darauf aufmerksam, dass auch jemand mit rein äußerlicher Anpassung durchaus ‚beim Wort genommen werden' konnte. Immerhin verwaltete die Partei für den größten Teil der Intelligenzberufe die knappen Ressourcen ‚Positionen und Privilegien' (zum Status des Reisekaders vgl. beispielsweise Reich 1992, 97ff); alternative Karrieren außerhalb des parteilichen Zugriffs gab es nicht, wenn man einmal von den – marginalen – Karrieremöglichkeiten in den Kirchen absieht. Im Nachhinein erscheinen die Disziplinierungsmaßnahmen möglicherweise als weniger bedrohlich, wie in der nachfolgenden Interview-Passage dokumentiert ist; es kann jedoch kein Zweifel daran bestehen, dass die Möglichkeiten zur Erzwingung politischer Loyalität vor allem bei den Kulturproduzenten der DDR auch in der nach-stalinistischen Zeit sehr weit reichten.

Und die Ruhigstellung, wie ist die erfolgt? Durch Maßnahmen, die möglicherweise gar nicht so sehr öffentlich waren, es sind dann eben manche Bücher nicht erschienen. Es sind eben auch Filme verboten worden, die nicht in das Denkschema passten. Aber es war meistens damit nicht unbedingt eine materielle Vernichtung derjenigen verbunden, die das vorgelegt hatten. (...) Frank Beyer, der den Film ‚Die Spur der Steine' gedreht hat, sagte (...) in einem Gespräch mit Zuschauern jetzt 1990, als er seine Aufführung des Films ‚Die Spur der Steine' erlebte, es ging uns nicht an das Leben, es ging uns möglicherweise nur an das Wohlleben, zum Beispiel wenn man als Dramaturg beim Fernsehen herausgenommen wurde und eine Zeitlang an einem Provinztheater arbeitete. Also diesen Unterschied zwischen lebensbedrohlich und wohllebensbedrohlich, den halte ich für sehr bedeutend, wenn danach gefragt wird, wie denn ruhiggestellt wurde. (Gespräch 1991, Jg. 1930, Kulturschaffender))

Mit seiner Unterscheidung von ‚exit' und ‚voice' als zwei verschiedenen Formen, Kritik an den bestehenden Verhältnissen zu äußern, konnte Albert O. Hirschman (1974) schon früh einen zentralen Aspekt der Situation in der DDR herausarbeiten. Weil es zwei – feindliche – deutsche Staaten gab, konnte Kritik immer gewissermaßen ‚mit den Füßen' realisiert werden, nämlich durch ‚Republikflucht', das heißt durch Übersiedlung in die Bundesrepublik. Umgekehrt gab es für die staatlichen Organe die Möglichkeit, Kritik, die sich in Form von ‚voice' äußerte, als offene kritische Auseinandersetzung in Wort und Bild oder auch nur als Abweichung von vorgegebenen Normen zum Beispiel des künstlerischen Ausdrucks, damit zu beantworten, dass man die Kritiker des Landes verwies oder zur Ausreise nötigte. So war die Stabilität der DDR, wie Hirschman (1996) schreibt, vom Tag ihrer Gründung an durch die Koexistenz mit der Bundesrepublik unterminiert – dies unterschied die ostdeutsche Nachkriegserfahrung fundamental von der anderer

Länder des Ostblocks. Und Christoph Hein sagte in einem Interview 1990: „Im Grunde war die hilfreiche Nähe zur BRD wenig hilfreich für die eigene Entwicklung (....) Es gab auch kein Samisdat, es gab die westdeutschen Verlage." (zitiert in Hirschman 1996, 30)

Die Koexistenz zweier konträrer Gesellschaftsmodelle auf deutschem Boden und die ihnen gemeinsame Vergangenheit von Nationalsozialismus und verheerendem Krieg verschärfte auch das Problem, mit dem sich politische Akteure und Theoretiker ebenso wie Kulturproduzenten aller Sparten herumzuschlagen hatten, die sich als Teil der kommunistischen Bewegung verstanden oder ihr nahe standen: das Problem der ‚Schere im Kopf', der Selbstzensur und des Selbstzweifels. Auch nach dem Ende der mörderischen Phase des Stalinismus, als es nicht mehr um das nackte Leben, sondern, wie in dem oben angeführten Interview formuliert wurde, eher um das Wohlleben ging, blieb die Frage virulent, inwieweit durch Kritik an den Verhältnissen der DDR dem politischen Gegner und ‚Klassenfeind' in die Hände gespielt, das heißt aber ‚Verrat an der guten Sache' geübt wurde. Die Partei bot den Antifaschismus als Integrationsmythos an, und man konnte sich als Sieger der Geschichte fühlen, was bei vielen bewirkte, das Partizipationsangebot der Partei, sich am Aufbau eines antifaschistischen und sozialistischen Staates zu beteiligen, anzunehmen.

Da muss man diese Aufbruchstimmung der zweiten Hälfte der vierziger und der frühen fünfziger Jahre mit denken. Dieser antifaschistische Impetus, diese Idee, jetzt machen wir hier etwas ganz anderes. (Gespräch 1991, Jg. 1936, Soziologe)

Für diese Generation[10] entstand mit dem Angebot am Aufbau einer ‚ganz anderen', antifaschistischen und sozialistischen Gesellschaft mitzuwirken, auch eine biographische Allianz. Auch für sie selbst hielt der neue Staat ‚etwas ganz anderes' bereit, Lebenschancen, an die vorher nicht zu denken war, und damit zugleich neue Bindungen und Loyalitäten. Die Lehrer- und Volksrichter-/Staatsanwältelehrgänge und die Arbeiter- und Bauernfakultäten als besondere Bildungseinrichtungen der Aufbauphase der DDR haben mehr als nur Bildungsabschlüsse vermittelt:

Die ABF (Arbeiter- und Bauernfakultät) ist wichtig. Einfach deswegen wichtig, weil da nicht bloß Hochschulvorbereitung gemacht wurde, sondern weil dort ohne große Agitation, wie selbstverständlich, auch DDR-Identifikation erzeugt wurde. Weil man sich ganz einfach gesagt hatte, ich rede mal pro domo, also: Arbeiterfamilie, Erzgebirge, Bandweber, der Vater Posamentenarbeiter. Oberschule war überhaupt kein Thema. Also dass ich zum Studium gekommen bin, habe ich dieser Einrichtung zu verdanken. (Gespräch 1991, Jg. 1936, Soziologe)

---

[10]   Als ‚Gründergeneration' bezeichne ich in meiner Studie die bis 1929 geborenen Antifaschisten und Ost-Emigranten, die nach dem Zweiten Weltkrieg zu den Gründern der DDR gehörten. Zur Aufbaugeneration zähle ich die zwischen 1930 und 1938 Geborenen, die von der unmittelbaren Nachkriegszeit und den ersten Jahren der DDR entscheidend geprägt wurden und die DDR in den 1950er Jahren mit aufgebaut haben.

Für die Ausbildung einer stabilen Loyalität der Intelligenz zum sozialistischen Projekt in seiner realen DDR-Gestalt über alle Konflikte und Gängelungen durch die Partei hinweg waren schließlich persönliche Bindungen von zentraler Bedeutung. Die Gründergeneration, die den antifaschistischen Gründungsmythos der DDR verkörperte, stand den jungen Aufbauern der 1950er Jahre in einem learning-by-doing-Prozess zur Seite und übernahm gleichzeitig Gatekeeper-Funktionen. Mangelte es an geeigneter Familiengeschichte, wurde der aufstiegswillige Intelligenzler der Jahrgänge 1930 bis 1938 von den Gründern väterlich und mentorenhaft durch Resozialisations- und später durch lebenslange sekundäre Sozialisationsprozesse begleitet, ein Prozess, der die Aufbauer an die Gründer, nahezu wie in einem Vater-Sohn-Verhältnis[11], band und ein kumpelhaftes Beziehungsnetz aufbaute. Die politisch ausgewiesenen Gatekeeper der Gründergeneration definierten nicht nur die fachlichen Standards, sie wurden auch zu Vorbildern und zugleich zu Vollstreckern höherer Beschlüsse. Die daraus entstandenen ‚paternalistischen Sozialmilieus‘ (Lepsius 1994, 25) hinterließen nicht nur in den Biographien ihre Spuren, sondern wurden auch zum kulturellen Kapital für berufliche Karrieren.

Dann hatte ich einen anderen Mentor, der sehr prägend war, das war Gerhart Eisler. (...) 1948, glaube ich, kam er oder Anfang 1949, und er war damals Leiter des Amtes für Information (...). Mit ihm hatte ich zu tun, weil er jede Woche einen Kommentar für den Deutschlandsender sprach. Ich fuhr zu ihm (in sein Büro) und habe den Kommentar aufgenommen, und da kamen wir ins Gespräch. Er muss irgendeinen Gefallen an mir gefunden haben, denn er hat sich später, als er Vorsitzender des staatlichen Rundfunkkomitees wurde, sehr um mich gekümmert, in einer väterlichen Art und Weise muss ich sagen. (Gespräch 1991, Jg. 1930, Kulturschaffender)

Die persönliche Bindung der Aufbauer an die Gründer stützte sich in hohem Maß auf deren antifaschistische Vergangenheit. Diese Vergangenheit hat gewiss das Ihre dazu beigetragen, dass es sich bei den Gründern oft um beeindruckende Persönlichkeiten handelte. Indem sie für die Aufbaugeneration der Kulturschaffenden zu Mentoren wurden, stellten sie für diese jedoch auch eine Kontinuität zum antifaschistischen Kampf her und gaben damit gewissermaßen ein zentrales Element ihrer eigenen Legitimation an die nachfolgende Generation weiter. Insgesamt hat diese komplex begründete persönliche Bindung der ‚Aufbauer‘ an die ‚Gründer‘ die Loyalität der Intelligenz gegenüber der DDR bis zu deren Ende in hohem Maße getragen und trotz aller Probleme aufrechterhalten (Meuschel 1992, 29).

Und an Problemen und Konflikten mangelte es nicht. Das Dilemma vor allem der intellektuellen Fraktion der Intelligenz zeigt sich daran, dass sie sich weitgehend als ‚organische Intelligenz‘ (Gramsci) verstand, die der Partei in ihrer Rolle als Stellvertreterin der Arbeiterklasse ‚Vorschläge‘ macht, von dieser jedoch in den Dienstklassenstatus zurückgewiesen und an ihre Verpflichtung zur Loyalität erinnert

---

[11]   Beispiele für ein politisches Mutter-Tochter-Adoptionsverhältnis konnte ich weder in meiner Studie noch in der Literatur finden.

wurde. Zwei Ausschnitte aus Interviews sollen dies illustrieren.

Wenn man diese schneidende Diskrepanz beobachtet, die zwischen öffentlicher Verlautbarung, also ‚Beschlüssen und Dokumenten', aber nun auch wieder aufgedröselt in Presse, Rundfunk und Fernsehen einerseits und, andererseits, den konkreten Alltagserfahrungen der Massen, die empirisch gewonnen wurden, bedenkt, dann legte sich zwischen beides, wie Thomas Mann einmal sehr schön in seinem Versuch über Tschechow sagte, eine ‚höhnische Kluft'. Und mit dieser ‚höhnischen Kluft' habe auch ich persönlich lange Jahre gelebt, bis ich mir dann einmal sagte, vielleicht ist deine Reputation in dieser Gesellschaft groß genug, um einen Ausfall zu wagen. Mein Ansehen in der Gesellschaft, sofern sie eine offizielle Gesellschaft war, aber auch bis hinunter zu Zuschauern von Filmen und Fernsehsendungen, war nicht gering, es war eher groß. Ich habe mir gedacht, dann bist du eigentlich dazu berufen, mal auf einige grundsätzliche Diskrepanzen zwischen Schein und Sein aufmerksam zu machen, und habe mir dazu ein, wie ich glaubte, geeignetes Forum gesucht, das war ein Kongress des Verbandes der Film- und Fernsehschaffenden 1982. Dort habe ich (...) zum Ausdruck gebracht, was meiner Ansicht nach in Sachen Medienpolitik faul ist im Staate DDR. Das hat nicht funktioniert, es wurde ganz scharf zurückgeschlagen. Es gab also von Seiten der Partei für mich eine strenge Rüge, das ist die letzte Strafe vor dem Ausschluss aus der Partei. Es war an sich kaum so sehr gegen mich gerichtet, wie ich heute meine, als vielmehr gegen das ganze Feld, aus dem ich kam, nämlich aus dem Feld von filmkünstlerisch und literarisch Tätigen. Es war ein Exempel, das statuiert wurde. (Gespräch 1991, Jg. 1930, Kulturschaffender)

Eine wissenschaftliche Durchdringung, dass man erst die Wissenschaft auch fragt, das hat es nicht gegeben. Niemals. Es gibt bei Peter Hacks ein nach meinem Wissen nie gespieltes Stück, das ist der Brexaspes, (...) ein altes Perser-Drama. (...) Brexaspes, ein persischer Feldherr, bereitet einen Feldzug vor und ruft die Weisen des Landes zusammen, die Geographen, um herauszukriegen, wie viele Tagesmärsche es bis zum Feind seien. Er meint, es sind zehn (Tagesmärsche). Der erste Weise sagt, es sind neunzehn. Der zweite, es sind einhundertdrei, der dritte sagt, es sind zwei. Und der Herrscher fasst zusammen und sagt: „Also, ich sage doch, wie es ist, es sind zehn." Wir machten (...) interne Studien über Wohnbedingungen, über die Lage der Bauern, über die Entwicklung des Handwerks, über die Lage der Intelligenz (...) Aber eigentlich immer nur mit diesem Brexaspes-Effekt, nämlich, um eine Scheinlegitimation, eine wissenschaftliche Fundierung für Beschlüsse zu (geben), die längst feststanden. (Gespräch 1991, Jg. 1936, Soziologe)

Wie hält man diese Konflikte auf Dauer aus? Es gab die Unterscheidung zwischen Verhalten in öffentlichen und nichtöffentlichen Räumen, mit kritischer Diskussion im kleinen Zirkel und öffentlicher Loyalitätsbezeugung, wo dies nicht zu umgehen war. Die Loyalität blieb dennoch nicht nur eine äußerliche; über die persönliche Bindung an die Mentoren der Gründergeneration stellte sich auch immer wieder eine reale Loyalität zumindest gegenüber der sozialistischen Idee her. Die folgende Interview-Passage gibt in diese Mechanismen einen Einblick.

Das kann ich nicht oft genug wiederholen, es zählt zu den unsterblichen Verdiensten von Otto Reinhold[12], dem Rektor dieser Akademie für Gesellschaftswissenschaften beim ZK, dass er im

---

[12]   Otto Reinhold, Jg. 1925, Wirtschaftswissenschaftler und Rektor der Akademie für Gesellschaftswissenschaften beim ZK. Arbeiterherkunft, Schreibmaschinenmechaniker, Studium der Ökonomie an den Universitäten Jena und Berlin; 1951 Professor für politische Ökonomie an der Universität Berlin; gleichzeitig von 1950 bis 1953 Redakteur der Zeitschrift **Einheit**; ab 1953 Leiter des Lehrstuhls für politische Ökonomie an der Parteihochschule *Karl Marx*; seit 1962 Rektor

Fußnote wird auf der nächsten Seite fortgesetzt

Inneren des Hauses ein, ich will mal sagen, jesuitisches Prinzip eingeführt hat. Im Inneren des Hauses herrschte wirkliche Rede- und Gedankenfreiheit. Dort wurde alles diskutiert, was sich diskutieren lässt. Nur dann, wenn es um Auftritte nach außen ging, hat es natürlich auch was mit Existenz und Institutssicherung (zu tun, dann wurde gesagt, E.M.H.): Liebe Leute, wenn ihr draußen redet, bedenkt, hier ist ein Grenzpfahl und dort ist einer, und den überschreitet mal besser nicht, weil .... Zum Schluss hält man sich nicht an den, der eine Ketzerei geredet hat, eine wirkliche oder vermeintliche, sondern an den dafür Verantwortlichen. Diese vormundschaftliche Staatsauffassung hat ja immer auch bedeutet, es sind immer die jeweiligen (Vorgesetzten, E.M.H.) für die ihnen Unterstellten, auch wenn das bereits erwachsene Professoren waren, verantwortlich, so dass man sich dann auch selbst diszipliniert ... und sich gesagt hat, ich will meinem Otto (Reinhold) oder meinem Rudi (Weidig[13]) keine unnötigen Scherereien machen, ich mache es eh' schon genug. Und Otto Reinhold war der Oberchef von dieser ganzen Akademie. Und beide (Otto Reinhold und Rudi Weidig) waren in jeder Beziehung, Otto Reinhold noch sehr viel mehr, konziliante Leute, die sich auch in Streitfällen vor ihre Mitarbeiter stellten, abschirmten und abwimmelten und sagten: „Ja, es ist in Ordnung, ich werde die Kritik weitergeben und ich kümmere mich darum. Und ich werde dem Genossen ... ordentlich den Kopf waschen." In Wirklichkeit war das so: „Warst du dort und dort?" „Ja". „Was hast du denn dort gesagt?" „Na, das und das". „Das ist eigentlich nicht falsch, aber irgendjemand hat da ..." Das ist schwierig auf einen Begriff zu bringen. So ein bisschen kumpelhafte Verschwörung, könnte man vielleicht sagen. „Macht mir keine Ungelegenheiten, ich schirme ab, was geht, aber überschreitet bitte die Grenzen nicht". So ungefähr. (Gespräch 1991, Jg. 1936, Soziologe)

Loyalität gegenüber dem politischen Programm der Partei und dem sozialistischen Gesellschaftsmodell, die soziale Herkunft, persönliche Bindungen, die biographischen Investitionen in Bildung und in die beruflichen Karrieren und die Arbeitsplätze der ostdeutschen Intelligenz bildeten eine biographische Allianz, eine Allianz, die, je höher sie in den Dienstklassen angesiedelt war, nur mit sehr hohen Kosten aufgelöst werden konnte.

Die Aufbauer waren am Ende der DDR eine ,Generation politischer Adoptivsöhne' mit grauen Haaren, die sich mit ihrer politischen Enteignung abgefunden hatten, selbst dann, wenn sie die Folgen dieses Commitments durchschauten (Mangel an Mitbestimmung, bürokratischer Zentralismus etc.). Die nachfolgenden Kohorten erlebten, dass die leitenden und Vorgesetzten-Positionen mit Gründern und Aufbauern besetzt waren, deren politische Zuverlässigkeit eine Garantie für berufliche und auch professionelle Standards war. Für die Nachrückenden war die Luft auf diesen Etagen ziemlich dünn. Sie hatten aber auch ganz andere Bildungs-

---

der Akademie für Gesellschaftswissenschaften beim ZK der SED, von 1967-1989 Mitglied des Zentralkomitees der SED, seit 1976 auswärtiges Mitglied der Akademie der Wissenschaften der UdSSR; Rücktritt als Rektor der Akademie für Gesellschaftswissenschaften im November 1989.

13   Rudi Weidig, Jg. 1931, Vorsitzender des Wissenschaftlichen Rats für Soziologie. Landarbeiterherkunft; Ausbildung in den 1950er Jahren über gewerkschaftliche Bildungseinrichtungen zum Lehrer für Geschichte und Philosophie an Gewerkschaftsschulen; 1964 Promotion, 1970 Berufung zum Professor und ab 1971 Leiter des Lehrstuhls für marxistisch-leninistische Soziologie. Rudi Weidig war verantwortlich für die Planung und Koordinierung der soziologischen Forschung der DDR. Nach 1991 Altersübergang und seit 1994 Rentner.

biographien als die Aufbaugeneration, waren sie doch bereits Kinder der Intelligenz, denen aufgrund ihres familialen kulturellen Kapitals Oberschule und Studium als ‚natürlicher‘ Bildungsweg erschien. Erst sie gingen in stärkerem Maße dazu über, der Partei die Loyalität zu versagen, sich aus der offiziellen politischen Kultur stillschweigend zurückzuziehen und auf periphere Arbeitsplätze auszuweichen. Dieser Weg jenseits von ‚Häresie und Dissidenz‘, wie Engler (1993b) schreibt, brachte eine wachsende Entfremdung nicht nur vom realen Sozialismus, sondern auch von seinen Idealen mit sich (67). Bei den folgenden Generationen kam die biographische Allianz aus Karrierechancen, persönlichen Bindungen, außergewöhnlichen Bildungsinvestitionen und Loyalität gegenüber dem sozialistischen Gesellschaftsmodell nicht mehr zustande.

Die zweifache Systemtransformation und das Schicksal unterschiedlicher Formationen der Intelligenz

Als die DDR 1989 zusammenbrach, bestanden nahezu eine Million Anwartschaften auf die Intelligenzrente. Die Intelligenzrenten der DDR wurden im Transformationsprozess wie Betriebsrenten oder die Zusatzversorgung im öffentlichen Dienst der BRD eingestuft. Damit hatten die Intelligenzrenten ihren Sonderstatus verloren. Kriterien für die Neueinstufung waren nicht nur BRD-kompatible Bildungsabschlüsse, das heißt Hoch- und Fachhochschulabschlüsse, sondern auch, in welchen Institutionen die Anwartschaften erworben wurden (Regierungsnähe). Dadurch fiel eine ganze Reihe ehemaliger Intelligenzler aus dem ‚Olymp‘, sei es, weil ihre Bildungsabschlüsse niedriger eingestuft wurden, sei es, weil sie in den ‚falschen‘ Institutionen gearbeitet hatten (vgl. Hoerning 1995).

Die beiden Systemtransformationen, die die Menschen auf dem Territorium der DDR nach dem Zweiten Weltkrieg erlebten, hatten auf verschiedene Gruppen der Intelligenz sehr unterschiedliche Auswirkungen. Es gab Formationen der Intelligenz, die ihre soziale Position, die Kontrolle über ihr berufliches Handeln und ein bürgerlich geprägtes Verständnis ihrer Lebensführung über beide Systemtransformationen hinweg weitgehend erhalten konnten, während andere Gruppen der Intelligenz sowohl bei der Gründung der DDR als auch bei der Wiedervereinigung Umwertungen, Ausschlüsse und Restrukturierungen durchmachten. Zur ersten Gruppe gehören vor allem die Angehörigen der ‚operativen Dienstklasse‘, wie Solga (1994) sie nennt, das heißt Berufe, die stark durch Expertentum geprägt sind und/oder die wesentlichen Merkmale der traditionellen Professionen aufweisen. Das Beispiel par excellence hierfür sind die Mediziner und Kirchenbeamte. Zur zweiten Gruppe zählen nicht nur die Angehörigen der Parteielite und der ‚administrativen Dienstklasse‘, das heißt des Nomenklaturkaders und der Führungsebene der wissenschaftlichen Institute der SED und der Akademie der Wissenschaften, sondern auch die Kulturschaffenden der Medien und die Juristen, ausgenommen davon die

Rechtsanwälte.

Resümee: Oder die vielen Fragen

Man kann die problematische Geschichte der DDR-Intelligenz nicht verstehen, wenn man nicht ihren besonderen Ort im Klassen- und Schichtungsgefüge der DDR betrachtet, den Ort, der ihr im offiziellen Verständnis von der Klassen- und Schichtungsstruktur dieser Gesellschaft zukam. Wenn es, wie Stojanov (1991) schreibt, bei der Transformation der bürgerlichen in eine sozialistische Gesellschaft darum ging, „aus einer Kritik der bürgerlichen Ideologie eine sozialistische Gesellschaft zu errichten" (39), dann brauchte die neue Gesellschaft auch ihre eigene neue, sozialistische Intelligenz. Deren Denk- und Handlungsspielräume jedoch bestimmte die Partei; weder für die selbständigen Professionals noch für die ‚freischwebenden' Intellektuellen der alten, bürgerlichen Gesellschaft blieb hier Raum. So wurde den Professionen als einem ‚bürgerlichen Erbe' bald nach der Gründung der DDR der Kampf angesagt. Dennoch gab es in der Intelligenz der DDR immer auch den Zugriff auf die historische Vergangenheit (und die Gegenwart im Westen) der Professionen wie der kritischen Intellektuellen und damit ein permanentes Spannungsverhältnis zwischen Partei und Intelligenz, das immer wieder an einzelnen Personen exemplarisch deutlich wurde.

Die innere Heterogenität der Intelligenz, in der sich in der DDR sowohl die Professionen, fachlich hoch spezialisierte und qualifizierte Experten wie zum Beispiel Ingenieure, aber auch Künstler, Kulturschaffende, Wissenschaftler und Intellektuelle im westlichen Verständnis zusammen mit den Mächtigen dieses Landes aus Staat und Partei wiederfanden, konnte in den 40 Jahren, die die DDR existierte, nicht überwunden werden. Während es den Medizinern als den Angehörigen einer klassischen Profession gelang, auch in der DDR ihre professionelle Autonomie und ihr soziales Milieu weitgehend zu bewahren – mit einem von der Bundesrepublik her gesehen oft überraschend konservativen Einschlag –, war das berufliche Schicksal der eher intellektuellen und kulturproduzierenden Fraktionen der Intelligenz sehr viel enger mit den jeweiligen politischen Verhältnissen und den Direktiven der Partei verwoben, einer Partei, die sich als Stellvertreterin der Arbeiterklasse verstand und damit ihren Führungsanspruch bei der Transformation einer ganzen, komplexen Gesellschaft legitimierte. Diese sehr unterschiedlichen Rahmenbedingungen, die das kollektive Schicksal der verschiedenen ‚Berufsstände' der Intelligenz in der DDR prägten, sollten bei der zweiten Systemtransformation nach 1989 auch das individuelle Schicksal der Angehörigen der DDR-Intelligenz bestimmen: Was Passungsverhältnisse im Transformationsprozess erzeugte, waren in erster Linie modernisierbare und anpassungsfähige Traditionsbestände in den professionellen Biographien. Elemente professioneller Autonomie ließen sich als Distanz zur Macht übersetzen, während das kulturelle Kapital der Kulturschaffenden, wie kritisch auch immer sie sich individuell mit den Verhältnissen der DDR auseinandergesetzt hatten, von vornherein als ‚kontaminiert' galt und daher seinen Wert weitgehend verlor.

1.2   Akademiker – Professionen

Die Akademiker – Die Professionen

Intellektuelle, Gebildete oder auch Akademiker – so zeigen die vorausgehenden Ausführungen – sind nicht identisch mit dem Begriff oder auch der Gruppierung der Intelligenz, allenfalls ist die Intelligenz ein Spezialfall der Akademiker. Betrachtet man die Sozialstatistik der ehemaligen DDR, so wird deutlich, dass die Intelligenz mehr umfasste als die hochqualifizierten Experten, Akademiker oder Professionellen im westlichen Verständnis.

Die Akademiker

Theodor Geiger (1949/1987) – wie weiter vorn ausgeführt – spricht von Akademikern als denjenigen Personen, die einen formalen Bildungsabschluss an einer Universität oder gleichwertigen Institution erworben haben. Das allgemeine Wissen der Bevölkerung darüber, was Akademiker sind, finden wir regelmäßig in Umfragen zum ‚Ansehen der akademischen Berufe'. In kapitalistischen und nicht-kapitalistischen Gesellschaften genießt der Arztberuf, auch wenn er nicht immer der Beruf mit Spitzeneinkommen ist, das höchste Ansehen. In den ehemaligen sozialistischen Ländern folgten den Ärzten die Naturwissenschaftler, während in nichtsozialistischen Ländern nahezu weltweit dem Arztberuf Pfarrer, Hochschulprofessoren, Rechtsanwälte und dann erst die Naturwissenschaftler folgen (Grassel 1968, 64; Allensbacher Jahrbuch 1976, 145; Voigt/Voss/Meck 1987, 161ff, aber auch Globus 1991, 46. Jg., Zb-9126, 02.09)[14].

Das Ansehen der Akademiker und der akademischen Berufe hat sich, so zeigen diese Hinweise, trotz erheblichem Wandels erhalten und das, obwohl sich in

---

[14]   Dass zumindest in deutschsprachigen Ländern ‚der Akademiker/die Akademikerin' im Bewusstsein der Allgemeinheit verankert sind, zeigen für diesen Personenstand eigens eingerichtete Partnerschafts- bzw. Heiratsvermittlungsinstitutionen, gesellige und sportliche Verbände und anderes. Selbst in der DDR, in der der Begriff ‚Akademiker' in der offiziellen Alltagssprache nicht verwendet wurde, gab es in der Zeitschrift ‚Das Magazin' eine Anzeigenseite, auf der HochschulabsolventInnen (HSA) und FachschulabsolventInnen (FA) nach standesgleichen PartnerInnen suchten.

der alten BRD seit den 1960er Jahren die Studenten- und Absolventenzahlen verfünffacht haben (Krais 1990, 1991, 1993). Zwischen 1960 und 1970 gab es den stärksten Anstieg an Studentenzahlen, ein Anstieg, der – mit einigen Schwankungen – bis heute anhält. Strukturveränderungen fanden auch im Hochschulwesen statt. Die Fachhochschulebenen wurden erheblich ausgebaut, in den meisten westdeutschen Bundesländern wurde die Lehrerbildung in die Universitäten integriert, und die Sozialwissenschaften wurden nicht nur ein eigenständiges Studienfach, sondern innerhalb anderer Fächer waren und sind sozialwissenschaftliche Anteile etabliert (zum Beispiel in der Lehrerbildung, vorübergehend auch in der juristischen Ausbildung u.a.). Weiterhin ist der Anteil der erwerbstätigen Akademiker seit den 1960er Jahren von 2,9 Prozent, 1987 auf 6,7 Prozent und unter Einbezug der Fachhochschulabsolventen auf 10,3 Prozent angestiegen. 1996 hatte bereits jeder sechste erwerbstätige Mann und jede zehnte erwerbstätige Frau einen Universitäts- oder Fachhochschulabschluss (DIE ZEIT 38/1996).

Die Zunahme der Hoch- und Fachhochschulabsolventen bedeutete und bedeutet, dass Kapazitätsprobleme der Hoch- und Fachhochschulen, Kanalisierung der Zugänge über Abiturnoten und nicht zuletzt das Thema Akademikerarbeitslosigkeit seit den 1970er Jahren zu politischen Dauerthemen wurden und auch heute noch sind. Das Thema Akademikerarbeitslosigkeit erhält jedoch vom Institut für Arbeitsmarkt- und Berufsforschung in Nürnberg (IAB) Mitte 2006 eine Entwarnung. Hoch- und Fachhochschulabsolventen werden mehr als andere gesellschaftliche Gruppen in den Arbeitsmarkt ‚aufgenommen'; die Nachfrage nach Ingenieuren, Informatikern und in einigen Bundesländern nach Lehrern kann durch das Absolventenangebot nicht befriedigt werden. Die Akademikerarbeitslosenquote lag Mitte 2006 bei 3,7 Prozent, während die allgemeine Arbeitslosenquote der Bevölkerung drei Mal so hoch war (zusammengefasst in DIE ZEIT, 31/2006). Abschied genommen werden muss jedoch von lebenslangen Karrieren mit denselben Arbeitsaufgaben in einem Beruf. Akademische Karrieren – so die Voraussagen – bedeuten für die Zukunft häufige Jobwechsel, befristete Verträge und Spezialisierungen auf Zeit (DIE ZEIT 19/2006). Das Schreckensszenario der ‚Generation Praktikum', damit sind Hochschul- und Fachhochschulabsolventen gemeint, die sich über Jahre durch un- oder schlechtbezahlte Praktika hangeln, hat sich weitgehend erledigt. Im Jahre 2004 blieben Bachelor-Absolventen nicht länger als sechs Monate in Praktika und selbst in Sozial- und Politikwissenschaften blieben lediglich vier Prozent länger als sechs Monate. Nach dem Boomjahr 2000 für Hoch- und Fachhochschulabsolventen ist die Sucharbeitslosigkeit für diese Gruppe länger geworden, aber sie ist nicht vergleichbar mit der Langzeitarbeitslosigkeit anderer Berufsgruppen, denn der größte Teil findet nach einer bestimmten Zeit eine Anstellung (DIE ZEIT 19/2006). Zusammengefasst bedeuten diese Ausführungen, dass diese Entwicklungen „... in der Sprache der Ökonomie thematisiert (werden): Es (geht) um die Abstimmung von Bildungs- und Beschäftigungssystem, um Absorptionspotentiale und Flexibilisierung, Substitutionseffekte, Verdrängungswettbewerb,

Angebot und Nachfrage auf dem Arbeitsmarkt, Markt-Ungleichgewichte, ... Anpassungsreaktionen." (Krais 1990, 6/7) Hingegen ist die gesellschaftliche Verortung der Akademiker kaum von politischem Interesse.

Es gibt jedoch in der Soziologie (Geiger 1949/1987; Parsons 1968, 1971; Larson 1977, Bourdieu 1988b; Szelény 1988; Krais 1990, 1991, 1993) vereinzelte Versuche, die Diskussion um die Sozialfigur des Akademikers neu zu beleben. Eine außerordentliche Plattform für die Ortsbestimmung der Akademiker im Deutschland der Nachkriegszeit bieten jedoch die sozialhistorischen Studien von Conze/Kocka 1985, Kocka 1989, Lepsius 1990 und von Siegrist 1988, 1994, 1995, die für die Betrachtung der akademischen Berufe und Professionen in der ehemaligen DDR eine hervorragende Grundlage bilden.

Nach dem Ende des NS zog sich zumindest in den westlichen Besatzungszonen die gebildete Mittelklasse – das sind die beamteten Akademiker (das Berufsbeamtentum) und die akademischen freien Berufe – weder in eine nivellierte Mittelstandsgesellschaft (Schelsky 1965) zurück noch ist sie ausschließlich durch eine „illiberale ‚Dienstklassenmentalität'" (Dahrendorf 1965, 105ff in Siegrist 1994, 311) zu beschreiben. Auch sind sie nicht nur „materialistisch, privatistisch und politisch relativ indifferent" (vgl. Niethammer 1990c, 515ff), aber es kann davon ausgegangen werden, dass sie keinen Anteil mehr an der öffentlichen Kultur in der Nachkriegszeit erreicht haben (Siegrist 1994, 311). „Die westalliierte Politik der ‚externen Restabilisierung und Restrukturierung der bürgerlichen Gesellschaft' (Niethammer 1990) machte den Akademikern erhebliche Zugeständnisse, indem sie den freien Berufen Elemente eines traditionellen berufständischen ‚Korporatismus (Standesrecht, Kammern u.ä.) und den Beamten hergebrachte' Sonderrechte beließ ... Die Westalliierten verfuhren dabei allerdings nicht einheitlich: Die Franzosen hatten mit dem Beamtenmodell und mit der korporativen Selbstverwaltung der liberalen Berufe weniger Probleme als die Amerikaner. Die Engländer und Amerikaner bezweifelten einige Formen und Inhalte des deutschen Bildungswesens und – vor allem – das Berufsbeamtentum, das dem Muster ihres ‚Civil Services' zuwiderlief und das sie für den Nationalsozialismus mit verantwortlich machten. Letztlich konvergierten der Pragmatismus der Sieger und der Opportunismus der Besiegten ..." (ibid., 290), und bereits in der ersten Hälfte der 1950er Jahre waren die westdeutschen Akademiker wieder in ihren Ständen zurück. Die insbesondere von den englischen und amerikanischen Besatzern angestrebten Veränderungen des höheren Bildungswesen, das sind die soziale Öffnung und auch die Demokratisierung der Inhalte, wurden von den westdeutschen Professoren und Gymnasiallehrer mit Unterstützung der Politik und der Kirchen zu Fall gebracht. „Eine Öffnung und strukturelle Demokratisierung des Bildungssystems wurde verhindert, weil die höheren Lehrberufe auf der Autonomie in ihrem unmittelbaren Berufsfeld und auf dem ‚Eigenrecht' in der Prägung des Akademikers beharrten und weil alle akademischen Berufe gemeinsam eine Angebotsverknappung, die Sicherung der Exklusivität und die Homogenisierung der bürgerlichen Expertenberufe anstrebten." (ibid., 297) Schnell war die Rede von kultureller Überfremdung durch die Alliierten und von der Überfüllung oder auch Proletarisierung der akademischen Berufe, so dass die Vertreter der akademischen Berufs- und Standesverbände und des Berufbeamtentums sich berufen fühlten, mit dem politischen Rückenwind in der Adenauerzeit ihre Exklusivität zu schützen. Zum Beispiel konnte die ‚gewollte Verknappung' der akademischen Berufe durch den Numerus clausus bei der kassenärztlichen Zulassung erst 1960 durch das Verfassungsgericht aufgehoben werden. Zugangsveränderungen in das höhere Bildungswesen gab es erst – wie oben dargestellt – in den 1970er Jahren des letzten Jh. (von Friedeburg 1989). Für die ersten 20 Jahre westdeutscher Nachkriegs-geschichte gilt, dass die „... akademischen Berufe die Wiederherstellung des Status als Experten und Bürger (anstrebten). Differenziert nach Berufs- und Statusgruppen sowie gemeinsam als Akademiker oder ‚geistige Berufe' erreichten sie, daß die institutionell-formale Seite der Akademikerproduktion, das heißt das Bildungs- und Berechtigungswesen und wesentliche Teile des Berufsrechts, so gestaltet wurden, daß die soziale Exklusivität formal gewahrt blieb. In den 1950er Jahren stand dann eher die reale Distribution im Vordergrund, das heißt die Strukturierung der Märkte und die Verteilung von Einkommens-, Einfluß- und Machtchancen. Durch ihre freien Organisationen beteiligten sich die akademischen Berufe am allgemeinen Verteilungskampf um knappe Ressourcen, Einfluß und Macht, der unter den Rahmenbedingungen der Demokratie und eines freien Aushandlungssystems stattfand." (Siegrist 1994, 310) Dass der Aufbau des Bildungssystems in der sowjeti-schen Besatzungszone und späteren DDR nach Beendigung des Zweiten Weltkrie-ges ganz anders verlief, wurde bereits im vorhergehenden Abschnitt beschrieben. Die Rolle der Kaderpolitik – die Personalauswahl für alle Berufe mit höherer Bildung – für die Auswahl von Oberschülern und Studienanfängern wird im folgenden Abschnitt über die Professionen angesprochen.

Die Professionen

Professionen sind Berufe, die einen eigenen theoretischen und methodischen Wissensbereich haben, der als akademische Disziplin an den Universitäten institutionalisiert bzw. etabliert ist. Professionen verfügen über ein spezielles Aus-bildungssystem und sie vergeben Zertifikate und Lizenzierungen für den Beruf (z.B. die Approbation). Der Zugang des Nachwuchses wird durch die Professionen geregelt und auch kontrolliert. „Auch wenn die Hochschullehrerschaft als ganze keine separate ‚Profession' bildet, da sich Professionen stets um ein besonderes Korpus wissenschaftliches Wissen organisieren, ist sie ein untrennbarer Bestandteil der akademischen Berufe. Die Konstruktionsmerkmale des Hochschullehrerberufs lassen sich am ehesten als eine Art Professionalisierung der zweiten Ebene bezeichnen, durch die Funktionen von Forschung und Lehre disziplinübergreifend generellen, professionellen Regeln in einem spezifischen institutionellen Rahmen, der

Universität oder Hochschule, unterworfen werden." (Jessen 1999, 15) Sie bearbeiten die speziellen externen Risiken, aber sie dulden keine externe Kontrolle durch die Klienten, Laien oder den Staat, sondern sie unterwerfen sich einzig und allein der Qualitätskontrolle durch die Professionskollegen (Peers). Sie verfügen über selbstgesetzte und von den Professionsmitgliedern geteilte ethische Standards. Ihre Arbeitsweisen und vor allem ihre Arbeitsteilung entwickeln, überwachen und institutionalisieren sie selbst. Am Markt verfügen sie über ein Monopol für ihre Dienstleistungen, sie haben einen anerkannten Status als Experten und können darüber auch ihre Ansprüche auf Bezahlung, Honorierung oder Vergütung durchsetzen, und nicht zuletzt verfügen sie über Interessenverbände zur Durchsetzung ihrer Ansprüche gegenüber dem Staat, der Klientel oder anderen gesellschaftlichen Institutionen (vgl. Ernst 1997, 21, mit Hinweis auf Jarausch 1988, 130ff und 1990, 11ff u.a.). „Als prototypisches Modell gelungener Professionalisierung gilt, ..., nach wie vor die Medizin in ihrer klinischen Variante, vereinigt die Universitätsklinik doch die drei als wesentlich angesehenen Professionalitätselemente – Praxis, Forschung und Ausbildung – in einer unter medizinischer Kontrolle stehenden Organisationsform." (Pfadenhauer 2003, 58) Die Ärzteschaft steht an der Spitze der Autoritätspyramide, dem folgt die Verwaltung und „die untere Ebene nimmt der Pflegedienst ein" (ibid., 59) Das geschlossene System Universitätsklinik steht für die Produktion des Wissens, die Produktion der Produzenten, für die Kontrolle der Qualitätsstandards, auch für die Festlegung der Standards des Hilfspersonals, und es definiert die Abgrenzung gegenüber zuarbeitenden Berufsgruppen, die da sind „Chemiker, Biologen, Physiotherapeuten" (ibid., 58/59).

Bis in die 1990er Jahre spielten die soziologischen Debatten zum Thema Professionen und professionelles Handeln in der deutschsprachigen Soziologie keine prominente Rolle. Das änderte sich 1996, als Michaela Pfadenhauer und andere die Arbeitsgruppe ‚Professionelles Handeln‘ auf dem DGS-Kongress in Dresden gründeten. 2004 wurde diese Gruppe als offizielle Arbeitsgruppe ‚Professionssoziologie‘ in der Deutschen Gesellschaft für Soziologie etabliert und erreichte Ende 2006 den Status einer Sektion (vgl. www.professionssoziologie.de/chronik). In den angelsächsischen Ländern jedoch hat die soziologische Diskussion eine lange Tradition (Spencer 1904; Becker/Geer/Hughes/Strauss 1961; Parsons 1968; Freidson 1970, 1975, 1986, 1994, 2001). Die meisten US-Soziologen sehen Professionen als „honored servants of public need, conceiving of them as occupations especially distinguished from others by their orientation to serving the needs of the public through the schooled application of their unusually esoteric knowledge and complex skills" (Freidson 1994, 13). In anderen Wissenschaftszweigen – zum Beispiel in der Ökonomie – wird für die Professionen auf den geschlossenen Arbeitsmarkt mit Monopolcharakter verwiesen; Politikwissenschaftler diskutieren das Thema Professionen unter dem Aspekt der privilegierten Standes- und Statuspolitik (Eliten). Politiker werfen (mehr oder minder häufig und laut) Vertretern von Professionen vor, dass ihre vorgetragenen Weltsichten und ihre Meinungen zu sozialen, ökonomischen, medizinischen, ökologischen und anderen Problemen ‚weltfremd, vermessen und unangebracht' seien und die Interessen der Öffentlichkeit nicht berührten.

In den 1960er Jahren verändert sich die soziologische Diskussion über Professionen, weniger in Deutschland, mehr in USA. Freidson spricht in diesem Zusammenhang von einer ‚Wasserscheide', die Forschungsfragen und -richtungen jedoch sind unterschiedlich. Während die einen die positiven Funktionen und die Motivationen der Professionsinhaber hervorheben und untersuchen, betonen andere kritisch Defizite dieser Ansätze (vgl. Pfadenhauer 2003, 31-54). Während sich die einen mit Rollenbeziehungen und Interaktionsstrukturen in professionellen Arbeitskontexten beschäftigen (Pfadenhauer 2003, 2005; Streckeisen 2001 u.a.), berühren andere den Aspekt ‚Eliten' unter der Fragestellung der politischen und ökonomischen Einflussnahmen und Selbstbestimmung der Professionen ebenso wie das Verhältnis der Professionen zum Markt und zu den gesellschaftlichen Klassen (Bourdieu/Passeron 1971; Bourdieu u.a. 1981; Bourdieu 1985, 1987; Krais 1990; Larson, 1977; Ehrenreich 1994[15]).

---

[15]   Barbara Ehrenreich (1994) zeigt, dass man zwar in die Mittelklasse hineingeboren wird, dass man jedoch nahezu 30 Jahre damit verbringt, die ‚rechtmäßige Zugehörigkeit' zu dieser Klasse unter Beweis zu stellen. Die Zugehörigkeit zu den freien Berufen in den USA, die das höchste gesellschaftliche Prestige genießen (Mediziner, Anwälte, Wissenschaftler), setzen vier Jahre College und weitere Jahre an der Universität voraus. Danach „muß man sich als Assistenzarzt oder Juniorpartner in einer Kanzlei oder als wissenschaftlicher Assistent noch jahrelang mit einem relativ niedrigen Einkommen begnügen. Die Vorbereitung auf Berufe mit geringerem Sozialprestige wie Zahnmedizin oder Sozialarbeit ist kaum weniger anspruchsvoll." (ibid., 75) Wer in die oberen oder die unteren Klassen der Gesellschaft hineingeboren wird, kann auch heute noch – bis auf wenige Ausnahmen – damit rechnen, lebenslänglich darin zu bleiben. „Die Mittelklasse ist die einzige Klasse, die aus dem eigenen Nachwuchs ganz routinemäßig alles herauspreßt, ... ihre Arbeit ausbeutet und ihre kreativen Leistungen ignoriert oder stiehlt ... In allen diesen Sparten heißt jung sein und Aspirant auf einen Mittelklasse-Status Diener derer sein, die diesen Status bereits erreicht haben." (ibid., 76; vgl. Schmeiser 1994; Spiewak 1998)

Obwohl die drei Säulen des Professionalismus – Praxis, Forschung und Ausbildung – auch für das wissenschaftliche Personal an den Universitäten der DDR Geltung hatten, taucht der Begriff Professionen als Bezeichnung für akademische Berufsstände in der offiziellen Sprache der DDR und in anderen sozialistischen Ländern nicht auf. Weiter oben wurde darauf hingewiesen, dass den bürgerlichen Institutionen (vgl. Siegrist 1988), zu denen die Professionen zählen, der politische Kampf angesagt wurde. Aber wie wurde dieser Kampf geführt? Eine zentrale Rolle spielte – ebenfalls weiter vorn angedeutet – die Kaderpolitik, die für leitende Positionen in allen gesellschaftlichen Bereichen unumgehbar wurde. Die Personalrekrutierung und Personalpolitik in den wissenschaftlichen Hochschulen und Universitäten der DDR gibt einen Einblick in die Ausbildungsbereiche verschiedener akademischer Berufe oder auch Professionen und deren Wandel. Wandel im politischen Sinne bedeutete, den Zugang zur weiterführenden Bildung und zum Studium insbesondere für Menschen mit proletarischer Herkunft zu ermöglichen, die später die ‚neue Intelligenz' repräsentieren sollten. Welche Folgen hatte dieser Kontinuitätsbruch, der durch die veränderte Rekrutierung der Bildungsschichten ausgelöst wurde? (vgl. Jessen 1994, 217ff). Wie wurden die Professionseigenschaften zum Beispiel der Professorenschaft im Zeitablauf verändert?

„Die ‚Konstruktion' des Hochschullehrerberufs, der spezielle Zuschnitt seines Zuständigkeitsfeldes, seiner Zugangsregeln, des Grades der Berufsautonomie, der Kompetenzen der Berufsinhaber etc. ist Resultat eines historischen Prozesses, den die disziplinären Interessen der Einzelwissenschaften, die institutionellen Formen der Universität und staatliche Eingriffe beeinflussen. Zu diesen Regeln gehören die Freiheit von Forschung und Lehre, das Absolvieren einer langen Ausbildung mit gestaffelten akademischen, nicht staatlichen Prüfungen, eine vertikale Berufslaufbahn, die keine Quereinsteiger vorsieht, die Kooptation von ‚Nachfolgern' durch die akademische Gemeinschaft und ein Beschäftigungsverhältnis als Beamter auf Lebenszeit. Akademische Reputation wird an den Standards der akademischen Gemeinschaft gemessen, die Forschung hat eindeutig ein höheres Ansehen als die Lehre, es besteht Publikationspflicht, und ‚Hausberufungen' sind nicht erwünscht. Die Freiheit von Forschung und Lehre und die relative Autonomie in der Ausbildung, Prüfung und Kooptation über die allein die Fachangehörigen entscheiden, sind die Merkmale der „Professionalisierung wissenschaftlicher Tätigkeit". (ibid., 220) Welche kaderpolitischen und anderen Zugriffe griffen in die Professionalisierungsprozesse ein?

Ebenso wie sich die soziale Herkunft der Studierenden in der DDR über die Jahre veränderte[16], hatte sich bereits nach 1965 die soziale Herkunft der Hochschul-

---

[16]   Wie sich das in den einzelnen Professionen veränderte, wird in Kapitel 2 für die Mediziner, Kirchenbeamten, Juristen, Journalisten und andere dargestellt.

lehrerschaft verändert. Während in der frühen DDR noch bürgerliche Professoren, in nicht wenigen Fällen mit NS-Vergangenheit – mit unterschiedlichen Anteilen in den einzelnen Fächern – dominierten, betrug 1971 der Anteil der Hochschullehrer mit proletarischer Herkunft 39,1 Prozent (ibid., 225). Seit 1954 war das eine Verdreifachung. Diese Strukturveränderung erklärt sich zum Teil aus der Überalterung des Hochschulpersonals nach 1945, durch kriegsbedingte Lücken bei der Ausbildung des wissenschaftlichen Nachwuchses, durch Abgänge in den Westen bis 1961 und durch zeitlich befristete Abgänge von (technischen) Experten in die SU als Reparationsleistungen.

Eine Zwangsparteimitgliedschaft für Hochschullehrer hat es in der DDR nicht gegeben. Betrachtet man jedoch die Parteibindung nach Fächern, so fallen erhebliche Unterschiede auf, nämlich eine Polarisierung zwischen den Geistes- und Gesellschaftswissenschaften (mit hoher Parteizughörigkeit) und den naturwissenschaftlichen Fächern einschließlich Medizin (ibid., 225-228).

Ein tiefer Einschnitt in die Autonomie der Hochschullehrerschaft war jedoch die Reform des Graduierungs- und Berufungsrechts in den Jahren 1968 und 1969. Wissenschaftliche Qualifikationsnachweise für die Berufbarkeit zum Hochschullehrer wurden verändert, die Habilitation wurde abgeschafft, die ‚Facultas docendi‘ (Lehrbefähigung) und die Dissertation B wurden eingeführt. Die Lehrbefähigung wurde auf Antrag erteilt, es gab keine akademischen Kommissionen, die darüber befanden. Durch die Abschaffung der Habilitation gab es kein akademisches Gremium, welches über die wissenschaftlichen Leistungen urteilte. Die Dissertation B war nicht als Berufungsvoraussetzung gedacht, sondern der höchste akademische Grad für Forschungsleistungen konnte mit einer solchen Arbeit erreicht werden. Gleichzeitig wurde den Universitäten das alleinige Recht zur Verleihung akademischer Grade entzogen. Fortan verliehen Parteihochschulen, die Parteiinstitute der SED, die ‚Deutsche Akademie für Staat und Recht‘, die Hochschule der Volkspolizei und das Ministerium für Staatssicherheit neben der Akademie der Wissenschaften auch diese Titel (zu den Folgen ibid., 228-232; Jessen 1999).

Ein weiteres Merkmal des Professionalismus ist die Mobilität der Professionsinhaber. Die Verbundenheit mit überregionalen, internationalen professionellen Gemeinschaften ist „als Anzeichen eines ausgeprägten wissenschaftsorientierten Professionalismus" (Schmeiser 1994, 232) zu sehen. Nicht nur, dass der größte Teil der Wissenschaftler verschiedener Professionen nicht am internationalen Austausch teilnehmen konnte, sondern die „Verfestigung und Verfilzung lokaler Mikrostrukturen" (ibid., 232/233) durch Selbstrekrutierungsraten (Hausberufungen) führten zu dichten „Abstammungs- und Abhängigkeitsverhältnissen" (ibid., 236). „Die wissenschaftspolitische Strategie der Konkurrenzvermeidung und der Ressourcenkonzentration an einem Ort bewirkte ...: Für einen spezialisierten Wissenschaftler gab es mitunter gar keine Alternative zur Hausberufung." (ibid., 236) Mobilität zwischen verschiedenen Hochschulen der DDR oder zwischen der Akademie der Wissenschaften und den Universitäten war aus den genannten Gründen eher selten. Diese Immobilität hat u.a. den disziplinären Professionalismus beschädigt, die Fakultäten kapselten sich ein, „Klientelismus und Schlamperei wucherten" (ibid., 240), aber gleichzeitig konnten auch informelle Netzwerke geknüpft werden, zu denen die Kadervertreter keinen Zugang hatten und/oder akademische Schulen durch „Inzucht und Provinzialismus" (ibid., 235) entstehen (Leipziger Historiker), die eher einen Gewinn darstellten. Wie sich die politischen Eingriffe auf den Professionalismus verschiedener akademischer Berufe auswirkten, ist das Thema der nachfolgenden Ausführungen.

1.3   Biographische Materialien und das professionelle Feld

Was soll untersucht werden? – Fragestellungen – Theoretische Einbettung – Altersgruppen, Kohorten, Generationen – Der Gegenstand der Untersuchung – Das empirische Vorgehen: Erhebung, Bearbeitung, Auswertung – Welche Professionen und Laufbahnen werden vorgestellt?

Sind biographische Interviews dazu geeignet, ein Professionsfeld zu erschließen, oder müssen nicht qualitative und quantitative Verfahren, zum Beispiel die ‚Prosopographie'[17], kombiniert werden, um ‚kollektive Biographien' rekonstruieren zu können, schon um damit mehr oder minder zufällige und systematische Verzerrungen auszugleichen und um die „Norm im Sozialprofil und in den Karrieremustern von Gruppen zu bestimmen, von der aus die tatsächliche Repräsentativität beobachteter Einzelbiographien zu beurteilen ist" (Ernst 1999, 50). Der qualitativen Forschung, hier der Biographieforschung, geht es nicht um statistische Repräsentativität (alle Schwierigkeiten von Zufallsstichproben als Struktur der Gesamtheit eingeschlossen), sondern um das ‚Typische'. Das bedeutet eine Entscheidung gegen den Zufall zu Gunsten einer theoretisch-systematischen Auswahl. „Generalisierung soll durch typische Fälle und nicht durch viele zufällige Fälle ermöglicht werden; (es handelt sich um) Typenbildung im Sinne der Repräsentanz (nicht Repräsentativität im statistischen Sinne)." (Lamnek 1988, 176)

---

[17]   Prosopographie bedient sich eines nach der Buchstabenfolge geordneten Verzeichnisses, in dem alle einem bestimmten Lebenskreis angehörenden Personen mit Quellenangaben verzeichnet sind.

Was soll untersucht werden?

Untersucht werden sollen die biographischen Ressourcen als kulturelles Kapital, denn sie sind die dem Habitus innewohnenden ‚gleichermaßen gültigen Dispositionen' einer strukturierenden und einer strukturierten (geschichteten) Struktur, jedoch ist „(d)er Habitus ... nicht nur das Produkt der Geschichte, er ist auch in einem sehr wortwörtlichen Sinne ‚inkorporierte', verinnerlichte Geschichte. Es gibt zwei Formen, ..., in denen sich Geschichte objektiviert, die Objektivierung in den Institutionen und die Objektivierung im menschlichen Organismus, eben: als Habitus." (Bourdieu 1980, 95; Krais 1987, 51) Die Rekonstruktion der Struktur biographischer Ressourcen objektiviert die Lebensgeschichte als Geschichte und zeichnet das Bild des individuellen Habitus als Produkt der Struktur.

Den Professionalisierungsverlauf mit biographischen Materialien zu analysieren bedeutet, die hinter dem ‚Fall' liegenden sozialen Strukturen herauszufiltern, immer vor Augen habend, wie es der Psychoanalytiker George Vaillant (2000) ausdrückt: „Bedingungen formen Menschen, und Menschen formen Bedingungen." (ibid., 92). Professionssoziologische theoretische und methodische Vorbilder für ein solches Vorgehen sind die 1961 von Howard Becker et al. veröffentlichte Studie ‚Boys in White' (teilnehmende Beobachtung und unstrukturierte Gespräche), aber auch die Studie von Mirra Komarowsky (1940/1973) über das arbeitslose Familienoberhaupt (Triangulation der Perspektiven von Familienmitgliedern), die von Bourdieu (1985) vorgelegte Studie über die Auslober von Bestenlisten, aber auch Arbeiten wie die von Ulrike Nagel (1997) über die Verberuflichung der Sozialarbeit zum Professionalisierungsprojekt der ‚engagierten Rollendistanz', ebenso die Studie von Ursula Streckeisen (2001), die mit Hilfe einer analytischen Exploration (teilnehmende Beobachtung und Gespräche mit Schwestern und Ärzten) die klinische Sterbebetreuung zwischen Tradition und Verwissenschaftlichung untersuchte. Dieter Geulen (1998) versuchte mit Hilfe von autobiographischen Erzählungen und Diskussionen in altershomogenen Gruppen (40er, 50er und 60er Kohorten) der ehemaligen DDR-Intelligenz herauszufinden, welche „... politische Bewußtseins- und Handlungspotential(e) in der DDR aufgrund der gegebenen Sozialisationsbedingungen tatsächlich entstanden sind" (ibid., 323). Das offizielle Erziehungsziel, so in der Zusammenfassung, war offensichtlich nicht erreicht worden, was schon das Verhalten zahlreicher Ostdeutscher vor und nach der Wende zeigte. Zwischen journalistischer Profession und geschichtlichen Strukturen bewegen sich die Oral History Studien von Nori Möding und Alexander von Plato (1989a; Möding 1995) und die historiographischen Arbeiten von Peter Hoff (1990, 1995). Die deutsch-amerikanische Juraprofessorin Inga Markovits (1993) führte Zeitzeugengespräche mit DDR-Richtern, -Staatsanwälten, -Rechtswissenschaftlern und anderen über die Normalität und das Alltägliche, aber auch das Ende der DDR-Justiz.

Wie die professionellen Strukturen durch die biographische Erzählung zum Leben erweckt werden, zeigen die von Sabine Ernst (1997) im Anhang ihrer Studie über Ärzte und medizinische Hochschullehrer der DDR 1949-1961 veröffentlichten medizinisch-politischen Profile von Medizinordinarien der DDR, die am Aufbau der medizinischen Fakultäten der DDR beteiligt waren. Verwendet wurden dafür Autobiographien, Interviews, Festtagsreden, Sitzungsprotokolle, aber auch kritische Würdigungen (ibid., 345-390). Publizierte Gespräche mit Ärzten, ‚Zwischen Hypokrates und Lenin' (Müller 1994), mit einem Vorwort des Präsidenten der Bundesärztekammer, oder auch der von Rosemarie Stein (1992) publizierte Gesprächsband über Ärzte in der Charité in den Jahren 1945-1992 wollen zeigen, dass die Professionsethik immer den Vorrang vor politischen Interventionen hatte. Zwischen Profession und (humanistischer) Persönlichkeit bewegt sich die in der DDR veröffentliche Protokoll-Literatur, die in der Akademiereihe *Spectrum* über ‚berühmte' Wissenschaftler erschien (Buhr/Kröber 1985, Klare 1986).

Mit der Frage: „Wie hat die Intelligenz der DDR (zum Beispiel Mediziner, Kulturschaffende, Gesellschaftswissenschaftler und andere) in der DDR gelebt, und wie werden biographische Umbrüche im Zeitablauf in der neuen Bundesrepublik Deutschland bewältigt?" wurde 1991 eine qualitative Studie mit 31 Personen aus der Intelligenz der Jahrgänge 1919 bis 1960 begonnen und bis 1994 jährlich weitere narrative Interviews/Expertengespräche[18] mit diesem Personenkreis durchgeführt (Berger 1990; Bogner/Menz 2001; Bogner/Littig/Menz 2002; Brint 1994, Gläser/Laudel 2004; Hartmann/Hartmann 1982; Hitzler/Honer/Maeder 1994; Köhler 1992; Meuser/Nagel 1991; Pfadenhauer 2003, 159 ff). In den Expertengesprächen wurde über den beruflichen Werdegang, über die Arbeitssituation, aber auch über Familie und Freunde gesprochen. Angehörige unterschiedlicher akademischer Berufe, 12 Frauen und 19 Männer, nahmen an dieser Studie teil. Davon hatten sieben Personen eine bürgerliche Herkunft und 24 waren Aufsteiger aus dem Kleinbürgertum oder der Arbeiterklasse in die ‚neue Intelligenz'. Das folgende Schaubild zeigt die Untersuchungsgruppe klassifiziert nach Geschlecht und Kohortenzugehörigkeit.

---

[18]   Die Klassifizierung als ‚bürgerliche Intelligenz' und aufgestiegene Intelligenz erwies sich als zu ‚weitläufig'. Nach den 1991 durchgeführten narrativen biographischen Interviews wurde die Untersuchungsmethode geändert in das narrative Expertengespräch. Gleichzeitig wurde die Stichprobe Intelligenz nach Professionen gegliedert.

Tabelle 1: Untersuchungsgruppe nach Kohorten, Geschlecht und Herkunft

	alle	weiblich	männlich	bürgerlich
Kohorten 1919-1927	2	0	2	1
Kohorten 1930-1938	9	5	4	1
Kohorten 1942-1948	8	3	5	4
Kohorten 1949-1960	12	4	8	1
Gesamt	31	12	19	7

In der Untersuchung sind die folgenden professionellen Felder vertreten:

Tabelle 2: Professionelle Felder nach Herkunft und Geschlecht

	alle	davon bürgerlich	davon weiblich
Gesundheit	5	2	2
Kirche	1	1	0
Medien	5	0	3
Justiz	2	0	0
Produktion	3	0	3
Schule	1	1	1
Foschung/Lehre	14	3	3
Gesamt	31	7	12

Über den Verbleib der Untersuchungsgruppe nach dem letztem Gespräch gibt das folgende Schaubild eine Übersicht.

Tabelle 3: Verbleib der Untersuchungsgruppe nach den letzten Befragungen 1993
und 1994

	Männer	Frauen	Bürger-liche Intelligenz	Nicht-bürgerliche Intelligenz
1 geplant verrentet	3	1	1	3
2 auf eigenen Wunsch verrentet	0	1	0	1
3 unfreiwillig verrentet	2	2	1	3
4 Übernahme in die transformierte	0	2	1	1
Institution	3	1	0	4
5 neue permanente Beschäftigung	5	1	1	5
6 befristete Arbeitsverträge	2	3	2	3
7 Selbständigkeit	4	1	1	4
8 arbeitslos	0	0	0	0
Gesamt aus den Stichproben	N = 19	N = 12	N = 7	N = 24

Fragestellungen

„Die Wichtigkeit und Dringlichkeit der ‚Transformationsforschung' lässt sich
mehrfach begründen. Zunächst handelt es sich um die unmittelbare Erfassung der
Phänomene selbst, der Desorganisation, der partiellen Anomie, der Umschichtung,
der Reorganisation von Verwaltung, Arbeitssystem und politischen Verbänden, der
Umstrukturierung des Alltagsverhaltens, der persönlichen Netzwerke, des Aufbaus
von Wertvorstellungen, Deutungsmustern, Orientierungskategorien usw. Daran
schließt sich die – wie immer beschränkte – Chance der Politikberatung, Krisen-
prognose und Erhöhung der Anpassungselastizität an. Allgemeiner sind die
Fragestellungen nach den Folgen eines plötzlichen Austausches des rechtlichen,
politischen und wirtschaftlichen Institutionengefüges für das Verhalten und
schließlich die paradigmatische Bedeutung des ‚deutschen Falles' für Prozesse des
Systemwandels, wie er sich auch in anderen osteuropäischen Gesellschaften
vollzieht. Mit Recht erwartet auch die ‚international community' der Soziologen
einen Beitrag der Deutschen zu diesen Fragen." (Lepsius 1991, 141)

In welcher Weise und mit welchen Strategien wird von der Intelligenz der
ehemaligen DDR der Bruch mit der politischen und sozialen DDR-Vergangenheit
in den Biographien nachvollzogen? Werden biographisch neue Zukunftsmuster als
Ergebnis eines evolutionären Transformationsprozesses entstehen, oder werden die
Konversionsprozesse, das heißt abschwören, umschwenken und/oder verdrängen,
überwiegen (vgl. Klussmann 1990)? Oder anders ausgedrückt: wie werden die Menschen der fünf neuen Bundesländer ihre Biographien ‚umschreiben'? Wie wird sich
das historische Ereignis des Niedergangs der DDR auf die in der ehemaligen DDR
entwickelten Biographien auswirken: Statusverlust oder Statuszuwachs, Kompen-

sationen der ehemaligen Privilegien beziehungsweise der ehemaligen Deprivationen auf der materiellen und immateriellen Ebene? Welche kollektiven Bewältigungsmuster sind bei den ehemaligen Bürgern der DDR als Reaktionen auf diesen historischen Bruch zu erwarten; in welcher Weise wird die biographische Vergangenheit die biographische Zukunft strukturieren?

Theoretische Einbettung

Theoretische Einbettung bedeutet, die in den biographischen Umbruchprozessen verwendeten generativen und mentalitätsgeschichtlichen Deutungsmuster, die in den Anschlussprozessen verwendet werden, zu untersuchen. Eine solche Fragestellung steht in der Tradition der Lebensereignisforschung, erweitert jedoch diesen Ansatz um die Einbeziehung der intergenerationalen und mentalitätsgeschichtlichen Deutungsmuster (Hoerning 1987; Mentalität und longue durées von kulturellen Klassenmentalitäten: Alheit/Mühlberg 1990). Welche generativen und mentalitätsgeschichtlichen Deutungsmuster werden zur Verknüpfung der biographischen Vergangenheit und Zukunft im Zeitablauf verwendet? Das heißt, wie werden Abwehr- und Bewältigungsstrategien biographiegeschichtlich begründet, entwickelt und eingesetzt auf dem Hintergrund einer 40jährigen Alltagspraxis, in der „... Fehler wirtschaftlicher, politischer und sozialer Art nicht nur nicht oder kaum benannt und diskutiert, sondern mit dem Mantel der positiven Superlative hermetisch abgedeckt wurden. So säumen frisierte Berichte, Potemkinsche Dörfer, auch die Wegstrecke der 40jährigen Entwicklung der DDR. Und sie wurden, wenn auch von offiziellen Stellen verlangt, immerhin und mehr oder weniger von uns selbst mitproduziert, so daß wir mit zwei Realitäten – einer spröden und widerständigen Alltagsrealität und einer verschönten Pseudorealität – zu leben und uns einzurichten lernten. Der Preis waren schwindendes Engagement, Scheinaktivitäten, kollektive Sprach- und Gehörlosigkeit und ein sich fortlaufend ausdehnendes „gesellschaftliches Unbewußtes‘." (Busse/Schierwagen 1990, 154/155)

Bei der Auswertung der ersten Interviews stellte sich heraus, dass weder das Geschlecht noch die soziale Herkunft (bürgerliche und nichtbürgerliche Intelligenz) für den Verbleib oder Nicht-Verbleib im Arbeitsprozess nach dem Zusammenbruch der DDR 1989 entscheidend waren, sondern von Bedeutung waren das Lebensalter und die Profession, der jemand angehörte (vgl. Hoerning/Kupferberg 1999).

Zu der Gruppe, deren berufsbiographische Vergangenheit nicht ohne Probleme nach dem Zusammenbruch, der zweiten Systemtransformation nach 1989, konvertierbar war, gehörten Angehörige aus Berufen, die in der DDR politisch hochsensibel waren (Richterschaft, Staatsanwälte, Journalisten). Auch Personen, die in Bereichen von Wissenschaft und Forschung gearbeitet hatten, wo aufgrund der Abschottung gegenüber den Diskussionen im Westen westliche

Standards nicht erreicht werden konnten (Meier 1990, 115-124), oder die das Privileg, Reisekader zu sein, nicht hatten, bekamen Probleme. Ebenso gerieten Personen nach dem Zusammenbruch der DDR ins Hintertreffen, die zu DDR-Zeiten ihre berufliche Qualifizierung in der Wissenschaft (Promotion, Habilitation) zurückgestellt hatten, sei es, weil sie andere Interessen verfolgten, sei es weil für bestimmte berufliche Laufbahnen die Aufstiegskanäle verstopft waren.

Altersgruppen, Kohorten, Generationen

Ungewöhnlich an der Gruppe der Befragten ist die große Zahl der beruflichen Aufstiege. Vielleicht kann man die DDR als eine Gesellschaft der massenhaften Aufsteiger bezeichnen, deren lebensweltliche Deutungsmuster sich vermutlich von westlichen Aufsteigern unterscheiden (Bude 1987; Bourdieu 1988a; Niethammer 1988, 1990a; Niethammer/von Plato/Wierling 1991). Geführt wurde der Staat von Personen, die um 1915 geboren wurden, nämlich Axen, Jg. 1916, Hager, Jg. 1912, Honecker, Jg. 1912, Mielke, Jg. 1907, Sindermann, Jg. 1915, und Stoph, Jg. 1914.

„Die Generation von 1930 ist zum Teil in die obersten Führungskader nachgerückt (Mittag, Jg. 1926, und Herrmann, Jg. 1928) und hat zum Beispiel das Programm der ‚systemimmanenten Wende' vertreten (wie Krenz, Jg. 1937, Schabowski, Jg. 1929, und Modrow, Jg. 1928) ... ." (Lepsius 1990, 318)

Die Jahrgänge 1929 bis 1938 sind als historische Kohorte interessant: Zum Ende des Zweiten Weltkrieges waren diese Personen zwischen sieben und 16 Jahre alt; die älteren unter ihnen stellten in den Jahren 1943 bis 1945 den „Hauptanteil des Behelfspersonals der Flugabwehr in der Heimat – bis zu 45 % der Sollstärke" (Bude 1987, 9). Ihre Lebensgeschichten sind durchdrungen von der gesellschaftlichen Geschichte der nationalsozialistischen Indoktrination als Sozialisationserfahrung (Bude 1987; Hübner-Funk 1990; Kudera 1989). Viele von ihnen sind aber auch Töchter und Söhne von Juden, Kommunisten, Sozialdemokraten und anderen politisch Verfolgten im Dritten Reich, Personen, die also schon als Kinder und Jugendliche die Erfahrung politischer Verfolgung erlebten.

Nach Kriegsende (1945) und Gefangenschaft kehrten sie in die deutschen Trümmer zurück. Sie beendeten entweder begonnene Ausbildungen, oder aber sie wählten neue Bildungs- und Berufswege. Als 1949 die Bundesrepublik und die DDR gegründet wurden, waren sie zwischen 11 und 19 Jahre, 1961 waren sie zwischen 23 und 31 Jahre alt. In der Zeit zwischen 1949 und 1961, in der der lebensgeschichtliche Abschnitt der Berufswahl und der damit verbundenen ersten Lebensperspektiventwürfe fällt (Erikson 1977; Levinson et al. 1978; Vaillant 1980), wurde diese Altersgruppe mit oder ohne ihr Zutun in den Kalten Krieg verwickelt. Der Kalte Krieg durchzog hüben und drüben den Alltag (Hoerning 1990/1991), kaum jemand konnte sich der alltäglichen Propaganda entziehen. Schauprozesse,

Fluchten, der Besitz westlicher Konsumartikel und westliche Verwandtschaften wurden in den Medien, Arbeitskollektiven und in Bildungsinstitutionen der DDR offiziell, nach dem Modell des exemplarischen Lernens, diskutiert.

Fast 28 Prozent der Personen aus dem Drei-Millionen-Flüchtlingsstrom waren zwischen 25 und 45 Jahre alt, als sie die DDR in den Jahren von 1949 bis 1961 verließen, und das bedeutete, dass fast jeder in seiner unmittelbaren Umgebung, sei es am Studien-, sei es am Arbeits- oder Wohnort, von Fluchten in den Westen erfuhr und dadurch Irritationen entstanden.

Die Älteren in der Untersuchung hatten sich für ein Bleiben in der DDR entschieden.

Ich erinnere mich zum Beispiel noch genau an Erlebnisse, wo wir also kurz vor 1961 sagten: Da fehlen wieder welche, die Lebensmittel waren ausverkauft, unsere Arbeiter arbeiteten drüben (in West-Berlin), tauschten aber ihr Geld zu einem günstigen Kurs um (und schädigten die DDR), das war eine Situation, wo Du als bewusste Genossin und bewusste Bürgerin dieses Staates voll in Sorge warst und sagtest, es müsste was geschehen. Wo wir faktisch die Mauer verstanden haben und sagten, Gott sei Dank. Aber aus der Tatsache der Mauer ist nichts gemacht worden, so dass die Mauer dann wirklich zum Gefängnis wurde für die Bevölkerung. (Gespräch 1991, Jg. 1930, Soziologin in leitender Stellung.)

Das heißt also, die Leute wussten natürlich, dass das nicht alles gerade ideal ist einerseits und dass eine Menge störend ist, was übrigens in jeder Gesellschaft der Fall ist, aber andererseits waren sie der Meinung, wenn wir das überwinden und da durchkommen, dann haben wir eine sehr viel vernünftigere Gesellschaft. (Gespräch 1991, Jg. 1944, Wirtschaftsstatistiker und -historiker)

Zum Zeitpunkt der ersten Erhebung waren die älteren Personen zwischen 53 und 61 Jahre alt. Fast ihr gesamtes berufliches und Familienleben hatten sie in der DDR verbracht, aber das, auf was sie verweisen können, wurde nach 1990 zum Teil oder ganz abgewertet oder es verschwand[19].

Die DDR wurde als Staat als die totale Alternative zur BRD konzipiert und auch legitimiert. „Die Erblast des Nationalsozialismus wurde institutionell zwar scheinbar radikal (Bildungsreform, Justizreform, Landreform), in der politischen Kultur des Landes aber kaum verarbeitet, sondern mit politischen Tabus belegt. Das militärische Ordnungsdenken und -handeln des nationalsozialistischen Systems wurden in ein System zentralistischer Willensbildung überführt und legitimiert

---

[19]   Reinhold Sackmann (1990) hat darauf hingewiesen, dass bei den 1929 bis 1935 Geborenen aufgrund ihres – vielfach erzwungenen – Austritts aus dem Erwerbssystem eine stärkere Konservierung von alten Deutungsmustern eintreten könnte. Die Revidierung von Erfahrungen könnte bei der Vergleichskohorte der 1951 bis 1960 Geborenen sehr viel radikaler sein, schon aufgrund der erzwungenen Neuorientierung im Erwerbssystem, denn „in der alten Bundesrepublik verlief die ‚Neuschreibung‘ des Nationalsozialismus in der Nachkriegsgeneration von der Varianz und Vielfalt der Erfahrungsbildung zum Teil sehr viel interessanter (in den jüngeren Gruppen, E.M.H.) ab als in der Generation ..., die als Erwachsene in der Zeit des Nationalsozialismus ihre Erfahrungen gemacht hatten" (ibid.).

durch den Anspruch, der neue Staat sei die anti-faschistische Institution schlechthin." (Grunenberg 1990, 174)

Das ging so weit, dass in den 1950er Jahren daraus ein funktionaler Kampfbegriff entstand: ‚Wer nicht für uns ist, ist gegen uns, muss also Faschist sein' (siehe Janka 1990; Just 1990). Eine kleine Gruppe von Antifaschisten in der Regierung hatte irgendwann dieses Bewusstsein auf die gesamte Bevölkerung übertragen, und so beschäftigte sich niemand mehr mit Mitläufern, Verführten und Gläubigen des Nationalsozialismus. Diese staatliche Freisprechung von Schuld sicherte dem Staat wiederum Loyalität, der Staat war antifaschistisch, also war er auch gut; das Erbe des Nationalsozialismus wurde an die Bundesrepublik delegiert.

Diese offensive antifaschistische Bündnispolitik wurde Ende der 1970er Jahre schwächer, sie hat aber als Blockade gegen eine konstruktive Kritik weiter gewirkt. „Der Mechanismus konnte natürlich nur wirken, weil alle Elemente demokratischer politischer Kultur beseitigt worden waren. Die traditionell bürgerlichen, teilweise auch sozialdemokratischen Kräfte hatten sich spätestens in den fünfziger Jahren teils freiwillig untergeordnet, teils wurden sie aus den Entscheidungspositionen verdrängt und verfolgt. So waren denn bald keinerlei Korrekturmöglichkeiten durch das Einwirken anderer politischer Gruppen und Interessen mehr gegeben." (Grunenberg 1990, 175)

Die Begeisterung der Leute, die in den 1950er Jahren ... geackert haben, weil sie politisch von dem Konzept überzeugt waren, ist ... in der zweiten Hälfte der 1960er Jahre verspielt gewesen. Insbesondere mit dem Räumungsverkauf des achten Plenums 1965. Spätestens da war auch der Knick in der ganzen Geschichte. (Gespräch 1992, Jg. 1930-1998, Journalist, Dokumentarfilmer)

Aber es war der Geist der Zeit, der damals regierte. Es waren endlose Debatten, in denen im Prinzip der Nachweis geführt werden sollte, dass die Ausbürgerung Biermanns (1976) rechtens sei. Darüber hat die Geschichte ihr Urteil gesprochen, die Ausbürgerung Biermanns hat eine permanente Kulturkrise in diesem Land ausgelöst mit vielen Nachfolgeerscheinungen. ... Und die Ruhigstellung, wie ist die erfolgt? Durch Maßnahmen, die möglicherweise gar nicht so sehr öffentlich waren, es sind dann eben manche Bücher nicht erschienen. Es sind eben auch Filme verboten worden, die nicht in das Denkschema passten. Aber es war meistens damit nicht unbedingt eine materielle Vernichtung derjenigen verbunden, die das vorgelegt hatten. (ibid., 1991)

(Erich Honecker) saß aber elf Jahre (während der Nazizeit) in Brandenburg-Görden, (dadurch) war man in einer gewissen Weise gebremst ... Diese blinde Verehrung war zuletzt Blockade. (ibid., 1992)

Ende der 1970er Jahre jedoch zeigt sich bei den Jugendlichen, die um 1960 geboren wurden, dass sich eine abnehmende Loyalität gegenüber den Ansprüchen des Staates bemerkbar machte. Schuld- und Sühnevorstellungen gegenüber Partei und Staat gibt es nicht mehr (vgl. dazu den Dokumentarfilm ‚Lebensläufe')[20]. „Die

---

[20]   Die Geschichte der Kinder von Golzow in einzelnen Porträts wurde 1981 von Winfried Junge und Hans-Eberhard Leupold erstmalig auf den Internationalen Filmfestspielen, Berlin, gezeigt.
Fußnote wird auf der nächsten Seite fortgesetzt

Krise der staatlichen Autorität zeigt sich in der Endphase auch mit den Möglichkeiten, staatliches Handeln zu unterlaufen. Dies gilt für die einzelnen Bürger, die sich den staatlich-parteilichen Ansprüchen entziehen. Dies gilt jedoch auch für ganze Gruppen, wie z.b. für jugendliche Kultur- und Politikgruppen ... (meist unter dem Schutz der evangelischen Kirchen)." (Grunenberg 1990, 176/177)

Diese Beobachtungen wurden in der Studie von Niethammer (1990a; Niethammer et al. 1991) bestätigt, jedoch wurde auf eine weitere Entwicklung verwiesen: auf den Generationskonflikt mit der Nachfolgegeneration: „Unsere biographischen Studien brachten jedoch ein Arrangement der älteren Generation mit dem Sinn ihres Hierbleibens in den Blick und eine deutliche, ja krasse Skepsis gegenüber der Jugend der DDR, die eben an allen wichtigen Erfahrungen der Nachkriegszeit, die das Arrangement der älteren Generation begründet hatten, nicht teil hatte und sich dafür auch nicht mehr interessierte. ... Dieses Arrangement der älteren Generation (die bis 1935 Geborenen, E.M.H.), das jenseits der Gewalt des ‚vormundschaftlichen Staates' einen Konsens in der DDR ersetzte, ist kompliziert ... Im Kern geht es beim Arrangement der Aufbaugeneration aber um die Erfahrungsseite von Grundproblemen der frühen DDR, um Frauen, um den massiven Ersatz von Flüchtlingen durch Aufsteiger und um eine politische Generationskonstellation, die den Stalinismus um mehr als eine Generation verlängern sollte, und dies anders als in Ungarn, Polen oder der ČSSR, (nämlich) ohne massive Niederschlagung von Volksaufständen." (Niethammer 1990a)

Niethammer spricht von den nach 1949 Geborenen als „von der neuen Generation" der DDR (Niethammer 1990a und 1990b). Theo Sommer, Chefredakteur der ZEIT, der 1986 die DDR mit anderen ZEIT-Redakteuren/innen bereiste und seine Eindrücke mit denen von 1964, seiner ersten Reise in die DDR, verglich, beschreibt diese Generation wie folgt: „Die neue Führungselite ist eine Leistungselite von Fachleuten. Sie qualifiziert sich ständig weiter wie alle anderen Bürger; die DDR ist ein einziges, riesiges Fortbildungsinstitut. Ihre Angehörigen unterscheiden sich von westdeutschen Politikern und Spitzenbeamten vor allem dadurch, dass sie viel mehr wie Technokraten reden. Jeder Parteisekretär ein Wohnungsbau-Experte, jeder Ratsvorsitzende ein Rationalisierungsfachmann. Nicht mehr die stalinistischen Sozialingenieure sind am Schalthebel, die den alten Adam in der Fabrik des neuen Menschen umkrempeln wollen, sondern die Diplomingenieure. ... Die Menschen in der DDR haben ... Sicherheit, viel Gängelung, Planung, Fremdbestimmung bis tief hinein in den Lebensentwurf des einzelnen – aber eben auch Zuwendung, Fürsorge, eine Biographie ohne Knick, solange sie nicht aufmüpfig werden." (Sommer

---

Es handelte sich um filmische Aufzeichnungen über Entwicklungsverläufe der Kinder von Golzow, die 1955 in einer Mittelpunktschule eingeschult wurden. Eine kritische Auseinandersetzung mit diesem filmischen Langzeitprojekt in der DDR in: **Weimarer Beiträge** 9, 1982.

1986, 30, 33)

Aber nicht nur das Erscheinungsbild und der politische und berufliche Habitus der Führungselite hatten sich 1986 im Vergleich zu 1964 geändert, sondern soziologisch zeigt sich hier ein schichthomogenes Reproduktionsverhalten, das die einzelnen Etappen der politischen und auch wissenschaftlichen Diskussion über die ‚Rolle der Intelligenz im Sozialismus' widerspiegelt.

Der Gegenstand der Untersuchung

Der Gegenstand der Untersuchung sind die generativen Hintergrundstrukturen oder kollektiven Deutungsmuster der sozialen Lebenswelten in den Lebenskonstruktionen der bürgerlichen Intelligenz und Aufsteiger aus der Schicht der Intelligenz der DDR, die, trotz des strukturellen Zusammenbruchs des Systems, eine „strukturelle Kontinuität in der Veränderung" (Bude 1987, 83) in ihren Biographien erzeugen. Für die Untersuchung dieser Fragestellung wurden Angehörige aus einer exponierten Gruppe der DDR-Gesellschaft ausgewählt, Angehörige aus der Schicht der Intelligenz.

Angehörige aus der Schicht der Intelligenz wurden deshalb für diese Studie ausgewählt, weil sie in der ehemaligen DDR häufig politisch begründete Privilegien genossen, die ihnen vermutlich durch den Umbruch weitgehend abhanden gekommen sind, das heißt, ihre exponierte Stellung als Funktions- und Mitteleliten ging verloren. Aber nicht nur ihr Ansehen und Prestige gingen zahlreichen Mitgliedern der Intelligenz durch den Umbruch verloren, durch Peerevaluationen des Wissenschaftsrats wurden vielerorts auch ihre professionellen Fähigkeiten in Frage gestellt und entwertet. Die Professionen sind davon unterschiedlich stark berührt. Eingriffe in die professionelle Verfasstheit der medizinischen Intelligenz waren weitaus weniger häufig als Eingriffe zum Beispiel in die juristische Profession oder Eingriffe in die Forschungsprogramme, -organisation und institutionelle Verfasstheit von Universitäten, Akademien, Forschungsinstituten, die in der ehemaligen DDR die Geistes-, Kultur-, Sozial- und Wirtschaftswissenschaften vertreten haben. Die professionellen institutionalisierten Basisorganisationen – das sind die Arbeitsplätze –, die professionellen Fachkulturen und Vereinigungen[21] der einzelnen

---

[21]   Klubs und Fachorganisationen der Intelligenz (nach Infratest 1960) waren örtliche Klubhäuser (in der Regel mit Restaurants), die als Treffpunkte der Intelligenz für Vorträge und Diskussionen dienten. Eine Mitgliedschaft war nicht Pflicht. Die wissenschaftlich-technische Intelligenz traf sich in der *Kammer der Technik*, die Lehrer trafen sich im *Pädagogischen Kabinett*. Für hochgeschätzte Mitglieder der Intelligenz gab es, neben den für alle Mitglieder der Intelligenz zugänglichen Klubs des Kulturbundes, die sogenannten Luxusklubs, zum Beispiel das Schloss auf dem Weißen Hirsch in Dresden für Manfred von Ardenne und seine Mitarbeiter/innen. Eine weitere Organisationsform war der *Kulturbund* für die Kulturschaffenden der DDR. *Wissenschaftliche*
Fußnote wird auf der nächsten Seite fortgesetzt

Professionen wurden häufig von der Bundesregierung zeitlich befristet oder sofort abgeschafft (Kulturbund). Zahlreichen Mitgliedern aus der Schicht der Intelligenz wurde die professionelle Darstellungsmöglichkeit dadurch entzogen, pathetisch gesagt, sie wurden ‚heimatlos‘. Ich vermute, dass auch diejenigen, die in den Ruhe- oder Vorruhestand ‚hineingeregelt‘ wurden, sich auf allen genannten Dimensionen ebenfalls ‚heimatlos‘ fühlen, teilweise noch verstärkt durch den Verlust der sozialen Anerkennung des Alters (Veteranen).

Das empirische Vorgehen: Erhebung, Bearbeitung, Auswertung

In allen Forschungsvorhaben hängen, nachdem der theoretische Ansatz und das Forschungsziel umrissen worden sind, Untersuchungsplan, Datenerhebung und Datenauswertung sehr eng zusammen. Bei der Datenerhebung geht es darum, die vorhandene Realität im Alltag zu finden, beschreibbar zu machen und in der Datenauswertung interpretierend zu analysieren. Die vorhandene Realität im Alltag bietet sich der Datenerhebung in unterschiedlichen Konfigurationen und Struktu- ren an. Je stärker das Wissen um die vorhandene Realität im Alltag bereits in ‚Variablen‘ erhoben werden kann (diese Erhebungen erfolgen überwiegend in codifizierten Abfragen), desto stärker konzentriert sich die Untersuchung auf die Falsifikation oder Verifikation von Hypothesen beziehungsweise Theorien. Dieses Wissen über die vorhandene Realität im Alltag ist ein ‚besonderes‘, ein ‚begrenztes‘ Expertenwissen.

Die Wahl eines qualitativen Untersuchungsansatzes aber setzt voraus, dass die Forschenden in Bereiche der Realität eindringen wollen, die codifizierten Verfahren ‚bis jetzt‘ oder aber auch ‚nie‘ zugänglich sind. „... Qualitative Methodo- logie gestattet es dem Forscher, ‚nah ranzugehen an die Daten‘ und dabei die analytischen, begrifflichen und kategorialen Bestandteile der Interpretation aus den Daten selbst zu entwickeln – und nicht aus den vorgeplanten, straff gegliederten und hoch quantifizierten Techniken, die die empirische soziale Welt in die Schub- laden der operationalen Definitionen zwängt, die die Forschung zusammengebaut hat.“ (Filstead 1979, 35, in Lamnek 1988, 178/79)

Qualitative Sozialforschung will verstehen. Etwas zu verstehen heißt, etwas für das Handeln Notwendiges als selbstverständliches Wissen zu haben. Wenn

---

Gesellschaften der einzelnen Disziplinen galten als wissenschaftliche Fachverbände, insbesondere für den Austausch mit der Sowjetunion und den anderen sozialistischen Staaten. Die *Urania: Gesellschaft zur Verbreitung wissenschaftlicher Kenntnisse* warb um Mitglieder aus allen Intelligenzkategorien (Infratest 1960, 166), diese Gesellschaft organisierte das gesamte populärwissenschaftliche Vortragswesen der DDR. „Wir finden – fassen wir zusammen – eine recht rege Teilnahme bzw. Mitgliedschaft der Intelligenz an fachlichen Organisationen und den Intelligenzklubs der Sowjetzone.“ (ibid., 166) Diese Klubs waren Einrichtungen des *Kulturbundes* und wurden seit 1957 über den Etat des Kulturbundes finanziert.

Handeln des untersuchten Subjekts und Verstehen durch die Forschenden zur Deckungsgleichheit gebracht werden, dann reden wir von einer „objektiven‘ Erkenntnis" (Lamnek 1988, 173). Objektivität und Allgemeingültigkeit stehen in einem Wechselverhältnis; in der quantitativen Biographieforschung entspricht dem die Repräsentativität und Generalisierbarkeit (ibid., 174). Qualitative Biographie-forschung ist immer Feldforschung, die ihre Stichproben nach den sich aus dem laufenden Forschungsprozess ergebenden ‚Strukturen‘ zusammensetzt (theoretical sampling) (Glaser/Strauss 1967). Jeder neue Fall, jede neue Situation (immer im Kontext bereits früherer theoretischer Überlegungen) gilt als Vergleichsfall, der das bereits vorhandene Wissen anreichert, irritiert oder gar verwirrt. Der Untersu-chungsplan entsteht (häufig) weniger aufgrund theoretischer Überlegungen, son-dern eine Situation oder ein Mensch wird ausgewählt, weil er etwas ‚Typisches‘ repräsentiert. Das ‚Typische‘ kann sowohl als quantitatives wie auch als qualitatives Merkmal benannt werden. „Die methodologische Begründung der besonderen Dignität des Einzelfalls hat hier ihren Ansatzpunkt." (Alheit/Mühlberg 1990, 25)

So gesehen ist die theoretisch gesteuerte Stichprobenauswahl immer schon aus dem Gegenstandsbereich der Untersuchung abgeleitet. Deshalb wurde gezielt nach Personen Ausschau gehalten, die der bürgerlichen Intelligenz und auf der anderen Seite der nichtbürgerlichen Intelligenz angehören, denn der theoretische und methodische Gewinn der Studie wird durch Kontrastierung der Fallge-schichten erreicht.

Die Experten wurden über persönliche Kontakte gewonnen. Allen Experten wurde zur Information eine Kopie des Papiers zur Projektidee (Hoerning 1990/1991) übersandt, das auch ohne Ausnahme gelesen worden ist, so dass die Gesprächseröffnung relativ einfach verlief. Bis auf zwei Interviews wurden alle Gespräche in Privatwohnungen geführt, die ausgewählten Experten nahmen sich viel Zeit, die Gespräche dauerten zwischen vier und zehn Stunden (bei zehn Stunden wurde an zwei Tagen interviewt). Von diesen Personen wurden mir weitere Personen genannt, die für die geplante Studie interessant waren, auch waren die Befragten bereit, die Kontakte zu den genannten Personen herzustellen.

Vier dieser Gespräche wurden mit Ehepaaren geführt, wobei in drei von vier Fällen auch die Ehepartner/innen zur Intelligenz gehörten (Ärztin und Apotheker; Arzt und Lehrerin; Soziologin und Soziologe), in einem Fall hatte die Ehefrau unentgeltlich die Verwaltungs- und Schreibarbeiten für ihren Mann, einen Hoch-schullehrer, übernommen und auf eine eigene Karriere verzichtet.

Welche Professionen und Laufbahnen werden vorgestellt?

Die medizinische Profession wird als erste vorgestellt. Sie ist eine traditionelle, geschlossene Fachkultur, deren Zugänge geregelt sind. Beim ersten Gespräch 1991 unterschieden sich die Praxisausstattungen (medizintechnische Geräte, Computer etc.) der ehemaligen DDR-Mediziner von denen ihrer westlichen Kollegen. Diese Ungleichheit war in den folgenden Gesprächen ab 1992 verschwunden.

Dem folgen kirchliche Amtsträger, Berufe zwischen Amt und Profession. Das kirchliche und gesellschaftliche Leben aus der Sicht eines Superintendenten und die professionsspezifischen Felder mit ihren Begrenzungen werden vorgestellt. Die medizinische und die kirchliche Profession stehen für relative Kontinuität des professionellen Handelns sowohl nach der ersten Systemtransformation bei der Gründung der DDR als auch nach der zweiten Systemtransformation, beim Zusammenbruch der DDR.

Anders die sich anschließenden Professionen, die Journalisten und die Juristen. Ihre Berufungen auf die historisch wenig stabil ausgebildeten Professionskulturen gingen durch die staatliche Steuerung unter. Eine Ausnahme bilden die freien Rechtsanwälte und die Rechtsanwälte in den Anwaltskollektiven.

Am Ende werden professionelle Frauen in den ‚Zentren der Macht' vorgestellt. Verzichtet wird auf die mit Lehre und Forschung beschäftigten Professionen, das würde den Rahmen dieses Buches überschreiten. Die Arbeit endet mit Reflexionen über strukturelle, kulturelle und habituelle Verschiebungen der Intelligenz, der Akademiker und der Professionen der DDR vor und nach 1989.

2 Die Professionen

2.1 Mediziner[22]

Die DDR, das Bildungsbürgertum und die (medizinische) Profession – Die sozialistische Umgestaltung des Gesundheitswesens – Ärztinnen und Ärzte in der DDR – Ärzte: Der Allgemeinmediziner, Jg. 1944 – Der Neurologe, Jg. 1957 – Ärztinnen – Die Fachärztin für Onkologie und Hämatologie, Jg. 1950 – Die Allgemeinmedizinerin, Jg. 1955 – Zusammenfassung und Ausblick

Umfragen zeigen, dass Ärzte in Ost und West 1991 die höchste Wertschätzung genießen. „Für den angesehensten Beruf in Ost und West treffen ... drei Kriterien zu: Die Menschen brauchen ihn, das Studium ist schwierig und langwierig, und die Kasse stimmt am Ende auch." (Globus 1991)

In diesem Kapitel beschäftige ich mich mit der Positionierung der medizinischen Profession in der DDR, der Positionierung zwischen Bildungsbürgertum und neuer Intelligenz auf dem Hintergrund der sozialistischen Umgestaltung des Gesundheitswesens. Die Praxis, Struktureigenschaften der Arbeitsorganisation und der professionelle Habitus von Ärzten und Ärztinnen werden ebenfalls beschrieben.

Die DDR, das Bildungsbürgertum und die (medizinische) Profession

Das Bildungsbürgertum ist eine soziale Gruppe, die nach ständischen Mustern auf der Basis von Leistungs- und Herrschaftswissen vergesellschaftet ist. Aufgrund eigener Werte und Verhaltensorientierungen grenzt sie sich ab, jedoch haben diese Werte und Verhaltensorientierungen gesamtgesellschaftliche Bedeutung (vgl. Ernst 1997, 12ff; Lepsius 1992; Kocka 1989). „So entschied auch bei Berufen mit größerer Nähe zum Leistungswissen, gerade etwa beim Arzt ..., nicht die medizinische Berufskompetenz über seine Zugehörigkeit zum Bildungsbürgertum, sondern ‚seine Diskursfähigkeit im Rahmen des jeweils geltenden Bildungswissens'" (Lepsius 1992, 10ff, in Ernst 1997, 13). „Bildungsbürgerlichkeit wurde zur ‚Subkultur'" (ibid., 14) Ein solches Bildungswissen jedoch kollidierte mit der durch Staat und

22   Die Erstfassung wurde 2003a unter dem Titel „Ärztinnen und Ärzte in der DDR" in: Mieg, Harald A., und Michaela Pfadenhauer (Hg.) (2003): Professionelle Leistung – Professional Performance. (Wissen und Studium). Konstanz: UVK, 111-146, publiziert. Für dieses Buch wurde die Erstfassung überarbeitet.

Partei monopolisierten „Wertsetzungskompetenz" (ibid., 15), und so musste im ‚realen Sozialismus' die alte Bildungselite als Funktionselite neutralisiert und integriert werden.

Am Ende der DDR zeigte sich jedoch, dass dieser Versuch weitgehend fehlgeschlagen war. „Obwohl der Aufstieg der (medizinischen) Profession (...) historisch untrennbar mit der bürgerlichen Gesellschaft verknüpft ist, hatte deren Ende in der frühen DDR keineswegs eine geradlinige ‚Entprofessionalisierung' zur Folge – schon gar nicht im Sinn von Dequalifizierung, wie der Begriff in der Absicht, die ‚Abwicklungen' zu rechtfertigen, neuerdings in Gebrauch kam ... Anders als zu erwarten gewesen wäre, blieb die Ärzteschaft trotz erheblicher Beeinträchtigungen (keine eigenständige ökonomische Interessenvertretung, gelenkte Publikationsmöglichkeiten, Versuche der Abschaffung des Monopols ärztlicher Dienstleistungen und Hierarchisierung der Arbeitsteilung und anderes, E.M.H.) weitgehend stabil. Sie wurde weder deklassiert noch ihre auch im Westen durchaus prekäre Einheit gesprengt." (Ernst 1997, 42; vgl. dazu Budde 2003, 22) „Unter den hier betrachteten akademischen Berufen gehörte die ärztliche Profession zu derjenigen, die sich erfolgreich gegenüber einem staatlich verordneten und in Gang gesetzten Neuanfang sperrte." (Budde 2003, 228) Die Transformation der Medizinerprofession von einer bürgerlichen zu einer sozialistischen Berufsgruppe scheiterte an politischen Zugeständnissen, die deshalb gemacht werden mussten, um zum Beispiel unmittelbare Kriegsfolgen wie Seuchen, Tuberkulose und Unterernährung zu behandeln, um die Abwanderungen von Ärzten in die Bundesrepublik in den 1950er Jahren zu verhindern[23], sie scheiterte aber auch daran, dass Rekrutierung, Ausbildung und Berufsausübung weitgehend in den Händen der Mediziner verblieben. Selbst die politische Strukturierung und Kontrolle der beruflichen Interessenverbände und die forcierte Zunahme von Arbeiter- und Bauernkindern unter den Medizinstudenten waren zwar ein ‚Bruch in der Sozialgeschichte der Profession', politisch gerechnet hat es sich nicht. „Die naturwissenschaftlichen, technischen und medizinischen Fächer zeigten einen hohen Grad personeller und ... kognitiver Kontinuität. Nach den Säuberungswellen der Entnazifizierung folgten Ende der vierziger Jahre schnell eine moderate Integrations- und Privilegierungspolitik, die sich weder für die politische Vorgeschichte noch für das gegenwärtige politische Engagement dieser Wissenschaftler interessierte, wenn sich diese nur äußerlich neutral verhielten." (Jessen 1996, 92)

---

[23]   „Der akute Mangel an Ärzten, Zahnärzten und Apothekern beeinträchtigte die volle Ausprägung der Vorzüge des nach 1945 neu geschaffenen Gesundheitswesens. ... Verschärft wurde das Problem dadurch, daß sich der BRD-Imperialismus vor allem seit Mitte der 50er Jahre auf die gezielte Abwerbung von Wissenschaftlern, Ärzten, Ingenieuren und Facharbeitern aus der DDR konzentrierte." (Prokop [DDR] 1984, 161)

Das Prestige des Medizinerberufs erlitt keine Einbuße und hielt sich über die gesamte Zeit der DDR. Der Arztberuf (nicht die Zahnärzte) nahm kontinuierlich die Nummer eins auf der Prestigeskala ein (Belwe 1990). Die medizinische Profession der DDR verlor trotz mehrfacher Eingriffe der DDR-Obrigkeit nie ihren traditionellen Charakter (vgl. Ernst 1996). Die Austrocknung und Aushebelung der niedergelassenen Ärzte in den 1950er Jahren, die Umwandlung der Berufsorganisationen, der Versuch der Einführung von ‚Arzthelfern als Ärzte zweiter Klasse‘ in den 1950er Jahren, die Gründung medizinischer Akademien 1954, die innerhalb kurzer Zeit ebenso traditionell verfasst waren wie die medizinischen Fakultäten – alle diese Interventionen berührten die professionellen Strukturen kaum.

Ein Mediziner, der nicht an einem bestimmten Arbeitsplatz oder in exponierter Stellung arbeiten wollte, konnte durchaus auf Parteimitgliedschaft verzichten, ohne dass dies seine Arbeit beeinträchtigt hätte. Die Bestätigung durch Parteigremien wurde erst dann relevant, wenn ‚bestimmte‘ hochrangige Dienstpositionen besetzt wurden. „Der innere Aspekt der Subordination erfolgte durch die sog. Kaderpolitik, der zufolge alle personalpolitischen Entscheidungen bezüglich bestimmter Dienstpositionen durch entsprechende Parteigremien bestätigt werden müssen. ... Die ideologisch-politische Loyalität wird zu einem Gegensatz zu den professionellen Handlungskriterien und zur ausschlaggebenden Voraussetzung für den beruflichen Aufstieg." (Stojanov 1991, 38/39)

Der Kontakt zu den westdeutschen Standesorganisationen[24] blieb auch nach der deutschen Teilung und über 1961 hinaus erhalten, zumindest war der ‚Geist‘, der westdeutschen ärztlichen Standesorganisation bei den Ärzten der DDR nicht unbekannt (vgl. Ernst 1996).

Die berufsständischen Vertretungen für die wirtschaftlichen Berufsinteressen der Ärzteschaft wurden in der DDR nicht übernommen. Von der sowjetischen Militärverwaltung (SMAD) wurde als einziger berufsmäßiger Zusammen-

---

[24]   Eine Organisation, die die Verbindung zwischen Ost und West auf ihre Fahnen geschrieben hatte, war die Stiftung *Ärzte helfen Ärzten*, die 1955 vom *Hartmannbund* mit Unterstützung der *Bundesärztekammer* gegründet wurde. Sie beschäftigte sich nicht mit Niederlassungen oder anderen Arbeitsmarktproblemen ostdeutscher Ärzte, sondern kümmerte sich um abgelehnte Studienbewerber aus Arztfamilien. Sie sammelten Spenden und warben um westdeutsche Arztfamilien, die Arztkinder aus der DDR aufnehmen sollten. Mitte der 1950er Jahre gab es rund 1000 Arztkinder aus der DDR in westdeutschen Arztfamilien, davon waren zwei Drittel Studierende. Bis 1961 wurden 1,3 Mio. Spendengelder verteilt. „Die Ärzte, seit 1959 auch die Zahnärzte, waren ‚der einzige Berufsstand ... der auf diese Weise seine Verbundenheit mit seinen Standesgenossen in Mitteldeutschland beweist‘." (Ernst 1997, 61ff, 63, zitiert nach *Ärzte helfen Ärzten* 1959, 870) Einigen (prominenten) geflüchteten Medizinern wurde die Approbation oder der Titel von staatlicher Seite aberkannt. Die westdeutschen Standesorganisationen nahmen diese Aberkennung nicht zur Kenntnis (Ernst 1997).

schluss der Freie Deutsche Gewerkschaftsbund (FDGB) akzeptiert, der auch die Aufgaben der ehemaligen kassenärztlichen Vereinigungen übernehmen sollte. 1948 wurden die Heilberufe in der Gewerkschaft Gesundheitswesen dem FDGB eingegliedert. 1953 wurden dann die Heilberufe nach Beschäftigungsverhältnissen organisiert: die Niedergelassenen und Angestellten in kommunalen Einrichtungen in der Gewerkschaft Gesundheitswesen, Amtsärzte und Mediziner in staatlichen Einrichtungen in der Gewerkschaft Staatliche Verwaltung, Banken, Versicherungen und die Hochschulmediziner in der Gewerkschaft Wissenschaft, alle unter dem Dach des FDGB. Auch die Sozialversicherung der DDR als Abrechnungsstelle, die in der ersten Hälfte der 1950er Jahre mit dem Vorwurf, sie sei die Fortsetzung der alten Ärztekammern, unter Beschuss geriet, wurde schließlich 1956 unter das Dach des FDGB gestellt. Jedoch „(w)irkliche Anerkennung als ‚ihre' Berufsvertretung fand der FDGB bei der Mehrheit der Ärzte nicht. ... Daß 1960 drei Viertel aller Ärzte im FDGB waren, war keineswegs Ausdruck des fortgeschrittenen Standes der Bündnisbeziehungen zwischen Arbeiterklasse und Intelligenz" (Ernst 1997, 85), wie es gern von DDR-Historikern interpretiert wurde (Prokop 1984, 160). Aus der hohen Zahl der Mitgliedschaft entstand keine ‚Parteiärzteschaft', und Ämter in Partei und Massenorganisationen wurden von Medizinern kaum übernommen. Die Mitgliedschaft im FDGB war instrumentell, denn der FDGB war Verteiler für Sozialleistungen (Kindergarten-, Krippen- und Ferienplätze usw.).

Das mangelhafte politische Engagement der DDR-Mediziner wurde von den politischen Organen immer wieder kritisiert, gleichzeitig aber auch von denselben und von der Bevölkerung akzeptiert (Ernst 1996). An erster Stelle stand für die Medizinerinnen und Mediziner, berufliche Qualifikation und Professionsinteressen im Realsozialismus zu wahren oder auch durchzusetzen (Hoerning 1998). Studierende der Medizin galten durchgehend als ‚politische Analphabeten', als ‚Konjunkturritter' oder auch ‚Karrieristen', die sich in der Regel nicht engagierten und politisch auch nicht als zuverlässig galten (zu den Ausnahmen: Müller 1994).

Der Anpassungsdruck an das professionelle Regelwerk, insbesondere beim Eintritt in das klinische Studium, und die gezielte Bevorzugung von Akademikerkindern durch die bürgerliche Professorenschaft wurde auch dann nicht geringer, als in die ‚hermetisch geschlossenen Reihen der Hochschullehrer' die Kinder aus anderen Schichten nachrückten, denn zum gleichen Zeitpunkt – in den 1960er Jahren – befanden sich die Studenten aus der Arbeiterklasse auf dem Rückzug (Lenhardt/Stock 2000). Darüber hinaus konterkarierten die professionellen Sozialisationsprozesse den erwünschten Erfolg.

Also die Hoffnung, dass man sozusagen proletarisches oder kernbäuerliches Bewusstsein in die Intelligenz mit einbringen würde, wenn man diese Kinder studieren lässt, hat in den meisten Fällen getrogen. Vor allem im Bereich der Medizin. Also in dem Augenblick, wo ein Arbeiter- oder Bauernkind den Doktor der Medizin gemacht hatte, hat es sich im Prinzip durch nichts mehr unterschieden von `einem Kind, das aus der sogenannten bürgerlichen Schicht kam. (Gespräch 1991, Jg. 1930-1998, Journalist)

Von einer historischen Generationsablösung innerhalb der medizinischen Profession kann aus diesen und anderen Gründen nicht gesprochen werden.

Die sozialistische Umgestaltung des Gesundheitswesens

„Tragende Prinzipien der ‚sozialistischen Umgestaltung' der Gesundheitsversorgung waren: ihr staatlicher Charakter, Unentgeltlichkeit und allgemeine Zugänglichkeit, das Primat der Prophylaxe, die Einheit von Vorbeugung, Behandlung und Nachsorge sowie die Steuerung durch eine zentrale Gesundheitsverwaltung." (Ernst 1997, 25) Mit der Umgestaltung des Gesundheitswesens der DDR wurde das Krankheits- respektive Gesundheitsverhalten den bürgerlichen medizinischen Subkulturen entzogen. Allgemeine Hygieneregeln auf der Basis medizinischen Wissens bei der gesamten Bevölkerung durchzusetzen, gehörte ebenso zum Programm, wie die Kontrolle den dafür zuständigen Experten zu übertragen, deren Anweisungen verbindlich waren. Dieser Prozess der Medikalisierung „ist ein Pendant zur Professionalisierung"[25] (ibid., 23). Nicht nur in der DDR verschob sich die ursprüngliche Zentrierung zwischen Arzt und Patient zu Gunsten eines interaktiven Dreiecks zwischen Professionellen, Klienten und Staat, aber in der DDR kam die Rolle des Staates bei der Ausformung von professionellen Dienstleistungen weit mehr als in westlichen Staaten zur Geltung. Dabei ist zu bedenken, dass hüben wie drüben die Reorganisation der Professionen nach 1945 unter dem Primat der Besatzungsmächte stand. In der SBZ wurden erstmalig nach sowjetischem Vorbild zur Bekämpfung von Seuchen Ambulatorien als Dienststellen der Gesundheitsämter eingerichtet. Die auftretenden Seuchen wurden zentral erfasst, die Erkrankten behandelt, die Infektionsquellen weiträumig gesucht; die Betriebe kontrollierten in Absprache mit den Ambulatorien die Nachsorge, und gleichzeitig begann der Neuaufbau des Betriebsgesundheitswesens[26]. Durch diese Maßnahmen wurden die Persönlichkeitsrechte der Patienten (freie Arztwahl) unterbunden, und die Autonomie der niedergelassenen Ärzte wurde durch Kontrolle, Zwangsrekrutierung oder Behandlungsverbot eingeschränkt. 1947 kam es dann zur Reorganisa-

---

[25]   „Die ‚Medikalisierung der Gesellschaft', d.h. die Ausdehnung des Marktes für Dienstleistungen derart, daß es für den ‚Alltagsmenschen' zunehmend selbstverständlich wird, im Krankheitsfall den kranken Körper ärztlicher Kontrolle zu unterstellen und sich nach den Anweisungen des Experten ‚Arzt' zur Wiederherstellung der Gesundheit zu richten", bildet das ergänzende Gegenstück zur Professionalisierung der Medizin, d.h. zum „Aufstieg des *approbierten* Arztes zum allein zuständigen Experten in Fragen von Gesundheit und Krankheit ..., der dementsprechend ein tendenzielles Monopol auf dem Markt zu medizinischen Dienstleistungen besetzt" (Huerkamp 1985, 12, in: Pfadenhauer 2003, 60).

[26]   Das Betriebsgesundheitswesen war bereits in der Endphase des Nationalsozialismus ausgebaut worden. Der Betriebsarzt war der Facharzt für die betriebliche Prävention, er behandelte keine Patienten, und er bestätigte keine Arbeitsunfähigkeit.

tion des Gesundheitswesens, zu einem einheitlichen System der Vorsorge, Heilung und Nachsorge, einem Gesundheitssystem, was „nur durch ,Verstaatlichung' zu verwirklichen sei" (ibid., 28). Öffentliche Gesundheitseinrichtungen, die die Ausbildung eines ,demokratischen' Nachwuchses in den heilenden Berufen betreiben sollten, kamen auf die Tagesordnung, mit der Absicht, die Kooperationsbereitschaft der traditionellen Professionen zu mobilisieren.

„Im Sommer 1950 kamen zwei neue Varianten der (Intelligenz)Förderung – neben besonderen Lebensmittelkarten und besonderen Forschungsmitteln insbesondere an die Berliner Akademie der Wissenschaften – hinzu: die sogenannten Einzelverträge und die zusätzliche Altersversorgung." (ibid., 46f) Zunächst nur für Ingenieure gedacht, wurden diese Fördermaßnahmen später aber auch auf die anderen Intelligenzberufe ausgedehnt. Einzelverträge bedeuteten Aushandlung von Spitzengehältern, Zugang der Kinder zur höheren Bildung[27], Ferienplätze und vor allen Dingen Zugang zu westlicher Forschungsliteratur und schließlich Rentenaufbesserung. Die umworbenen Vertreter aus verschiedenen bürgerlichen Berufen nutzten die Chancen, die ihnen durch die strukturellen Mängel geboten wurden[28].

Die zu diesem Zeitpunkt niedergelassenen Ärzte (als freie Berufe) wurden weder enteignet noch verstaatlicht, sondern ihnen wurde das Monopol auf ambulante medizinische Versorgung entzogen; denn Polikliniken[29] und Ambulatorien/Ambulanzen, lokal und auf der betrieblichen Ebene, traten mit den Niedergelassenen in Konkurrenz. Seit 1949 wurden in der DDR praktisch keine Niederlassungsgenehmigungen und auch keine Überschreibungen an Familienangehörige mehr zugelassen, die noch bestehenden Niederlassungen wurden durch mangelhafte Versorgung klein gehalten. Staatlich zugelassene Praxen hatten erst dann wieder

---

[27]   1957 wurden die Bewerbungen um einen Studienplatz von Arztkindern von Einzelvertragsinhabern zu 87 Prozent positiv entschieden. Ablehnungsgründe waren ungenügende Leistungen, mangelnde politische Arbeit oder Studium der Geschwister im Westen. 1958/59 wurden nur noch zehn Prozent der Medizinerkinder abgewiesen. In den 1960er Jahren wurde dann ausschließlich nach schulischen Leistungen entschieden, und das hatte dann wiederum ,Statusvererbung' und soziale Ungleichheit zur Folge (vgl. Ernst 1997, 107ff).

[28]   20 Prozent aller Mediziner außerhalb der Hochschule verfügten Mitte der 1950er Jahre über einen Einzelvertrag, in anderen Intelligenzberufen waren es nur zehn Prozent. Bei den medizinischen Hochschulprofessoren hatten 86 Prozent einen Einzelvertrag, gefolgt von 64 Prozent bei den technischen und naturwissenschaftlichen Disziplinen (vgl. ibid., 116/117).

[29]   Polikliniken waren den Universitäten angegliederte Institutionen, die Behandlungs- und Ausbildungsfunktionen übernahmen. Als in der Weimarer Zeit die mit Fachärzten ausgestatteten, von den Krankenkassen begründeten Polikliniken ihre Arbeit aufnahmen, wurde das Behandlungsmonopol der niedergelassenen Ärzte – der freien Berufe – gefährdet. Polikliniken und Ambulatorien wurden in Westdeutschland nach dem Zweiten Weltkrieg nicht mehr in Erwägung gezogen. Anders in der DDR, die alle Einrichtungen des Gesundheitswesens verstaatlichte.

eine Existenzberechtigung, wenn ein Gebiet nicht ausreichend mit ärztlicher Dienstleistung versorgt war. In der Regel mussten die Bewerber um eine Niederlassung nebenberuflich in öffentlichen Einrichtungen arbeiten.

Tabelle 4: Staatliche Einrichtungen der DDR zur ambulanten Gesundheitsversorgung, 1950 - 1989

	Polikliniken	Ambulatorien	Ambulanzen	Staatliche Praxen Ärzte	Staatliche Praxen Zahnärzte
1950	184	575	-	-	-
1955	369	720	487	-	-
1960	399	766	1388	298	156
1965	412	855	868	787	485
1975	522	929	1075	1606	946
1989	626	1020	-	1635	917

Quelle: Statistisches Jahrbuch der DDR 1990, 373 in: Ernst 1997, 31. Nicht berücksichtigt sind in dieser Aufstellung 1.300 Schwesternsanitätsstellen und 5.500 Gemeindeschwesterstationen (vgl. Arnold/Schirmer 1990, 93)

Das Niederlassungsverbot wurde im Dezember 1960 aufgehoben, um weitere Fluchtwellen, wie die von 1953 und 1956/57, zu unterbinden[30]. Neben der herausragenden Versorgung der Intelligenz wurden die Mediziner von den „allgemeinen und gesinnungsmäßigen Zumutungen ausgenommen" (Ernst 1997, 50). 1960 billigte man den Ärzten zu, dass die gesundheitliche Versorgung der Bevölkerung ihre wichtigste Aufgabe sei, und stellte sie deshalb von politischen und gesellschaftlichen Verpflichtungen weitgehend frei.

---

[30]   Bis 1961 verließen annähernd 7.500 Ärzte und 1.500 Zahnärzte die DDR, was zu einer erheblichen medizinischen Unterversorgung, insbesondere in ländlichen Gebieten, führte. Auch waren es nicht die Älteren, sondern die 30- bis 40-Jährigen, die die DDR verließen. „Ausgerechnet als sich die forcierten Bildungsanstrengungen in der zweiten Hälfte der 50er Jahre in wachsenden Absolventenzahlen niederzuschlagen begannen, setzte die große Fluchtwelle ein. Nach dem ‚Erfolgsjahr' 1957, in dem rechnerisch nur ein gutes Viertel der Jungärzte zur Besetzung von durch ‚Republikflucht' verwaister Stellen eingesetzt werden mußte, verließen 1958 schon wieder mehr approbierte Ärzte die DDR als examinierte Studenten die Hochschulen." (ibid., 57)

Der überwiegende Teil der Ärztinnen und Ärzte war in staatlichen Gesundheitseinrichtungen angestellt. Etwa 80 Prozent der Ärzte arbeiteten im staatlichen Gesundheitswesen und 12 Prozent an Universitäten und Hochschulen. Daneben gab es Ärzte in konfessionellen Krankenhäusern, in Sport- oder verkehrsmedizinischen Diensten, bei den bewaffneten Organen und die WISMUT[31]-Ärzte. Nach den Ergebnissen der Volkszählung der DDR 1981 waren von 9.080.246 Beschäftigten 338.040 (3,7 Prozent) im Gesundheitswesen der DDR beschäftigt.

Tabelle 5: Beschäftigte im Gesundheitswesen der DDR – Ergebnisse der Volkszählung 1981

---

[31]   Die WISMUT (SDAG/SAG) war ein sowjetisch-deutsches Unternehmen zur Gewinnung von Uranerzen in der DDR und bestand von 1954 bis 1990. 1946 wurde der Uranbergbau von der sowjetischen Besatzungsmacht begonnen und bis 1954 unter Besatzungsrecht gestellt. „Die mit Reparationsforderungen begründete Ausbeutung von Bodenschätzen und die dazu vorgenommenen Enteignungen geschahen auf der Grundlage von Befehlen, die die SMA-Land Sachsen im Mai 1947 erließ. Daraufhin wurde im selben Jahr eine ‚sowjetische Aktiengesellschaft Wismut' gegründet, die unter den SAG eine Sonderstellung einnahm, weil sie nicht der Verwaltung sowjetischer Vermögen in Deutschland unterstand." (Herbst/Ranke/Winkler 1994, 1167ff) Von 1946 bis 1990 wurden rd. 220.000 Tonnen Uran an die Sowjetunion geliefert. Bis 1987 wurde die WISMUT von sowjetischen Generaldirektoren geleitet. Die WISMUT war keinem Ministerium der DDR unterstellt. Bis zu 80.000 Bergleute arbeiteten in den 1950er Jahren dort, die einem besonderen Gesundheitsrisiko ausgesetzt waren (vgl. ibid., 1167-1170).

	absolut	in Prozent
Von 338.040 Beschäftigten im Gesundheits- wesen waren		
Pflege- und medizinisches Fachpersonal ohne Hochschulabschluss[32]	288.986	85.5
MedizinerInnen mit Hochschulabschluss	49.054	14.5
von 49.054 Medizinern waren		
Ärzte	19.629	50.1
Ärztinnen	19.519	49.9
Zahnärzte	4.273	43.1
Zahnärztinnen	5.633	56.9

Quelle: Köhler, Helmut, Thomas Rochow, und Edeltraud Schulze (2001): Bildungsstatistische Ergebnisse der Volkszählungen der DDR 1950 bis 1981. Dokumentation der Auswertungstabellen und Analysen zur Bildungsentwicklung (Studien und Berichte. 69). Berlin: Max-Planck-Institut für Bildungsforschung.

Elf Milliarden Mark wurden 1988 für Betreuungskosten im Gesundheitswesen aufgewandt, und im Schnitt wurden 92.000 Mark für einen ärztlichen Arbeitsplatz in den Polikliniken ausgegeben. 1989 kam auf 800 Einwohner ein Arzt (Arnold/Schirmer 1990, 87).

Nach der Vereinigung 1990 eröffnete die verfasste westdeutsche Medizinerschaft keine Diskussion über die ‚Anerkennung der Ausbildungsabschlüsse', auch wurde im Einigungsvertrag die politische Entscheidung, die Polikliniken zu schließen, nicht festgeschrieben, obwohl das Datum Dezember 1995 als Schließungsdatum im professionellen Alltag der Mediziner verbreitet war. „Insbesondere ist das Datum ‚1995' vielfach als definitives Enddatum (für die ambulante medizinische Versorgung der ehemaligen DDR, E.M.H.) verstanden worden – eine Bewertung, die auch durch die westdeutschen Standespolitiker und Teile der westdeutschen Politik genährt worden ist. Diese haben gleichzeitig auch – unter Verweis auf

---

[32]   „Seit einigen Jahren besteht die Möglichkeit, einen Hochschulabschluß und ein Diplom auf dem Gebiet der Krankenpflege zu erwerben. Diplom-Krankenschwestern sollen vor allem als Oberin in den großen Krankenhäusern und anderen Gesundheitseinrichtungen tätig sein. Sie können grundsätzlich auch zum Dr. med. promovieren, was bei vielen Ärzten auf Unverständnis und Widerstand stößt." (Arnold/Schirmer 1990, 87)

die Gleichung ‚Poliklinik = Sozialismus' – zu verstehen gegeben, daß ein Verbleib in der Poliklinik letztlich illegitim sei." (Wasem 1992, 35[33]) Die noch 1990 vorhandenen Ideen der „Integration von Elementen des ost- und westdeutschen Gesundheitssystems, insbesondere der Erhalt der Polikliniken", galten schon bald als nicht realisierbar. „Da sie (die Reformgruppen, E.M.H.) ihre Verbandsarbeit nicht aus eigener Kraft schnell genug professionalisieren und den neuen Umständen anpassen konnten, die westdeutschen Ärzteorganisationen aber strikt die Kooperation mit jenen verweigerten, die Alternativen zum westdeutschen Modell auch nur in Erwägung zogen, blieb als Möglichkeit einer effektiven berufsständischen Interessenvertretung letztlich nur der Beitritt zu einem der westdeutschen Verbände, die in Ostdeutschland frühzeitig (mit Unterstützung der pharmazeutischen und medizintechnischen Industrie, E.M.H.) ihre Dependancen eröffnet hatten und mit zahlreichen Dienstleistungen, vor allem in Form von Beratung und Information lockten. ... Ende 1991 arbeitete keine einzige der ostdeutschen Gründungen aus der ‚Wendezeit' mehr." (Ernst 1997, 89)

33,1 Prozent der niedergelassenen Allgemeinmediziner und 22,4 Prozent der Fachärzte waren 1990 in der alten Bundesrepublik weiblich. 1998 war der Anteil der weiblichen Allgemeinmediziner auf 48,5 Prozent und der der Fachärztinnen auf 43,1 Prozent gestiegen (vgl. Statistisches Bundesamt 2001). Die medizinische Profession ist durch die Vereinigung ‚weiblicher' geworden.

Im Fokus der Studie stehen Ärztinnen und Ärzte der DDR, die außerhalb der Hochschulen und medizinischen Akademien in Versorgungskrankenhäusern, Polikliniken, Ambulatorien, in (betrieblichen) Ambulanzen oder in staatlichen Praxen gearbeitet haben, denn an diesen Arbeitsplätzen wird ein professionspolitisches Strukturproblem der Praktiker deutlich, das Budde (1997a, 195) „Feminisierung und Deprofessionalisierung" nennt. Dass in den weiblichen Karrieren die Familie mehr als in männlichen Karrieren eine Rolle spielte, ist kein Geheimnis. Familienfreundliche Arbeitsorte erleichterten Frauen die volle Berufstätigkeit, nicht jedoch eine berufliche Karriere.

Für diese Studie wurden ein Hochschullehrer der Medizin, zwei Medizinerinnen, zwei Mediziner und ein Apotheker zwischen 1991 und 1994 mehrfach interviewt. Der Allgemeinmediziner (Jg. 1944), die Allgemeinmedizinerin (Jg. 1955) und der Apotheker (Jg. 1944) stammen aus bürgerlichen, zum Teil konfessionellen Elternhäusern, die Eltern der Krebsspezialistin (Jg. 1950) gehören zur ‚neuen Intelligenz', und die Eltern des 1957 geborenen Neurologen sind der ‚neuen Intelligenz' und dem kirchlichen Milieu zuzurechnen. Der 1935 geborene medizinische Hochschullehrer und Klinikdirektor kommt aus der Arbeiterklasse und ist ein international anerkannter Forscher. Er wurde 1994 aus allen Ämtern entlassen. Die

---

[33]   Vgl. dazu Porringer 1990 und Thomas 1990, in: Wasem 1992, 35.

Krebsspezialistin arbeitete als Oberärztin im Versorgungskrankenhaus eines Forschungszentrums/Universitätsklinikums. Der Allgemeinmediziner (Jg. 1944) und die 1955 geborene Allgemeinmedizinerin haben sich niedergelassen. Der Apotheker aus bürgerlichem Elternhaus hat eine eigene Apotheke in einem Vorort von Berlin eröffnet. Und der 1957 geborene angestellte Neurologe hat sich 1996 als ,Landarzt' außerhalb von Berlin niedergelassen.

Ärztinnen und Ärzte, die nach der Wende weiter in Krankenhäusern und Kliniken arbeiteten, hatten häufig ihr Fachgebiet geringfügig verändert und/oder ausgebaut und neue Arbeitsverträge abgeschlossen. Sie konnten ihre erreichte berufliche Position halten, zum Beispiel gab es keine Degradierung vom Oberarzt zum Stationsarzt. Auffällig ist auch, dass es in den Interviews keine Hinweise und Erzählungen über negative, arrogante, eingebildete West-KollegInnen gibt, mit denen sie nach der Wende zusammenarbeiten. Der heutige Arbeitsablauf findet wie eh und je in den professionellen Hierarchien auf der Basis des kollegialen Prinzips statt. In Hierarchien, die häufiger Frauen in diesen Professionen zum Nachteil gereichen, wurden sie jedoch in der Vergangenheit und auch heute akzeptiert beziehungsweise nicht thematisiert.

Ärztinnen und Ärzte in der DDR

Der Generationswechsel von der alten zur neuen medizinischen Intelligenz, die beabsichtigte Entbürgerlichung des Medizinerstandes, hat nicht stattgefunden. Verhindert wurde der Generationswechsel durch Zugeständnisse an diese Berufsgruppe, die weiter oben gezeigt wurden. Die Ausbildung von Fachkräften durch kurzfristige Bildungsmaßnahmen in den 1950er Jahren stieß an praktische Grenzen, denn „(a)nders als der Neulehrer (oder auch Jurist, E.M.H.) war ein im Schnellgang ausgebildeter ,Neuchirurg' kaum denkbar" (Ernst 1997, 27). Die seit 1959 einsetzende allgemeine ,Selbstrekrutierung' der Intelligenz, damit einhergehend der Rückgang von Arbeiter- und Bauernkindern an den Hochschulen der DDR, begann bei den Medizinern schon früher, denn die Abwanderung nach Westen und unzureichende Absolventenzahlen ließen keine andere Wahl[34].

Die Altersstruktur der beschäftigten Mediziner hatte ebenfalls Auswirkun-

---

[34]   Mitte der 1950er Jahre wurde die DDR in den ,Rat für gegenseitige Wirtschaftshilfe' (RGW) aufgenommen. Abgeschlossene Gesundheitsabkommen ließen es zu, aus sozialistischen Ländern Ärzte für die DDR zu gewinnen. Zwischen 1955 und 1961 wurden rund 300 osteuropäische Ärzte in die DDR delegiert. Die Aufenthaltsdauer war ein Jahr, Verlängerungen waren nur schwer durchsetzbar, denn im Vergleich zu ihren Heimatländern lebten die Ärzte in der DDR unter ausgezeichneten Bedingungen, an die sie sich gar nicht erst gewöhnen sollten. Auch konnte die latente Drohung, die DDR-Ärzte nach dem Muster der ,Volksdemokratien' zu degradieren, fluchtauslösend wirken (vgl. Ernst 1997, 69ff).

gen. Im Jahre 1957 hatten rund ein Drittel der berufstätigen Mediziner ihr Studium noch während der Weimarer Republik abgeschlossen, „rund ein Viertel hatte seine Ausbildung im NS erhalten. Erst seit Mitte der 60er Jahre überwogen dann jene, die nach 1945 studiert hatten. Bei den Zahnärzten war indes auch 1964 noch kein Generationswechsel absehbar." (Ernst 1997, 99) 1957 waren zehn Prozent der berufstätigen Ärzte über 65 Jahre alt, bei den Niedergelassenen betrug der Anteil 25 Prozent (vgl. ibid., 99). Die Altersstruktur und, daraus abgeleitet, zu welchem Zeitpunkt die Mediziner ihre Ausbildung erhielten, hatten für die Ausbildung und die Organisation der professionellen Berufsausübung für die nächste Generation Konsequenzen (Freidson 1979).

Wie sich das in den Berufsbiographien der Mediziner niedergeschlagen hat, soll am Beispiel des Allgemeinmediziners (Jg. 1944), der bis 1989 Chef einer Poliklinik war und sich heute niedergelassen hat, und des 1957 geborenen Neurologen, der bis 1989 als Arzt im Krankenhaus arbeitete, bis 1996 dort blieb und sich dann niederließ, gezeigt werden. Die Karrieren der Fachärztin für Onkologie und Hämatologie (Jg. 1950), die vor 1989 an einer Universitätsklinik, dann an einem Krankenhaus als leitende Ärztin gearbeitet hat und heute als Oberärztin in einem Versorgungskrankenhaus einer universitären Forschungseinrichtung arbeitet, und der Allgemeinmedizinerin (Jg. 1955), früher als Ärztin im Ambulatorium beschäftigt, heute niedergelassene Ärztin, stehen für Strukturwandel, für die Zunahme der Frauen in diesem Beruf (Huerkamp 1985). Die Frage ist, ob sich durch den höheren Frauenanteil etwas in der Profession gewandelt hat; kam es zum Beispiel zu einem Austausch innerhalb der professionellen Eliten in der Medizin, oder wurden Medizinerinnen durch „Professionsdiversifizierung" (Budde 1997a, 202) in bestimmte Richtungen ‚gelenkt' beziehungsweise lenkten sie sich selbst in bestimmte Richtungen?

Ärzte

Der Allgemeinmediziner, Jg. 1944

Der ostdeutsche Allgemeinmediziner, Justus Lohmann, wurde 1944 als Sohn eines Allgemeinmediziners geboren.

Seinen Übergang in die erweiterte Oberschule (EOS), 1958, schildert er als außerordentlich beschwerlich. Er benennt das verbreitete Muster der Beziehungsarbeit (Bude 1993, Engler 1992), dass Angehörigen und Kindern der ‚bürgerlichen Intelligenz' den Zugang zu weiterführenden Schulen erschwerte. Gleichzeitig hebt er hervor, dass sein Vater in dieser Frage die ‚höchsten' staatlichen Autoritäten bemühte. Als 1961 die Mauer gebaut und der allgemeine Wehrdienst eingeführt wurden, verweigert Justus Lohmann den Ehrendienst, sein Studienantrag wird von der Schulleitung nicht ‚rechtzeitig' bearbeitet und er kann nicht, wie erwartet, 1962 mit dem Medizinstudium beginnen. Mit Hilfe der ‚Verbindungen' seines Vaters erhält er an einem nahegelegenen Klinikum einen Ausbildungsplatz als Krankenpfleger und wird nach Abschluss der Ausbildung 1964 zum Studium der Medizin delegiert (zusammengefasst aus dem Gespräch 1991, Jg. 1944, Allgemeinmediziner).

Justus Lohmann schildert seinen Vater als jemanden, der praktisch in seinem Beruf aufgegangen ist, und im gleichen Atemzug verweist er auf eine bildungsbürgerliche Dimension, nämlich das Hobby seines Vaters, intensiv Klavier zu spielen. Justus Lohmann spielt während der gesamten DDR-Zeit in einer Jazzband. Wie sein Vater widerstand auch er der Übersiedlung, nicht weil er damit seine politische Loyalität ausdrücken wollte, sondern weil es vom professionellen Standpunkt der Anstand erfordert, Patienten nicht zu verlassen, und weil er durch die Familie ‚ortsgebunden' war.

Die professionelle Berufsausübung und die professionelle und gesellschaftliche Verantwortung sind dominant in den Ausführungen von Justus Lohmann. Die Poliklinik, in der er arbeitete, funktionierte wie eine ‚Landarztpraxis',

das ist so eine Art Urwaldmedizin. Es war sehr aufreibend, unwahrscheinlich sehr die Kräfte aufreibend. Was ein sehr großer Vorteil ist, dass wir also doch sehr im klinischen Blick und in unserer Fünf-Sinne-Diagnostik geschult wurden. Das Empfinden, kein Labor im Hintergrund zu haben, ist für manch einen Kollegen ein Alptraum. Man muss sich natürlich ganz auf seine klinischen Fähigkeiten verlassen können. Das wurde in dieser Zeit doch sehr geschult. Für eine gewisse Zeit ist es sehr nützlich, man sollte es aber doch nicht ständig tun. Es gehört eben zu einer modernen Medizin, dass man auch ein paar Laborwerte haben muss, um etwas tiefer schürfen zu können. Also die Fünf-Sinne-Diagnostik ist nicht ständig durchführbar, aber ich meine, dass es zur Ausbildung des Mediziners mit gehört, so eigenständig arbeiten zu können, dass man die Verantwortung dann auf sich nehmen kann. Man muss lernen, frei zu entscheiden, auch wenn man eine Risikoentscheidung treffen muss. (Gespräch 1991)

Seine Tätigkeit lässt ihm nur wenig Zeit für ärztliche Fortbildungsveranstaltungen, die er in den Jahren 1976 bis 1990 selten besuchen kann, denn er

... war weite Strecken in diesem Ort ganz allein tätig. ... Manchmal ein dreiviertel Jahr, dann mal ein halbes Jahr. Ich konnte also wenig Weiterbildungen ... besuchen, die über zwei bis drei Tage liefen und an einem anderen Ort waren. ... Man musste da sein, und wenn hier über zwei oder drei Tage ein Arzt nicht in einer 10.000-Seelen-Gemeinde ist, da bricht schon so einiges zusammen. Das ist dann schon ganz schön kriminell, wenn keiner da ist. (Gespräch 1991)

Er nennt vier Strukturprobleme, die seinem professionellen Selbstverständnis und dem medizinischen Alltag sehr zu schaffen machten. Das war erstens der hohe Anteil von jungen Frauen im Medizinerberuf:

In den Jahren, als ich studiert habe (1964 bis 1970), hat man ein Verhältnis gehabt von Männern zu Frauen von eins zu zwei. Ich will nicht gerade sagen, es ist ein Fehler gewesen, aber es war doch vielleicht etwas unklug. ... Die Frauen heirateten und dann hatten sie das Babyjahr und fielen erst einmal in dieser Zeit ein Jahr aus. Das war ein ganz wesentlicher Grund, dass wir einerseits eine große Zahl von Ärzten hatten, aber ein nicht geringer Teil aus den genannten Gründen nicht verfügbar war.

Ich habe das hier in der Umgebung oft genug miterlebt, die Kollegin, die stand zwar auf dem Papier, aber sie war nicht da, ob das nun eine Ärztin oder eine Zahnärztin war, das spielt keine Rolle. (Gespräch 1991)

Zweitens: die Ärzteballung in den großen Städten:

Das zweite Problem war, wir hatten eine Ärzteballung in Großstädten, in großen Krankenhäusern, wenn ich so an die Charité denke, wo auf einer Station mit 20 oder 30 Betten sich vier oder fünf Ärzte herumtrieben, die also hauptamtlich tätig waren. (Gespräch 1991)

Drittens: die Abwanderung von Ärzten in die Verwaltung:

Außerdem ist ein großer Teil Ärzte in die Verwaltung gegangen. In unserem Kreis hatten wir vier oder fünf Kreisärzte in der Verwaltung, die alle möglichen Funktionen hatten: Kreishygienearzt, Kreisdiabetologe, Kreisneurologe .... Die hatten also nur einen Halbtagsjob als Fachmediziner, und der andere halbe Tag wurde dann mit irgendwelchen Verwaltungsarbeiten ausgefüllt. (Gespräch 1991)

Und viertens: die Abwanderung der Ärzte nach der Unterzeichnung der KSZE-Schlussakte 1975 aus der DDR.

Die Fluktuation der Ärzte in den Polikliniken, sei es aus krankheitsbedingten, sozialgesetzlichen Gründen oder durch Abwanderungen, hatte seiner Meinung nach auch Auswirkungen auf das Arzt-Patienten-Verhältnis. Die mangelnde Motivation und innere Verpflichtung von Kollegen und Kolleginnen hätten weitgehend die individuelle Betreuung der Patienten beeinträchtigt.

Wir müssen Folgendes sehen: Wenn es sich um große Einrichtungen handelt, mit zehn bis 15 Ärzten der verschiedenen Fachrichtungen, dann waren diese oftmals überbesetzt. In Oranienburg (war) eine große Poliklinik, in der es acht Zahnärzte gab. Diese acht Zahnärzte hatten aber nur sechs oder sieben Stühle, was zur Folge hatte, dass nicht ein bis zwei Ärzte herumstanden, sondern immer jemand fehlte. Was weiter zur Folge hatte, dass, wenn jemand bei einem Zahnarzt in Behandlung war und das nächste Mal kam, dann irgendein anderer Zahnarzt dort angetroffen wurde. Und beim dritten Mal hatte die Kollegin dann gerade Haushaltstag. Die individuelle Betreuung ... war in der medizinischen Versorgung nicht so 100-prozentig. ... Es passierte in unseren kleinen Praxen nie, entweder war man da oder man war nicht da. Wenn man nicht da war, dann war kein Vertreter da. Das führte auch zur inneren Verpflichtung, präsent zu sein. Je größer eine Poliklinik war, je mehr Ärzte da waren, desto weniger ist die Motivation zur inneren Verpflichtung vom Arzt her gegeben, denn er weiß, es ist bei jedem Termin ein anderer Arzt da. (Gespräch 1991)

Kommen wir auf die eingangs genannte Dimension des bildungsbürgerlichen Habitus des Vaters – das Klavierspiel – zurück. Zunächst wird das Klavierspiel des Vaters scheinbar nebenbei erwähnt, jedoch für die kulturelle Lebensgestaltung des Sohnes spielt Musik eine ebenso große Rolle. Während das Klavierspielen für den Vater eine kompensatorische Funktion besitzt, begreift der Sohn diese Beschäftigung als alternative Lebenswelt.

Es ist fast eigenartig, meine politische Beteiligung 1989 war eigentlich nicht im Anfang auf meinem medizinischen Sektor, sondern in der Musik. Ich fahre eine zweite Schiene, denn ich habe jahrelang Musik gemacht und bin dann in einer Musikgruppe gewesen, die durch die ganze DDR gereist ist. Es ist immer schwierig, das mit dem Beruf in Einklang zu bringen, aber wir haben es dann irgendwie doch geschafft. Wir haben Jazzmusik gemacht. Das war eine Blues-Band, sie gibt es eigentlich immer noch. In der Eigenschaft als Musiker haben wir in den letzten Jahren sehr viel mit Profis zu tun gehabt und haben uns dort der Resolution im Herbst 1989 angeschlossen, die die Musiker damals verfasst haben. Toni Krahl[35] und andere haben diese Resolution entworfen. Die haben also einen Brief verfasst, einen offenen Brief, in dem sich die Künstler der DDR besorgt über die Entwicklung unseres Landes geäußert haben und forderten, dass die Partei abtritt. (Gespräch 1991)

Als sich die Protestbewegung der Musiker im Herbst 1989 über das ganze Land verbreitet und er die Erfahrung macht, dass man die staatlichen Aufsichtspersonen auch in die Knie zwingen kann, greifen diese Erfolgserlebnisse auch auf seinen ärztlichen Beruf über, und im Oktober 1989 verfassen die Ärzte in seiner Poliklinik und Ärzte anderer Polikliniken einen Brief an den Vorsitzenden des Staatsrats mit den Forderungen: Einrichtung eines unabhängigen Ärzteverbandes, einer Interessenvertretung und Zugriff zu allen Medikamenten, die schon immer in Regierungskrankenhäusern zur Verfügung standen.

Der Neurologe, Jg. 1957

Berufsfindung, Arbeitsorganisation, Kooperationen und schließlich professionelle Kritik stehen im Mittelpunkt der Ausführungen des 1957 geborenen Facharztes für Neurologie, Henning Voges. Henning Voges hat eine ältere Schwester, die Medizinerin ist, und einen älteren Bruder, der im Management arbeitet. Er kommt aus einem praktizierenden christlichen Elternhaus. Die Mutter wurde Neulehrerin, nachdem ihr 1946 das Studium der Literatur an der Universität Jena verweigert wurde, der Vater wird über ein Abendschul- und Fernstudium Diplomingenieur. Die Eltern gehören zur neuen Intelligenz. Nachdem die älteren Geschwister die Oberschule besuchen und studieren können, wird ihm der Zugang zur EOS mit dem Argument der Häufung von Intelligenz in einer Familie verweigert, aber die guten Beziehungen seiner Mutter zum Schulrat öffnen ihm letztendlich den Weg. Die fünf Jahre ältere Schwester ist sein Vorbild, sie nimmt ihn mit ins Krankenhaus, in dem sie arbeitet.

Ich habe dann so mit 14 Jahren in diesem Krankenhaus mal einen Tag gearbeitet. Und das hat mir unheimlich viel Spaß gemacht. Und ich habe dann die ganzen vier Jahre bis zum Studium immer in den Schulferien und auch mal an den Wochenenden dort gearbeitet. Und dann habe ich mich so richtig wohlgefühlt. ... Gescheuert, wie sich das gehört für eine anständige Krankenpflege, und sauber gemacht. Da war das alles sehr hierarchisch. Und dann bin ich so über die Jahre ganz langsam

---

[35]   Toni Krahl, Jg. 1949, Rockmusiker, Sänger, Komponist (auch Filmmusik), ab Ende 1988 Vorsitzender der Sektion Rockmusik beim Komitee für Unterhaltungskunst; „1989 Mitinitiator der Resolution der Rockmusiker und Liedermacher vom 18. 9. (1989), ‚Konzert gegen Gewalt' am 15. 10. (1989) in der Berliner Erlöserkirche (gegen Übergriffe der Sicherheitskräfte bei den Demonstrationen am 7. und 8. Oktober [1989]), Konzert ‚Hierbleiber für Hierbleiber' am 25. 10. (1989) im Haus der Jungen Talente Berlin; 1990 Vorsitzender des Verbands Musik-Szene e.V., Mai 1990 mit Fritz Puppel Gründung der ersten unabhängigen DDR-Schallplattenfirma KPM-Records." (Černý 1992, 252/253)

aufgestiegen, bis ich dann zum Schluss wie ein Pfleger gearbeitet habe. Und es gibt so ein Gefühl im Krankenhaus, die Patienten und die Menschen, die dort arbeiten, wo ich mich so richtig zu Hause fühle. Also so ein richtiges Heimatgefühl. ... Ein Krankenhaus ist so richtig viel vom Leben. Das ist nicht bloß so ein Job, das ist ganz viel vom Leben. ... Ich arbeite gerne mit Menschen zusammen im Team. Und das hat natürlich den Vorteil, dass ich da wohl eher in einer bestimmenden Position bin als in einer ausführenden. (Gespräch 1992, Jg. 1957, Facharzt für Neurologie)

„Die Person des Professionellen ist enger mit seiner Profession verbunden als die des Berufstätigen mit seinem Beruf". (Bollinger/Hohl 1981, 444) Unterstrichen wird das von Henning Voges durch die strukturelle Ähnlichkeit von Leben und Arbeit, die Sozialform des ganzen Hauses und die nahezu zunftgemäße Handwerksorganisation.

Nach dem Vorbild des Bruders entschließt sich Henning Voges, nach dem Abitur einen dreijährigen Armeedienst (1976 - 1979) zu leisten, einmal um von den Eltern unabhängig zu werden, und zum anderen ist die Armeezeit die Eintrittskarte zu dem von ihm gewünschten Medizinstudium und Studienort. Er ‚muss' nicht, wie seine Schwester, eine medizinische Akademie besuchen, sondern er studiert von 1979 bis 1985 an einer Universität, wo man „eine bessere Ausbildung" erhält, und es ist „dort weit interessanter". Dort hat er medizinische akademische Lehrer, „für die die Politik und dieser SED-Staat einfach ein niederes Geschäft waren". Sie machten keine großen Worte, „sondern (sie zeigten es) mit einer Haltung, die man einfach gespürt hat". Das sind die, die „mich irgendwie geprägt haben", und um

„die anderen habe ich immer einen Bogen gemacht. ... Ich komme ja nicht aus der Medizinerhierarchie. ... Also für meine Eltern sind Ärzte etwas Besonderes, etwas Höheres. Ich komme also nicht aus dieser selbstverständlichen Tradition, also wir sind die Elite der Gesellschaft ... und deshalb habe ich auch dafür nicht das feine Gespür." (Gespräch 1992)

Die Gegenspieler sind für ihn die, die mit Rückenwind der Partei eine medizinische Karriere machen, die er in unseren Gesprächen durchweg als Stalinisten bezeichnet und über die er in seiner Laufbahn des öfteren stolpert.

1985, am Ende des Studiums, heiratet er und zieht nach Berlin. 1986 wird der erste Sohn geboren, 1990 wird die Ehe aufgelöst, und 1991 wird aus einer anderen Beziehung ein zweiter Sohn geboren, aber auch diese Beziehung endet bald.

Er sucht sich selbst eine Stelle zur Facharztausbildung im Krankenhaus und umgeht die bürokratische Absolventenregelung. Ein leitender Mediziner mit guten Beziehungen zur Partei, er nennt ihn einen „Stalinisten mit Format", hat für den Ausbau eines Krankenhauses zehn Assistentenstellen direkt vom ZK genehmigt bekommen mit dem Privileg, dass er die Stellen nach seinem Willen besetzen kann. Von diesem Mediziner wird er eingestellt. 1990 wird er Facharzt, jedoch ist er nicht promoviert. Drei Promotionsversuche scheitern daran, dass er während seiner psychiatrischen Facharztausbildung Forschungsthemen – überwiegend im Suchtbereich Alkohol – bearbeitet, die, obwohl dieses Krankenhaus eine wissenschaftliche Einrichtung war, ‚keinen wissenschaftlichen Vorlauf zu diesen Themen' hatten. Gleichzeitig kann er sich von seiner wissenschaftlichen Mentorin, einer linientreuen, jedoch ‚fähigen' ehemaligen Charité-Medizinerin, nicht trennen. „Ich habe so lange gebraucht, um mich mit ihr auf eine Konfrontation zu begeben." Die unsägliche Verbindung zwischen medizinischen Leitungspositionen und Parteiloyalität kritisiert er mehrfach. In der Alterspsychiatrie, seinem Arbeitsfeld, gab es „einen ganz schrecklichen Chefarzt, der Parteisekretär war, ... die Menschen (sind) wie die Fliegen (gestorben). Es war wirklich kriminell, schlimm, furchtbar. Dieses Krankenhaus hatte den Ruf einer ‚Schlangengrube'". Er kritisiert, dass die durch den Berufsstand garantierte „sorgfältige Auswahl seiner Mitglieder", bezogen auf Fachkompetenz und Integrität (Huerkamp 1985, 14), durch parteiliche Eingriffe häufig nicht gewährleistet war.

In der Wendezeit engagiert er sich in diesem Krankenhaus in einer

Mittwochsrunde, da haben wir versucht, die Welt zu verändern, auch im Krankenhaus. Es waren ein paar Menschen, und ich bin dort wieder zu den Aktivitäten erwacht, die sonst eigentlich immer zu mir gehören. Und das, was wir erreicht haben, war, dass wir die Parteileitung zerschmettert haben. (Gespräch 1992)

Nach der Wende wird er für sechs Monate in die Psychiatrie eines Westberliner Krankenhaus delegiert, für ihn „eine wichtige Sozialisation", in der „ich also die Bundesrepublik im Crashkurs kennen gelernt habe. ... Also ich bin ein Wendegewinner noch und nöcher. ... Ich meine jetzt die Wende als ein psychologisches Erlebnis. Ich bin da aus dem Winterschlaf erwacht." Er tritt in die ‚Deutsche Gesellschaft für soziale Psychiatrie' (DGSP) ein und ist 1992 der amtierende Vorsitzende, „sozusagen als Quotenossi in diesen ganzen großen Vorstand aus Westdeutschland gewählt worden".

Durch die Erfahrungen in dem Westberliner Krankenhaus hat sich seine berufliche Perspektive „etwas verändert". Die Chefarztstelle in seinem Krankenhaus wird mit dem damaligen ersten Oberarzt aus dem Westberliner Krankenhaus besetzt.

Zu ihm habe ich ein mindestens freundliches Verhältnis, er ist jetzt schon seit vergangenem Sommer mein Chef. Im Rahmen der Neuankunft dieses Chefs hat sich hier einiges geändert, so dass eine Oberarztstelle frei geworden ist. Da waren zwei Kollegen, die beide in Frage gekommen wären. Wir haben das miteinander lange diskutiert und das ist dann dahin gegangen, dass ich das jetzt bin. Ich werde also für die nächsten Jahre, sicher für eine ganze Menge Jahre, meine Zukunft hier behalten werden, weil da Aufbauarbeit zu leisten ist ... Das Krankenhaus fordert natürlich, auch wenn ich schon ein Oberarzt bin, dass ich nun die Promotion mache. Die mache ich ... (Gespräch 1994)

Noch 1994 schließt er seine Promotion ab. Sein professionelles Herz schlägt nicht für die Forschung, „das ist so ganz klar zu sagen", sondern

jetzt habe ich, nach außen hin ist das eine ganz normale Geschichte, mich beworben für eine Lehranalyse, habe jetzt die ersten Interviews vor mir, muss dann noch als ‚würdig' befunden werden ... Dann mache ich eine Ausbildung, die zumindest erst einmal dahin laufen kann, dass ich den Zusatztitel ‚Psychotherapie' habe, oder, was ich mir schon gut vorstellen kann, die vollständige Ausbildung dauert fünf bis sieben Jahre, dass ich dann den Abschluss als ‚Psychoanalytiker' habe. Das ist jetzt ein Schwerpunkt geworden. Die (Arbeit in der) DGSP wird kleiner und das wird größer. (Gespräch 1994)

1992 fragt die Interviewerin, ob er sich mit dem Gedanken an eine Niederlassung beschäftige, was er verneint.

Nein, das ist nicht meines, das gehört nicht dazu. ... Ich werde noch mehr als jetzt psychotherapeutisch arbeiten und das in der Tagesklinik mit Lust tun. Ich finde das auch in Ordnung, dass ich nebenbei so an diesen handfesten Problemen der Welt dran bin und nicht in so einem Raumschiff. ... Also die Psychiatrie habe ich als Ego-Trip sozusagen angefangen. Dass das etwas ganz anderes geworden ist, das habe ich später gemerkt. Nein, es ist überhaupt nichts anderes. Ich bin damit schon dorthin gegangen, wo ich ursprünglich mal hinwollte. Aber ich mache Selbsterfahrungen in meiner Ausbildungsgeschichte, das ist ein Beruf, wo man, wenn man es ernst nimmt, ständig über sich selbst reflektieren muss. Und insofern ist das schon alles in Ordnung. Die Menschen, die dort sind und die, die dort arbeiten, diese Menschen sind eben nicht die interessanten, differenzierten Menschen mit ihren seelischen Problemen, sondern das sind Leute, die Elend haben. (Gespräch 1992)

1996 lässt er sich, entgegen seiner Aussage von 1992, außerhalb von Berlin in einer Landarztpraxis nieder.

Gemeinsam ist den hier vorgestellten Ärzten, dass der Spagat zwischen Beruf und Familie in ihren Ausführungen nicht vorkommt. Kritik üben beide an Verletzungen professionskultureller Selbstverständlichkeiten, nämlich dann, wenn die ‚Sozialform des ganzen Hauses' durch kollegiale Abwesenheit, Vernachlässigung des Arzt-Patienten-Verhältnisses, das Verlassen von Patienten durch Flucht beeinträchtigt oder gar, wenn professionelle Karrieren mit dem Rückenwind der Partei durchgesetzt werden, besonders dann, wenn fehlendes wissenschaftliches Kapital durch politisches Kapital ersetzt wird.

*Är*z*tinnen*[36]

40,6 Prozent der Studierenden der Medizin in der SBZ/DDR waren 1946 weiblich, 1961 war der Anteil auf 51,2 angestiegen. 1972 waren 68,6 Prozent der Hochschulabsolventen in der Medizin weiblich, und 1977 waren es 77,4 Prozent. Danach wurde der Anteil der medizinischen Hochschulabsolventinnen zurückgenommen und war 1988 dann auf 55,8 Prozent gesunken. Der Anteil der berufstätigen Ärztinnen in der DDR betrug 1975 bereits 47,9 Prozent (in der BRD 20,2 Prozent). Ähnliche Feminisierungen finden wir in Lehrer- und Juristenberufen der DDR. Jedoch glich „Mitte der sechziger Jahre ... der Hochschullehrkörper unter geschlechtergeschichtlicher Perspektive einer ziemlich regelmäßig konstruierten, vierstufigen Pyramide (Professoren, Dozenten, Oberassistenten und Assistenten, wissenschaftliche Mitarbeiter, E.M.H.), bei der sich der Frauenanteil von einer Stufe zur anderen halbierte ..." (Jessen 1999, 390).

1951 gab es in der DDR 1,7 Prozent Professorinnen in der Medizin, 1969 waren es dann 3,3 Prozent. Wie die Tabelle 6 zeigt, wurden weder bis 1965 und auch nicht 1989 die Bastionen der prestigeträchtigen medizinischen Positionen von den DDR-Frauen eingenommen.

---

[36]   Budde (2003) zeigt, dass der ansteigende Trend zum Ärztinnenberuf nicht erst eine Errungenschaft der DDR gewesen ist, sondern bereits seit der Weimarer Zeit und dann im NS besonders forciert wurde. Als mütterlicher und weiblicher Beruf wurde der Ärztinnenberuf besonders im NS zwischen Ideologie und Praxis harmonisiert. Während in der DDR nach 1945 bzw. 1948 ein deutlicher Kontinuitätstrend für Frauen in Medizinerberufen erkennbar ist (1950 waren bereits 40,6 Prozent der an medizinischen Fakultäten Studierenden weiblich), zeigt die westdeutsche Entwicklung einen Bruch. Erst in den späten 1960er Jahren ist ein Aufwärtstrend bei weiblichen Studierenden in den medizinischen Fakultäten erkennbar (ibid., 230ff).

Tabelle 6: Frauenanteil in der Hochschullehrerschaft der DDR, 1951 - 1969

	1951	1954	1962	1965	1969
Statusgruppen:					
Professoren	1,7	2,8	3,2	3,6	3,3
Dozenten	11,8	9,1	5,5	4,9	-
Oberassistenten	11,1	11,3	10,4	11,6	-
Assistenten	20,8	17,4	22,1	22,1	-
Wissenschaftliche Mitarbeiter	-	-	15,3	14,7	-
Fächer (nur Professorinnen):					
Medizin		2,4	2,5	4,5	

Quelle: Jessen 1999, 390 (Auszug)

Sind Frauen an den leitenden Positionen vorbei gelenkt worden oder aber haben Frauen sich dagegen entschieden?[37]

Die Fachärztin für Onkologie und Hämatologie, Jg. 1950

Die Fachärztin für Onkologie und Hämatologie, Diana Kroll, Jg. 1950, hebt in unserem ersten Gespräch 1992 hervor: „Ich will nicht Chef sein, ich will irgendwo ordentlich arbeiten."

Diana Kroll ist mit einem gleichaltrigen habilitierten Mathematiker verheiratet. Ihre Mutter, Jg. 1921, besuchte die Handelsschule, arbeitete als Sekretärin, verließ aber nach der Geburt der Kinder 1946 und 1950 für längere Zeit den Arbeitsprozess. Der Vater, Jg. 1920, ist gelernter Verkäufer und Dekorateur und absolvierte in den 1950er Jahren ein Fernstudium mit dem Abschluss Ingenieur-Ökonom. Durch den nachgeholten akademischen Abschluss des Vaters wird die Familie der ,neuen Intelligenz' zugerechnet. 1964 wechselt Diana Kroll in die Oberschule (EOS); angeregt wird dieser Übergang durch ihren älteren Bruder. Probleme beim Übergang wie bei Justus Lohmann und Henning Voges gibt es

---

[37]   64 Prozent der Allgemeinmediziner waren 1989/1990 in der DDR weiblich (Schagen 1996, 331).

nicht.

Er ging zur Oberschule, und ich wollte das auch. Der (Bruder) erzählte immer, wie schön das ist und dass es ihm gefällt. Damals (1964 beim Übergang in die EOS, E.M.H.) ging es eigentlich, wenn ich mich recht erinnere, nach Leistungen, es wurde nach irgendwelchen Leistungskriterien ausgesucht. (Gespräch 1992, Jg. 1950, Fachärztin für Onkologie und Hämatologie)

1968 macht Diana Kroll das Abitur, arbeitet nach der Vorimmatrikulation zum Medizinstudium ein Jahr als Hilfsschwester und beginnt 1969 mit dem Medizinstudium in Jena, das sie 1974 beendet. Nach akademischen LehrerInnen gefragt, bemerkt sie, dass

... dieses Medizinerumfeld, das ich kannte, die kamen fast alle aus Medizinerdynastien (gemeint sind damit die Hochschullehrer an der Universität Jena, E.M.H.). Zumindest die, die noch bei mir Vorlesungen gehalten haben, und auch mein späterer Chef war ... ein ganz klassischer bürgerlicher Mediziner. (Gespräch 1992)

1974 heiratet Diana Kroll, und in diesem Jahr erhält ihr Mann eine Stelle an einer Technischen Hochschule. Ihre Söhne werden 1975 und 1981 während der Facharztausbildung geboren. 1975 bis 1976 erkrankt der Ehemann lebensbedrohlich.

Sie möchte nach Beendigung des Studiums 1974 zur Facharztausbildung an die Universitätsklinik Halle, jedoch ist dieser Ort bei der Absolventenlenkung für sie nicht vorgesehen. So beschafft sie sich selbst eine Assistentinnenstelle an der Universitätsklinik in Halle, und nachträglich stimmt der Absolventenlenkungsausschuss diesem Arbeitsvertrag zu. Befragt zum Arbeitsklima führt sie aus:

Ich glaube schon, dass ich von meinem Chef (in Halle) ... wie er seine Klinik geführt hat und wie er auf Dinge Wert legte, ich glaube, dass ich von ihm eine Menge gelernt habe. ... Aber das hat sicher zum Teil auch mit seiner eigenen Einstellung und Erziehung zu tun, dass er eben Wert darauf gelegt hat, ... dass man arbeitet und fleißig ist, das ist ja klar, aber auch ... eine bestimmte Eigenverantwortung und Ethik (wurden von ihm gefordert). (Gespräch 1992)

In ihrer Abteilung an der Universitätsklinik Halle arbeiteten zwischen 25 und 30 Ärzte, drei davon waren Frauen, was sie besonders hervorhebt.

Ich war dann die erste, die an der Klinik Kinder kriegte. Die anderen, die vor mir an der Klinik eingestellt waren, die also älter waren als ich, die kriegten dann erst nach mir die Kinder. ... Er war nun als Klinikchef zum ersten Mal mit einer Frau konfrontiert, die auch noch ein Kind zu Hause hatte. ... Das war dann manchmal nicht so einfach, wie das vielleicht in anderen Bereichen war, wo Frauen halt zu Hause geblieben sind und alle Vergünstigungen ... genommen haben, wenn die Kinder krank waren. Das war bei uns nicht so. Da musste ich ... schon sehen, da mussten wir (sie und ihr Ehemann, E.M.H.) uns immer was einfallen lassen, wie man das machen und schaffen kann, weil ich einfach nicht sagen konnte, ich bleibe jetzt zu Hause. ... Das war nicht immer so ganz einfach. ... Röntgenvisiten oder bestimmte Dienstbesprechungen, die waren nachmittags um vier Uhr. Also zu meiner Assistenzzeit war das nicht (früher), da ging das manchmal erst nachmittags los. Ich dachte dann, eigentlich müsstest du jetzt gehen und das Kind (aus der Kinderkrippe, -garten, E.M.H.) abholen. Was machst du denn jetzt? Von der Problematik her habe ich eigentlich immer in dem Zwiespalt gelebt, damit zurechtzukommen. ... Ich habe ständig mit Kindergärtnerinnen und Krippentanten im Krieg gelegen, die sagten: Sie sind immer die letzte, und ihr Kind ist immer das letzte. Bei dem Kleinen war es dann so, da nahm dann manchmal die Kindergärtnerin vor lauter Verzweiflung das Kind mit nach

Hause. Sie wohnte um die Ecke. Da hing dann ein Zettel: ‚Ich habe euer Kind mit nach Hause genommen'. Das war manchmal schwierig. (Gespräch 1992)

„(U)nbegrenzte Hingabe an diese abhängige Tätigkeit ist gegenüber vielen Chefs die Grundvoraussetzung. Angesichts der Überlastung und Prioritätensetzung der Chefs fällt ein karrierewilliger Mensch sonst überhaupt nicht auf." (Färber 1995, 15) Eine politische Diskussion des Themas „Medizinerinnen mit kleinen Kindern" gibt es am Arbeitsplatz nicht. Partei- und Gewerkschaftsgruppe, die diese Benachteiligung aufgreifen könnten, werden von ihr dazu nicht konsultiert.

1988 ist ihr Mann mit seiner beruflichen Position als Dozent an der Technischen Hochschule unzufrieden. Er sieht für sich keine Möglichkeiten eines beruflichen Aufstiegs, fühlt sich durch zunehmende Lehrverpflichtungen ‚ausgebrannt', und vor allen Dingen vermisst er Forschungsmöglichkeiten. Durch Kollegenkontakte erhält er eine seinen Forschungsinteressen gemäße Anstellung an der Akademie der Wissenschaften in Berlin.

Sie erinnert sich an eine ehemalige Kollegin, die von Halle nach Berlin in ein Akademie-Krankenhaus gewechselt war, ruft dort an, erhält eine Einladung zur Vorstellung und danach eine Anstellung als Chefärztin in der hämatologischen Fachambulanz. Dem Medizinerprivileg ist es zu verdanken, dass die Familie eine Wohnung in Berlin erhält.

Über ihren Beruf hebt sie 1992 hervor, dass sie viel in ihn investiert hat, dass die hierarchische Arbeitsorganisation in diesem Berufsfeld unstrittig ist und, wenn man selbst keine Leitungsposition übernehmen will, sich dem- oder derjenigen, der die Arbeit übernimmt, leidenschaftslos unterordnen muss.

Ich habe (sehr) viel (Kraft) in den Beruf investiert. ... Mir hat das auch immer Spaß gemacht und macht mir eigentlich auch noch Spaß. Aber vielleicht hat das irgendwie mit meiner Einstellung (etwas) zu tun, ... Irgendwie habe ich (den Beruf) als selbstverständlich gefunden, das kann ich gar nicht anders ausdrücken. ... Ich habe da keinem (auch nicht meinem Chef) Respekt entgegengebracht, weder vorher noch nachher. Ich habe ihn als meinen Chef akzeptiert, und einer muss in der Klinik den Hut aufhaben, und einer muss in der Klinik alle Fäden zusammenhalten, dass ... eine ganz banale Routine ... läuft, dass in der Klinik kein Chaos ist, dass jeder das macht, was er zu machen hat. Irgendwer muss das machen, irgendwer muss der Chef sein, den Hut aufhaben, ... egal, ob man nun die Person mag oder nicht. Ich bin der Meinung, wenn man es nicht selber machen will, dann hat man das erst einmal zu akzeptieren. Die Person meines Chefs in der Klinik hat mich also nicht an irgendeiner Stelle berührt. Ich habe darauf nicht sonderlich geachtet, ihn weder vorher noch nachher hoch eingeschätzt. (Gespräch 1992)

1990 wird ihr Arbeitsbereich als Akademieeinrichtung evaluiert, sie erhält danach einen unbefristeten Arbeitsvertrag, gebunden an ihre Fachabteilung, als Oberärztin. Bei einer Schließung dieser Abteilung, so der Vertrag, hat sie den Anspruch, als Fach-, nicht als Oberärztin weiter beschäftigt zu werden.

Zwei Jahre später – 1992 – wird aufgrund der Evaluation durch den Deutschen Bildungsrat die Akademieeinrichtung mit einem bundesrepublikanischen Krebsforschungszentrum/Universitätsklinikum verbunden, und dadurch verändert sich auch ihre Vertragssituation. Sie besteht nicht auf der Einhaltung ihres Vertrags, sondern erhält 1993 einen auf fünf Jahre befristeten Oberärztinnen-Vertrag in diesem Klinikum.

1992 wird sie gefragt, wohin sie die Zeit zurückdrehen würde, wenn sie das könnte. Sie hebt die Zeit an der Universitätsklinik Halle nach der Facharztausbildung 1986/87 hervor, in der sie Familie und Beruf zufriedenstellend organisiert hatte. Sie konnte sich kompetent zwischen Forschung und Patientenbetreuung bewegen.

Das war so ein Mittelding zwischen Forschungseinrichtung an der Universität, eine hervorragende fachliche Betreuung, eine hervorragende Patientenversorgung auf Universitätsebene mit einem Stamm solider guter Fachärzte. Also wenn das ginge, da würde ich (die Zeit) hindrehen. (Gespräch 1992)

1994 hat sich ihre berufliche Laufbahn geändert. Begeistert erzählt sie über ihre neue Berufstätigkeit.

Eigentlich muss ich sagen, dass ich ... großes Glück hatte, weil ich ja in meinem alten Bereich einfach vom Prinzip her nicht so weiter arbeiten konnte wie bisher. Dem ist nicht so, aber von der Sache her, (ich konnte) mir meine Patienten nehmen und (ins Universitätsklinikum) gehen und dort sach- und fachgerecht weiter arbeiten. ... Ich kann da eine Menge lernen, was ich noch nicht kann, eine Menge sehen, und natürlich (bin ich in eine) unheimlich interessante Truppe und Struktur hineingeraten. ... Der Patiententypus hat sich auch schon ein bisschen geändert, aber eigentlich da, wo es mich interessiert, da kommt noch zur reinen Hämatologie ... noch mehr Onkologie hinzu.

Das habe ich früher nicht in dem Sinne soviel gemacht. Ich habe, einfach dadurch, dass es jetzt (eine) Universitätsklinik ist, dass da wieder Studentenausbildung drin ist, dass da natürlich jeder der Chefs, jeder der C4-Professoren hat also sozusagen eine Abteilung in der Klinik und hat gleichzeitig im anhängenden (Krebsforschungs-)Zentrum ein Forschungslabor mit einer großen Truppe von Kollegen, die vorwiegend Forschung machen. Und das ist natürlich etwas, ... was mich persönlich unheimlich interessiert und was so von der ganzen Zusammensetzung der Arbeitsgruppe ... doch sehr interessant ist, dass da wirklich eine Truppe reiner Kliniker sind und reine Theoretiker und dann noch ein paar junge Kollegen, die von der Sache her zeitlich versetzt beides machen möchten, aber in einer Arbeitsgruppe alles recht eng beisammen ist und wirklich die Chance besteht, da auch unterschiedliche Ansichten, unterschiedliche Leute, unterschiedliche Erfahrungswerte wirklich konkret zusammenzubringen. ... Man schmort also nicht mehr so sehr in seinem eigenen Saft, und man ist nicht nur Versorgungskrankenhaus, sondern es eröffnet sich da schon eine Menge Perspektiven, und es kommen da eine Menge (Perspektiven) hinzu. (Gespräch 1994)

Der überwiegende Inhalt des zweiten Interviews 1994 sind Erzählungen über die Tagesabläufe ihrer Arbeit, welche Konferenzen sie besucht, welche Fachzeitschriften sie liest, wie sie die Ausbildung der Assistenzärzte für ihren Bereich organisiert, wie wichtig die wöchentlichen Kolloquien mit den ForscherInnen sind, und als etwas Besonderes hebt sie die Ost-West-Durchmischung der Arbeitsgruppe als fruchtbare Anregung hervor. Einige Dinge verblüffen sie, zum Beispiel, dass am Arbeitsplatz so wenig über persönliche Dinge gesprochen wird, dass die neuen Kollegen aus Westdeutschland nahezu immer unter Leistungsdruck stehen, und

... ich erlebe zum ersten Mal in meinem Leben, ... dass ein Großteil der Männer Frauen haben, die nicht berufstätig sind, die ... zu Hause sind. ... So, die Frauen sind zu Hause und die Männer gehen arbeiten und schaffen das Geld heran. Aber was ist, wenn dieser Mann seine Karriere nicht verwirklichen kann? Was wird dann aus der Frau und den Kindern? ... Der muss es schaffen, das habe ich zum ersten Mal in meinem Leben begriffen ..., für mich und für uns alle (die Frauen aus dem Osten, E.M.H.) ist das einfach eine neue Erfahrung. (Gespräch 1994)

Nicht die Rede ist von einer Habilitation, einem eigenen Forschungsprojekt oder gar davon, selbst eine Professorenkarriere anzustreben. Diana Kroll will eben nicht Chef sein, sondern „irgendwo ordentlich arbeiten". Und damit entsprechen die Interessen von Diana Kroll denen, „die ‚die Stellung halten' müssen, sprich die, (die) gemeinsam mit anderen Berufsgruppen den Krankenhausbetrieb aufrechterhalten. Charakteristika dieser Tätigkeiten sind das Vor- und Zuarbeiten, Routinearbeiten, die gemacht werden müssen ..., gute kommunikative Fähigkeiten, psychosoziale/therapeutische Kompetenzen, Ausdauer und ein gewisses Maß an ‚Bescheidenheit', wie beispielsweise Verzicht auf öffentliche Anerkennung" oder auch auf eine wissenschaftliche Karriere (Mixa 1995, 39).

Die Allgemeinmedizinerin, Jg. 1955

Die Allgemeinmedizinerin Britta Zoll, Jg. 1955, die in der Außenstelle einer Poliklinik arbeitete, versichert an mehreren Stellen in unseren Gesprächen zwischen 1991 und 1994, dass sie ja in der Medizin „nichts werden wollte".

Ich war ja nun nicht gesellschaftlich aktiv und fachlich nun auch nicht die Allerbeste im Seminar. ... Wenn ich jetzt ehrgeizig gewesen wäre und hätte an der Uni bleiben wollen, dann hätte ich irgendwas (an politischer Arbeit, E.M.H.) machen müssen. Das wollte ich ja nicht. (Gespräch 1991, Jg. 1955, Allgemeinmedizinerin)

1955 wird Britta Zoll als zweites Kind eines Professors für Bauwesen und eines Einzelvertragsinhabers geboren. Die Mutter war seit der Geburt der Kinder nicht berufstätig. Der Übergang in die EOS und die Zulassung zum Medizinstudium 1973 sind unproblematisch. 1978 schließt sie das Studium ab, 1983 beendet sie ihre fachärztliche Ausbildung in einem Krankenhaus nördlich Berlins. Sie beginnt während der chirurgischen Facharztausbildung mit der Promotion und wechselt nach Beendigung der Facharztausbildung 1983 in die Außenstelle einer Poliklinik, eine sogenannte staatliche Arztpraxis. Sie heiratet 1983 einen Apotheker, der 11 Jahre älter ist, und 1983 wird ihre Tochter geboren. Bis Oktober 1989 lebt die Familie unter unzumutbaren Wohnbedingungen, dann gelingt es ihnen, ein Haus zu erwerben, was ein Ausreisender hinterlassen hat. Die Promotion bleibt auf der Strecke.

Ach ja, die Promotion. Ich hatte angefangen und dann habe ich geheiratet und die Stelle gewechselt. Dort habe ich die Arbeit noch durchgezogen und auch noch nach Vorschrift geschrieben. Aber nachher hatte ich keine Lust mehr, ich habe dann noch mal einen Anlauf gemacht, aber, na ja, der innere Schweinehund war dann zu groß. (Gespräch 1991)

In der Außenstelle der Poliklinik hatte sie neun Dörfer zu betreuen,

... das war sehr schön, ich war mein eigener ‚Herr'. Es war zwar umständlich und es war auch so, dass ich Sprechstunden in Gaststätten gemacht habe, und in einem Dorf habe ich immer privat bei einer Familie für dieses Dorf die Sprechstunden in einem Wohnzimmer gemacht. ... Aber die waren froh, dass ich in die Dörfer kam. Die kamen ja so schlecht rein, die hatten ja kein Auto. ... Aber es war für einen Praktiker eben ein schönes Arbeiten. ... Das nannte sich Poliklinik, es war so eine Außenstelle. Von den Räumlichkeiten war es schlecht, mit der Schwester zusammen in einem Zimmer, aber die ging dann auch raus, wenn sie merkte, dass die Patienten etwas erzählen wollen. (Gespräch 1991)

Mit einer Kollegin machen sie Sprechstunden im Wechsel, es gibt nur einen Schreibtisch und „ich hatte auf dem Schreibtisch ein kleines Fach. Das war mein Fach, das war alles, was ich hatte. Furchtbar." Die ärztlichen Dienste im Umkreis von 50 km muss sie allein fahren, ebenso zu Verkehrsunfällen oder Zwangseinweisungen, eine ‚Schnelle Hilfe' (ärztlicher Notdienst) gibt es für diese Einsätze nicht.

Da der ärztliche Beruf vor 1989 als Mangelberuf wahrgenommen wurde (siehe Kritik weiter oben Justus Lohmann), hatte man überhaupt keine Sorge, „irgendwo eine Stelle zu kriegen. Es war egal, ob nun Mann oder Frau, das denke ich schon." Und der wahrgenommene Mangel hatte ein doppeltes Gesicht. Während ihrer Facharztausbildung im Krankenhaus wurde der gesamte Betrieb von zwei Oberärzten und zwei Pflichtassistenten aufrechterhalten. „Das war ein Dauerzustand. ... Das war unmenschlich viel Arbeit, die sind richtig verheizt worden." Auf der anderen Seite war sie dann auf ihrem späteren Arbeitsplatz in der Außenstelle der Poliklinik „mit meinen neun Dörfern sechs Stunden beschäftigt. Und ich habe, meine ich, das wirklich nicht schlecht gemacht. Ich habe jedes Dorf besucht und mehr war eigentlich nicht nötig." Nach ihren Ausführungen hätte eine Halbtagsstelle ausgereicht, aber „es gab keine Halbtagsstellen". Als sie dann durchblicken lässt, dass sie wegen der schlechten Wohnverhältnisse die Stelle verlassen will, bewilligt man ihr eine Halbtagsstelle, „immer befristet auf ein Jahr".

Zentral für sie ist, dass Beruf und Familie vereinbar sind. Sie findet es nicht gut, „dass die Frauen alle gearbeitet haben". Für sie war die Arbeit – auch unter den Bedingungen der vollen Stelle – ein Halbtagsjob. „Gut, dann kamen die Hausbesuche hinzu. Aber man konnte es sich einteilen." Und als Arzt ist „man nicht das Normale", verglichen mit Band- und Schichtarbeiterinnen, denn sie konnte sich die Arbeit einteilen. „Ich kann um acht Uhr abends noch einen Hausbesuch fahren. ... Ich kann mir das einteilen. Also lässt sich das bei mir mit Familie ganz gut unter einen Hut bringen."

1990 macht sie sich selbständig, mietet sich in einer Baracke ein, die vom Abriss bedroht ist, aber bei unserem letzten Gespräch 1994 gab es keine Anzeichen eines Abrisses in nächster Zeit. Stolz berichtet sie, dass sie „keinen Kredit aufgenommen hat" und dass sie sich

... keine Schwester (als Sprechstundenhilfe) genommen hat, sondern eine Sekretärin. Das ist eine Frau, die zwanzig Jahre nicht gearbeitet hatte, aber früher Sekretärin gelernt hat. Sie hatte drei Kinder und war deshalb zu Hause. Ich kannte sie, weil ich ihren Großvater praktisch versorgt habe. Und ich habe sie angesprochen und für 30 Stunden eingestellt. Sie lebt richtig auf mit mir, sie macht auch mit sauber. Das ist eben ein ganz anderes Klima, das ist so freundlich und macht eben Spaß. (Gespräch 1991)

Nach der Wende tritt sie dem ‚Bund praktischer Ärzte' (BPA) bei, um Informationen zu bekommen und Bildungsveranstaltungen zu besuchen. Als Gewinn sieht sie, dass sie jetzt „selbst bestimmen kann, wie, wann und was ich mache". Verloren ist durch die Niederlassung die Zeit zum Lesen. Sie versichert, dass sie die private Niederlassung nicht uneingeschränkt bejubelt, insbesondere an den Stellen nicht, wo es um das „private Geld der Patienten für Bescheinigungen" geht. Vergleichend stellt sie fest, früher

... hatte man sein Gehalt, und das war alles, also geldlich hat man sich doch nirgendwo gekümmert. Das war festgelegt, das stand alles fest. Und ansonsten konnte man ja doch als Praktiker mehr oder weniger machen, was ich wollte. ... Ich bin niemals irgendwo gemaßregelt worden, ich konnte immer schon machen, was ich wollte, mehr als jetzt. Jetzt habe ich immer Angst vor Regressen. (Gespräch 1992)

In ihrer Berufsausübung hat sich nach der Wende kaum etwas verändert, lediglich die Verwaltungsarbeiten haben zugenommen. Sie hat jetzt ein EKG und kann ein wenig mehr machen und „vielleicht bin ich sogar auch ein bisschen selbstsicherer geworden".

1992 nimmt sie nur noch an ausgesuchten und wenigen Weiterbildungsveranstaltungen teil, sie verdient so viel, dass es zum Leben reicht, „auf das Bankkonto kommt nichts". Der Ort hat 2.500 Einwohner und drei Ärztinnen. 1992 stellt sie fest:

Das Klima hat sich unter den Kollegen sehr sehr verschlechtert. Früher war es sicherlich oberflächlich kollegial, aber es war da. Und das ist eigentlich mit zwei, drei, mit denen man noch kann, und mit den anderen hat man eigentlich gar keinen Kontakt mehr, außer dass man die (Bereitschafts-)Dienste bespricht, wann wer halt dran ist. (Gespräch 1992)

Zusammenfassung und Ausblick

Die generelle Ausgrenzung der Frauen vom Medizinstudium ist – wenn man sich die Absolventenzahlen ansieht – überwunden, jedoch gibt es innerhalb der medizinischen Profession Aus- oder auch Eingrenzungen von Tätigkeiten, Positionen, Bereichen und nicht zuletzt von der „medizinischen Wissens- und Wissenschaftsproduktion" (Mixa 1995, 35). Diese Aus- oder Eingrenzungen nehmen Diana Kroll und Britta Zoll in ihren Karriereplanungen schon vorweg. Chefpositionen lehnen beide Frauen ab. Diana Kroll, weil sie auf einer von ihr definierten Ebene der Patientenversorgung und -behandlung im Rang einer Oberärztin „ordentlich arbeiten" will, Britta Zoll, weil sie in der Medizin „nichts werden wollte", einmal weil sie als Allgemeinmedizinerin vor Ort das ganzheitliche Arzt-Patienten-Verhältnis (kurativ und präventiv) überaus befriedigend erlebt, zum anderen weil sie ihre Arbeitszeit so einteilen kann, dass diese nicht mit ihrem Familienleben kollidiert. Dass dabei eine über Jahre bearbeitete Promotion nicht abgeschlossen wird, hat in dieser Lebensplanung keinen Stellenwert.

Die Gründung der DDR steht für die Transformation der bürgerlichen in eine sozialistische Gesellschaft. Im Rahmen dieses Programms wurde auch den Professionen als einem bürgerlichen Erbe der Kampf angesagt. Jedoch standen die Herkunft der Mediziner und deren professionelle Traditionen der Durchsetzung dieses Anspruchs entgegen. „(E)in Großteil (der) männlichen Kollegen, die sich während des NS-Regimes angepasst hatten, (setzte) in dem neuen System ihre Berufslaufbahn fort, ohne dass ihre politische Vergangenheit in Anschlag gebracht wurde. Während unter den Richtern und Lehrern eine relativ strikte Entnazifizierungspolitik zu einem weitgehenden Austausch während der späten vierziger Jahre geführt hatte, griffen die Entnazifizierungsmaßnahmen bei der Ärzteschaft nur kurzfristig und oberflächlich." (Budde 2003, 231, mit Verweis auf Ernst 1997, 143ff)[38]

Am Ende der DDR zeigte sich, dass die Eingriffe des Staates in die medizinische Profession keineswegs zu einer De- oder Entprofessionalisierung geführt hatten, sondern dass die Mediziner sich trotz zahlreicher Eingriffe struktur-konservativ erwiesen. Es gab keine Parteiärzteschaft, sondern langfristig, auch in der intergenerationalen Weitergabe, hatten sich die Mediziner auf die Rolle des indifferenten ‚Humanisten' zurückgezogen. Das Parteibuch, das nahezu in allen akademischen Berufslaufbahnen der DDR als Voraussetzung angesehen wurde, finden wir bei den Medizinern nicht häufig. Darauf verweist auch Hornbostel: „Eine Ausnahme bildet das Gesundheitswesen, dass bis zum Schluss der politischen Kontrolle eine starke Professionskultur entgegensetzen konnte." (Hornbostel 2003, 225) Die Transformation der Medizinerprofession von einer bürgerlichen zu einer sozialistischen Berufsgruppe scheiterte an politischen Zugeständnissen, die durch Notsituationen (Seuchenbekämpfung, Verluste durch Abwanderung) entstanden, sie scheiterte auch daran, dass die Mediziner ihre Nachwuchs-rekrutierung in einer „völlig auf die Spitze gerichteten professionellen Führungsstruktur" (Ernst 1997, 342) weitgehend selbst regulierten und dadurch die bekannten Abhängigkeiten zwischen Ordinarius und Nachwuchs fortgeschrieben wurden. Die sozialistische Umgestaltung des Gesundheitswesens mit den tragenden Prinzipien der Unentgeltlichkeit und der allgemeinen Zugänglichkeit und dem Primat der

---

[38]   „Im SBZ-Durchschnitt sahen sich lediglich 5,4 Prozent aller Ärzte belangt; zwischen 1945 und 1949 wurde insgesamt 45 Ärzten, was 0,4 Prozent entsprach, die Approbation aus politischen Gründen entzogen." (Budde 2003, 231 mit Verweis auf Ernst 1997, 201)

Prophylaxe als einer Einheit von Vorbeugung, Behandlung und Nachsorge, das heißt allgemeine Hygieneregeln auf der Basis medizinischen Wissens bei der gesamten Bevölkerung durchzusetzen, bedeutete auch, die Kontrolle auf die medizinischen Experten zu übertragen, deren Anweisungen verbindlich waren. „Damit ist ein ... Aspekt des Modernisierungsprozesses berührt, der, neben der Verwissenschaftlichung und Spezialisierung des Wissens, die Entwicklung der medizinischen Profession entscheidend prägte: die Medikalisierung" (Ernst 1997, 23) als Pendant zur Professionalisierung. Der Patient geriet dadurch in die Abhängigkeit des ärztlichen Beistandes. Die Übertragung von Prävention und Prophylaxe als einer Säule des sozialistischen Gesundheitswesens an die medizinischen Experten bedeutete auch, dass professionelle Standards aufrechterhalten wurden. Oder pragmatisch ausgedrückt:

Ich glaube, dass es Honecker auch egal war, ob der Arzt Genosse ist, der ihn operiert. Hauptsache er war ein guter Chirurg. (Gespräch 1991, Jg. 1930, Professorin für Soziologie)

Von der Diskussion um den Bestand und/oder die Transformation der medizinischen Profession in einen Beruf „wie jeder andere" (Gouldner 1979/1980, 40f; Bollinger/Hohl 1981, 443f) war die medizinische Profession der DDR bis zur Wende kaum betroffen. Abgesehen von den Versuchen der staatlichen Regulierung von Forschung, die aber wenig Erfolg zeigten, gingen die Prozesse der Verrechtlichung und Standardisierung (Kunstfehler, Zuteilung medizinischer Therapien) an ihnen vorbei. Eingriffe in die professionelle Autonomie durch das Auftreten „neuer Kontrollorgane" (mündige Patienten oder die Verselbständigung der medizinischen Hilfsberufe) waren ebenfalls weitgehend unbekannt. Das medizinische Ethos der ganzheitlichen Aufgabenorientierung (die gesundheitliche Versorgung der Bevölkerung) und die „Nähe von Person und Tätigkeit" erzeugten innerhalb der Profession und bei der Bevölkerung „Vertrautheit mit Autorität, Charisma und Verantwortlichkeit" (Bollinger/Hohl 1981, 455), und dazu gehörte es auch, dass die Bevölkerung erwartete, dass DDR-Ärzte nicht flüchteten oder die Ausreise beantragten. Sowohl innerhalb der Ärzteschaft als auch in der Bevölkerung wurden Abgänge in besonderer Weise zur Kenntnis genommen und diskutiert.

Wenn Ärzte flüchteten oder das Land verließen, war das mehr Anlass zu Diskussionen, als wenn andere das Land verließen. Wenn ein Arzt verschwand, löste das große Unsicherheit bei den Patienten aus. Wenn Dir Dein Arzt weggeht, wurde darüber gesprochen ... (Gespräch 1991, Jg. 1930, Professorin für Soziologie)

Was jedoch auch der medizinischen Profession der DDR zusetzte, war der stetig steigende Frauenanteil. Im Einverständnis mit der politischen männlichen Elite wurden die Medizinerinnen in Karrierepfade der Versorgung und ausdauernden Therapien abgedrängt, in notwendige Arbeiten, jedoch nicht in Karrierestufen auf dem Weg an die Spitze.

2.2   Zwischen Amt und Profession: Kirchliche Amtsträger

– Die evangelischen Pfarrer – Der Umbruch 1989/1990 – Die Institutionenordnung der Kirchen – Protestantische Milieus in der DDR – Zwischen Amt und Profession: Der Landessuperintendent – Die Familiengeschichte – Ausbildung und beruflicher Werdegang – Die kirchliche Arbeit in Zeiten des Wandels – Übergang in den Ruhestand 1992

Als Berufsgruppe des Bildungsbürgertums lassen sich die evangelischen Pfarrer nur schwer den Professionen zuordnen, die sich im 19. Jh. als „geschlossene Berufsstände" (Janz 1988, 174; Siegrist 1988a) und freie Berufe (Ärzte, Rechtsanwälte u.a.) gebildet haben. Diese geschlossenen Berufsstände oder auch Professionen verfügen über ein häufig durch ein Studium erworbenes komplexes Berufswissen, „das sie in Bereichen von zentralem gesellschaftlichem Interesse (im Sinne des Gemeinwohls, E.M.H.) anwenden" (ibid., 174). Ihre Tätigkeit gilt als dem Gemeinwohl verpflichtete Dienstleistung, die öffentlich angeboten wird und einer Profession jeweils ausschließlich vorbehalten ist. Die Professionen genießen ein hohes Sozialprestige. Sie verfügen über Standesorganisationen, die einerseits die Berufsausübung ihrer Mitglieder kontrollieren und andererseits „das Angebotsmonopol der Berufsgruppe durchsetzen und verteidigen" (ibid., 174). Neben den eher staatsfernen (z. B. Ärzte, Rechtsanwälte, Architekten u.a.) gibt es auch die staatsnahen Professionen, die – in der Regel höhere Beamte – über ihre professionellen Verpflichtungen hinaus gegenüber dem Staat zu besonderer Loyalität verpflichtet sind (z.B. Richter, Staatsanwälte, Ärzte in staatlichen und/oder universitären Kliniken, Professoren und in staatlichen Diensten arbeitende Gelehrte, Lehrer u.a.). Zu dieser Kategorie sind auch die evangelischen Pfarrer zu zählen, die in Deutschland als höhere Beamte oder in beamtenähnlichen Arbeitsverhältnissen tätig sind (Etzold 2000[39]).

Die evangelischen Pfarrer

Die evangelischen Pfarrer gehören aufgrund ihrer Gymnasialbildung, durch ihre Latein-, Griechisch- und Hebräischkenntnisse, durch ihr Studium an einer Universität oder einer gleichrangigen Bildungseinrichtung und schließlich aufgrund ihrer universitären und kirchlichen Examina seit dem ersten Drittel des 19. Jh. zum Bildungsbürgertum. Hatten zuvor die Prediger bzw. Pfarrer in der Regel nur über eine einfache Schulbildung und praktische Fähigkeiten verfügt und war die Beru-

---

[39]   Die Pfarrervergütung erfolgte 1999 nach A13, wobei Pfarrer im Probedienst nach fünf verschiedenen Modellen bezahlt werden: 100 % nach A13, 90 % oder 75 % oder 50 % nach A13 oder aber 50 % in Anlehnung an BAT IIa.

fung zum Seelsorger in das Ermessen der lokalen Patrone gestellt, so wurde gegen Ende des 18. Jh. die Frage der ‚Veredlung des Predigerstandes‘ diskutiert. Die Verwissenschaftlichung und Standardisierung der Ausbildung im ersten Drittel des 19. Jh. wurde von den zentralen Kirchenbehörden und außerhalb der Kirchen begrüßt. „Hier laufen berufsständische Interessen an einer Statusanhebung der Pfarrerschaft, Interessen der kirchlichen Elite an einer Stärkung der zentralen Kirchenbehörden und Strategien des spätabsolutistischen Staates in einer erhöhten Wirksamkeit der Pfarrer als staatliche Verwaltungsbeamte zusammen." (Janz 1988, 176) Die sogenannte innere Bildung, die vormals bei den Berufungen durch die lokalen Patrone wichtig gewesen war, wird im 19. Jh. durch das akademische Studium ersetzt, das besonders die drei alten Sprachen und das sogenannte Kulturstudium umfasste und Examina in Philosophie, Literatur und Geschichte, später auch in naturwissenschaftlichen Fächern verlangte. Lokale Patrone konnten nunmehr nur noch Kandidaten berufen, die durch die Kirchenbehörden geprüft worden waren. Die Einführung in das Pfarramt, die Ordination, erfolgt durch einen Vertreter der Kirchenbehörden; die Übernahme in das höhere Beamtentum durch den Staat. Die Kontrolle der Ausbildungsstandards war und ist in den Händen der kirchlichen Behörden monopolisiert, die ihrerseits unter staatlicher Aufsicht stehen. „Die evangelische Pfarrervorbildung und Pfarrerkarriere war zu dieser Zeit längst Teil jenes Berechtigungswesens, das das Verhältnis von akademischer Bildung und Bildungsbürgertum zum Staat ... nachhaltig geprägt hat. ... (Die Pfarrerkarriere) war damit eingebettet in die für den sozialen Status der ‚Gebildeten‘ konstitutive Berechtigungskette von höherer Schulbildung, Abitur, Studium, staatlichen Prüfungen und höherem Staats- und Kirchendienst bzw. staatlich lizensierten freien Berufen." (ibid., 177) Das Ansehen der evangelischen Pfarrer, die gleichsam eine Kerntruppe des Bildungsbürgertums bildeten, sank jedoch in der zweiten Hälfte des 19. Jh., als sich Teile der Geistlichkeit „orthodoxen und neopietistischen Strömungen anschlossen, (die) der bürgerlichen Kultur ... oft ablehnend gegenüber (standen) ... (und) sich mehr und mehr als Verteidiger traditioneller Werte gegen Industrialisierung, Liberalisierung und großstädtische Lebensformen" verstanden (ibid., 181).

Obwohl 40 bis 45 Prozent der evangelischen Pfarrerschaft im 19. Jh. aus der höheren und mittleren Beamtenschaft und dem Kleinbürgertum stammten, war die Pfarrer- und die prestigereiche Beamtenlaufbahn gleichzeitig ein Aufstiegsweg für die Kinder von Volksschullehrern und aus der niedrigen Beamtenschaft. Das Studium war kurz, die Kosten überschaubar, und es gab ein gut ausgebautes Stipendiensystem. Diese Vermischung macht die bildungsbürgerliche Einordnung dieser Gruppe am Ende des 19. Jh. schwierig. Gemeinsam ist den beiden Gruppen, dass es kaum eine Verbindung zum Wirtschaftsbürgertum gibt, die jedoch auch bei höheren Beamten, Ärzten und Rechtsanwälten nicht ausgeprägt war. Was sie jedoch dem Bildungsbürgertum zugehörig macht, ist gegenüber Selbständigen und wirtschaftlich orientierten Professionen die hohe Selbstrekrutierungsrate. Nahezu drei Viertel der evangelischen Pfarrer stammten aus Beamtenfamilien, und auch das Heiratsverhalten der Pfarrer bestätigt diese Verflechtung. „Ihre vehemente Verteidigung des traditionellen Verhältnisses von Kirche und Staat, ihr Festhalten an den staatskirchlichen Rahmenbedingungen ihrer Berufsausübung und die Favorisierung bürokratischer Professionalisierungsvarianten müssen vor dem Hintergrund dieses Befundes gesehen werden." (vgl. ibid., 181-183, 183)

Fazit: Die Grundzüge dieser sozialen Strukturen haben sich trotz zahlreicher Veränderungen der kirchlichen Situation (z. B. Kirche im NS, Kirche im Sozialismus) erhalten.

Im nächsten Abschnitt werde ich nur sehr knapp die Geschichte der ‚Kirche im Sozialismus' aufgreifen, um sie mit der Berufsgeschichte eines Landessuperintendenten, Jg. 1927, aus Norddeutschland zu verknüpfen.

1991, 1992 und 1993 haben wir uns zu langen Gesprächen über die Praxis der kirchlichen Arbeit im Sozialismus getroffen. Gesprochen wurde auch über die Familiengeschichte, über den bevorstehenden und 1993 eingetretenen Ruhestand und seine Pläne für die Zeit danach.

Besonders viel haben wir über die Zeit von 1978 bis 1990 gesprochen, als die evangelischen Kirchen sich öffneten und über Menschenrechte, Umwelt und Frieden in kirchlichen Gruppen diskutiert wurde. Wir haben auch über die Zeit gesprochen, als nicht-kirchengebundene Gruppen mehr und mehr den Schutzraum der Kirche in Anspruch nahmen. Spätestens als Ausreisewillige sich im Raum der Kirche versammelten und die Kirche auch denjenigen, die professionelle Standards verletzten (z. B. ausreisewillige Ärzte, die ihre Patienten im Stich ließen und die professionelle Verpflichtung gegenüber ihren Klienten verletzten), Beratung und Rechtsbeistand zukommen ließen, verstießen evangelische Pfarrer und Gemeinden gegen die Absprachen zwischen Staat und Kirche aus dem Jahr 1978.

Dennoch erfüllte die evangelische Kirche ihre Pflichten gegenüber dem Staat durch die Aufnahme dieser Gruppen, wenn auch in anderer Weise: Sie kanalisierte einen großen Teil der Proteste gegen die Regierung, sie erweiterte ihren Spielraum, aber sie blieb dabei, eine ‚Kirche im Sozialismus' zu sein. Dass diese Interpretation freilich nicht von allen Gemeinden der evangelischen Kirche geteilt wurde, muss nicht besonders hervorgehoben werden.

Der Umbruch 1989/1990

Nach dem Rücktritt des Politbüros der DDR Ende 1989 „treffen sich auf Einladung der Kirchen in Ost-Berlin die fünf alten Blockparteien mit führenden Vertretern der Oppositionsgruppen an einem ‚Runden Tisch'"(Zillmann 2002, Teil IV: 11). Die ersten Übereinkünfte in dieser Runde sind die Auflösung der Staatssicherheit und die Vorbereitung der ersten freien Wahlen im März 1990. Gleichzeitig dehnten die westdeutschen Parteien ihr Wirkungsfeld seit Januar 1990 auf die formal noch bestehende DDR aus. Das spiegelt sich im Ergebnis der Märzwahlen zur Volkskammer wieder: Die CDU erreicht 40,9, die SPD 21,8, die PDS/SED 16,3, die DSU 6,3, die Liberalen 5,2 und schließlich das Bündnis 90, später mit dem Zusatz ‚die Grünen‘, 2,9 Prozent der abgegebenen Stimmen. Als sich die DDR am 1. Juli 1990 durch die Währungs-, Wirtschafts- und Sozialunion mit der Bundesrepublik als wirtschaftlich und politisch eigenständiger Staat faktisch auflöst, ist der Wiedervereinigungsprozess nicht mehr aufzuhalten. Die völkerrechtliche Zusammenführung der beiden deutschen Nachkriegsstaaten findet am 3. Oktober 1990 statt. Der Generalsuperintendent von Ost-Berlin, Günter Krusche, erklärte jedoch am 19. Oktober 1990: „... wenn es auch gerade in den letzten kritischen Monaten Überlegungen gegeben hat, den Begriff ‚Kirche im Sozialismus‘ zu verabschieden (Auslöser waren die Wahlfälschungen im Mai 1989 und die Stellungnahme der DDR zum chinesischen Massaker auf dem Platz des Himmlischen Friedens, E.M.H.), wird es bei aller Kritik am real existierenden Sozialismus bei der Option für eine sozialistische Gesellschaft bleiben. Darin sind sich viele Kirchenglieder mit den Vertretern der Reformgruppen einig." (ibid., IV: 12) Die von Krusche genannte Option war der „alte Fehler der führenden Kirchenvertreter – (es zeigte den) Graben zwischen Kirchenführung und Kirchenvolk" (ibid., 39/40).

Die politische Wende ließ zahlreiche kirchliche MitarbeiterInnen politische Funktionen übernehmen. Nach den Märzwahlen saßen vier Pfarrer in Ministerämtern, und der Anteil von Pfarrern und Pfarrerinnen in der Volkskammer und in den Landes- und Kommunalinstitutionen belief sich zwischen 15 und 40 Prozent. 42 Prozent der PastorInnen aus der Pommerschen Evangelischen Kirche erhielten bei den Kommunalwahlen am 6. Mai 1990 ein politisches Mandat, die kirchlichen Dienstverhältnisse wurden für die Dauer ihrer politischen Arbeit ausgesetzt. Es kann jedoch nicht davon die Rede sein, dass die herbeigeführte Wende eine protestantische Revolution gewesen sei (Zillmann 2002, Teil IV; Pollack 1994, 446-455[40]),

---

40   Pollack verweist darauf, dass sowohl systemimmanente Gründe wie auch Ereignisse außerhalb der DDR, insbesondere in der UdSSR (Glasnost und Perestroika), zunehmend die Glaubwürdigkeit des politischen Systems in Frage stellten. „Solange die Erfüllung von demokratischen Mitbestimmungsforderungen und die Gewährung von bürgerlichen Grundrechten im Mittelpunkt der gesellschaftlichen Auseinandersetzung standen, spielten insbesondere die politisch alternativen Gruppen und teilweise auch Vertreter der Kirchen eine herausragende Rolle. Als die hart bedrängte SED jedoch, um die politische Initiative wiederzugewinnen, am 9. November die Berliner Mauer öffnete, verschob sich der Schwerpunkt der gesellschaftlichen Auseinandersetzung schlagartig von den politischen zu wirtschaftlichen Themen. Nun stand die Frage im Vordergrund, auf welche Weise die DDR an das westliche Wirtschaftsniveau anschließen und ihren Bürgern den Lebensstandard der Bundesbürger bieten könne. ... Damit hörte die Organisationsgesellschaft, in der die SED-Spitze über alle gesellschaftlichen Belange ohne Rücksicht auf die Interessen der Bevölkerung frei entscheiden konnte, auf zu existieren. ... Der Umbruch vollzog sich nicht aus dem Geist des Protestantismus,

Fußnote wird auf der nächsten Seite fortgesetzt

sondern verantwortlich war zu einem Teil das labile „Dreiecksverhältnis zwischen Kirche, Staat und jenen kleinen, aber aktiven Gruppierungen[41], die sich im Rahmen der Gemeindearbeit mit Friedens-, Umwelt- und Menschenrechtsfragen beschäftigten. Keiner der Partner war in sich homogen, und alle drei unterlagen strukturell vergleichbaren internen Spannungen, die wiederum die komplizierten Balanceakte in den Außenbeziehungen bestimmten." (Wolle 1998, 254)

Der Bund der evangelischen Kirchen in der DDR hatte 1989 5,1 Millionen Mitglieder, das waren fast 30 Prozent der Gesamtbevölkerung[42]. In den 1950er Jahren lag der Anteil der evangelischen Christen in der DDR bei etwa 80 Prozent. „In acht Gliedkirchen bestanden 7385 Gemeinden mit 4704 Pfarrstellen, von denen 685, gleich 14,5 Prozent, vakant waren." (ibid., 247[43]) Bis Mitte der 1980er Jahre

---

sondern er war ein kontingentes Ereignis, das auch hätte ausbleiben können. Niemand hatte es gewollt, und doch wollten es, als es da war, die meisten." (Pollack 1994, 453, 455)

[41]   Zillmann ordnet diese Gruppen, die häufig nicht miteinander in Kontakt standen oder deren Sympathisanten sich mehreren Gruppen zuordneten, nach kirchlichen Basisgruppen und nach Basisgruppen zur Koordinierung. Zu den kirchlichen Basisgruppen gehörten verschiedene Friedenskreise seit 1979, die Ökologie- und Umweltgruppen seit 1983, die Frauengruppen seit 1982 und die Menschenrechts- auch Ausreisegruppen seit 1987. Den Basisgruppen zur Koordinierung, die kirchliche Räume und Schutz in Anspruch nahmen, wurden die Gruppen Konkret für den Frieden seit 1984, Solidarische Kirche seit 1986, Kirche von unten seit 1987, Umweltbibliothek seit 1986, Arche seit 1988, Initiative Frieden und Menschenrechte seit 1984 und der Freundeskreis der Totalverweigerer seit 1986 zugerechnet (vgl. Zillmann, Teil IV, 9f).

[42]   Peter Maser (1997) referiert etwas andere Zahlen, er redet für 1989 von 4,4 Mio. Mitgliedern. 225000 Bürger gehörten anderen Religionsgemeinschaften an (Freikirchen). Die Kirchen hatten „76 Krankenhäuser mit 11234 Betten, 380 Alters- und Pflegeheime, 150 Heime für geistig und körperlich Behinderte sowie eine große Zahl von Sozialeinrichtungen (Kindergärten, Schwesternstationen, Erholungsheime), in denen rund 23000 Mitarbeiterinnen und Mitarbeiter tätig waren. Die Gesamtzahl der Kirchen(gebäude) wurde auf etwa 10000 geschätzt. Ab 1973 konnten 107 evangelische und 54 katholische Kirchen neu errichtet werden, weiter wurden ab 1978 mehr als 40 kirchliche Gemeindezentren gebaut. Die evangelischen Kirchen verfügten zudem, weil kirchlicher Landbesitz nicht der Bodenreform unterworfen worden war, über 170000 ha landwirtschaftliche Nutzfläche und 33000 ha Wald, während die katholische Kirche etwa 30000 ha Ackerland und 5000 ha Wald besaß." (ibid., 446/447)

[43]   „Bekanntlich ist die DDR das sozialistische Land, in dem die überwiegende Mehrheit der konfessionell gebundenen Menschen dem Protestantismus anhängen. Das rechtfertigt es in gewisser Weise, den Blickwinkel auf die evangelische Kirche zu verengen. ... Im Wissen um die Existenz dieser jederzeit präsenten ‚unsichtbaren Kirche' ist die Darstellung bürokratischer Phänomene klerikalen Handelns an keiner Stelle denunziatorisch gegenüber dem einzelnen Gemeindemitglied oder seinem Pfarrer gemeint." (Henrich 1989, 225/226) Der Vollständigkeit halber: Um 1950 lag die Anzahl der Katholiken bei elf Prozent und ging dann bis 1989 auf die Hälfte zurück. „Insgesamt waren in der DDR 959 Welt- und 109 Ordenspriester tätig. ... Die katholische Kirche befand sich zwischen Atheisten und Protestanten in einer doppelter Diaspora und verhielt sich ganz anders als ihre Schwester in Polen. ... Andererseits bewiesen ihre Gemeinden gegenüber dem staatlich betriebenen

Fußnote wird auf der nächsten Seite fortgesetzt

hatten Taufen, Eheschließungen, Konfirmationen und Bestattungen erheblich abgenommen. Den Gottesdienst besuchten nach kircheninternen Schätzungen von 1981 bis 1986 etwa 1,8 Millionen Gläubige, aber weniger als die Hälfte der Kirchgänger zahlten die ohnehin geringfügigen Kirchensteuern, die seit den 1950er Jahren nicht mehr vom Staat eingetrieben und weitergereicht wurden.

Die Institutionenordnung der Kirchen

Dass die Grundrechte der Glaubens- und Gewissensfreiheit als klassische Grundrechte in die Verfassung der DDR aufgenommen worden waren, beruhte auf der Erfahrung, die man in der Sowjetunion gemacht hatte, dass nämlich die Verfolgung christlicher Gemeinschaften zu deren Stärkung beitrug. Auch hatten schon vor Ende des Krieges Christen und Kommunisten im Nationalkomitee Freies Deutschland seit 1942 zusammengearbeitet oder aber in den düsteren Jahren des NS in den Konzentrationslagern gesessen (vgl. Niethammer et al. 1991, 230f). „Hinzu kam das Bestreben, die Christen in den sogenannten antifaschistisch-demokratischen Neuaufbau einzubinden." (Wolle 1998, 248)

Wenn die Kirche zum Beispiel für die Kriegsdienstverweigerer eingetreten ist, wenn die Kirche protestiert hat gegen einige Dinge an den Schulen, um nur so ein paar Beispiele zu nennen, dann geschah dieses leise, aber wirksam. Die Erziehung zum Frieden war eines der großen Themen. Diese Diskussion war deswegen so unangenehm für den real existierenden Sozialismus, weil er durch die Diskussion an seine eigenen Ziele erinnert wurde, denn dieser Staat ist einmal damit angetreten, dass niemand je wieder eine Waffe in die Hand nehmen sollte. Keine Mutter sollte je wieder ihren Sohn beweinen. Dieses ist (von der Regierung) deswegen manchmal gehört worden, weil Erich Honecker mit einigen Christen im KZ war. Auf dieser Basis gab es eine Möglichkeit zu reden, und die Möglichkeit hat die Kirche immer wieder veranlasst, das Gespräch nicht abbrechen zu lassen und in diesem Gespräch (1978) nicht nachzugeben und die eigene Position aufzugeben. Das ist der Grund, warum ich mich innerlich gegen das Wort Bündnis wehre. (Gespräch 1991, Jg. 1927, Landessuperintendent)

Die SED war von Anfang an bestrebt, die Kirchen auf kultische, rein seelsorgerische und karitative Aufgaben zu beschränken. Die „weltanschaulichen Homogenisierungsprogramme der SED-Staatspartei ... beanspruchten notwendig ein Monopol für die öffentliche Auslegung aller Sinnstiftungsprobleme" (Graf 1994, 303). Verantwortung für oder gar Einflussmöglichkeiten auf gesellschaftliche und politische Bereiche wurden der Kirche nicht zugestanden, denn ein christlicher Sozialismus war nicht vorstellbar. Die gemeinsame Verantwortung für die Zukunft Deutschlands sollte jedoch nicht durch einen Kampf zwischen Christentum und Marxismus beeinträchtigt werden (Zillmann, I, 4-6, Reden von Pieck und Grotewohl am 27. August 1946). „So stand im Mittelpunkt der SED-Kirchenpolitik auch nicht die

---

Säkularisierungsdruck mehr inneren Zusammenhalt als die evangelischen (Gemeinden, E.M.H.)." (Wolle 1998, 248)

Religionskritik, sondern das Bemühen, die Kirchen und ihre Anhänger in die sozialistische Gesellschaft zu integrieren." (Maser 1997, 448) In Runderlassen der Kirchenleitung wurde der Pfarrerschaft und kirchlichen Amtspersonen zugebilligt, in politischen Gruppierungen mitzuwirken, jedoch wurde von einer Mandatsübernahme abgeraten, um nicht zwischen „Bündnis- und Trennungspolitik von der SED politisch vereinnahmt zu werden" (ibid., Teil 1, 6; vgl. Dähn 1982, 28).

Die evangelischen Kirchen waren die letzte „gesamtdeutsche Organisation, die sich erst 1969 mit der Gründung des ‚Bundes der Evangelischen Kirchen in der DDR'"(BEK im Gegensatz zur bundesdeutschen EKD) und dem Austritt aus der EKD auflöste. Durch das Bekenntnis zur „besonderen Gemeinschaft der ganzen evangelischen Christenheit in Deutschland" blieben beide Organisationen jedoch verbunden und erkannten sich gleichzeitig als autonom handelnde Systeme an. „So waren die evangelischen Kirchen Organisationen, in denen trotz der Spaltung der alten gesamtdeutschen EKD ein Bewußtsein der Zusammengehörigkeit der Menschen in den beiden deutschen Staaten sehr viel intensiver als in anderen gesellschaftlichen Verbänden gepflegt wurde. Auch nach dem Bau der Berliner Mauer und der zunehmend perfekteren ‚Sicherung' der innerdeutschen Grenze bildeten die evangelischen Kirchen die wichtigste Integrationsklammer zwischen den beiden deutschen Gesellschaften." (Graf 1994, 295ff) In ländlichen, aber auch in städtischen Umgebungen wirkten die Kirchen wie „Museen oder Architekturdenkmale ... Doch lange vor den Mahnwachen an den Türen und den stürmischen Protestveranstaltungen in den überfüllten Schiffen der Kirchen, war jedermann klar, daß hier die Allmacht des Staates endete." (Wolle 1998, 247)

Die DDR war eine entdifferenzierte Gesellschaft aufgrund der Institutionenfusion, der Entdifferenzierung der Entscheidungskompetenzen und der Zentralisierung der Mittelallokation. Während alle Bereiche von „Staat, Wirtschaft, Wissenschaft, Kunst ... der direkten und inhaltlichen Lenkungs- und Definitionsmacht der SED" und der Staatsorgane unterstanden, waren die Kirchen und der religiöse Bereich zwar ausgegrenzt und kontrolliert, aber weder durch die Partei strukturierbar noch inhaltlich bestimmbar (vgl. Lepsius 1994, 18-20). „Die Kirchen und nur die Kirchen standen außerhalb der allgemeinen Organisationsprinzipien der DDR. Sie hatten keine Parteiorganisation, konnten eigene staatsfreie Bildungseinrichtungen unterhalten, hatten in den Synoden demokratische kollektive Gremien der innerkirchlichen Willensbildung; ihre Spitzenfunktionäre gehörten nicht zur Nomenklatura und wurden nicht von Kaderabteilungen der SED ausgewählt und kontrolliert. Sie verfügten über eigene Mittel, eine innerkirchliche Versammlungsund Publikationsfreiheit; sie waren insofern Träger einer nicht direkt staatlich kontrollierten Öffentlichkeit. ... Die Kirchen sind das Gegenbeispiel für die ansonsten herrschende Institutionenfusion." (ibid., 19)

EKD und BEK koordinierten seit Dezember 1969 über die innerdeutsche Grenze hinweg ihre gegenseitigen Beratungstätigkeiten. In den 1980er Jahren gab es eine Konsultationsgruppe, zusammengesetzt aus EKD- und BEK-Mitgliedern, die sich mit allgemeinen politischen Fragen der beiden deutschen Staaten und mit der Friedenssicherung befasste. Bereits vor 1969 unterstützten die westdeutschen Landeskirchen ihre Schwesternkirchen in der DDR materiell, auch gab es zwischen Ost und West Schwestergemeinden, Partnergemeinden von „Kirchenkreisen, Einzelgemeinden, kirchenpolitischen Gruppierungen ... (Sie schufen eine) grenzüberschreitende geistliche Verbundenheit" (vgl. Graf 1994, 296) auf der Basis der für den deutschen Protestantismus grundlegenden Traditionsbestände.

Ausbildung und Ordination[44] wurden gegenseitig anerkannt, ein neues Gesangbuch, die Revision der Lutherbibel und die protestantische Musikkultur fanden ebenfalls gegenseitige Anerkennung und brachten regen Austausch mit sich. Im September 1979, 40 Jahre nach Beginn des Zweiten Weltkrieges, verfassten die EKD und BEK einen gemeinsamen Aufruf zur Friedenssicherung und zur Versöhnung und Verständigung mit der UdSSR.

Auf der Ebene der akademischen Theologie gab es regelmäßige Treffen mit Vertretern der staatlichen theologischen Fakultäten, später Sektionen, und „mit den drei kirchlichen Bildungseinrichtungen in Ost-Berlin, Naumburg und Leipzig" (ibid., 297). Theologische Literatur, Lizenzausgaben westlicher Kirchenliteratur sowie Buchspenden verbreiteten die westdeutschen kirchlichen Erzeugnisse in der DDR. So war es durchaus üblich, dass die Pfarrhäuser über umfangreiche Bibliotheken mit westdeutscher und internationaler Kirchenliteratur verfügten, aber ebenso häufig war auch Literatur zur Studentenbewegung und zu anderen politischen Themen zu finden. Von den allgemeinen gesetzlichen Reisebeschränkungen besonders nach dem Mauerbau 1961 waren Pfarrer, Kirchenfunktionäre, aber auch engagierte Laien weitgehend ausgenommen. Das bedeutete, dieser Personenkreis konnte in Westdeutschland, aber auch in anderen Staaten an den für sie interessanten Veranstaltungen teilnehmen, Partnergemeinden besuchen u.a.. Das Ansehen der evangelischen Pfarrer in der DDR war ambivalent, aber es war deutlich höher als das der übrigen Intelligenz, den Ärztestand ausgenommen[45]. Gleichzeitig galten Pfarrer und Kir-

---

[44]   Die Ordination ist kein Rechtsakt. „Mit der Ordination ist eine geistliche Handlung gemeint, in der der Auftrag, als von dem Herrn im Angesicht der fürbittenden Gemeinde übernommen, tiefer reicht, als es je eine rechtliche Verpflichtung zu tun vermag. ... Die Kirche ist nicht eine Organisation wie jede andere menschliche Gemeinschaft. Die Kirche als Gemeinde ist die *communio santorum* ihres Herrn. Ihr primäres Subjekt ist Jesus Christus und nicht der gläubige Mensch. ... Und so gilt es auch für die Ordination als ein Stück Ordnung der Kirche. Es geht in ihr um Jesus Christus und den durch ihn möglich gewordenen Glaubensgehorsam. Nicht irgendein Treuegelöbnis irgendeiner Person gegenüber irgendeiner Institution ist diese Ordination." (Schulze et al. 2002, 53, 79)

[45]   Der katholische Priester Nikolaus Frankl berichtet in einem Interview, „ ... daß die
Fußnote wird auf der nächsten Seite fortgesetzt

chenfunktionäre als Angehörige einer privilegierten Klasse[46].

Die DDR-Politik beschnitt in den 1950er Jahren die Handlungsräume der Kirche im DDR-Alltag, das waren Diskriminierung und Verfolgung der Jungen Gemeinde, Einführung der Jugendweihe 1954[47] und Verdrängung der Konfirmation, Ausschluss von Pfarrers- und Kirchenfunktionärskindern vom Besuch der weiterführenden Schulen und dem Studium, Einführung des Wehrkundeunterrichts an den Schulen, Raumverknappungen für kirchliche Veranstaltungen (vgl. Niethammer et al. 1991, 229), Militärseelsorgevertrag[48] u.a. Nahezu gleichzeitig wurden über ökonomische Transferleistungen der westdeutschen Landeskirchen die östlichen Kirchen seit 1957 für den Wiederaufbau zerstörter Kirchen, die diakonische Arbeit, die Besoldung der kirchlichen Mitarbeiter, die kirchliche Jugendarbeit und andere Bildungsmaßnahmen durch das sogenannte Kirchengeschäft A unterstützt. Für westdeutsche Warenlieferungen an die Außenhandelsfirmen des Ministeriums für Außen- und Innerdeutschen Handel der DDR erhielten die Landeskirchen der DDR die dafür zu zahlende Summe in DDR-Mark für ihre kirchlichen Programme. Seit 1963 führte das Diakonische Werk Stuttgart den von der Bundesrepublik finanzierten Freikauf, das sogenannte Kirchengeschäft B durch. „Beim ‚Kirchengeschäft A' wurden zwischen 1957 und 1990 1,42 Milliarden DM in die DDR transfe-

---

Straßenverkehrspolizei ihm auch bei größeren Verstößen und gegen seinen Willen keinen Strafzettel mehr verpaßt, sobald sie seinen Ausweis gesehen hat: Höhere kirchliche Würdenträger bekommen in der DDR dieselbe Korruption aufgedrängt, wie sie die Würdenträger der Partei für sich beanspruchen. Ungestraft und unerlöst muß er weiterfahren, wenn er die rote Ampel übersehen und die Volkspolizei ihn gestoppt hat." (Niethammer et al. 1991, 601, Unsägliche Ästhetik, Nikolaus Frankl, Priester, 60 Jahre, 595-608).

[46]   „Es mag unfein erscheinen, Devisenbezüge, gesicherte Reisemöglichkeiten und was es sonst noch für kirchliche Privilegien gibt, in diesem Zusammenhang anzusprechen. Es kommt aber darauf an, die Kirche als bürokratische Großorganisation so zu zeigen, wie sie wirklich ist – und das in einer Zeit, die deshalb wieder der Kirche naiv alles abnimmt, was diese von sich selber behauptet, weil der Klerus von der Machtausübung ausgeschlossen scheint. Da hilft es dann manchmal schon weiter, wenn man sich nicht scheut, wieder einfache Kinderfragen zu stellen, um die partikularen Interessen der Pastoren und höheren kirchlichen Angestellten deutlich zu machen (etwa diese: warum erhält der Pastor einen Reisepaß, nicht aber der Betriebsparteisekretär?)." (Henrich 1989, 225)

[47]   In den 1980er Jahren nahmen etwa 97 Prozent der Mädchen und Jungen zwischen 14 und 15 Jahren an der Jugendweihe teil. „Der größte Einbruch ist bei der (Einführung der, E.M.H.) Jugendweihe erfolgt. Bei der Konfirmation, da haben wir verloren ..., nach außen hin verloren. Aber daß Kirche niemals so im Gespräch gewesen ist wie in diesen Zeiten, das dürfen wir auch nicht vergessen." (vgl. Niethammer et al. 1991, 238, 241).

[48]   1957 wurde der Militärseelsorgevertrag der EKD mit der Bundesrepublik geschlossen. In der DDR-Presse wurde gegen diesen Vertrag gehetzt. Von Gerald Göring, dem Generalsekretär der Ost-CDU, wurde „eine grundsätzliche Reinigung der Evangelischen Kirche von der Nato-Politik" verlangt (vgl. Schulze et al. 2002, 50, zitiert nach Frankfurter Allgemeine Zeitung, 19.12.1957).

riert. Hinzu kamen u.a. Unterstützungsleistungen im Rahmen der sogenannten Valutamark-Programme für kirchliche Neubauten von 726 Millionen DM, Partnerschaftshilfen von 1,37 Millionen DM und weitere Hilfestellungen von ca. 148 Millionen DM. In diesen insgesamt 4,02 Milliarden Mark sind die vielfältigen Unterstützungen, die einzelne Kirchengemeinden ihren östlichen Partnergemeinden gewährten, sowie die zahllosen Spenden und Hilfsaktionen kirchlich engagierter Gruppen und Personen noch nicht berücksichtigt. Neben den für spezifisch kirchliche Zwecke gedachten Mitteln sind vom Diakonischen Werk zudem 3,43 Milliarden DM im Rahmen des ‚Kirchengeschäftes B' in die DDR transferiert worden." (Graf 1994, 297/298) Zwischen 1963 und 1990 wurden etwa 33000 DDR-BürgerInnen über das Kirchengeschäft B freigekauft.

Schon nach der Staatsgründung der DDR verfügte die evangelische Kirche über eine eigene Nachrichtenagentur, fünf evangelische Wochenzeitungen mit einer Auflage von 157000 Exemplaren waren im Umlauf, zwei Verlage verbreiteten jährlich um die 200 theologische und kirchengeschichtliche Titel. Bibeln, die in eigenen Buchhandlungen vertrieben wurden, waren keine Mangelware (vgl. Wolle 1998, 246f)[49].

Die Funktionseliten der EKD und BEK vermittelten der politischen Klasse der DDR auch zahlreiche Besuche bundesdeutscher Politiker, und für bundesdeutsche Politiker waren vor und nach den offiziellen politischen Gesprächen Bischöfe und andere Funktionäre der Ostkirchen wertvolle Gesprächspartner. So hatten Funktionäre der BEK auch zum Zustandekommen des Gesprächs zwischen SPD und SED beigetragen, das 1987 nach dreijähriger Beratung in einem Grundsatzpapier „Der Streit der Ideologien und die gemeinsame Sicherheit" resultierte. Der Kirchenjournalist Reinhard Henkys, der seit den 1960er Jahren die Entwicklung des DDR-Protestantismus mit großer Aufmerksamkeit verfolgte, charakterisierte die Kommunikation zwischen EKD und BEK deshalb als einen „stellvertretenden ... oder auch das Regierungshandeln begleitenden nationalen Dialog" (ibid., 299). Schon aus den genannten ökonomischen Gründen verfügten die Funktionäre der evangelischen Kirche in der DDR über relativ viel politische und soziale Macht und sind im Laufe der Zeit informell mehr und mehr in den Machtapparat der DDR einbezogen worden. Deshalb, so Graf (1994), sollte man den DDR-Protestantismus nicht nur aus theologie- und kirchengeschichtlicher Perspektive betrachten. Getra-

---

[49]   Nach dem Spitzengespräch am 6. März 1978, das eine vertrauensvolle Zusammenarbeit zwischen Staat und Kirche sichern sollte, wurden weder ein Vertrag unterzeichnet noch ein Kommuniqué verbreitet. Praktische Dinge wurden geregelt. „Sie betrafen die Altersversorgung der Pfarrer, die Pachtzahlungen für von landwirtschaftlichen Produktionsgenossenschaften genutztes kirchliches Ackerland, Erleichterungen für konfessionelle Kindergärten und die Möglichkeit, monatlich jeweils eine Stunde Sendezeit in Fernsehen und Hörfunk zu beanspruchen." (ibid., 253/254)

gen von hoher Kontinuität in der religiösen Kultur und in der Kirchenverfassung hat sich der Protestantismus in Ost und West nach 1945 durchaus unterschiedlich entwickelt, sie stellen jedoch vergleichbare Einheiten dar (vgl. Kleßmann 1993, 29-53).

Protestantische Milieus in der DDR

Die theologische Ausbildung in der DDR, die evangelischen Pfarrhäuser in städtischen und ländlichen Gemeinden[50], die Arbeit der Diakonie und der Jungen Gemeinden, die protestantischen Traditionsschulen, die Kinder aus allen Gesellschaftskreisen aufnahmen, wenn sie über genügend Begabung verfügten, das alles sind Bereiche des Protestantismus, die eine hohe Kontinuität in beiden Staaten aufwiesen. Jedoch „... unterlagen die überkommenen protestantischen Milieus einem starken Erosionsprozeß" (Schulz 2005, 300).

Die Erosion des protestantischen Milieus begann mit der Enteignung und Vertreibung der ehemaligen adeligen Eliten und der Großbauern. Diese Gruppen hatten durch ihre Mitarbeit in Kirchenvorständen und als Patronatsherren auch erhebliche finanzielle Unterstützung gewährleistet. Nach Kriegsende wurden diese Gruppen gesellschaftlich marginalisiert und ein großer Teil verließ die DDR. Jedoch blieb „(i)nnerhalb der Kirche ... die Dominanz von Gruppen weithin ungebrochen, die sich wegen der Herkunft aus akademischen Elternhäusern, des Erwerbs von Bildungspatenten und der Orientierung an überkommenen protestantischen Kulturwerten als Bildungsbürger in einer postbürgerlichen Gesellschaft verstanden" (ibid., 300). Daneben bildeten enteignete Kleinbauern, Reste des mittelständisch orientierten Kleinbürgertums, Flüchtlinge aus den Ostgebieten die Klientel der evangelischen Kirche in der DDR. Diese Verschiebungen haben auch die Rekrutierungsprozesse für kirchliche MitarbeiterInnen verändert. Stärker als im 19. und der ersten Hälfte des 20. Jh. rekrutierten sich nach 1945 die kirchlichen MitarbeiterInnen aus den „kleinbürgerlichen, kleinbäuerlichen und proletarischen Sozialschichten" (ibid., 300). Die protestantischen Kirchenmilieus haben sich durch diese Verschiebungen und auch durch den politischen Druck des stalinistischen Kirchenkampfes kulturell verengt, sie schrumpften erheblich, „... zugleich aber (wurde) durch diese erzwungene Reduktion auf Kerngemeinden, überzeugte Kleingruppen und infor-

---

[50]   Der Generalsuperintendent Hans-Ulrich Schulz schildert, wie der häufig bezechte kommunistische Bürgermeister Fritz eines Dorfes spät abends noch ins Pfarrhaus einkehrte, um seine Bekehrungsgeschichte zum Sozialismus zu erzählen. Er erzählte auch davon, dass nicht einmal der Parteisekretär wusste, wann die Religion sterben würde. Auf einer Parteiversammlung hatte er auf diese Frage geantwortet: „Das weiß der liebe Gott allein." Lange Diskussionen über den Sozialismus endeten regelmäßig mit der gleichen Bemerkung des Bürgermeisters: „Schade, dass du auf der falschen Seite bist." (vgl. Schulz 2005)

melle Bekenntniszirkel das Resistenzpotential vergrößert (...)" (Kleßmann 1993, 31).

Durch die Verdrängung aus dem Erziehungsbereich (Abschaffung des Religionsunterrichts) und die Beschneidung der Öffentlichkeitsfunktionen wurde die Kirche zu einer „verspäteten Kirche" mit Modernisierungsdefiziten, aber auch mit Beharrungskraft[51]. Die häufig gerade von Theologen verbreitete Einschätzung, die alte Volkskirche hätte sich „zu einer wahrhaft bekennenden, von hoch engagierten Gesinnungstreuen geprägten ‚Gemeindekirche' ‚gesundgeschrumpft'", ist eine Selbsttäuschung, denn zahlreiche Pfarrer und auch leitende Kirchenfunktionäre konnten mit der „faktische(n) Vielgestaltigkeit des Protestantischen" und den sehr unterschiedlichen Motiven der Bindungen an die Kirche Ende der 1970er und im Laufe der 1980er Jahre nur schwer umgehen (vgl. Graf 1994, 300f).

Es lässt sich sagen, dass die evangelische Kirche in den Aufbaujahren der DDR durch den Staat abgelehnt wurde, und Mitglieder der Jungen Gemeinde wurden noch bis in die 1960er Jahre verfolgt und eingeschüchtert. Nach 1953 vermied der Staat die offene Repression und setzte auf Modernisierung und Säkularisierung der Gesellschaft. Aber er „reagierte bösartig auf jegliche Einflußnahme der Kirche auf Jugend, Erziehung und Volksbildung." (Wolle 1998, 248/249)

In den 1960er und frühen 1970er Jahren wurde es still um die Kirche, sie war geduldet und ihre diakonische und karitative Arbeit entlastete das Gesundheitswesen. Auf der Eisenacher Bundessynode 1971 wurde der Begriff ‚Kirche im Sozialismus' geprägt: „Wir wollen nicht Kirche neben, nicht gegen, sondern Kirche im Sozialismus sein." (ibid., 250) Diese programmatische Formel wurde in den nächsten Jahren innerhalb der Kirche durchaus kontrovers diskutiert, sie konnte zum Beispiel als Loyalitätsbekundung gegenüber dem Staat verstanden werden, als Eroberung eines spirituellen Freiraums, als Absage gegen die Vereinnahmung durch den Staat. Man konnte darin die Absicht lesen, beim Aufbau eines menschlichen Staates nicht abseits stehen zu wollen, oder auch nur eine geographische Ortsbestimmung.

---

[51]   Die Verdrängung der Kirchen aus der öffentlichen Wahrnehmung, die willkürlichen Verhaftungen von Pfarrern oder auch von kirchlich engagierten Personen, die Unterwanderung der Kirche durch den Staatssicherheitsdienst, das alles führte nicht dazu, dass in der entdifferenzierten DDR-Gesellschaft die Kirche als relativ autonome intermediäre Organisation sich auflöste. „Die evangelische Kirche in der DDR blieb, bei allen Beschränkungen ihrer Handlungsspielräume, ein eigenständiger Vergesellschaftungskern." (Graf 1994, 303) Gottesdienste, Bildungsveranstaltungen, eingeschränkte Publikationsfreiheit und aufgrund „... ihrer synodalen Verfassungsstruktur ein Stück weit alternative (...) politische (...) Partizipationsformen ... in ihren Repräsentativorganen ..." machten die Kirche sichtbar (ibid., 303f).

Die Selbstverbrennung des Pfarrers Brüsewitz im August 1976, der die Unterdrückung der Kinder und Jugendlichen in den Schulen anprangerte, brachte die Staatssicherheitsorgane und die Kirchenleitungen mit der Absicht zusammen, öffentlichkeitswirksame Aktionen bei der Beerdigung zu verhindern, was auch gelang. Am 6. März 1978 kam es zwischen Erich Honecker und dem Vorstand des Kirchenbundes zu einem Spitzengespräch, es wurde verabredet, dass beide Parteien vertrauensvoll zusammenarbeiten sollten. Für die Christen in der DDR bedeutete das, dass sie nicht mehr das Gefühl hatten, Bürger zweiter Klasse zu sein. Für den Staat bedeutete diese Verabredung, dass im Zeichen der Ost-West-Entspannung und des KSZE-Prozesses[52] eine weitgehende Ruhe im eigenen Land gewährleistet schien. Generell begann die Kirche in der zweiten Hälfte der 1970er Jahre, sich in der DDR und ihrer Gesellschaft einzurichten, und sie stellte sich darauf ein, ihre Botschaft unter den Bedingungen einer atheistischen Gesellschaft zu verkünden.

Solche Öffnung gegenüber der DDR-Gesellschaft hieß für die Kirche aber auch, dass sie versuchte, innerhalb ihres (Kommunikations-)Raumes kontroverse Auffassungen und Gruppen miteinander zu verbinden und auf diese Weite in bescheidenem Umfang eine Gegenöffentlichkeit zu ermöglichen. Schon vor dem Biermann-Konzert 1976 in der Nikolaikirche in Prenzlau fanden Lesungen mit Schriftstellern statt, die nicht das Wohlwollen des Staates fanden. Die verwaisten Kirchen füllten sich mit jungen, nicht immer christlich gesinnten Menschen, die miteinander diskutierten und Kritik übten. Ohnehin war die „Reproduktion von Religion' in symbolträchtigen jugendlichen Subkulturen und sonstigen alternativen Sozialmilieus ... " (Graf 1994, 301) auch die Folge politischer Repression, kultureller Tristesse, spießbürgerlicher Doppelmoral und von verordnetem Atheismus. Oppositionelle Gruppen artikulierten sich und diskutierten im Freiraum der Kirche. Solchen „Gruppen wiederum drohten (die Kirchen, E.M.H.), nur so lange ihre Vermittler- und Schutzfunktion ausüben zu können, wie sie Vernunft und Augenmaß wahrten" (ibid., 255). Das bedeutete, dass sich Staat und Kirche faktisch arbeitsteilig als Ordnungsmächte arrangierten und offensichtlich eine „ordnungspolitische Arbeitsteilung" zwischen Staat und Kirche stattfand (vgl. Kleßmann 1993, 31; Henrich 1989, 236ff). Das Bündnis der Eliten definierte das „Glück der Bürger", und in diesem Prozess ordneten sie Individualinteressen den allgemeinen unter (vgl. Graf 1994, 315). Dokumentiert ist das veränderte Menschenrechtsver-

---

[52]   Die Konferenz für Sicherheit und Zusammenarbeit in Europa vom 3. Juli 1973 bis zum 1. August 1975 fand in Helsinki statt. Die DDR unterzeichnete die Schlussakte, auch Punkt VII. „Was die Schlussakte besagte, wurde Bürgern der DDR und der Bundesrepublik aus den Medien schon vorher bekannt. Die DDR, aus diplomatischen Gründen wohl an Beweisen für ihre Zustimmung zu der neuen Europapolitik interessiert, lockerte schon während der Verhandlungen ihre Praxis und ließ Ausreiseanträge von einzelnen Bürgern zu. ... Dies führte auch zu neuen Freigabeanträgen bei den Kirchenleitungen." (Schulze et al. 2002, 61)

ständnis im Stolpe-Papier von 1981, in dem u.a. individuelle Interessen ohne Ausnahme dem Gemeinwohl „und dem hohen Gut der öffentlichen Ruhe und Ordnung" untergeordnet wurden.

Das blieb nach innen wie nach außen nicht ohne Konflikte. „Als seit den späten siebziger Jahren Gruppen der neuen sozialen Bewegungen – konzentriert auf die Themen wie Ökologie, Frieden und Menschenrechte –, eine politisch nicht domestizierte neue Frauenbewegung, Teile der literarischen Intelligenz sowie ‚Randgruppen' wie Homosexuelle und Drogenabhängige in die verfaßte Kirche einwanderten (oder im Schutzraum der kirchlichen Institution sich bildeten), kam es zu vielfältigen Konflikten mit wertkonservativ orientierten Kirchenvorständen und Pfarrern sowie mit Kirchenleitungen." (ibid., 301/302) Diese Dauerdebatten zwischen Kirche und Gruppen haben nicht zuletzt dafür gesorgt, dass der DDR-Protestantismus kulturelle Modernisierungsschübe nachholte, aber diese Schübe waren im Vergleich mit Westdeutschland wesentlich dramatischer, explosiver und auch gesellschaftlich folgenreicher.

In der zweiten Hälfte der 1980er Jahre aber wurde jenes Bündnis mehr und mehr auf eine harte Probe gestellt, als sich die Basis radikalisierte und die Kirche der Frage von Ausreisewilligen nicht mehr aus dem Weg gehen konnte.

Zwischen Amt und Profession: Der Landessuperintendent

Der Landessuperintendent, Jg. 1927, aus Mecklenburg steht ein Jahr vor seiner Pensionierung, als ich ihn zum ersten Gespräch 1991 treffe. Der Marktplatz der alten Hansestadt wurde bereits zu DDR-Zeiten restauriert, der übrige Teil der Stadt ist verfallen, und viele Wohnungen stehen leer. Die Kirche und das Pfarrhaus, eindrucksvolle Backsteinbauten, stehen hinter dem Marktplatz in einer Gasse. Der Landessuperintendent, eine schlanke und große Erscheinung, empfängt mich zum ersten Gespräch (und allen folgenden) sehr freundlich. Für das erste Gespräch führt er mich in sein Arbeitszimmer. Ein hohes Zimmer mit vielen Büchern, in der Mitte ein Schreibtisch. Er sitzt mit dem Rücken zum Fenster, und ich sitze ihm gegenüber. Während des Interviews blicke ich immer wieder durch das Fenster in den Kirchgarten mit großen Bäumen.

Aus den Vorbereitungen zu diesem Gespräch ist mir bekannt, dass ein Landessuperintendent ein leitendes kirchliches Amt ausübt: er ist dem Bischof unterstellt, wird in das Amt berufen, er ist der Vorsitzende des Kirchenkreisrates, er führt die Dienstaufsicht über Pastoren und kirchliche MitarbeiterInnen und ordiniert im Auftrag des Bischofs. Er ist der Seelsorger der Seelsorger, er berät und beurteilt. Die Amtszeit dauert 12 Jahre.

Ich bin also für einen Bereich, 120 km im Längsschnitt, zuständig, so ein Handtuch, das ist ein bisschen schmaler als lang. Ich bin zuständig für die Dienstaufsicht, für alles Bauen innerhalb der Kirche, für die Verwaltung und für Seelsorge an Seelsorgern. <Interviewerin: Das ist ja schon ein Landesherr.> Deshalb heißt es auch Landessuperintendent, das ist etwas anderes als der preußische Superintendent. Der ist Pastor und ist Primus inter Pares (der Erste unter Gleichen, E.M.H.) in einem gewissen Bereich und hat um sich herum 10 bis 15 Pastoren. Zu der Landessuperintendantur in Mecklenburg gehören 45 bis 50 Gemeinden mit 600 Mitarbeitern. Das ist Mecklenburg hier. Sieben Kilometer weiter ist das Dorf, nach dem dieses Land heißt. Da stand die Burg von Pribislaw und Niklat dem Obotriten, und von dem her heißt dieses Land Mecklenburg. Dort war auch der erste Bischof in dieser Gegend. (Gespräch 1991)

Der Landessuperintendent hat keine Aufgaben an einer Kirche, das heißt, er ist erster Prediger. Er predigt alle vier Wochen oder einmal im Vierteljahr, je nachdem wie das hinkommt, aber ist für den ganzen Bereich zuständig. (Gespräch 1992)

Und so geht es einem Landessuperintendenten, er ist nicht mehr richtig Pastor. Er predigt, aber dann fährt er wieder weg, und er kann diese Predigt nicht nacharbeiten, oder er kann die Gemeinde, zu der er gesprochen hat, nicht begleiten. Die können nicht ihren Protest gegen die Predigt sagen, sondern nur woanders. Also dieser ganze Prozess ist nicht da, sondern man taucht auf und verschwindet wieder und hat andere Aufgaben. Insofern gibt es in der Kirche die Rede: ‚Man kann nicht höher steigen als auf die Kanzel‘, das heißt, Superintendent werden ist im Grunde ein Wegbewegen von der Aufgabe her mehr in Richtung Verwaltung. (Gespräch 1993)

Die Familiengeschichte

Der Landessuperintendent wird 1927 in einem protestantischen Elternhaus geboren, sein Großvater väterlicherseits war Superintendent in Mecklenburg. Es ist die zweite Ehe seiner Mutter, ihr erster Mann ist im Ersten Weltkrieg gefallen, und aus dieser Ehe stammt eine Tochter, Jg. 1915, die als Religionslehrerin arbeitete. Sein Vater war Studienrat für Latein, Propädeutik und Religion, und die Herkunftsfamilie hat in der Stadt, in der er heute lebt und arbeitet, ebenfalls gewohnt. Er ist dort zur Schule gegangen, hat 1944 das Abitur gemacht, und wegen einer bleibenden Verletzung durch einen Sportunfall musste er nicht am Zweiten Weltkrieg teilnehmen. Der Bruder, aus der zweiten Ehe seiner Mutter, Jg. 1925, studierte während des Krieges in Frankfurt am Main Jura und ist heute Richter im Ruhestand.

Ich bin in dieser Kirche konfirmiert worden, wo ich später als Landessuperintendent eingeführt wurde. Ich habe als Kind hier in diesem Garten gespielt, wo meine Kinder dann wieder spielten. Eine eigenartige Erfahrung. (Gespräch 1991)

1960 heiratet er seine Frau, die Bankangestellte ist und die nach der Geburt des ersten von vier Kindern 1961 nicht mehr arbeitete.

Es sind vier Kinder. 1965 ist der Jüngste geboren, der ist also 26 Jahre alt, sie (die erste Tochter) ist 29 Jahre alt (Jg. 1962), die zweite Tochter ist 28 Jahre alt (Jg. 1963), und der Älteste (Jg. 1961) ist jetzt 30 Jahre alt geworden. Zum Teil sind sie noch in der Ausbildung. Sie haben nicht alle die Oberschule besuchen können.

Es gab Ausnahmen, aber sie waren nur durch einen Trick zu erreichen. Der Jüngste, der vierte, der konnte zur Oberschule gehen. Da habe ich gesagt, drei Kinder habe ich nun für die Arbeiter- und Bauernmacht geopfert, aber der vierte, der darf nun zur Intelligenz. Drei zu eins so sollte das (offiziell) immer sein. Drei zu eins war die Formel. Eigentlich ist das nur passiert, weil (der Antrag) nicht bearbeitet wurde. Ich habe eine Eingabe geschrieben, dass Christen in diesem Staat Nachteile hätten, damit könnten wir leben und dass es etwas Wichtigeres in dieser angespannten Situation gäbe, wo es um Krieg und Frieden ginge, als der Besuch der Oberschule, das sei mir auch klar. Aber, dass nach 14 Tagen noch keine Antwort gekommen ist, und nun sind bereits vier Wochen vergangen nach meiner Eingabe, das ist unmöglich.

Meine Frau hat nach der Geburt der Kinder ihren Beruf zunächst nicht mehr ausgeübt. Sie ist Bankkauffrau. Sie wollte zu Hause sein, wenn die Kinder aus der Schule kamen, um manches richtig zu stellen. Dadurch konnten unsere Kinder mit einer gewissen Isolierung fertig werden. Sie waren oft die einzigen in der Klasse, die nicht in der FDJ waren. Sie haben das ertragen können, weil sie sich zu Hause aussprechen konnten. (Gespräch 1992)

Aber sie konnten es immer vor allem mit der Mutter, die zu Hause war, diskutieren, so dass sich das nicht aufstaute, sondern dass sie das in gewisser Weise los wurden auch wieder, dass sie drüber reden konnten und dass sie dadurch eine Hilfe hatten, es zu verarbeiten. Und dass bei unseren Kindern also keine ernstlichen Generationsprobleme dadurch entstanden sind, führe ich weitgehend auf diesen Umstand zurück, dass meine Frau nicht berufstätig sein konnte, muss ich jetzt andererseits sagen, wegen ihrer Krankheit. (Gespräch 1993)

Der Älteste konnte nicht studieren und ist zur Reichsbahn gegangen, das ist auch eine lange Geschichte, aber die will ich jetzt nicht erzählen. Er erlebt jetzt, dadurch, dass er Eingaben schreiben lernte, dass er sich gewehrt hat als Schüler und später, er war bei den Bausoldaten (Wehrersatzdienst der DDR), dass er ein Kristallisationspunkt bei der Reichsbahn wurde. Die Kollegen wandten sich dauernd an ihn mit der Bitte, schreibe mir die oder jene Eingabe, du weißt, wie man damit fertig wird. Das heißt, er wurde sofort nach der Wende Gewerkschaftsführer, das nennt sich dort noch Bezirk, er ist ein sehr umworbener Mann geworden. Durch seine Ausbildung behindert, einen akademischen Beruf zu erlangen, was auch nicht unbedingt unser Ziel war, ist er jetzt an der Spitze in seiner Gruppe.

Die Tochter (Jahrgang 1962) ist auf Umwegen über den Betrieb zur Abendschule delegiert worden, hat Abitur neben der Arbeit gemacht und ist dann vom Betrieb zum Studium (Halle) delegiert worden. Sie arbeitete in der Pflanzenzuchtforschung und ist jetzt in Jena und untersucht Schwermetalle in Pflanzen. Sie hat inzwischen ihr Studium an der Akademie für Landwirtschaft abgeschlossen und arbeitet dort an einem Institut, das höchstwahrscheinlich geschlossen wird. Das Telefongespräch eben ging darum, ob sie eine Ausbildung in Umweltfragen machen soll, die sie zu einer Beratertätigkeit befähigt. Zunächst denkt sie, und darüber haben wir gerade gesprochen, dass sie im Rahmen der Kirche eine solche Beratertätigkeit aufnimmt. Wir haben auf der Ökumenischen Versammlung beschlossen, dass jede Landeskirche einen hauptamtlichen Berater für Umweltfragen hat mit der Aufgabe, Gemeinden und den kirchlichen Sektor zu motivieren.

Das dritte Kind, eine Tochter (Jahrgang 1963), die nicht studieren durfte, hat an einer Fach-schule Pharmazie gemacht, den sogenannten Ingenieur. Sie kann Arzneimittel verkaufen, aber sie darf mit ihrer Ausbildung nie eine Apotheke leiten, deswegen sage ich, sie darf verkaufen. Sie arbeitet in eigener Verantwortung und stellt auch Salben her und hat noch Arbeit. Die Apotheke wird privatisiert und die neue Leiterin kann dort keine Angestellten bezahlen. Sie wird zwar gebraucht, aber man kann sie nicht bezahlen. Wie das weitergeht, wissen wir noch nicht. Ihr Mann ist bei der Satellitenforschung, sein Spezialgebiet sind Antennen, und da besteht gewisse Hoffnung, dass er weitermachen kann. Wenn bei uns erst einmal in der Familie einer verdient, dann geht es.

Der Jüngste (Jahrgang 1965), der ist so ein Mann, der ein unbändiges Freiheitsbedürfnis hat, er hatte immer das Gefühl, er sei in einem Gefängnis und kommt nicht über die Grenzen. Er hat nach der Wende sein Paddelboot in die Donau gesetzt und ist bis zum Schwarzen Meer gepaddelt. Er ist Ornithologe als Hobbybeschäftigung. In Leipzig hat er Theologie studiert und zwar nicht an der Universität, weil das nicht ging, sondern am Theologischen Seminar. Nach der Wende und mit der Wende ist er nach Berlin gegangen und studiert jetzt an der Freien Universität Religionswissenschaften. Was er dann nachher damit anfangen will, das bekomme ich nicht heraus. (Gespräch 1991)

Er hat ein Rotary Stipendium (für USA) bekommen. Wir dachten immer, das Stipendium wäre verbunden mit einem Platz an der Universität. Er möchte gern nach Berkeley. Bisher war so der Schwerpunkt seines Studiums Ethnographie. Die Schwerpunkte werden sich verschieben und wandeln im Laufe eines Studiums, und es wird da ein bisschen drauf ankommen, welches Fach von welcher Persönlichkeit vertreten wird.

Jetzt hat er eine sehr schöne Reise gemacht durch Ägypten und dann auf einem kleinen Boot den Nil hoch. (Gespräch 1992)

1976, der jüngste Sohn ist elf Jahre alt, erkrankt seine Frau an Krebs. Als das Gespräch 1991 stattfindet, ist die Ehefrau im Krankenhaus.

Ich darf das mal sehr persönlich sagen, meine Frau hat Krebs, wir leben seit 15 Jahren damit. Wir haben dort manches gelernt, was wir ohne den Druck des Leides nicht gelernt hätten. In der vergangenen DDR hat man manches gelernt als Christ, was, wenn nun die Welt ein bisschen gesunder wird, auf einmal weg ist, weil man zu einer wirklichen Umkehr, zu einem wirklichen Neuanfang wohl nur bereit ist, wenn ein gewisser Leidenspunkt da ist. Sonst bleibt man beim alten und ist dann sehr schnell wieder in den gewohnten Bahnen.

Die ersten fünf Jahre nach der ersten Krebsoperation waren gut bis die ersten Metastasen kamen. Jetzt kam eine Darmkrankheit hinzu, die verschiedene Operationen notwendig machte. Es hat eine Darmblutung eingesetzt, die noch nicht ganz geklärt ist und wir noch nicht wissen, ob eine erneute Operation notwendig ist.

Sehen Sie, meine Frau und ich gehen jetzt durch eine lange, nicht ganz einfache Zeit, durch ihre Krebssache, sind aber beide der Ansicht, dass uns diese Zeit reich gemacht hat an Intensität des Lebens. Und das ist es auch, was uns geprägt hat. (Bischof) Krusche sprach über einen, der lange krank war und meinte damit die östliche Kirche. Nach einer Krankheit erlebt man einiges intensiver, einiges konkreter, einiges betroffen machender, es ist anders, als wenn man Osterdemonstrationen, Ostermärsche macht, die hoch ritualisiert sind. Das ist das, was uns eigentlich hier das Gefühl gegeben hat, hier werden wir gebraucht. Das ist nicht Heldentum des Glaubens oder so etwas.

Es kommt hinzu, dass die ärztliche Versorgung hier doch immer noch zu wünschen übrig lässt, so dass ich manchmal mit dem Gedanken gespielt habe, meine Frau (in der alten BRD) in die Klinik zu geben. Aber die Entscheidung ist mir wieder abgenommen worden, weil es im Augenblick nicht geht. Die Kassen bezahlen die Behandlung meiner Frau in den alten Bundesländern nicht. Es sei denn, dass die Ärzte hier bescheinigen, dass wir keine Spezialklinik haben. Aber Überweisungen in die alte BRD sind seltene Sonderfälle, denn es gibt auch hier Krebskliniken, und jetzt kommt noch etwas anderes dazu. Es ist also eigentlich weniger der Arzt, sondern die medizinische Technik, die hier nicht soweit ist, wenn man mal davon absieht, dass der Arzt im westlichen Teil Deutschlands stärker in dem internationalen Austausch stand als (die Ärzte hier). Aber ich habe auch den Eindruck, dass die Kreativität des ‚Sich-behelfen-Müssens‘ mit primitiveren Dingen oft die Kunstfertigkeit der Ärzte erhöht hat. Sie mussten sich allerhand einfallen lassen, um das auf ihre Weise zu machen, die ihnen möglich war.

Diese Eigenschaft wird auslaufen, denn die neuen Apparate kommen nach und nach auch hierher und dann wird man das nicht mehr anwenden können. Vielleicht ist das auch gut, ich weiß es nicht. Denn das bedeutet, wenn ich das deutlich benennen soll, eine Quälerei für die Patienten. (Es gibt durch den Einsatz von Apparaten schonendere Untersuchungsmethoden,) die dem Körper weniger schaden und weniger Schmerzen zufügen, als Spiegelungen und vorsintflutliche Schläuche. Ich rede heute vielleicht ein bisschen viel davon. Aber ich muss es jetzt einmal aussprechen. Meine Frau hatte heute gerade eine sehr unangenehme Untersuchung und hoffentlich jetzt hinter sich. Entschuldigen Sie das bitte. (Gespräch 1991)

Seine Frau stirbt im Mai 1991, er steht ein knappes Jahr vor seiner Pensionierung. Weder vor 1989 noch nach seiner Pensionierung will er Mecklenburg verlassen. 1993 sprechen wir noch einmal über den Tod seiner Frau.

Aber auch die ganz schweren Zeiten, etwa die Sterbezeit meiner Frau, die gleichzeitig die Zeit war, wo ich am Runden Tisch die Leitung hatte und wo ich eigentlich gefordert war, so dass Ärzte zu mir kamen und sagten: Hören Sie auf, Sie stehen es gesundheitlich nicht durch. Dass selbst diese Zeiten, ja, so intensiv waren, möchte ich mal sagen, dass Lebenswerte wach wurden. Das habe ich in der Begleitung meiner Frau gelernt. Sie sagte immer, wo die Sonne scheint, gibt es auch Schatten. Und das bedeutet, wenn du Schatten erlebst, musst du auch immer Sonne suchen.

Und das hat sie als schwer Krebskranke gelebt, nicht nur gesagt. Sie war ein sehr fröhlicher Mensch und ich kriege heute noch, jetzt war ja grade der zweijährige Sterbetag, Post, wo Leute nicht davon los kommen, von der Begegnung mit meiner Frau. Ich wollte also nur andeuten, das war nicht nur angelesen, sondern gelebt. Und von daher waren es auch die schweren Zeiten, Zeiten, die ich nicht missen möchte, wo ich nicht sagen könnte, es war richtig schlecht. (Gespräch 1993)

1992 wird ihm ein Herzkatheter eingesetzt, er selbst ist noch in tiefer Trauer um seine verstorbene Frau.

Meine Frau hat durch ihre Krankheit vieles geprägt, was ich da also gelernt habe. Deswegen erzähle ich dieses eine Ereignis, was an sich erst nach dem Tode meiner Frau stattfand. Ich war in einer Klinik. Vorausgegangen war die Erfahrung eines Herzkatheters, und nun hatte ich einen Traum. Dieser Traum ging so: Ich lag wieder auf dem Operationstisch und hörte eine Stimme. Diese Stimme sagte: Es ist jetzt Zeit zu sterben. Und ich antwortete im Traum zu meiner eigenen Verwunderung: Ja, das ist wohl so. ... Ich erlebte also, wie meine Gliedmaßen schon abgestorben waren und nun ein Organ nach dem anderen seine Tätigkeit einstellte. Ich wachte auf und wusste genau, dieser Traum hat eine Bedeutung, die nicht unwesentlich ist für dich, habe mich hingesetzt und den Traum aufgeschrieben und weiter geschlafen, dann noch einen Traum gehabt. Ich will das jetzt nicht zu lang machen, der eine gewisse Fortsetzung dieser Sache war und auch ein Lösungsangebot.

Ich kam aber mit diesem Traum alleine nicht zurecht, wie das dann so ist, ich wusste nur, es geht hier nicht um Angst vor dem Sterben oder überhaupt nicht um das leibliche Sterben. Ich sprach mit einer Psychologin.

Und diese Frau, die ich da traf, die war ganz prima. Sie wollte nicht wissen, was das alles bedeutete, sondern half mir durch Fragen, mich selber zu klären, und so verstehe ich eigentlich auch Psychologie. Und es kam nun raus, dass Sterben für die Hinterbliebenen loslassen heißt. Und deswegen komme ich jetzt drauf. Ich glaube, dass ich an der Seite meiner Frau immer wieder veranlasst war zu lernen, Dinge loszulassen. Nicht nur, dass wir nicht reisen konnten, und dass manches nicht ging, und dass die Kinder nicht die Entwicklung haben konnten, die man ihnen wünschte und so weiter, sondern dass wir auch ganz persönlich durch die Krankheit der Frau gewisse Einschränkungen hatten. Und deswegen war das ein Lernprozess, wie gehst du damit um. Und dass man da nicht gezwungenermaßen ächzend, stöhnend, verknittert, vielleicht sogar verbittert sagt, es ist nicht möglich, sondern dass man das annimmt und das Beste daraus macht. Und nun war der Ratschlag dieses Traumes, du machst etwas verkehrt.

Also meine Frau war gestorben, ich musste meinen Beruf aufgeben, ich suchte eine Wohnung und fand sie nicht, die ganzen gesundheitlichen Probleme und so weiter. Das geht nicht alles auf einmal, du musst es schön nacheinander machen, löse erst mal ein Problem und wenn das gelöst ist, nimmst du das nächste, und so lange lässt du das andere liegen. Das war das eine, das andere war, Loslassen heißt also, nun fange mal wirklich an, deine Ehe zu beerdigen, sie beendet sein zu lassen und trauere nicht in falscher Weise dem nach. Das hat nichts damit zu tun, dass man nicht dankbar an manches zurückdenkt, aber es hatte damit zu tun, dass mir signalisiert wurde, du musst jetzt eine Epoche beenden, damit du frei wirst für eine neue Sache.

Und das Entscheidende für mich war daran, dass ich an diesem Traum merkte und mir deutlich wurde, das was mir mein Verstand sagte, macht mein Bauch mit, also das Unbewusste. Ich war mit mir in Übereinstimmung, dass das zwar vielleicht ein schmerzhafter Prozess ist, aber dass das jetzt dran ist, dass man dazu ‚ja' sagen kann. Und warum erzähle ich diesen Traum, weil ich meine, das gehört zu meiner Lebenserfahrung, das Loslassen zu lernen in der Öffnung für etwas Neues, was lohnt angepackt zu werden, gelebt zu werden, also was nicht niederdrückt, sondern der Versuch ist, neue Schritte zu machen. (Gespräch 1993)

Niemals haben seine Frau und er auch nur den leisesten Gedanken daran verschwendet, die DDR zu verlassen.

Ich habe nie ernsthaft daran gedacht, wegzugehen. Ich habe sogar vertreten, auch im Ruhestand hier zu bleiben, weil die Weisheit des Alters gebraucht wird. Für mich war es schwer, wenn die (ehemaligen) leitenden Brüder oder Schwestern auf einmal nicht mehr unter uns waren. Wir merkten, dass die, die rübergingen, schnell von einer Welt vereinnahmt wurden, dass sie uns nicht mehr verstanden. Zu einer kirchlichen Gemeinschaft gehört, aus meiner Sicht, ein bisschen (Kontinuität), dass man doch dann auch zusammenbleibt und auch im Ruhestand kann man doch dieses oder jenes tun.

Wenn ich ohne die Zustimmung meiner Kirche die DDR verlassen hätte, hätte ich in der Bundesrepublik zwei Jahre nicht als Pastor arbeiten können. Aber in den Schuldienst hätte ich zurückgehen können. Das war ein Vertrag zwischen den Kirchen des Westens und des Ostens. Wenn einer damals rübergegangen ist, dann musste er von seiner Heimatkirche freigegeben werden. Er musste mit ihr in Kontakt getreten sein und sagen, dieser oder jener Grund zwingt mich, in die BRD zu gehen. Dann konnte die Kirche sagen, das sehen wir ein und wir geben dich frei. Oder du verlässt, ich sage es im Bilde, deine Herde und bist der falsche Hirte. Wenn man dann trotzdem ging, dann war das so üblich, dass man in der BRD zwei Jahre keine Anstellung als Pastor bekam, aber im Schuldienst oder im Religionsunterricht. Die westlichen Kirchen hatten dieses Abkommen mit den östlichen getroffen. Dahinter stand scheinbar, dass man dem nachhelfen muss, was die Ordination sagt, nämlich zum Amt der Kirche ist man berufen, das heißt, man wird nicht danach gefragt, sondern wo du hingestellt wirst, da bleibst du, und man kann nicht danach fragen, wo es besser ist.

In meiner Bekanntschaft ist der Verbleib von dem Motiv getragen worden wie, wir können dieses Land nicht entblößen und anderen Tendenzen übergeben. ... Für mich ist es eigentlich das Gefühl gewesen, dass ich in Bayern ersetzbar bin, zu Hause in Mecklenburg braucht man dich. Das war schon früher so eine besondere Situation, dass jede zehnte Pfarrei (in der DDR) vakant war. Aber in dem Sinne muss ich sagen, und ich habe auch meine Frau noch einmal gefragt, wir bereuen es nicht, unser Leben hier gelebt zu haben. Weil es eine Intensität mit sich brachte, die vielleicht in einer Wohlstandsgesellschaft nicht so gewesen wäre. Die Intensität zu leben hängt auch davon ab, ob man verführt wird durch allerhand Möglichkeiten sich abzulenken. Ich sage das auch mal wieder theologisch. (Gespräch 1991)

Das Verlassen der DDR, sei es vor 1961 durch Flucht oder aufgrund eines Ausreise-antrages, war kirchlichen MitarbeiterInnen nur in Ausnahmefällen und mit Zustim-mung der Kirchenleitung möglich. Wenn Pfarrer ihre Pfarrstellen verließen und trotz Aufforderung durch die Kirchenleitung nicht in ihre Gemeinden zurückkehr-ten, wurde gegen sie disziplinarisch ermittelt. „Wird ein Pfarrer, der seine Gemeinde eigenmächtig verlassen hat, im Disziplinarverfahren mit Entfernung aus dem Dienst bestraft, so ist sein Rechtsverhältnis zur Kirche gelöst." (Schulze et al. 2002, 29; vgl. Dippel 2003, 639-650) Er hatte dann den Status eines Pfarrers im Wartestand, und dieser Wartestand dauerte in der Regel zwei Jahre. Wenn danach eine westdeutsche Gemeinde ihn einstellen wollte, musste die Freigabe durch die DDR-Kirchenleitung eingeholt werden. 1959 wurden die endgültigen Richtlinien der Evangelischen Kirche in Deutschland verfasst (Schulze et al. 2002, 36ff)[53]. Darin heißt es: „Ein Pfarrer, der seine Gemeinde im Sinne der Ziffer I verlassen hat, darf im Dienst einer anderen Gliedkirche nur verwendet werden, wenn die für seine bisherige Pfarrstelle zuständige Kirchenleitung nachträglich ihre Zustimmung (Freigabe) oder die Zustimmung gemäß Ziffer IV als erteilt gilt." (ibid., 40)

Diese Regelung blieb zwar auch innerhalb der Kirche umstritten, als aber zwischen 1961 und 1962 eine Amnestie für Pfarrer ins Gespräch kam, die vor 1961 aus der DDR geflohen waren, lehnten die Kirchenleitungen in Ost und West eine solche Amnestie ab: Sie hätte bedeutet, dass alle vor 1961 geflohenen Pfarrer von ihren Kirchenleitungen automatisch freigegeben worden wären, und das hätte besondere Auswirkungen auf die gebliebenen Amtsträger in der DDR auslösen können.

Als während des KSZE-Prozesses von 1972 bis 1975 die Regierung der DDR Pfarrern die Ausreisegenehmigung erteilte, wandte sich Bischof Schönherr an den Ratsvorsitzenden der EKD. „... ‚Wir beobachten zur Zeit, dass die Regierung der DDR häufiger als früher Anträgen von Pfarrern zur Übersiedlung in die BRD stattgibt. ... Wir haben in vielen Fällen für den Wunsch der Amtsbrüder aufrichtiges Verständnis ... Dennoch wissen wir uns Ihres Einverständnisses sicher, wenn wir nicht jedem, der den Wunsch hat, von uns aus die Möglichkeit geben wollen oder können, in die BRD überzusiedeln.' ... Bischof Schönherr zählt dann die schon genannten Gründe auf, Pfarrermangel, Überlastung der zurückbleibenden Amtsträ-ger, Verbitterung von Gemeindegliedern, Unglaubwürdigkeit der Verkündigung." (ibid., 63) Im Pfarrerdienstgesetz von 1984 des Bundes der Evangelischen Kirchen in der DDR wurden diese Regelungen erneut zusammengefasst. Verließ ein Pfarrer ohne eine Freigabe die DDR, wurde die Entlassung ohne Antrag im Amtsblatt der

---

[53]   Richtlinien der Evangelischen Kirche der Union EKU Berlin, die mehrfach überarbeitet wurden.

EKD veröffentlicht. Bei den Massenfluchten aus der DDR ab Mai 1989 verließ ein Pfarrer das Land. Dieser Pfarrer befürchtete ein Berufsverbot. Die EKD verwies jedoch auf die geltenden Vorschriften, die in vollem Umfang praktiziert werden: Disziplinarverfahren, Pfarrer im Wartestand, und bei einer geplanten Beschäftigung in einer anderen Pfarrei muss vorher die Freigabe eingeholt werden.

Seit 1946, insgesamt 46 Jahre lang, haben die evangelischen Kirchen der DDR und der BRD an diesen Grundsätzen festgehalten.

Ausbildung und beruflicher Werdegang des Landessuperintendenten

1944 beginnt er mit dem Studium der Theologie in Bayern. Zwischen 1949 und 1950 studiert er im Rahmen eines studentischen Austauschprogramms in Nord-Irland und erwirbt einen Bachelor-of-Art-Abschluss.

Es war ja durch die Währungsreform gar nicht mehr möglich, von zu Hause unterstützt zu werden, ich musste also immer Geld verdienen. Ich war Schusterjunge und habe Schuhe aus Flugzeugreifen zugeschnitten und da eine Brandsohle draufgenäht. Und dann konnte ich wieder ein Semester studieren. Danach war ich Präfekt, nennt sich das, in einem Schülerheim, ein kleines Internat war das. Alles in Bayern. Und dann bin ich ein Jahr nach Württemberg gegangen in eine Oberschule. Der Schulleiter kannte mich von einer Vorbereitungstagung für Auslandsstudenten, also bevor ich nach Irland ging, und hörte, dass ich Arbeit suchte, bot mir das an. Und dann stand ich 1949 am Ende des Studiums vor der Entscheidung, gehst du nun zurück oder bleibst du in Bayern.

Ich dachte damals in dieser Schule in Württemberg, jetzt bist du am Ziel. Da habe ich also Physik unterrichtet, da habe ich, obwohl ich keinen Abschluss hatte, aber damals ging das alles, das war eine kirchliche Privatschule, und habe Konfirmandenunterricht gegeben und habe die Andachten gehalten. Das war so eine Schulgemeinde, da wurde auch getauft, war ich Klassenlehrer der Sexta, und der Schulleiter wollte in die Politik gehen, er war pädagogisch an sich nicht so ganz doll drauf.

Ja, das war ein bisschen schwierig der Abgang dort, er wollte mich nicht ziehen lassen, ich hatte ja auch einen Vertrag. Aber die Einreisegenehmigung war begrenzt, ich musste innerhalb von vier Wochen einreisen. Der Schulleiter war von Thüringen nach Württemberg gegangen, und dabei kriegte ich ihn dann und sagte: Wenn Sie mich nicht freiwillig gehen lassen, dann muss ich es so machen, wie Sie es gemacht haben, dass ich bei Nacht und Nebel gehe. Na ja, und dann bin ich hierher gegangen und habe mich aufs Examen vorbereitet und habe nicht in Rostock (an der Universität, E.M.H.), sondern bei der Kirche Examen gemacht. Wir Theologen können auch bei der Kirche Examen machen.

Das war dann eine sehr schwierige Zeit, weil meine Mutter lebte noch, mein Vater war schon gestorben. Die Mutter kriegte 127 Mark Rente, und davon mussten wir drei, meine Schwester auch noch, leben. Und das hat mich fast schon bewogen oder gezwungen, zurückzugehen, zumal der Schulleiter schrieb: Kommen Sie wieder. Und dann hatte ich mich in Rostock gemeldet, um noch mal eine Vorlesung zu belegen oder die Erlaubnis zu bekommen, da Mäuschen zu sein. Das ist nicht eine eigentliche Immatrikulation geworden, weil das alles zu schwierig war.

Und da hat der gute Theologie-Professor, ich vermute aus eigener Tasche, ich weiß es nicht, mir ein Stipendium verschafft. Das machte es dann möglich, dass ich hier blieb und hier dann Examen machte. Und dann wollte ich eigentlich gar nicht ins Pfarramt, sondern das war ja immer eine breit angelegte Ausbildung. Ich hatte das Glück, dass die Landeskirche die physikalischen als philosophische Fächer, die ich studiert hatte, anrechnete und sie ließen mich zum Examen zu. (Gespräch 1992)

1949 nach dem Examen besucht er ein Predigerseminar und wird Vikar.

Das war auch wieder eine ganz besondere Zeit, weil der Pastor zusammenklappte und kam ins Krankenhaus, war einfach mit den Nerven fertig. Und dort habe ich als Vikar das Jahr 1953 bestanden. (Gespräch 1992)

Er wird 1962 nach Schwerin berufen und leitet die Schlossgemeinde. Bis 1970 arbeitet er dort und geht dann als Pfarrer an den Ort, an dem er 1980 zum Landessuperintendenten berufen wird.

Die Zeit als Pastor in Schwerin von 1961 bis 1970 war die beste Zeit in meinem Leben. Nun war ja Schwerin nachher auch so die erste Zeit der Ehe und der werdenden Familie, das ist die eine Komponente. Die andere Sache war, dass ich dort eine Arbeit zugeteilt bekam, die interessant war. Die Schlossgemeinde war eine Personalgemeinde und sollte ein Gemeindebezirk werden. Mein Vorgänger war Ostpreuße und hatte alle Ostpreußen gesammelt. Und davor war ein Pastor, also Schlosskirche hieß ja Hofprediger, der sammelte also alle, die bei Hofe waren. Insofern war es eine Tradition.

Und nun sagte der Bischof, nun muss das endlich mal auch eine gewöhnliche Gemeinde werden, das heißt, hier ist ein Stadtbezirk, und der gehört zu dieser Kirche. Das umzustellen war meine Aufgabe, und ein Freund von mir sagte, entweder wirst du in sechs Wochen oder in einem halben Jahr wieder hier sein auf dem Lande, weil du gescheitert bist an dieser Aufgabe, denn das ist eine lange Tradition, die dagegen spricht. Oder dir gelingt es. Und das war eine schöne Sache, dass ich nun bei dieser Aufgabe mich so herausgefordert fühlte, ich habe zum Beispiel alle Häuser in diesem Gemeindebezirk besucht. Und der Schlossgarten in Schwerin war früher Braunlage gewesen, da wohnten früher die Nazis, jetzt wohnten die Roten da, und ich könnte Ihnen stundenlang jetzt Geschichten erzählen von diesen Besuchen in diesen Häusern, wo die Leute gar nicht der Kirche angehörten, obwohl dann das sehr interessante Gespräche waren.

Kurz, wir waren die Gemeinde, die als erste versucht hat, die Kinder mit zum Abendmahl zu nehmen, also kinderfreundlicher Gottesdienst. Es ist immer noch so, wenn ich nach Schwerin komme, komme ich nach Hause immer noch. (Gespräch 1993)

Die kirchliche Arbeit in Zeiten des Wandels

Die Verkündigung, die Bewahrung der Schöpfung, den Frieden nicht mit kriegerischen Mitteln erzwingen, eine Kirche in einer sozialistischen Gesellschaft zu sein, das sind einige der Grundthemen, die die kirchliche Arbeit des Landessuperintendenten anleiten.

Ich habe sowohl vor als nach der Wende mit alten biblischen Geschichten gelebt. Hinter einem der Pharao, vor einem das Rote Meer. In dieser Klemme haben wir gelebt. In Widerstand, Anpassung und dem Versuch, damit fertig zu werden, mit manchen Feigheiten und manchen mutigen Unternehmungen. Dann kam der Durchzug durch das Rote Meer mit dieser unglaublichen Euphorie, so dass das Wasser auf beiden Seiten wie Mauern zu Berge steht, dass das möglich ist, was eigentlich für nicht möglich gehalten wurde und nun sein konnte. Aber als Theologe wusste man immer, dass hinter dem Roten Meer die Wüste liegt, vielleicht auch als ein Christ, der mit seiner Bibel lebt. Ich weiß noch, dass ich bei der zweiten großen Kundgebung auf dem Marktplatz 1989 die Leute darauf hingewiesen habe. Ich habe mit der großen Freude und der Überraschung meine Rede begonnen und darauf verwiesen, dass jetzt ein schwieriger Weg kommt mit hoher Verantwortung. Es gibt bei denen, die ein bisschen aktiv vor und nach der Wende waren, um etwas zu verändern, im Grunde doch eine große Enttäuschung.

Diese Kirche, ich sagte das schon, war sehr besucht. Diese Kirche hat den höchsten Innenraum von allen Kirchen in der DDR. Und wir haben hier immer Schautafeln gehabt und manches an Schrifttum und an Nachrichten veröffentlicht, was nicht gedruckt werden konnte; große Holztafeln, wo Gedrucktes angepinnt werden konnte, Schaukästen oder Schauwände, wie man das nennt. Dabei haben wir auch Kirchenführungen gemacht. Ich habe angefangen, Kirchenführungen zu machen unter dem Ziel: ‚Was heißt das, Mensch sein?‘ Die 40 Jahre haben (schon) dazu geführt, dass viele auch mit dem kirchlichen Glauben wenig oder nichts anfangen konnten. Der Name Jesus sagte denen gar nichts mehr. ‚Warum habt ihr hier so eine Leiche hängen?‘ war eine Frage von Touristen, auch von Kindern. Dass zum Mensch-Sein einiges gehört, nämlich die Elisabeth, die Kranke versorgt, der Martin, der teilt, das haben wir bei diesen Kirchenführungen den vielen Leuten, die hier durchströmten, immer wieder gesagt, dass das aus der Tradition der Kirche kommt. Es passierte Folgendes. Wir standen vor einem großen Altar und da steht die Barbara. Barbara ist eine junge Frau, die in der Hand einen Turm trägt. Einer von den Leuten, die da um mich herumstanden, fragte: ‚Was hat das mit dem Turm eigentlich auf sich?‘ Ich muss Ihnen zu meiner Schande sagen, dass ich selber ein bisschen nachdenken musste, denn die katholischen Heiligenlegenden kannten wir in der protestantischen Kirche kaum. Mir fiel dann einiges ein. Der Vater ist über Land gezogen und hat seine Tochter eingesperrt, damit ihr nichts passiert. Ich merkte, ich hatte eine knisternde Stille und alle passten so auf, dass ich mich immer gefragt habe, warum. Ich erzählte etwas, was die anderen ganz anders gehört haben. ... Das ist das Großartige der Bilder, dass jeder seines hineinsieht. Die dachten an Honecker und an diese Mauer. Und allmählich kapierte ich, was ich erzählte und erzählte.

Man kann nach Wegen suchen, wo nun, wenn die äußere Freiheit genommen ist, ein Freiraum für die innere Freiheit gewahrt wird. Ich habe hier von christlichen Inhalten gesprochen. Ich habe nicht von der Taufe gesprochen, aber von dem was Mensch-Sein heißt. Diese Besucher haben mir beigebracht, dass man mit diesen alten Geschichten etwas ansprechen kann, was sie im Grunde hören wollten. Es gab auf der einen Seite eine so weitgehende Entfremdung von der Kirche, dass vieles überhaupt nicht mehr verstanden wurde. Aber es gab doch auch im Grunde eine Begierde, wenn man einen Kirchraum betrat, selbst dahinter zu kommen, ob es nicht doch noch etwas anderes gibt als das, was offiziell verbreitet wurde. Das hat man längst vor der Wende gespürt, dass in dem Raum der Kirche was anderes zur Sprache kommt, als (das, was man schon kannte). (Gespräch 1991)

Die Macht der Kirche war im Grunde ihre Machtlosigkeit, habe ich oft gedacht. Es hat ja mit bestimmten staatlichen Stellen kaum jemand geredet und reden können, weil sie alle abhängig waren. Kirche konnte reden, und Kirche konnte soweit auch Gehör finden, soweit der Staat sich nicht bedroht fühlte durch eine machtvolle Organisation, die einen Putsch machen kann, und die ganze Sache kommt zum Umkippen. Deswegen war es möglich, argumentativ vorzugehen.

Es ist Sache der Kirche, meiner Ansicht nach, das Wort und das Argument. Und ich würde die Haltung der Kirche daran messen, sind diese Argumente, sind diese Worte richtig gewesen in dem Kontext damals. Wir hatten eine hohe Verantwortung, weil wir also wirklich einige der wenigen waren, die sich noch Gehör verschaffen konnten. (Gespräch 1992)

Denn wir erlebten ja immer, dass (die andere Seite) gar nicht zuhören wollte, und dass man bereits vorher wusste, was man durchsetzen wollte. Deswegen war es schon nötig, dass wenn man etwas durchsetzen wollte, es so zu sagen, dass der andere es annehmen konnte. Wie weit das später als feig oder als opportunistisch etikettiert werden kann, ist eine zweite Sache. Das hat dazu geführt, dass manche Freiräume gegeben wurden. Wir haben zum Beispiel die Freiheit der Verkündigung im Kirchenraum häufig durchgesetzt. In den 1970er Jahren haben wir eine Zeitlang immer wieder die

Strafen bezahlt, wenn wir Verbote überschritten, bis die andere Seite eingesehen hat, dass man auf diesem Weg nicht weiterkommt. Danach wurde ein Kompromiss gefunden, in der Kirche könnt ihr sagen was ihr wollt, aber außerhalb der Kirche nicht. Dann mussten wir deutlich machen, dass eine Verkündigung der Kirche nicht nur auf das Kirchengebäude beschränkt werden kann, sondern dass das auch in anderer Weise wirkt und geschieht. (Gespräch 1991)

In der zweiten Hälfte der 1970er und in den 1980er Jahren werden die Kirchen mehr und mehr zu Versammlungsräumen für politische Aussprachen und Diskussionen. Diejenigen Pfarrer, die die Kirchenräume zur Verfügung stellten, mussten dafür Sorge tragen, dass die Anliegen in der Sprache der tradierten Überlieferung vorgetragen wurden. Sie trugen auch die baupolizeiliche Verantwortung für die Veranstaltung, und wenn sie deshalb die Kirchen wegen Überfüllung schließen mussten, wurde das von verschiedenen oppositionellen Gruppen nicht gutgeheißen.

Aber wenn nun diese Leute, die, zugegeben, etwas bewegen wollten, in den Raum der Kirche kamen, dann kamen sie eben in einen Raum, wo gewisse andere Gesetze galten. ... Wir haben damals das Beispiel gebraucht, nicht Krieg spielen, um Frieden zu erreichen. Und das bedeutete natürlich für einige Gruppen Ärger oder einschränken in den Zielen, die sie wollten.

Die Bürgerrechtler, oder wie wir sie nennen wollen, waren ärgerlich auf Kirche, obwohl einerseits die Kirche ihnen ein Dach gab, konnten sie nun, weil es Kirche war, nicht das so machen wie sie wollten. Und da wurden sie im Raum der Kirche auch manchmal etwas zurückgehalten von irgendwelchen extremen Aktionen. Und ich glaube, das kommt jetzt raus, dass sie hier immer das Gefühl hatten, wir sind auf Kirche angewiesen, aber wir sind nicht Christen, und wir sind hier nun in eine Sache reingekommen, das ärgert uns. Aber das mussten sie ja nun als Oppositionelle irgendwie in Kauf nehmen, weil die Kirche nicht Opposition treiben wollte als Kirche ...

Wir hatten genug Schwierigkeiten mit unseren Gemeinden, die sagten, was macht ihr immer mit diesen Leuten, die gehören doch gar nicht zur Gemeinde. Wir haben die nicht reingeholt in dem Sinne, dass wir sie umarmt haben, das kann ich von meiner Sicht her nicht sagen. (Gespräch 1992)

Es gab auch in dieser Kirche Präzedenzfälle, wo Menschen allerhand Dinge sagten, die von der Kirche nicht vertreten werden konnten. Das ist dann immer schwierig, wenn so etwas in kirchlichen Räumen stattfindet. Wenn in einer Demokratie ein neutraler Raum da ist, dann ist dort Freiheit, dass der, ich sage mal der Verrückteste, seine Ideen verbreiten kann. Aber wenn das nun unter dem Etikett Kirche läuft, muss es im Rahmen einer sehr breiten Toleranz verantwortbar bleiben, dass dieses in einer Kirche geschieht. (Gespräch 1991)

Mehr und mehr werden in der zweiten Hälfte der 1980er Jahre die Kirchen das Dach für politische Gruppen, die nicht der Kirche angehören. Auch sie vertreten Anliegen wie die Menschenrechte, den Umweltschutz und die Friedenssicherung, aber durch die Auftritte von Personen, die bereits vom Staat an den Rand gedrängt wurden, wird es immer schwieriger für Pfarrer und Kirchenleitungspersonen, die sogenannte Ordnung aufrecht zu erhalten.

Die Kirche hat sich, vielleicht sogar zum ersten Mal in der Geschichte der Kirche, für eine neue Politik eingesetzt. Es ging nicht um ein apolitisches Verhandeln. Es ging nicht darum, dass das zu politisch und nicht fromm genug ist. Diesen Zwiespalt gab es nicht. Es ging darum, dass das Evangelium sagt, Gewalt darf nicht eingesetzt werden, um geistliche Ziele zu erreichen.

Ich will Ihnen ein Beispiel sagen, wo es einmal sehr konkret wurde. Wir hatten hier einen

Küster an der Kirche, der im Dezember 1988 Folgendes machte. In Berlin wurden zu dieser Zeit Leute verhaftet. Damals hatte Wolfgang Schnur[54] (mit den Staatsorganen) verhandelt: Wenn nicht bis Freitagabend um 22 Uhr die Leute freigelassen werden, dann werden die Mahnwachen, die bis dahin unterbrochen werden sollten, wieder aufgenommen.

Politisch hatten wir eine permanente Kurierverbindung zwischen Berlin, Jena, Leipzig, Rostock und wo immer die Gruppen waren. Wir wollten die Kirche mit Kerzen umstellen. Die Staatssicherheit zog an den Ausgängen der Kirche und an den Straßen zur Kirche auf.

In Zivil und in PKWs standen sie dort. Der Küster wohnte an einer solchen Zufahrtsstraße, und er war auch als ein Oppositioneller bekannt, vor seiner Tür stand ein Wagen (der Staatssicherheit). Er machte das Fenster auf, nahm seine Schreibtischlampe und stellte den Wagen der Staatssicherheit in einen Lichtkegel. Ich habe später in der Aussprache mit ihm gesagt, das halte ich für verantwortlich, denn diese Machenschaften müssen ans Licht kommen. Hier sollte ruhig deutlich werden, was da gespielt wird.

Das Zweite war, dass er eine Musikkassette nahm und Kraftczyk-Musik[55] aus seiner Wohnung in großer Lautstärke auf die Straße spielte. Dem war ein Kraftczyk-Abend vorausgegangen, den wir unter besonderen Verhältnissen durchgeführt haben, sehr zum Ärger gewisser Leute.

So wurden die Staatssicherheits-Beamten mit Kraftczyk-Musik berieselt. Ich weiß nicht, ob sie die Kraftczyk-Musik erkannt haben. Ich habe diesem Küster damals gesagt, dass zwischen der Beleuchtung und der Kraftczyk-Musik ein Unterschied aus meiner Sicht ist. Dass ans Licht gerückt wird, dass wir brandmarken, dass wir hier sagen, das ist gegen die Menschenrechte, das ist richtig. Dass aber durch Kraftczyk-Musik die Leute zur Weißglut gebracht werden und dadurch eventuell etwas Unbedachtes tun, weil dem Löwen an dem Schwanz gezogen wird, das entspricht nun nicht dem Evangelium. Es geht nicht an, auszutesten, wo der wunde Punkt ist. Das heißt, schon eintreten für das Neue, für eine veränderte Politik nur eben mit würdigen Mitteln.

Ich würde sagen, mit einem Mittel, das vielleicht auf die Dauer gesehen stärker ist als Gewalt,

---

[54]   Wolfgang Schnur, Jg. 1944, Jurastudium, 1973 Einzelanwalt, Rechtsbeistand für Inhaftierte der Opposition, besonders hervorgetreten 1988 nach der Berliner Karl-Liebknecht-Rosa-Luxemburg-Demonstration. Er war Mitglied der Synode der Evangelischen Kirche und zeitweise auch Vizepräsident der Synode. Im Oktober 1989 war er Mitbegründer des Demokratischen Aufbruchs, wurde Vorsitzender und saß von 1989 bis 1990 am zentralen Runden Tisch. Er war Mitbegründer der Allianz für Deutschland, das war der Zusammenschluss von DA, DSU und CDU. Im März 1990 weist er Vorwürfe zurück, dass er informeller Mitarbeiter der Staatssicherheit war. Von 1965 bis 1989 hat er als IM Torsten und Dr. Ralf Schirmer für die Staatssicherheit gearbeitet. Noch im März 1990 tritt er vom Vorsitz des DA zurück, wird später aus der Partei ausgeschlossen. Er lässt sich in Berlin als Rechtsanwalt nieder, jedoch wird ihm 1993 die Rechtsanwaltslizenz entzogen. Dieses Urteil wird vom BGH 1994 bestätigt. Danach arbeitet er als Investitions- und Projektberater.

[55]   Stephan Krawczyk, Jg. 1955, gelernter Maurer, Fernstudium: Konzertgitarre, Liedermacher und Schriftsteller in Kontakt mit der Künstlerszene am Prenzlauer Berg in Berlin, verarbeitet in seinen Themen Machtmissbrauch, Umweltzerstörung, fehlende Alternativen, tritt 1985 aus der SED aus und erhält Berufsverbot. Entzogen wird ihm die Zulassung als freiberuflicher Liedermacher. Er tritt im kirchlichen und privaten Rahmen auf, schreibt im November 1987 einen offenen Brief an Kurt Hager und fordert die Achtung der Menschenrechte und bessere Bedingungen für eine unabhängige Kunst. Im Januar 1988 bei der Berliner Liebknecht-Luxemburg-Demonstration wird er festgenommen und mit seiner Frau, Freya Klier, im Februar 1988 aus der DDR ausgewiesen.

denn die Kerzen haben sich als ziemlich stark bewährt. Wir in der Kirche machen einen Unterschied zwischen Macht und Vollmacht, also einer anderen Art von Macht, die eingesetzt wird. Ich wollte nur versuchen, ein bisschen deutlich zu machen, dass sich meiner Meinung nach die Kirche eingesetzt hat für revolutionäre Ziele, für neue Zielvorstellungen. Die Kritik auch von anderen Kirchen gibt es, wie Sie andeuteten, manche Gemeinden, auch hiesige Gemeinden (teilen diesen Gedanken nicht). Wir haben immer darauf geachtet, dass die Mittel, mit denen das Neue durchgesetzt werden sollte, vereinbar blieben mit dem Evangelium, das die Kirche zu vertreten hat.

Kraftczyk der gehörte nicht der Kirche an. Es wurde dann (von der anderen Seite) argumentiert, ihr macht in der Kirche etwas, was nicht Sache der Kirche ist. Ihr gebt dem Mann einen Raum. Wir haben eine Zeit lang argumentiert, dass Freiheit der Meinungsäußerung auch dazu gehört. Sie mögen es nun bezeichnen, wie Sie wollen, ob das nun ein Kompromiss war (oder nicht). Ich denke, es war aber durch das Anliegen der Kirche gedeckt. Ich habe also gesagt, zur Meinungsfreiheit, ein Recht, was die Kirche an Menschenrechten zu vertreten hat, gehört es, dass auch ein Mann, der der Kirche nicht angehört, mit seinen Zielen auch mit seinen kritischen, zu Gehör kommen muss. Aber wenn es in den kirchlichen Räumen ist, muss auch gewährleistet sein, dass über diese Ziele eine Gegenmeinung geäußert werden darf. Ich habe also dem Pastor, der das mitzuverantworten hatte, gebeten, mit Herrn Kraftczyk auch über den Inhalt seiner Lieder zu diskutieren, und zwar in einer Weise, dass dann dem Zuhörer die Freiheit blieb, in der Kirche zu sagen, hier hast du wohl eine schwache Position oder ich werde mir das hinter die Ohren schreiben, also dass er sich selber eine Meinung bilden konnte. Das war zum Beispiel an einem anderen Thema schwierig, dass die Kirche immer dafür eingetreten ist, ‚bleibt hier'. Hier, wo Gott uns hingestellt hat, da gibt es die Freiheit oder einen gewissen Freiraum zu verteidigen. Kraftczyk hat zum Verlassen der Republik aufgerufen. (Gespräch 1991)

Bei dem Thema ‚gehen oder bleiben' wird die evangelische Kirche auf eine harte Probe gestellt. Für Pfarrer und Beschäftigte der Kirche gab es nur in Ausnahmefällen die Möglichkeit der Ausreise, wie weiter oben ausgeführt wurde. Die Kirche unterstützte aber ausreisewillige Ärzte, obgleich diese eine ethische Grundregel ihrer Profession verletzten: die Verpflichtung gegenüber ihren Patienten.

Hier in unserer Stadt, das ist das ganz Makabre, gab es eine größere Gruppe von Ärzten, die Ausreiseanträge gestellt hatten. Wir hatten hier einen qualifizierten Arzt, der aus der ganzen damaligen DDR Kollegen angezogen hat. (Durch die Antragstellung haben einige) ihre leitenden Positionen verloren. Diese Ärzte wollten hier in unserer Stadt eine Tagung durchführen, sie wurde verboten. Wir haben sie dann trotzdem durchgeführt mit einem kirchlichen Thema: ‚Der Arzt am Bett eines Sterbenden', Sterbehilfe, der Ausdruck ist ja doppeldeutig. Das zweite war, dass wir denen, die einen Antrag gestellt haben, einen Rechtsbeistand gestellt haben. In einer größeren Versammlung haben wir sie über ihre Rechte aufgeklärt, die sie innerhalb eines sozialistischen Staates und der KSZE-Vereinbarung, nämlich Ausreiseanträge zu stellen und darauf zu beharren, hatten. Wir haben damals den Rechtsanwalt Wolfgang Schnur eingeladen, und der hat denen tapfer Ratschläge gegeben, die wichtig und gut waren.

Ja, es gab zwei Meinungen, und es gab die schwierige Gratwanderung der Kirche zwischen diesen beiden Positionen, um es deutlich zu sagen, die Patienten brauchen euch, wir müssen hier ausharren, wir dürfen dieses deutsche Land nicht einfach an den Osten, wie auch immer man das definieren will, übergeben und überlassen. Auf der anderen Seite haben wir auch denen, die sich deutlich dazu bekannten, dass sie ausreisen wollten, Raum gegeben. Die Kirche ist davon ausgegangen, dass die Menschen die Möglichkeit haben müssen, sich zu versammeln und miteinander zu sprechen. Kommunikation war immer das, wofür wir einzutreten versuchten. Das war eine Gratwanderung, wir haben kein Hehl daraus gemacht, wie die Kirche denkt, aber das heißt nicht, dass die, die anders denken, von vornherein in der Kirche nichts zu suchen hätten. (Gespräch 1991)

Übergang in den Ruhestand 1992

1991 wünscht sich der Landessuperintendent, dass Ende 1992 die Talsohle durch-
schritten, die Eigentumsfragen an leer stehenden Häusern geklärt seien und die
Wohnungen wieder bewohnbar sein werden, dass die Vernichtung von Arbeitsplätzen, insbesondere an den Werften, wo viele Einwohner dieser Stadt einmal gearbeitet haben, gestoppt und sich mittelständische Betriebe mit neuen Arbeitsplätzen
ansiedeln. Aber auch die Kirchen sind seiner Meinung nach gefordert, denn durch
die Vereinigung mussten auch hier zahlreiche Arbeitsplätze abgebaut werden, weil
die kirchlichen MitarbeiterInnen nicht mehr bezahlt werden können.

Das ist wirklich eine Sache, die auch uns als Kirche zu schaffen macht. Ich habe jetzt gerade mit
Pastoren darüber nachgedacht und habe den Vorschlag gemacht, ob man ABM-Leute anstellen soll,
erstens um Leute zu haben, die schrittweise (den Arbeitslosen) helfen könnten, einmal psychisch das
zu überwinden oder damit klar zu kommen. Zweitens, Beihilfeanträge zu stellen, was (in dieser
Landschaft den meisten) gegen den Stolz geht. Es gibt rechtliche Ansprüche auf Arbeitslosengeld, auf
Beihilfen, auf Freibeträge bei der Einkommenssteuer und so weiter, und das sind wir alles nicht
gewohnt, (uns darum zu kümmern). Und nun kommt der Stolz, der sagt, ich bin doch kein Sozialhil-
feempfänger, ich bettele doch nicht. Es ist also eine ganz mühsame Sache, die Leute hier einfach
aufzuklären, auch für die Gänge zum Sozialamt.

Ich meine nicht nur die Alten, ich meine auch die 50jährigen Arbeitslosen, ihnen Mut zu machen, Umschulungen auf sich zu nehmen. Es gibt nachher ein Alter, wo das nichts mehr bringt. Bei
den 40jährigen ist das schon wichtig. Jemand wohnt zum Beispiel hier in dem Dorf und hat als Melker
im Stall gearbeitet, jetzt soll er umschulen, vielleicht muss er in die Stadt ziehen. Er hat hier ein Haus,
seine Eltern. Wohnortsveränderungen, mit der Angst vor dem Neuen, schaffe ich das alles noch, was
kommt da auf mich zu? Man war so erzogen, dass wenn man seine Arbeit recht und schlecht tat, dann
lief die Sache, aber jetzt muss man sich drehen.

Da haben viele Schwierigkeiten mit, und ich sehe eine der großen Aufgaben der Kirche heute,
(den Leuten zu helfen,) weil es viel Zeit braucht, weil es Menschen braucht, die sich auch die Zeit
nehmen, um mit diesen Leuten zu reden und sie zu motivieren, doch etwas anzufangen und nun nicht
den Kopf hängen zu lassen oder einen Strick zu nehmen.

Die Kirchenleute reichen nicht für diese Aufgabe. Wir haben keine Mitarbeiter, auch Sozialar-
beiter haben wir im Allgemeinen nicht. Wir haben überlegt, dass wir ABM-Leute diese Beratung
machen lassen, die also der Kirche nichts kosten, die dem Staat helfen und außerdem einer ist wieder
raus aus der Arbeitslosigkeit und hat eine Aufgabe.

Ich denke, dass wir so auch im Raum der Kirche zu neuen Berufen kommen. Ich habe da einen
Physiker im Auge, der in der Medizin gearbeitet hat, jetzt arbeitslos geworden ist, den ich anstellen
möchte, um Diakonie-Vereine in Gang zu bringen, und nachher denke ich, wird er irgendwo in diesen
Vereinen auch Geschäftsführer werden und die Sache machen. Aber erstmal muss das in Gang
kommen.

Sich das nehmen, was ihnen zusteht, das haben sie verlernt. Ich möchte mal sagen, sie haben es
nie gelernt. Damals (war das Sich-Nehmen), ein Schnippchen schlagen und für sich selber eine Nische
zu suchen, genauso wie man nicht mehr zu Hause war, sondern im Schrebergarten, sich eine eigene
Welt aufbaute, um das andere zu vergessen. Jetzt geht es um die Arbeitswelt, und für die Arbeitswelt
haben sie sich nie eingesetzt. Sie haben sich für ihre private Welt eingesetzt, um daraus etwas zu
machen. Sich mit der Bürokratie auseinander zu setzen, das haben wir nie lernen müssen und

deswegen auch nie gelernt. Deswegen sind wir unsicher.

Im Grunde haben gewisse Leute über ihre Kräfte gelebt, entweder indem sie nach der Arbeit erst richtig angefangen haben, über Feierabendarbeit zu Geld zu kommen, oder in meinem Beruf war es so, einen Acht-Stunden-Tag kannten wir nicht. Ich hatte auch vor der Wende einen Herzinfarkt.

Dann kam die Wende, und auf einmal waren viele gesund. Weil sie Auftrieb bekamen, dass es sich lohnt, es macht Sinn, es kam eine Euphorie, das Leben machte wieder Spaß, es kommt was auf uns zu. Dann kam eine Ernüchterung und der Versuch, hier und da etwas anzufangen und auszuprobieren.

Ich merke auch unter meinen Kollegen, dass jetzt eine Zeit der Krise (gekommen) ist, wo sie merken, so schnell ist das nicht zu machen, wir haben uns wohl ein bisschen zuviel vorgenommen oder vorgestellt.

Nun brauchen wir alle einen längeren Atem. Wird es überhaupt etwas? Ich habe Anträge von Pastoren auf Vorruhestand vorliegen. Sie sagen, sie können nicht mehr. Jetzt schlägt es irgendwie zurück, dass sie bereits vorher schon überarbeitet waren, dann wieder ein bisschen in Gang kamen und in Gang gehalten wurden, und nun kommt so die Stufe, wo das Alte nur potenziert wieder zurückkommt. Kreislaufschäden und seltsamerweise auch sehr viele Rückenschäden, ich weiß nicht woher das kommt. (Gespräch 1991)

1992 und 1993 hat sich nicht sehr viel gegenüber 1991 verändert. Die Klärung der Eigentumsfragen ist bis 1997 verschoben worden, die Arbeitslosigkeit in dieser Region hat zugenommen.

Der Gottesdienstbesuch ist vielleicht noch ein bisschen schlechter geworden als im letzten Jahr, aber zu dieser großen Kirche gehören 700 Leute. Die können zwei Pastoren versorgen, und ich versuche jetzt im Ruhestand so ein bisschen vor die Tore der Kirche zu gehen, um denen eine Gesprächsmöglichkeit zu bieten, für die, die 40 Jahre keine Gelegenheit hatten, Kirche überhaupt kennen zu lernen ...

Ich merke das in der kirchlichen Arbeit, ich merke das aber auch, ich sagte, ich arbeite vor den Toren der Kirche. Ich bin gestern Abend zum Beispiel ... in einem ‚Gemeinnützige Gesellschaft e.V.‘ gewesen und habe da einen Vortrag gehalten über ewiges Leben. Die Leute lassen sich nicht herauslocken. Alles was so ein bisschen geistig anspruchsvoll ist, fällt hinten runter, weil die Elementarbedürfnisse die Leute bewegen ... Es ist im Grunde eine große Enttäuschung da, die eine Interesselosigkeit mit sich bringt. Auch die ganzen Kommunikationsstrukturen innerhalb der Familien und solche Sachen verändern sich, weil man nur auf das Wochenende hin lebt oder auf ein paar Stunden abends. (Gespräch 1992)

Er hat versucht, für die Zeit nach seinem aktiven Berufsleben eine bezahlbare Wohnung in der Stadt zu finden, aber ohne Erfolg. Zehn Kilometer von der Stadt entfernt wird das Dachgeschoss eines Pfarrhauses für ihn zu einer Drei-Zimmer-Wohnung ausgebaut, und ab 1993 wohnt er dort.

Ich habe jetzt nicht mehr so viele Kontakte. Ich lebe hier, wie gesagt, auf dem Dorf. Ich wünschte mir manchmal, es wäre mehr Aktivität da, und dann würde man auch dies und das unternehmen ... Aber es ist so, dass mancher Kontakt doch sehr einseitig wird beziehungsweise einschläft.

Was ich so beobachte, die Kluft zwischen denen, die vorankommen, Mittel haben. Hier ein Fachschullehrer baute jetzt drei Häuser zum Beispiel. Das ist hier für einen Fachschullehrer eine große Sache, dass einer nun drei Häuser hat, und eins hatte er schon, also vier, und drei baut er um, um sie zu vermieten. Und das sind so von der DDR her ungewohnte Sachen, das sind kapitalistische

Methoden.

Nun werden sie sicher noch ein bisschen mehr lernen mobil zu sein. Sie merken allmählich auch, früher war in der DDR-Zeit ein Garten Gold wert, weil man daraus viel Geld machen konnte. Gemüse gab es nicht, Gemüse konnte man teuer verkaufen in der Stadt und in jedem Laden. Heute sitzen die da mit ihrem Garten und machen alles zu Rasen, weil es nichts mehr bringt, und so merken die allmählich, dass ja der Standort schon noch wichtig ist, aber in seiner Wertigkeit sich doch verschiebt. (Gespräch 1993)

Ein weiteres Thema ist die Vereinigung der evangelischen Kirchen. In der DDR gewachsene Strukturen, nämlich die weitgehende Unabhängigkeit der Kirchen vom Staat und der Status des Kirchenbeamten oder Angestellten, verändern sich.

Wir haben versucht, hier in der Kirche sehr einfach zu leben, auch gezwungenerweise, denn wir mussten mit wenig Geld auskommen. Ob wir wollen oder nicht, unsere Gehälter werden jetzt differenziert. Wir hatten zum Beispiel in Mecklenburg nur eine Gehaltshöhe, der Bischof bekommt, solange er Bischof ist, eine Zulage, und wenn er wieder Pastor wird, dann bekommt er wieder sein Pastorengehalt. Über die neue Differenzierung wird aber gar nicht lange diskutiert, ähnliche (gleiche) Gehälter für die beschäftigten Theologen sind der christlichen Idee angemessen, heute ist es mehr eine Hierarchie. Eine Hierarchie, die in meinen Augen schlimmer im Westen nicht sein kann, wo eben der Bischof dreimal soviel wie der Pastor bekommt. Wenn man dann das Gefühl hat, man kommt dagegen nicht an, sondern man tritt der EKD bei oder wird beigetreten, muss ich sagen, dass die Synodalen des früheren ‚Kirchenbundes der Vereinigung aller Landeskirchen in der DDR' nach Wegen gesucht haben, wie sie sich in die Synode einbringen können, aber es ist eben nicht gelungen, dass man gesagt hat, Kirchenbund – früher DDR – und EKD – früher BRD – geben jetzt jeder einiges auf, es ist alles in Frage gestellt und es wird etwas Neues daraus gemacht. (Gespräch 1991)

Ein anderer kontroverser Punkt ist der Militärseelsorgevertrag, eine Vereinbarung zwischen der BEK und der alten Bundesrepublik.

Dieser Punkt ist ja wirklich im Gespräch, und hier ist die Sachlage noch so, dass die Mecklenburger Kirche sich hier verweigert und die Menschen, die Soldaten sind, so möchte ich zum Beispiel mal den Unterschied zur Militärseelsorge sagen, in die Gemeinde eingeladen und ins Pfarrhaus eingeladen, und dass die Soldaten örtlich aufgefangen werden oder der Versuch gemacht wird, stellt sich nun als Problem heraus, dass so die Sache auch nicht aufzufangen ist. Es ist schon auch nötig, dass ein Pastor ins Objekt gehen kann.

Die Karten sind nicht neu gemischt worden. Die EKD wird sich an manchem verschlucken, zum Beispiel an dem Militärseelsorgevertrag. Wir spielen eben nicht mit. Nun wachen im westlichen Teil einige auf. Ich habe Gespräche mit Leuten gehabt, die vom Staat in Kasernen angestellt und dort Pastor waren. Sie sagen, es ist mir klar geworden, dass so etwas nicht geht, ich werde wieder Gemeindepastor, ich mache nicht länger mit. Es wird schon Veränderungen geben. Das ist auch unser Trost. Bei der Vereinnahmung hat sich der andere doch verschluckt.

Wir bekommen die Strukturen nun geliefert, und dadurch sind manche Dinge, die hier so gewachsen sind und die vielleicht auch nicht unbedingt verkehrt waren, doch auch schwierig durchzuführen. Noch glaube ich, sind wir in der Hauptsache in einer Phase – die Kirche ist leider viel zu sehr mit sich selber beschäftigt –, wo wir zur Kenntnis nehmen müssen, nach welchen Gesetzen und Richtlinien Kirche oder auch Gesellschaft jetzt lebt oder zu leben hat. (Gespräch 1991)

In dieser Diskussion geht es ja der Kirche um eine eigenständige, kirchliche Arbeit und nicht, dass der Pastor ein Staatsbeamter ist und im Auftrage des Staates kirchliche Arbeit tut. Und darum haben wir ja sozusagen ein Leben lang gekämpft, dass wir die Selbständigkeit der Kirche wahren möchten, was uns nicht immer gelungen ist. Und daher sitzt uns das im Blut drin, und deswegen fragen wir an, ob ein Staatsbeamter – natürlich kann er seine Unabhängigkeit durchsetzen – nicht trotzdem abhängig ist?

Ich hatte anlässlich meines Ruhestandes den Auftrag, noch mal festzustellen und festzuhalten, was wir kirchlich gesehen uns bewahren und im Blick behalten möchten. Und der Bischof sagte mir, als wir darüber diskutierten, das ist alles ganz richtig, und ich könnte das 100-prozentig unterschreiben, und unser Bischof ist wirklich einer, der auch, na ja, Widerständigkeit übt. Aber er sagt: Geht nicht. Und trotzdem bin ich der Ansicht, dass das eine Langzeitwirkung hat, dass wir nicht einfach nun so vereinnahmt werden, sondern eines Tages wird dieses, was ich damals für ‚schlucken‘ gehalten habe, doch wirken, denn es ist ja nun wirklich so, dass wir nicht einfach das verleugnen können, was war, ohne dabei unsere Identität zu verlieren. (Gespräch 1993)

Bereits vor seiner Pensionierung im Wintersemester 1991/92 beginnt er mit theologisch-naturwissenschaftlichen Vorlesungen mit den Lehrgebieten ‚Religion und Wirklichkeit‘ und ‚Glaube und Naturwissenschaften‘ an der Technischen Fachhochschule.

Das sind sogenannte fachübergreifende Vorlesungen. Es ist etwas unterschiedlich, es hatten sich zunächst nur 16 eingetragen, aber dann wurden wir fast 40, aber die kommen nicht immer, weil es nun völlig freiwillig ist. Ich habe den Verdacht, dass die zwei Wochenstunden fachübergreifende Vorlesung nachweisen müssen. Und da können sie wählen, Geschichte der Technik oder Geschichte der Stadt ... oder irgend so etwas, unter anderem auch meine Vorlesung. Und da sagen dann einige, das ist vielleicht das kleinere Übel. (Gespräch 1992)

1993 hat er diese Vorlesungen erst einmal zu Gunsten eines anderen Projekts eingestellt. Die Kirche bietet Biologielehrern Seminare unter dem Schwerpunkt Biowissenschaften und Menschenbild an, und er führt diese Veranstaltungen durch.

1993 bei unserem letzten Gespräch in seiner neuen Umgebung, die zehn Kilometer von seinem alten Wirkungsfeld entfernt ist, ist die Umgebung noch nicht seine neue Heimat geworden, aber das ist sekundär. Wesentlich für ihn ist es, seine Arbeit, das Predigen, die Lehrveranstaltungen, Stellungnahmen und auch Teilnahme an kircheninternen Veranstaltungen engagiert und interessiert zu machen. Und er fasst zusammen:

Also mein Gefühl ist, dass wir doch unseres Weges ein klein bisschen sicherer, ich sage im Komparativ, nicht sicher sind, aber ein klein bisschen Selbstwertgefühl entwickeln. Damals war es noch mehr so, dass wir ja so gesehen wurden und dann auch leicht in die Rolle schlüpften, wir sind die Minderwertigen.

Dass etwa die Werftarbeiter bereit waren, zu streiken, ... das hat viele Seiten und viele Fragen und Probleme, die damit verbunden sind, aber auch für mich ein Zeichen eines wachsenden Selbstbewusstseins ist, denn sie haben einiges riskiert. Sie bekamen nur 153 Mark die Woche Streikgeld. Und es war auch die Frage, ob der Arbeitsplatz noch sicher ist.

Leicht (entsteht) die Haltung, wenn große Arbeitslosigkeit da ist, dass jeder um seines Arbeitsplatzes willen den Mund hält, und das heißt auch, nicht streikt. Dass das doch auch wieder eine andere Seite hat, dieser ganze Streik, der von Köln ausgeht, das ist nun wieder eine andere Sache.

Aber sie fragten nach dem Unterschied. Da ist ein gewisser Unterschied doch. Ich will damit noch nicht sagen, dass so der Durchschnitt seiner selbst sicher geworden ist, das nicht, aber sicherer, es ist ein bisschen gewachsen in dieser Richtung. (Gespräch 1993)

Die nach der Euphorie der Vereinigung langsam eintretende Lähmung in den fünf neuen Bundesländern lässt Diskussionen darüber entstehen, was aus der DDR-Zeit bewahrt werden soll. Diese Diskussionen werden öffentlich in den Medien geführt, gleichzeitig in Parteien, Gewerkschaften, Bildungsinstitutionen und in Kirchen.

Darin steckt natürlich, dass wir, die Kirche, auch einen Gesprächsbeitrag bringen. Wenn das nun so wird, dass die Werte der DDR gerettet werden sollen, dann sehe ich darin auch etwas Krampfhaftes und eine gewisse Reaktion, weil wir spüren, dass, ich sage jetzt auch etwas Furchtbares, dass der Durchschnittswestler seine Errungenschaften bewahren und sich nicht stören lassen will.

Das wäre genauso falsch, wenn wir nun DDR-Vergangenheit, was immer man darunter versteht, oder gewisse Werte retten wollen, um was zu retten. Aber dass wir auch einen Gesprächsbeitrag zu bringen haben, der wert ist, angehört zu werden, und das Gespräch mag dann nachher ergeben, was davon bleibt und was davon korrigiert wird, also dass wir auch einen Gesprächsbeitrag zu bringen haben, das halte ich für notwendig und richtig und sollte möglich werden. Und das ist oft zu wenig möglich. (Gespräch 1993)

2.3   Juristen[79]

Herrschaftssicherung durch Rechtsetzung – Aufbau der Justiz nach 1945 in Ost und West – Die andere ‚Entnazifizierung‘: Neue Funktionseliten in der Rechtspflege – Exkurs: Der Wiederaufbau der Universitäten und Fakultäten in der DDR nach 1945 – Der Aufbau der Justiz, die Volksrichter, die Volksstaatsanwälte und die Anwaltskollektive – Sozialistische Rechtsmittel: Eingaben und Resozialisierungsmaßnahmen

Juristen, das sind die in der Rechtspflege tätigen RichterInnen, StaatsanwältInnen und RechtsanwältInnen, haben in den westlichen Ländern lange um ihre gesellschaftliche Anerkennung als Profession gekämpft (Siegrist 1988a, 1988b, 1996; Rottleuthner 1988; Requate 2003). Als freie juristische und bürgerliche Berufe organisierten sich die Rechtsanwälte früher und anders als die vom Staat alimentierten Richter und Staatsanwälte. Die Unabhängigkeit des Rechts, der Aufbau des Rechtsstaats mit einer Legislative, Exekutive und Judikative prägten die BRD nach 1945, die DDR jedoch nahm eine andere Entwicklung.

Im Folgenden wird die Diskussion um die Justiz der DDR nach 1990 insbesondere um die Bezeichnung ‚Unrechtsstaat‘ aufgenommen, der Aufbau der Justiz nach 1945 nachgezeichnet, die in Ost und West sehr unterschiedliche Entnazifizierung der Justiz beleuchtet, um dann den Aufbau der juristischen Fakultäten und andere Ausbildungsmöglichkeiten in der SBZ/DDR zu betrachten. Die kurze Phase der Volksrichter und -staatsanwälte bis Mitte der 1950er Jahre wird ebenso betrachtet wie die Einrichtung der Rechtsanwaltskollegien.

Zum Schluss werde ich mit Hilfe der entsprechenden Literatur und mit Ausschnitten aus Expertengesprächen mit Juristen das Eingaberecht als Rechtsmittel einer ‚Kadijustiz‘ und die juristischen und gesellschaftlichen Resozialisationsprozesse für Straffällige vorstellen.

---

[79]   Eine frühere, kürzere Fassung dieses Abschnitts wurde als Vortrag mit dem Titel: ‚Die andere Justiz: Recht und soziale Wirklichkeit in der DDR‘ auf der gemeinsamen Tagung der DGS-Arbeitsgruppe ‚Professionssoziologie‘, der Vereinigung für Rechtssoziologie e. V. und der Sektion Rechtssoziologie der DGS, Heinrich-Heine-Universität Düsseldorf, 17./18. Juni 2005, zum Thema ‚Die Jurisprudenz zwischen Verrechtlichung und Rechtsferne der Alltagspraxis‘ gehalten. Die Beiträge der Tagung sind verfügbar unter www.professionssoziologie.de/reader_rechts_tagung.pdf

Herrschaftssicherung durch Rechtsetzung

Innerhalb der westlichen Gesellschaft hat sich die Vorstellung verbreitet, dass sich Staat und Justiz aufgrund unterschiedlicher Auslegungen von bestehenden Gesetzen gelegentlich ‚reiben‘, besonders dann, wenn es um das Gemeinwohl, das Recht des Individuums und/oder um den Schutz der bestehenden Ordnung geht. Dass die Justiz zu gegebenen Anlässen auch die Politik in ihren Entscheidungen kontrollieren beziehungsweise korrigieren kann, soll die Unabhängigkeit der Justiz in westlichen Ländern unterstreichen. Historisch-soziologisch hat „... kein anderer Autor ... die Rolle von Juristen (‚Rechtshonoratioren‘) in den verschiedenen Gesellschaften mit ihren jeweiligen Rechtsordnungen so stark betont wie Max Weber (1964, 526, 654, 651 ff, 718 ff). Gegenüber ökonomischen Momenten legt er großes Gewicht auf rein rechtstechnische ‚Gründe‘ für die Herausbildung bestimmter Rechtsinstitute. Die ‚intern ständisch-juristischen Motive‘ sind für ihn ein zentrales Moment der Rechtsentwicklung.“ (Rottleuthner 1988, 145) Im Gegensatz zu England, wo die Rechtspflege als Kadijustiz[80] und empirische Justiz sich entwickelte, wo die Ausbildung in den Händen der Anwaltszünfte lag, entwickelte sich auf dem Kontinent eine formal juristische Rechtspflege durch die Integration der Justiz in den Staatsapparat; die Ausbildung wurde verwissenschaftlicht und es entstand ein Fachspezialistentum. „*Verstaatlichung* und *Verwissenschaftlichung* sind die beiden Grundzüge des kontinentalen Rechtsstabes, ...“ (ibid., 145, vgl. dazu Rüschemeyer 1961, 1976; Siegrist 1988a, 1988b, 1996, 2001; Angermund 1990; Requate 2003). Dass die Unabhängigkeit der Justiz in Deutschland beschädigt werden kann und auch beschädigt wurde, zeigt die NS-Justiz (weitere Ausführungen weiter unten) in erheblichem Umfang. Wie es in den drei westlichen Besatzungszonen, der späteren Bundesrepublik, nach dem Zweiten Weltkrieg weiterging, wird ebenfalls weiter unten in Umrissen gezeigt (vgl. dazu Hannover/Wallraff 1982 und andere).

Anders in der SBZ/DDR nach 1945. Die „DDR-Verfassung (ging) von der Einheitlichkeit der Staatsgewalt aus und stellte auch die Rechtssprechung unter das Primat der SED (s. Artikel 1 Abs. 1 der Verfassung der DDR vom 6.4.1968, GBl. 1, S.199).“ (Thomas 1996, 275)

---

[80]   „Der Begriff der ‚Kadijustiz‘ wird im rechtstheoretisch/rechtsphilosophischen Diskurs gerne verwendet, um im Konflikt von Generalisierung und Individualisierung im Recht die Grenzen zulässiger Einzelabwägung zu markieren.“ (Jung 2002, 209-217) Ursprünglich geht der Begriff der Kadijustiz auf die Gründungsphase des Islam zurück. Der Kadi war ein religiöser Gelehrter, der seine rechtliche Entscheidung im Sinne des Korans fällte. Max Weber sieht die Kadijustiz als spezifische Form der Streitschlichtung, einer Schlichtung, die den Mangel an Berechenbarkeit hat. Er kritisiert daran weniger die „Unbestimmtheit der Rechtsquelle als vielmehr ... die spezielle ‚Gesinnung‘ der Rechtspflege“ (ibid., 209 ff).

Die sozialistische Gesetzlichkeit war ein Instrument, um Parteibeschlüsse zu exekutieren. Die Partei ,benutzte' das Recht, um politische Ziele oder auch um politische Veränderungen durchzusetzen und zu kontrollieren (vgl. Raschka 2000, 9, 13). Deshalb sind das politische Strafrecht und seine Änderungen in der DDR bis hin zum Freikauf politischer Häftlinge der DDR durch die BRD von besonderer Bedeutung, weil der Staat bereit war, gegen eine finanzielle Entschädigung auf einen Teil der Strafgewalt zu verzichten (ibid., 9), und das einvernehmlich mit den Justizfunktionären des Landes. Das war nur möglich, weil „(d)ie ,Gesetzlichkeit' der Justizfunktionäre ... die größtmögliche Übereinstimmung der richterlichen Entscheidungen mit der jeweiligen Regierungspolitik herstellte[81]; im Idealfall soll jeder Einzelfall so entschieden werden, daß ein möglichst großer Beitrag zur Erfüllung der auf der Tagesordnung stehenden gesamtgesellschaftlichen Aufgaben anfällt." (Kirchheimer 1965, 384/385) Nach Kirchheimer gab es keine extreme Form der totalitären Herrschaft in der DDR, denn Veränderungen wurden nicht mit blutigen Säuberungen, Verschleppungen oder Verbannungen wie in der Sowjetunion (SU) und in anderen Bruderstaaten durchgesetzt. Wie die gesamtgesellschaftlichen Aufgaben und Einschätzungen und die alltägliche Rechtsprechung jedoch auseinander klaffen können, zeigt die ,Ballade vom ermordeten Hund'.

Auf dem IV. Parteitag 1954 nahm sich der Parteichef Walter Ulbricht des Schicksals des Kommunisten und Genossen M. aus Mühlhausen in Thüringen an. Der Kommunist M. aus Mühlhausen hatte sich zwischen 1933 und 1945 im Untergrund tapfer für die KPD geschlagen, hatte sich nach Kriegsende den lokalen Entnazifizierungsstellen zur Verfügung gestellt und nach dieser Arbeit wurde er zum Leiter des Betriebsschutzes berufen. Durch seinen Übereifer hatte er sich viele Kollegen zu Feinden gemacht. An einem Oktoberabend fand der Leiter des Betriebsschutzes auf dem Hof einen streunenden Hund, der ihn anknurrte. M. stellte eine Mannschaft zusammen, die das Tier jagen und fangen sollte. Als das Tier eingekreist war, schlug M. mit einer Holzlatte auf den Hund ein, bis der Hund zusammenbrach und ordnete an, den Hund in einen Ofen zu werfen.

Als er am nächsten Morgen auf das Betriebsgelände kam, lag der noch lebende Hund in einer Schubkarre. In voller Wut warf M. den Hund in die glühenden Kohlen. Die Kollegen retteten den Hund, versuchten ihn wieder zu beleben, aber er starb, und die Kollegen beerdigten das Tier.

Die Bürger von Mühlhausen waren wegen des rüden Verhaltens und der Tierquälerei des Genossen M. empört. Bei der Parteileitung, bei den Presseorganen, bei der Geschäftsleitung des Betriebes gingen Briefe ein, die die sofortige Entlassung des Tierquälers forderten. Der Genosse M. wurde wegen Tierquälerei angezeigt, und es wurde ihm der Prozess gemacht. Aus der Partei wurde er ausgeschlossen, vom Kreisgericht zu einem Jahr Gefängnis und Schadensersatzleistungen wegen Sachbeschädigung in Tateinheit mit schwerer Tierquälerei verurteilt, und aus dem Betrieb wurde er

---

[81]   Im Verfassungsentwurf für die DDR wurde am 14. November 1946 festgelegt, dass „(e)ine selbständige Rolle der Justiz im Rahmen der Staatsgewalten im Sinne eines richterlichen oder verfassungsgerichtlichen Prüfungsrechts der neuen Gesetzesnormen auf Verfassungsmäßigkeit ... ebenso abgelehnt (wurde) wie die Prinzipien der Unabsetzbarkeit und Unversetzbarkeit der Richter" (Heuer 1995d, 35).

entlassen. Im Berufungsverfahren wurde die Gefängnisstrafe in eine milde Geldstrafe umgewandelt.

Der Kommunist M. gab jedoch keine Ruhe und wandte sich an die höchsten Partei-
instanzen. Walter Ulbricht nahm diese Beschwerde auf dem Parteitag 1954 zum Anlass, um ‚den Fall'
aufzurollen. Er beschuldigte die örtliche Parteileitung, dass ein verdienter Genosse und Kämpfer
gegen den Faschismus, der das Volkseigentum in seiner Funktion als Leiter des Betriebsschutzes
schützen und einen streunenden Hund ohne Hundemarke (wahrscheinlich ein Hund des Klassenfein-
des) der gerechten Strafe zuführen wollte, öffentlich und gerichtlich diskriminiert worden sei. Um dem
Hund ein langsames Sterben zu ersparen, habe er ihn in die Glut geworfen, das sei keine Tierquälerei,
sondern eher Tierliebe.

Das Oberste Gericht hob aufgrund einer Kassationsbeschwerde des Generalstaatsanwaltes
das Urteil auf. Der Kommunist M. wurde als ehrenhaften Kämpfer für das Wohl des Betriebes
rehabilitiert. Parteileitung, Presse, Staatsanwaltschaft, Kreisgericht und die Betriebsleitung wurden
gerügt, weil sie ihre Pflicht, die Staatsbürger vor Angriffen zu schützen, nicht erfüllt hatten.

„Seitdem ist das Lehrbeispiel des Hundes von Mühlhausen als Vermächtnis des IV.
Parteitages an die Justizorgane, als Exempel der ‚dialektischen Einheit von strikter Einhaltung der
Gesetze und Parteilichkeit ihrer Anwendung' in die parteioffizielle Heiligengeschichte eingegangen."
(ibid., 386-389)

Die ‚Ballade vom ermordeten Hund' ist ein Beispiel dafür, wie der Staat als Volks-
erzieher die Gerichte anleitete, damit die gesellschaftliche Politik durch Gerichts-
urteile verbürgt wurde. Die Richter sollten Stimmungsschwankungen der Bevölkerung beobachten, damit ein Misstrauen gegen die Richter, die Rechtsprechung und
die Politik gar nicht erst entstehen konnte. Diese Politik konnte aber nicht darüber
hinwegtäuschen, dass das Regime sich nicht auf eine feste Massenbasis berufen
konnte. Deshalb bestand „… immer die Gefahr, dass Organe der Verwaltung und
der Justiz in feindliche Machenschaften hineingezogen w(u)rden oder angesichts
feindseliger lokaler Stimmungen bei der Durchführung der an der Spitze
beschlossenen Politik schlappmach(t)en" (ibid., 389).

Die aus der ehemaligen sowjetischen Besatzungszone hervorgegangene
DDR als erster sozialistischer Staat auf deutschem Boden hatte neben zahlreichen
Veränderungen auch die Auflösung und Abschaffung des bürgerlichen Rechts zur
Folge (vgl. Lepsius 1994). Bei der dem Zusammenbruch der DDR folgenden
zweiten Systemtransformation 1989/90 fand eine erneute Umwandlung der DDR,
dieses Mal „in einen (sogenannten) demokratischen Rechtsstaat nach bundes-
republikanischem Vorbild", statt. Im Ergebnis kommen die mit dem Übergang
befassten politischen Personen, Experten und Kommissionen bei der Bewertung
der DDR-Justiz zu dem Schluss, dass das Wort „‚Unrechtsstaat' wie ein Stachel im
Fleisch (sitzt). … Recht band nicht Macht, sondern Macht bestimmte was Recht
war."[82] (Markovits 1993, 24; vgl. Gräf [Enquete] 1995a, 399-450; 1995b, 451-485;

---

[82]   Wie kontrovers die Einschätzung ist, zeigen die Ausführungen von Erich Buchholz (1999).
„Über die Frage, ob die betreffenden DDR-Hoheitsträger sich nach dem DDR-Recht strafbar
gemacht hatten, durften und mußten nun bundesdeutsche Staatsanwälte und Richter befinden, die

Fußnote wird auf der nächsten Seite fortgesetzt

Grasemann [Enquete] 1995, 487-531; Lange [Enquete] 1995, 605-653; Raab [Enquete] 1995, 138-164; Roggemann [Enquete] 1995, 761-848; Rottleuthner et al. 1994; Rottleuthner [Enquete] 1995, 123-138; Protokoll [Deutscher Bundestag] 1995, 5-66). Der Begriff ,Unrechtsstaat' entstand aufgrund „... zahllose(r) ungerechte(r) empörende(r) Urteile und viele(r) Gesetze, die nach unserer Auffassung Unrecht in Gesetzesform darstellen. Diese vielen Rechtsbrüche sind jedoch keine Eigenmächtigkeit einzelner. ... Diese massenhafte Verletzung der herkömmlichen Rechtsgrundsätze war vielmehr nur möglich durch eine radikale Umwandlung der Auffassung vom Recht selbst." (Protokoll der 37. Sitzung des Deutschen Bundestages 1995, Schroeder, 11-19, 11) Direktiven der sowjetischen Besatzungsmächte und eine Reihe von Sondergesetzen, die den herkömmlichen Gesetzen an die Seite gestellt wurden, führten zu rabiaten Verurteilungen. Öffentliche Verunglimpfung der Regierung und der Partei, Boykotthetze, Hochverrat, staatsfeindliche Verbindungen, Spionage, Kontakte zu Westberliner Flüchtlingsstellen u.a. führten dazu, dass Verurteilungen mithilfe des Strafrechts bis hin zur Kollektivierung von Privateigentum möglich wurden. Widerstand gegen die Zwangskollektivierung der Landwirtschaft wurde ebenfalls zum Verbrechen gegen den Staat. Auf dem IV. Parteitag 1954 definierte die zur Justizministerin ernannte Hilde Benjamin den „Grundsatz der Parteilichkeit der Rechtsanwendung als ,sozialistische Gesetzlichkeit' als ,Einheit von strikter Einhaltung der Gesetze und Parteilichkeit ihrer Anwendung'" (ibid., 17).[83]

Ein Rechtsstaat ist jedoch in modernen Demokratien erst dann akzeptabel, wenn er sein eigenes Verhalten dem herrschenden Recht unterwirft. Bei dem Übergang 1990/91 in die BRD hatte diese Auffassung zur Folge, dass „... in den neuen Bundesländern nur ca. 30-55 Prozent der Richter und Staatsanwälte aus der Deutschen Demokratischen Republik übernommen (wurden). Ausgeschlossen wurden wohl solche Personen, die aufgrund ihrer gehobenen Position, ihren engen Verbindungen zum Ministerium für Staatssicherheit und/oder bestimmter (politischer) Urteile, meist in Strafsachen, als nicht tragbar erschienen. Häufig erst gar nicht beworben hatten sich Richter aus sog. 1a-Spruchkörpern (die antidemokratische bzw. demokratische Vergehen behandelten, E.M.H.) und ältere

---

weder das DDR-Recht studiert hatten noch auf diese außergewöhnliche Aufgabe spezifisch vorbereitet wurden, denen zudem das DDR-Recht nicht nur ungeläufig, sondern auch von seinem Wesen und seiner Struktur her fremd war und ist, dem sie – um es ganz vorsichtig auszudrücken – zumindest skeptisch gegenüberstehen, war es doch für sie immer das ,Recht' eines ,Unrechtsstaates'." (Taler 2002, 83, zitiert als ZEIT-Artikel des Autors Erich Buchholz ohne Titelangabe vom 4. Februar 1999) Erich Buchholz war 1994 Verteidiger des früheren Richters am Obersten Gericht der DDR, Hans Reinwarth.

[83]　　Weitere Literatur zur Rechtsordnung der DDR: Heuer 1995a, 1995b, 11-23; 1995c, 611-622; Heuer unter Mitarbeit von Lieberam 1995d; Joseph 1995, 549-610; Gängel 1994c, 429-448.

Richter." (Rottleuthner et al. 1994, 11; Thomas 1996, 275-283[84]; Lehmann 1996; Meier 1997; Roenne 1997, 13-17 und 310-315; Rottleuthner 1995; Ule 1990) Zur Übernahme in die bundesrepublikanische Justiz wurden ca. 650 DDR-Richter von 1.493 Richtern und ca. 400 DDR-Staatsanwälte von 1.237 Staatsanwälten berufen (vgl. Thomas 1996, 282; Rottleuthner et al. 1994, 28). Diese Überprüfungsverfahren zogen den Unmut von nicht wenigen DDR-Juristen nach sich.

Die Westdeutschen kommen aus einem anderen Rechtskreis. Viele Dinge werden nun auch irgendwie verborgen bleiben, nicht nur im Sinn des Zusammenhangs von Politik und Recht, sondern das Rechtssystem hat auch eine eigene Rechtssprache, die sich irgendwie von der westdeutschen unterschied, wie sich eben die westdeutsche auch von der japanischen Rechtssprache unterscheidet ... (Gespräch 1993, Jg. 1938, Jurist, Verfassungsrechtler in der Forschung, AdW)

Aufbau der Justiz nach 1945 in Ost und West

Beim Aufbau der Justiz nach Kriegsende in der SBZ und späteren DDR ging es um den nahezu vollständigen Austausch der ehemaligen juristischen Eliten (vgl. Jessen 1999), um die Schaffung der neuen Funktionselite ‚Justiz' und um die politische Steuerung der Rechtspflege im Sinne eines marxistischen Rechtsverständnisses. Nahezu 80 Prozent der Richter (807 Richter) und 78 Prozent der Staatsanwälte (108) in der SBZ/DDR gehörten der NSDAP oder ihren Gliederungen an und wurden nach 1945 entlassen.

Im Selbstverständnis der SMAD/SBZ/DDR war „... das Recht ein Mittel der Unterdrückung, des Betrugs und der Reaktion, solange es von einer Klasse gehandhabt wird, die zum Untergang verurteilt ist. Es wird zum Rüstzeug der Freiheit und des Fortschritts, wenn es einer Klasse dient, die die Zukunft der Gesellschaft gestaltet." (Kirchheimer 1965, 423)[85] Die ideologische Orientierung an

---

[84]   Im Sommer 1990 wurde von einer Forschungsgruppe des Instituts für Rechtswissenschaft der Akademie der Wissenschaften eine repräsentative Studie der Richterschaft der DDR durchgeführt. 96,4 Prozent der teilnehmenden Richter waren zum Zeitpunkt der Befragung Mitglieder der SED. „Die Amtszeit der Richter und Staatsanwälte in der DDR war mit den Wahlen zur Volkskammer am 18.3.1990 bzw. den Kommunalwahlen am 6.5.1990 ausgelaufen. Um einen Stillstand der Rechtspflege zu vermeiden, wurden die im Zeitpunkt der Wahl im Amt befindlichen Richter durch § 45 II Richtergesetz vom 5. 7. 1990 (GBI I, S. 637) ermächtigt, bis zu ihrer Überprüfung, längstens bis zum 15.1.1991, weiter zu amtieren." (Thomas 1996, 279) „Richter und Staatsanwälte mußten sich für eine Anstellung/Berufung nach dieser Frist bewerben. Unter Hinzuziehung von Auskünften der Gauck-Behörde, Personalakten, die nicht vernichtet worden waren, Eingaben aus der Bevölkerung, Akten aus Rehabilitations- und Kassationsverfahren, Mitteilungen aus den Archiven für die Erfassung des Justizunrechts der DDR in Salzgitter, dem Militärarchiv Strausberg und den Gefangenenpersonalakten in Rummelsburg" wurden die BewerberInnen auf persönliche Eignung in Einzelverfahren überprüft (vgl. dazu Thomas 1996, 280ff).

[85]   Wie die Klassenjustiz ‚auch' gesehen werden kann, zeigte der „meistgehaßte DDR-Anwalt in bundesdeutschen Gerichtssälen, Friedrich Karl Kaul: ‚Ich habe gar nichts gegen Klassenjustiz, sie

Fußnote wird auf der nächsten Seite fortgesetzt

der sowjetischen Rechtspraxis (Volks- und Gesellschaftsgerichte, keine Verwaltungsgerichtsbarkeit, Volksrichter und -staatsanwälte, Eingaben und Kadijustiz u.a.) bildete das Vorbild für den Austausch der juristischen Funktionseliten. Die tiefgreifende Umorientierung des Rechts und der Rechtspflege bedeutete nicht nur die Veränderung der Juristenausbildung, sondern auch den Wegfall oder die Einschränkung von Rechtsgebieten, wie zum Beispiel der Verwaltungsgerichtsbarkeit, die erst wieder in der Endphase der DDR neu belebt wurde (Gerlach 1996, 147). Die Prüfung von Verwaltungsentscheidungen oder auch Beschwerden von Bürgern gegen Verwaltungsentscheidungen waren auf gerichtlichem Weg nicht möglich, sondern nur über den Weg der Eingabe gegen diese Entscheidungen. Durch die Eingaben, die nicht nur ein Ersatz für Rechte des Bürgers gegen die Verwaltung waren, sondern im Sinne einer ‚Kadijustiz' exekutiert wurden, erfuhren die Politiker ständig von der Unzufriedenheit der Bürger mit der Politik.

Die andere ‚Entnazifizierung': Neue Funktionseliten in der Rechtspflege

In der SBZ und späteren DDR wurde nach 1945 die Justiz – ebenso wie das Erziehungswesen – von NS-belastetem Personal, das „zur Aufrechterhaltung des nationalsozialistischen Unrechtssystem beigetragen hatte", „gesäubert" (SMAD-Befehl 49 vom 4. September 1945, vgl. Rottleuthner et al. 1994, 10ff). „Die ca. 12.000 NS-Prozesse durch die neue Justiz und die ca. 520.000 Entlassungen nach Entnazifizierungsverfahren ..." waren für viele, die aus rassistischen und politischen Gründen im NS verfolgt und nach dem Krieg in die SBZ/DDR zurückkehrten, eine Voraussetzung für ihre neue Rolle, die sie beim Aufbau übernahmen (vgl. von Plato 2002, 153f).

In den Westzonen wurden unmittelbar nach Kriegsende die ehemaligen Beamten und Staatsangestellten (u.a. Lehrer und Juristen im Staatsdienst) überprüft, und die Belasteten wurden entlassen. Belastete sollten aufgrund ihrer NSDAP-Mitgliedschaft keine öffentlichen Ämter in dem neu zu ordnenden Deutschland besetzen. Bereits 1946 wurden in den drei Westzonen Richter und Staatsanwälte wieder eingestellt, die mehr als nur formelle NSDAP-Mitglieder waren. Man wollte mit der Wiedereinstellung mit allen Mitteln den möglichen Stillstand der Rechtspflege vermeiden und hoffte, dass sich durch Anpassung und Umerziehung und den Austausch des obersten Justizpersonals ein demokratisches Rechtsverständnis durchsetzen würde. Begünstigt wurde die halbherzige Entnazifizierung des Justizpersonals auch dadurch, dass kurz nach Kriegsende der Kalte Krieg zwischen den ehemaligen Verbündeten und im Gefolge auch zwischen den beiden deutschen Staaten ausbrach. „Meist aufgrund fehlender Personalunterlagen oder scheinbar

---

muß nur in den Händen der richtigen Klasse liegen'." (Hannover/Wallraff 1982, 66)

verschollener Urteilsabschriften fiel die Überprüfung der richterlichen Tätigkeit (besonders in den Ostgebieten, im besetzen Polen und in Tschechien als Mitarbeiter am Volksgerichtshof oder an Sondergerichten, E.M.H.) während der NS-Zeit häufig nur sehr oberflächlich aus. ... Nicht zuletzt durch überzogene Solidaritätsadressen ihrer Berufskollegen, einer nur zögerlichen und halbherzigen Behandlung des Themas durch Bundes- und Landesbehörden wurden sie bald schon zum Synonym für eine im ganzen unheilvolle Juristengeneration, die den beschönigenden Umgang der Justiz mit ihrer NS-Vergangenheit scheinbar bis in die Gegenwart verhängnisvoll prägte." (Niermann 2003, 104)

Aufgestört wurde diese 'Ruhe' am 23. Mai 1957 durch Albert Norden, der dem 'Ausschuss für deutsche Einheit' in der DDR seit 1954 vorstand. Er übergab der internationalen Presse eine Broschüre mit dem Titel 'Gestern Hitlers Blutrichter – heute Bonner Justizelite'. In dieser Broschüre wurden 118 Namen von Richtern und Staatsanwälten mit Auszügen aus ihren Prozessen und Urteilen genannt; nahezu alle sechs Monate bis zum Beginn der 60er Jahre kamen jeweils weitere Namen hinzu, bis 1965 die sogenannten 'Braunbücher' erschienen, „die in ihrer dritten und letzten Auflage 1968 1168 Richter und Staatsanwälte benannten" (ibid., 109). Diese Kampagne als Waffe im Kalten Krieg sollte nicht nur das Ansehen der Bundesrepublik beschädigen, sondern auch darauf verweisen, dass nach 1945 westdeutsche Kommunisten erneut von Richtern abgeurteilt wurden, die sie bereits vor 1945 verurteilt hatten[86].

Neben der DDR-Kampagne meldeten sich auch Verbände von Widerstandskämpfern aus der ČSSR und aus Polen und legten ebenfalls Listen mit Namen und Abschriften von Urteilen deutscher Richter und Staatsanwälte von Sondergerichten während des NS vor. Dass die Kampagne in Westdeutschland nicht mehr übergangen werden konnte, lag auch daran, dass sich seit 1957 das westliche Ausland einmischte, und zwar England, die Niederlande, Belgien und Dänemark. Aber auch in Westdeutschland wurden die Auseinandersetzungen lauter, insbesondere nach den Strafprozessen gegen den Bundestagsabgeordneten

---

[86]   Nach Beendigung des Zweiten Weltkriegs reorganisierte sich die KPD in den vier Besatzungszonen Deutschlands. In der sowjetischen Besatzungszone beschloss die reorganisierte KPD ein Aktionsprogramm zum 'Aufbau einer antifaschistisch-demokratischen Ordnung' in ganz Deutschland. Auf dem sogenannten Vereinigungsparteitag schlossen sich in der sowjetischen Besatzungszone die KPD und SPD zur SED (Sozialistischen Einheitspartei Deutschlands) zusammen. In der westlichen Literatur wird diese Vereinigung als 'Zwangsvereinigung' eingeschätzt. In der BRD war die KPD von 1949 bis 1953 im Bundestag vertreten, danach war sie ohne überregionalen Einfluss. An der Friedensbewegung der 1950er Jahre und an der Bewegung gegen die Remilitarisierung Westdeutschlands war die KPD beteiligt. Verboten wurde die KPD am 17. August 1956 (BVerfGE 5,85). Kontrovers wurden und werden noch heute der Verbotsgrund 'Verfassungswidrigkeit' diskutiert (vgl. o. V.: http://de.wikipedia.org/wiki/Kommunistische Partei. Deutschlands, 1-10; Zugriff: 09.09.2005).

Wolfgang Hedler 1950 wegen antijüdischer Hetzreden, gegen die KZ-Wachen Sorge und Schubert 1956, gegen Generalfeldmarschall Ferdinand Schörner 1957 und nicht zuletzt wegen des Eichmann-Prozesses in Jerusalem 1961. Hinzu kam, dass Bundeskanzler Adenauer starr an seinem NS-belasteten Kanzleramtssekretär Globke festhielt und am 8. Mai 1960 die Verjährung für Tötungsdelikte eintrat. Als die Justiz Wolfgang Immerwahr Fränkel 1960 zum Generalbundesanwalt berief, war ein politischer Skandal nicht mehr zu unterdrücken. Fränkel hatte während des NS zahllose Urteile der Sondergerichte ‚als zu milde' eingestuft, und die neuerlichen Verhandlungen hatten unweigerlich die Todesstrafe nach sich gezogen. Aufgrund der öffentlichen Kritik wurde Fränkel 1962 mit vollen Bezügen in den einstweiligen Ruhestand versetzt.

Weitgehend lehnte es die westdeutsche Justiz ab, die DDR-Archive zu besuchen; das Angebot der DDR, 50.000 Urteile der Kriegsgerichte (vgl. Niermann 2003, 114) gemeinsam auszuwerten, fiel unter dieses Verdikt. Selbst als Anklagen gegen NS-Richter und Staatsanwälte nicht mehr vermeidbar waren, wurden die meisten Verfahren eingestellt. „Zugrunde legte man hierbei jeweils ein Urteil des Bundesgerichtshofs aus dem Jahre 1957. Ein Richter war demnach nur dann eines Tötungsverbrechens (§§ 211, 212 StGB) für schuldig zu befinden, wenn er zuvor Rechtsbeugung (§ 336 StGB) begangen hatte." (ibid., 120) Um eine Verfahrenseinstellung zu erreichen, genügte die Versicherung des Angeklagten, er habe das damalige Recht für ‚recht' gehalten. „Hinsichtlich der Gewohnheits- und Gewaltverbrecherverordnung, der Kriegswirtschaftsverordnung, der Volksschädlingsverordnung, der Kriegssonderstrafrechtsverordnung, aber auch hinsichtlich des Heimtückegesetzes von 1934 hatte man hier keine Bedenken ..." (ibid., 120), die Verfahren einzustellen. Dabei berief man sich auf das Nürnberger Juristenurteil (1947), worin unter anderem festgestellt wurde, dass in Kriegszeiten durchaus schärfere Gesetze gelten können. Das bedeutete, dass die strafrechtliche Verantwortung der Richter und Staatsanwälte nach 1945 nur in wenigen Fällen geltend gemacht wurde[87]. Es ist kaum ein Fall in Westdeutschland bekannt, in denen

---

[87]   Der Nürnberger Prozess (Fall 3) vor dem amerikanischen Militärtribunal gegen 16 hohe Vertreter der NS-Justiz begann am 17. Februar 1947. Chefankläger für die amerikanische Anklagebehörde war Telford Taylor. Nicht zur Verantwortung gezogen wurden der Reichsjustizminister Franz Gürtner, der 1941 gestorben war, Otto Thierack, der 1946 in einem englischen Lager Selbstmord beging, Erwin Konrad Bumke, der beim Einmarsch der US-Armee in Leipzig Selbstmord begangen hatte, und Roland Freisler, der im März 1945 durch eine Fliegerbombe getötet wurde. Die Verteidiger der Angeklagten benutzten durchweg die gleiche Strategie: Die Beklagten wären deshalb im Amt geblieben, weil sie ‚Schlimmeres' bei der Vernichtung von Juden, Polen und anderen Feinden des Reiches verhindern wollten. „Die amerikanischen Richter im Nürnberger Juristenprozeß wischten die Argumentation der Angeklagten, man habe lediglich Schlimmeres verhüten wollen, nicht einfach vom Tisch. Dennoch kamen sie zu dem Schluß, daß ... die ... Angeklagten vor allem die schmutzige Arbeit erledigten, die die Staatsführer des Dritten Reiches ihnen auftrugen." (Wilmes 1997, 10) Vier der Angeklagten wurden zu lebenslanger Freiheitsstrafe verurteilt, vier weitere erhielten zehn Jahre

Fußnote wird auf der nächsten Seite fortgesetzt

Richter oder Staatsanwälte aufgrund ihrer NS-Vergangenheit zwangsweise in den Ruhestand versetzt wurden (vgl. Hannover/Wallraff 1982). Richter und Staatsanwälte, die aufgrund hoher Belastungen in den Ruhestand gingen, taten dies freiwillig und hatten keine Einbußen bei ihren Ruhestandsbezügen.

Während in den westlichen Besatzungszonen die Kontinuität der juristischen Eliten bis auf wenige Ausnahmen Bestand hatte, war von der radikalen Entnazifizierung in der DDR nicht nur die Rechtspflege, sondern die gesamte Justiz einschließlich aller Ausbildungsinstitutionen betroffen. Es war nicht nur ein kostspieliger Dekorationswechsel, sondern die Rechtspflege wurde Neulingen, häufig kurzfristig angelernten Volksrichtern und -staatsanwälten überlassen. Mit dem radikalen Wandel der Justiz wurde der gesellschaftliche Umbau insbesondere der Eigentumsordnung ins Auge gefasst.

Exkurs: Der Wiederaufbau der Universitäten und Fakultäten in der DDR nach 1945

An der im Februar 1946 wieder eröffneten Berliner Universität wurden nur acht Personen als zuverlässig für den Aufbau eingestuft, darunter war der Jurist Hans Peters, der sich aber 1949 in den Westen absetzte. An anderen Universitäten der SBZ/DDR war die Situation nicht anders (vgl. Jessen 1999, 294ff)[88].

Zu Beginn der 1950er Jahre stammte die Mehrheit der Professoren aus dem alten akademischen Milieu. Diese bürgerlichen Gelehrten verstanden sich als unpolitisch, in der Sprache der Partei waren sie reaktionär, und dennoch ordnete der SED-Vorsitzende Wilhelm Pieck 1948 an, diese Fachleute nicht in den Westen

---

Zuchthaus, einige erhielten Haftstrafen unter 10 Jahren, vier wurden freigesprochen, ein Verfahren wurde aus Gesundheitsgründen eingestellt. Im Gegensatz zum Hauptkriegsverbrecher- und zum Ärzteprozess wurde niemand zum Tode verurteilt. Bereits 1950/51 wurden die Verurteilten aus der Haft entlassen. Der letzte, ein verurteilter Sonderrichter, wurde 1956 freigelassen. Nahezu alle haben auf juristischem Gebiet weiter gearbeitet, in der Wissenschaft, als Repetitoren zur Ausbildung des Juristennachwuchses, und sie wurden am Ende ihres Arbeitslebens mit hohen Pensionen versorgt (vgl. ibid.).

[88]   Anna-Maria Gräfin von Lösch berichtet über die Berliner juristische Fakultät um 1933. Von 14 Ordinarien und zwei Vertretern aus dem Kreis der Extraordinarien und Privatdozenten, der sogenannten Engeren Fakultät, waren sechs Ordinarien Juden (Hermann Dersch, James Goldschmidt, Arthur Nussbaum, Ernst Rabel, Fritz Schulz und Martin Wolf). Die Ehefrau des Ordinarius Heinrich Triepel war jüdischer Herkunft. Bis Ende 1935 wurden die jüdischen Kollegen und auch Heinrich Triepel entlassen, mit unbekanntem Ziel zwangsversetzt oder bis auf weiteres beurlaubt. Die übrigen Mitglieder der Fakultät setzten sich nicht für diese Kollegen ein. „Die Fakultät sah in den massiven Eingriffen keine Schädigung ihrer gemeinsamen Privilegien und glaubte, sich schützen zu können, indem sie das Opfer schweigend hingab. Divide et impera, das funktionierte auch hier. ... Die Engere Fakultät orientierte sich allein an gemeinsamen Statusinteressen. Ein gewisses kollegiales Defizit scheint daher fast zeitlos." (Lösch 2000, 237, in Jessen)

zu vertreiben, sondern sie für den Aufbau zu gewinnen oder zu neutralisieren. 1946 waren von 144 Professoren bereits 47 Prozent vor 1945 in ihrem Beruf, 1953 waren es nur noch 10,9 Prozent.

Um den universitären Lehrbetrieb wieder aufzubauen, wurden auch emeritierte Gelehrte zwischen 70 und 79 Jahren, die sich in den 1920er Jahren habilitiert hatten, aus dem Ruhestand zurückgeholt. So gewannen bürgerliche Gelehrte an verschiedenen Universitäten an Einfluss, wie zum Beispiel der Leipziger Germanist Theodor Frings, der seit 1927 ein Ordinariat hatte, 1948 Präsident der sächsischen Akademie der Wissenschaften wurde und unter Ausnutzung seiner Machtposition u.a. dem „linken Fachkollegen ... Hans Mayer das Leben schwer machte" (ibid., 296; vgl. Mayer 1991, 147ff).

Eine weitere Quelle für die Besetzung der Lehrstühle waren diejenigen Professoren, die im NS aufgrund rassistischer oder politischer Verfolgung ihre Positionen verloren hatten. So auch der Leipziger Jurist Erwin Jacoby, der 1933 als Halbjude entlassen wurde und 1945 sein Ordinariat in Leipzig wieder übernahm. Kämpfer gegen und Opfer des Faschismus gelangten nach ihrer Rückkehr in die SBZ/DDR wieder in ihre ehemaligen Positionen, jedoch war ihre Anzahl gering. Es waren nicht mehr als fünf Prozent, die zwischen 1945 bis 1950 ihre (ehemaligen) Stellen wieder antraten (vgl. Jessen 1999, 296f).

Auch Anwerbungen aus dem Westen hatten nur wenig Erfolg. Zwischen 1945 und 1950 verließen 55 Universitätsprofessoren die DDR, und nur neun Professoren gingen den umgekehrten Weg. Weitere Anwerbungsmaßnahmen in Westdeutschland oder in den befreundeten sozialistischen Staaten in den 1950er Jahren waren von geringem Erfolg begleitet.

Der Personalnotstand an den Universitäten führte letztendlich Ende der 1940er Jahre dazu, dass verschiedene NSDAP-Mitglieder auch in der DDR rehabilitiert wurden und an die Universitäten zurückgingen, obwohl es an der Parteibasis laute Stimmen dagegen gab. Man konnte sich Nachsicht gegenüber NS-belasteten Lehrern vorstellen, aber nicht gegenüber Professoren. Die Militärverwaltung änderte gegen die Stimmen in der Partei den Kurs und holte trotz Widerständen und Vorbehalten in der Volksbildungsverwaltung (auch) belastete NS-Professoren zurück. 1946 bis 1947 wurde nur eine kleine Zahl rehabilitiert, aber nach 1947 setzte eine Trendwende ein, die von dem besonderen Notstand in den medizinischen Fakultäten ausgelöst wurde. Unter anderem hielt man diesen Personen zu Gute, dass sie nicht in den Westen abgewandert waren, ihre Belastung nicht ‚allzu schwer wog' und dass ihre Forschungsgebiete für die sowjetischen Besatzer unentbehrlich waren. Die meisten dieser ‚Spätberufenen' hatten in Forschungsprojekten, als Museumsleiter und in anderen Positionen ausgeharrt, und in nicht wenigen Fakultäten hatte man die Ausschreibungen ‚ihrer' Stellen verzögert und hinausgeschoben, um auf die ehemaligen Kollegen zu warten. Förderlich für diesen Personenkreis war für die Rückgewinnung ihrer Position der Eintritt in die KPD/SED nach 1945.

Wie sah es an den sechs Universitäten[89] der SBZ/DDR 1947 aus? Im WS 1944/45 hatten an diesen Universitäten 1.630 Hochschullehrer gelehrt, im Sommersemester 1947 waren davon nur noch 286 (15,7 Prozent) im Amt, wobei die Ordinarien die höchste Kontinuität mit 26 bzw. 28 Prozent zeigten. Deutlich niedriger war der Anteil der außerplanmäßigen und außerordentlichen Professoren, nämlich nur 13,9 Prozent. Differenziert man noch einmal nach Fakultäten, so hatten die Theologen mit 39,2 Prozent die höchste Kontinuität. Naturwissenschaften und Medizin wiesen eine Kontinuität von ungefähr 16 Prozent auf, während in den Rechtswissenschaften nur noch 7,2 Prozent des Lehrkörpers aus der NS-Zeit stammten[90] (vgl. Jessen 1999, 261).

Zwischen Oktober 1947 bis April 1948 wurden auch belastete NS-Mitglieder an den Universitäten wieder eingestellt. So zeigt Jessen, dass 1954 „in den Naturwissenschaften 31 %, in den Land- und Forstwissenschaften sowie in der Veterinärmedizin 41 %, bei den Technikern 42,5 % und bei den Medizinern fast 46 % der NSDAP angehört hatten ... In den geistes- und gesellschaftswissen-schaftlichen Fächern lag der Anteil ... mit 11 und 16,7 % deutlich unter dem Durchschnitt von 28,4 %." (ibid., 306) Nur bei den Theologen lag der Anteil der NS-Mitglieder mit 6,4 Prozent noch niedriger. Selbst 1962 betrugen die NS-Anteile der Naturwissenschaften und Medizin immer noch 31 bis 37 Prozent, während die geistes- und gesellschaftswissenschaftlichen Fächer nur noch NS-Anteile von 17,6 und 15,2 Prozent hatten. Von 35 Ordinarien der Rechtswissenschaften im Sommer 1947 waren neun bereits im WS 1944/45 Ordinarius an einer deutschen Universität (ibid., 274).

Bis in die 1950er Jahre gab es noch ein weiteres Mittel, verwaiste Positionen in der Hochschule zu besetzen, die sogenannte Wahrnehmungs-dozentur/-professur. Auf diese Stellen wurden in der Regel nicht habilitierte Wissenschaftler berufen. Der Wahrnehmungsprofessor oder -dozent hatte alle Rechte, Pflichten und Einkünfte eines regulären Stelleninhabers, jedoch konnte sie oder er nicht an Habilitationen mitwirken. Eine Nachqualifikation mit einer eigenen Habilitation war nicht erforderlich. Wahrnehmungsprofessoren oder -dozenten konnten aufgrund ihrer Leistungen endgültig berufen werden, und erst 1968 mit der dritten Hochschulreform wurde dieser Karriereweg abgeschafft. In den 1950er und 1960er Jahren waren ein Drittel aller Berufungen Berufungen auf Wahr-

---

[89]   Das sind die Universitäten Berlin, Leipzig, Jena, Halle, Rostock und Greifswald.

[90]   Hierbei ist die Auflösung der Berliner Auslandswissenschaftlichen Fakultät mit in Rechnung zu stellen, die den Rechtswissenschaften bis 1945 zugeordnet war.

nehmungsdozenturen bzw. -professuren (vgl. ibid., 80f). Dieser Typus von Berufungen fand in erster Linie in den Wirtschafts-, Rechts- und Gesellschaftswissenschaften statt, nicht jedoch bei den Medizinern oder Naturwissenschaftlern.

Jedoch kann von einer einheitlichen Kaderpolitik in dieser Zeit nicht die Rede sein. Das änderte sich mit der dritten Hochschulreform 1968 durch die Abschaffung der universitären Institute und Neugliederung der Universität in Sektionen und Fachbereiche (vgl. Kaiser/Stutz/Hoßfeld 2005). Dadurch änderte sich auch der Hochschullehrkörper. In den naturwissenschaftlichen und medizinischen Sektionen wurden weitaus mehr traditionelle Institutsdirektoren ausgetauscht als in den Wirtschafts-, Rechts- und Gesellschaftswissenschaften. „Die Herrschaftsdynamik der Ordinarienuniversität war (1968) außer Kraft gesetzt, die Hochschullehrerschaft egalisiert und die Abhängigkeit des Nachwuchses von der Kooptationsmacht der Etablierten gemildert. Man könnte dies als Rationalisierung der Lehrkörperstruktur interpretieren, wäre es nicht eine Rationalisierung unter politischer Kuratel der SED gewesen ...“ (ibid., 191/192)

Der Aufbau der Justiz, die Volksrichter, die Volksstaatsanwälte und die Anwaltskollektive

Die Justizverwaltung und die Rechtspflege wurden als gesellschaftliches Instrument zur Umgestaltung und Umerziehung der Gesellschaft eingespannt. „Im Unterschied zur bürgerlich-liberalen Konzeption der Gewaltenteilung wird in der sozialistischen Staats- und Rechtslehre die Einheitlichkeit der sozialistischen Staatsmacht betont“ – vertreten durch die führende Rolle der Partei (vgl. Rottleuthner et al. 1994, 18ff).[91] „Das Oberste Gericht ist infolgedessen keine selbständige Quelle

---

[91]   „Der Marxismus war für die deutsche Rechtsgeschichte ein Re-Import. Der gelernte Jurist Karl Marx gehört in die Geschichte der deutschen Rechtstheorie auf dem Hintergrund der Naturrechtslehre der Aufklärung, der Kritik durch Kant und der Rechts- und Staatsphilosophie Hegels. Die Entdeckung des ‚Zwecks im Recht‘ und die Interessenjurisprudenz zeigen Verwandtschaft mit der Marx'schen Rechtslehre und Rechtskritik, ebenso die Erkenntnisse der Rechtssoziologie seit Max Weber, daß Rechtsfragen Machtfragen sind.“ (Protokoll der 37. Sitzung 1995, Margot von Renesse, 8ff) Es ist nicht von der Hand zu weisen, dass gerade durch diesen Bezug auf die ‚Marxsche Rechtslehre‘ sich nach 1945 auch an den traditionellen Universitäten, besonders in Leipzig, dieser Ansatz durchsetzen konnte. Diese Rechtslehre hatte Traditionen und nach Weimar auch wieder Träume mobilisiert. Den juristischen Lehrstuhlinhabern Heinz Such, Jg. 1910, Arthur Baumgarten, Jg. 1884, und Karl Polak, Jg. 1905, musste der SMAD nicht erst den Marxismus beibringen, und die übrigen bürgerlichen Rechtsprofessoren enthielten sich der Rechtsphilosophie und verfolgten spezielle Rechtsgebiete bis zu ihrer Emeritierung. Danach verschwand das Rechtsgebiet.

Nach den großen Verbrechen der Deutschen, häufig mit Hilfe der Justiz, sollte die Rechtsphilosophie, wie schon bei Marx, die Frage nach dem ‚richtigen Recht‘ beantworten. Zunächst wurde qua Beschlüssen die akademische Rechtsferne aufgehoben. In der sozialistischen Ferne stand „(d)ie Erlösungstat des Proletariats, (die) das Reich des Guten, Wahren und Gerechten zur umfassenden Realität (machte)“ (Protokoll 1995, von Renesse, 9; vgl. dazu auch: Polak 2002).

der Rechtsautorität, sondern ein Hilfsorgan der zentralen Regierungsbehörden ..." (Kirchheimer 1965, 392) mit folgenden Grundsätzen: (1) Es gibt eine Einheitlichkeit der Staatsmacht, und es gibt keine Gewaltenteilung. Es gibt kein richterliches Prüfungsrecht, sondern einen demokratischen Zentralismus; (2) die Partei hat die führende Rolle in allen Entscheidungen (Parteilichkeit); (3) es gibt eine sozialistische Gesetzlichkeit; (4) die Einheitlichkeit der Rechtsprechung, und (5) es gibt eine Unabhängigkeit der Richter in der Rechtsprechung, soweit sie sich an den Leitlinien der Partei orientieren (vgl. Rottleuthner et al. 1994, 19). Besiegelt wurde das auf der zweiten Parteikonferenz der SED im Juli 1952. Hier wurde das Recht für den ,Aufbau der Grundlagen des Sozialismus' in den Dienst genommen. Das Recht sollte der Festigung der Arbeiter- und Bauernklasse dienen; das Recht war der Hebel zur Durchsetzung des ökonomischen Fortschritts, und nicht zuletzt sicherte das Recht die Lebensgrundlage der Bürger. Dieser Prozess galt 1967 auf dem siebten Parteitag als abgeschlossen. Für die Arbeit mit diesem Recht waren „ausgebildete Juristen auch nicht mehr benötigt, sondern (das erledigten, E.M.H.) die an politische(n) Maximen orientierten Staatsfunktionäre" (Bernet 1995, 406-407).

Die nach sowjetischem Vorbild eingeführten Volksrichter und Volksstaatsanwälte[92], auch die späteren gesellschaftlichen Gerichte[93], „die bündige Rechtssprache, ... die Geschmeidigkeit der Gesetze, die der freien Rechtsfindung für den Einzelfall breiten Spielraum gab ..." (Protokoll der 37. Sitzung 1995, Schroeder, 11ff), das alles stillte die Sehnsucht nach einem Recht, das „mit uns geboren ist". Die konsequente Durchführung des Resozialisationsgedankens mit Hilfe der Bürger – wenn auch meistens nur auf dem Papier – stützte den Gedanken vom hilfreichen und beschützenden Staat. Dass dagegen Rechtssicherheit und der aufrechte Gang der Bürger eingetauscht wurden, machte ,nur' diejenigen wütend, die aufgrund sogenannter politischer Vergehen in die Mühlen der Justiz gerieten.

---

[92]   Ergänzend dazu folgende Literatur zu *Richtern und Volksrichtern:* Behlert 1991, 1994; Gängel 1994a, 1994b, 1994c, 1996; Bundesgerichtshof 1995; Bundesministerium der Justiz 1996a, 1996b, 1996c; Feth 1994; Furian 1992; Ule 1990; zu *Staatsanwälten:* Grasemann 1995; Raab 1995; Wentker 1997.

[93]   Die gesellschaftlichen Gerichte waren Laiengerichte, die bei Konflikten den gesellschaftlichen Frieden ohne staatliche Gerichte herstellen sollten. Die Justiz als „Instrument in den Händen der herrschenden kommunistischen Partei" sollte bewusstseinbildend durch Erziehung, aber auch zur Selbsterziehung wirken. Dafür waren in den Betrieben die Konflikt- und in den Wohngebieten die Schiedskommissionen zuständig. Organisiert wurden die gesellschaftlichen Gerichte nach dem Vorbild der sowjetischen Kameradengerichte. „So arbeiteten 1989 in über 29.000 Konfliktkommissionen rund eine Viertelmillion, in über 5.500 Schiedskommissionen insgesamt rund 57.000 Mitglieder." 1963 wurden die gesellschaftlichen Gerichte zu Organen der Rechtspflege umgewandelt. Sie wurden an der Rechtsprechung beteiligt (Fischer 1996, 157-164ff).

Die Herausbildung einer neuen Richter- und Staatsanwaltschaft vollzog sich in der SBZ/DDR in zwei Phasen:

1. Es wurden bewährte Antifaschisten, die meistens ohne juristische Vorbildung waren, für den Aufbau der Justiz eingesetzt. Neben ihrer Berufstätigkeit wurden sie permanent in Schnellkursen weitergebildet;

2. es wurde eine planmäßige, erst einmal sechs Monate dauernde Ausbildung in Volksrichterlehrgängen angeboten. Später wurde diese Ausbildung bis zu zwei Jahren verlängert und in die Deutsche Akademie für Staats- und Rechtswissenschaften in Postdam-Babelsberg und nach Bad Schandau in Sachsen verlegt. Die Volksrichterausbildung wird aus DDR-Sicht als einmalige Erfolgsgeschichte dargestellt (Wentker 1997, 10[94]). Zur Ausbildung zum Volksrichter waren die Nicht-Mitgliedschaft in der NSDAP und eine Arbeiterherkunft erforderlich; auch eine Empfehlung durch eine gesellschaftliche Institution (Partei, Gewerkschaften, Betriebe) war, ebenso wie Berufs- und Lebenserfahrungen, für die Zulassung von Nutzen.

Dieser ungewöhnliche Weg hatte bereits 1921 in der Weimarer Republik einen Vorläufer. Die SPD hatte in den Preußischen Landtag eine Gesetzesvorlage eingebracht, die auch verabschiedet wurde, um den Zugang zum Richteramt für lebenserfahrene ältere Menschen zu öffnen. Zum anderen war der Gedanke des Volksrichters gar nicht so abwegig, denn die französische Besatzung setzte ebenfalls aus NS-unbelasteten Schöffen rekrutierte Volksrichter ein.

Das Vorbild für die Ausbildung und die Tätigkeiten der Volksrichter in der DDR jedoch wurde von der sowjetischen Besatzung geprägt. Seit 1924 gab es Volksrichter in der SU. 1938 wurden die Volksrichterausbildung und deren Wirkungsbereich in das Gerichtsverfassungsgesetz aufgenommen. Die Volksgerichte in der SU waren erstinstanzliche Gerichte. Sie hatten sowohl in Zivil- als auch in Strafsachen weitgehende Befugnisse. 1938 waren in der SU mehr als 50 Prozent der Volksrichter nicht juristisch ausgebildet, sondern hatten an kurzen Fachschulungen teilgenommen[95].

---

[94]   „Faßt man die ersten neun Jahre des Einsatzes der neuen Juristenelite zusammen, so fällt die Bilanz ernüchternd aus. Von 754 aus den Kursen in die Justiz entlassenen Volksrichtern waren 1955 307 dort nicht mehr tätig. Von ihnen haben 231 (75,2 %) den an sie gestellten Anforderungen nicht genügt und mußten zwangsweise entfernt werden." (Backhaus 1999, 148ff)

[95]   1939 gab es in der SU 27 Rechtsschulen mit 2825 Hörern. Die Ausbildung galt jedoch als ergänzungsbedürftig, und 1946 fasste die KPdSU den Beschluss, die juristische Ausbildung zu verbessern (Erweiterung der Hochschulausbildung, Lehrbücher, Intensivierung der Forschung). Die bereits tätigen Volksrichter mussten eine neunmonatige Nachschulung absolvieren (vgl. Wentker 1997, 13).

Die Deutsche Zentralverwaltung für Justiz (DZVJ) in der SBZ/DDR, wie zehn weitere Zentralverwaltungen von der SMAD nach 1945 eingesetzt, wurde am 27. Juni 1945 gegründet (vgl. dazu: Lorenz 1994, 135-166). Sie war, unter der Leitung von Eugen Schiffer (LDPD), Jg. 1860, eine Behörde, die die Besatzungspolitik der sowjetischen Militärverwaltung durchsetzen und die Militärverwaltung in Rechtsfragen beraten sollte. Die Leitungsämter verlangten NS-unbelastete Volljuristen, die aber nicht in genügender Anzahl zur Verfügung standen. Außer dem Vizepräsidenten Paul Bertz waren Ernst Melsheimer, Werner Gentz und Hilde Benjamin KPD-Mitglieder, alle anderen Volljuristen kamen aus liberalen bürgerlichen Elternhäusern, die häufig im NS entlassen oder auf unwichtige Positionen abgeschoben worden waren. Das Ziel der DZVJ, später Ministerium der Justiz (MdJ), war nicht nur der Aufbau eines Rechtssystems, sondern die Entfremdung zwischen Recht und Volk aufzuheben, was Eugen Schiffer bereits als Weimarer Abgeordneter erfolglos versucht hatte.

Die Ausbildung der Volksrichter und Volksstaatsanwälte mobilisierte sehr unterschiedliche Vorstellungen beim DZVJ. Die einen wollten die Volksrichter nur als Übergangsrichter sehen, bis die Universitäten wieder genügend Aspiranten ausgebildet hätten. Die anderen wollten dieses Institut parallel zum akademisch gebildeten Richter und Staatsanwalt erhalten wissen, wobei weder der akademische noch der Volksrichter in irgendeiner Weise benachteiligt werden dürfe. Die einen wollten, dass die Abschlussprüfungen der Volksrichter- und Staatsanwaltskurse durch die Universität und ein oberstes Gericht durchgeführt wurden, die anderen sprachen sich für ein eigenes Prüfungssystem der Lehrgänge aus. „Schließlich waren die genannten Kriterien für die Auswahl (mindestens 25 und nicht älter als 45 Jahre, NS-unbelastet und Arbeiterherkunft, E.M.H.) zur Teilnahme an den Volksrichterlehrgängen lediglich die Voraussetzung, während der erfolgreiche Abschluß dieser Lehrgänge, die praktische Bewährung und die ständige theoretische Weiterbildung ihnen bis auf den heutigen Tag (1966, E.M.H.) laufend neue Prüfungen auferlegt." (Steiner 1966, 98) „Im April 1953 entstammten bereits 91 Prozent der Richter und über 98 Prozent der Staatsanwälte der neuen Auslese; der SED gehörten von den Richtern 85, von den Staatsanwälten 98 Prozent an." (Kirchheimer 1965, 394)

1953 legte das DZVJ fest, dass alle Volksrichter bis 1960 den Hochschulabschluss an der „Deutschen Akademie für Staats- und Rechtswissenschaften ‚Walter Ulbricht'" oder einer Universität über Fernstudiengänge und/oder Delegierung nachholen sollten. 1954 wurde die Volksrichterausbildung eingestellt[96]. 1966

---

[96]   Weitere Ausführungen zu den Volksrichtern: Behlert 1991, 1994; Gängel 1994a, 1994b, 1994c; Bundesgerichtshof 1995; Bundesminister für Justiz 1996a, b, c; Feth 1994; Furian 1992; Meier 1997.

waren 57 Prozent aller Bezirksrichter ehemalige Volksrichter. „Rückblickend läßt sich demzufolge konstatieren, daß für jedes ernstzunehmende Bestreben, die Demokratisierung des Justizwesens nach 1945 zu verwirklichen, eine solche Aufeinanderfolge notwendig war, wollte man das Ziel nicht von vornherein in Frage stellen." (Steiner 1966, 98)

Die gesellschaftlichen Justizfunktionäre hatten kein hohes Sozialprestige wie zum Beispiel die Mediziner und Rechtsanwälte der DDR. „Mangelhaft ausgebildet, schlechter noch entlohnt als die Mannschaftsdienstgrade der Polizei, ohne inneren Rückhalt in der deutschen Rechtstradition rangieren die Richter im Ansehen der Bevölkerung im Staatssozialismus mancherorts schon hinter den beamteten Parteifunktionären, denen man oftmals ein gewisses Interesse an der Gerechtigkeit zutraut." (Henrich 1989, 187) Fassen wir zusammen:

1. Die 1966 tätigen Richter und Staatsanwälte waren mehrheitlich vor diesem Beruf in anderen Berufen tätig. Bezogen auf die Herkunft der Richter und Staatsanwälte hat der Angestelltenanteil mit der Neustrukturierung zugenommen. Nicht beachtete Bildungsreserven konnten mobilisiert werden (Arbeiter, einfache Angestellte und Frauen).

2. „Das durch Bildung und Erfahrung geprägte Urteilsvermögen ist nicht nur dem hohen Alter vorbehalten, sondern auch relativ jüngeren Altersgruppen eigen." (ibid., 101) 1966 waren 72 Prozent der Bezirksrichter und 70 Prozent aller Kreisrichter zwischen 30 und 49 Jahren alt.

3. Die Umwälzung des Juristenstandes in der DDR brachte mehr Frauen in Richter- und Staatsanwaltpositionen. Während 1965 in Westdeutschland nur vier Prozent des Justizpersonals weiblich waren, waren zur gleichen Zeit in der DDR in den Bezirksgerichten 30 Prozent und in den Kreisgerichten 33 Prozent Frauen als Richterinnen und Staatsanwältinnen beschäftigt. Ein Anliegen der Justizministerin Hilde Benjamin war es, Frauen für die juristischen Berufe zu gewinnen (Feth 1997; Brentzel, 1997; Markovits 1999). Richter- und Staatsanwältinnen sollten als Neuerungsgaranten eine Rolle in der Justiz spielen. Als ‚strenge Übermutter' warb Hilde Benjamin um Frauen, die die Volksrichterkurse besuchen sollten, um letztendlich die Nische als mütterliche Richterin (eine Berufssegregation nach Geschlecht) einzunehmen (Budde 1997a, 1997b, besonders aber Budde 2003, 199-228).

4. Mehrheitlich traten Bezirks- und KreisrichterInnen nach 1945 in den Dienst der Justiz, die aufgrund ihres Lebensalters keine Erfahrungen mit dem NS gemacht hatten. Fünf Prozent des genannten Personenkreises waren Verfolgte und Opfer des NS. Das bedeutet auch, dass innerhalb der Justiz der DDR ein historischer Generationswechsel stattfand.

5. 1966 kamen die Richter und Staatsanwälte der DDR aus allen Bevölke-

rungsgruppen. Das bedeutete, dass diese Personen mit den unterschiedlichen Sphären des gesellschaftlichen Lebens vertraut waren. Geändert hatte sich auch die Zulassungspolitik zum Jurastudium. Bei der Neuimmatrikulation wurden beim zukünftigen Justizpersonal Berufserfahrungen vorausgesetzt.

6. Die Strukturen und Mechanismen der Steuerung waren implementiert in der Ausbildung, der Rekrutierung und im Instanzenzug. Beim Aufbau der Justiz ging es der Partei darum, „die Justiz so zu organisieren, dass eben nicht permanent eingegriffen werden muss, sondern dass der Apparat möglichst - von sich aus schon im gewünschten Sinne funktioniert ... Es geht also um die Etablierung von Strukturen und Mechanismen, die beide Seiten, Partei/Staat und Rechtsstab, von ad-hoc Eingriffen entlasten. Einmischungen in Einzelfällen durch Parteistellen, aber auch durch Vertreter gesellschaftlicher Organisationen sind potentiell dysfunktional ..." (Rottleuthner et al. 1994, 27/28) Eine Steuerung in jedem Einzelfall ist bei einem so großen Apparat wie der Justiz nicht möglich. 1989 sah die Personal- und Geschäftsstatistik so aus:

Tabelle 7: Personalstatistik der Juristen der DDR, Stichtag 31. Dezember 1989

Richter		1.493
am Obersten Gericht (OG)		58
an Bezirksgerichten		324
an Kreisgerichten		1.111
Staatsanwälte (einschl. MilitärStA)		1.237
beim Generalstaatsanwalt (GStA)		119
in den Bezirken		336
in den Kreisen		782
Rechtsanwälte	592	
in Kollegien		572
Einzelanwälte		20

vgl. Rottleuthner et al. 1994, 28/29

Tabelle 8: Juristische Geschäftsstatistik, 1988

1	Anzeigen zur weiteren Verfolgung	230.749
2	Straftaten	119.124
3	Täter	86.413
4	Verurteilte	58.393
5	Anträge auf Einleitung von Gerichtsverfahren	
	- Zivilsachen	62.210
	- Familienrechtssachen	91.685
	- darunter Ehescheidungsklagen	63.454
6	Abgeschlossene Verfahren in Arbeitsrechtssachen	15.137
7	Konfliktkommissionen	57.240
8	Erledigung durch Schiedskommissionen	17.175

vgl. ibid., 29

Wie konnten Justizfunktionäre und Verfahren gesteuert werden? „Um eine solche Menge von Personen und Verfahren steuern zu können, muß man sich allgemeiner Mechanismen bedienen:

- der normativen Anleitung (durch Gesetze, andere Normativakte und alle möglichen Arten von Leitungsdokumenten),

- der Personalauswahl (Kaderpolitik),

- der organisatorischen Strukturierung innerhalb und zwischen den Instanzen." (ibid., 29)

In einem solchen Gefüge ist es wichtig, dass die Anweisungen übergeordneter Gerichte beachtet und auch in ihren Anwendungen regelmäßig kontrolliert werden. Bei Urteilsunsicherheit sollten sich die Richter beim Obersten Gericht beraten lassen. Die engmaschige Hierarchie der Führung und Anleitung sowie die eingebauten Kontrollen durch Fachrichtertagungen, Inspektionsgruppen, Plena, Stellvertretertagungen und die durch das Oberste Gericht (OG) wahrgenommene Kaderpolitik garantierten das Funktionieren des Rechtssystems im Sinne der Partei/des Staates.

Die Entdeckung von Fehlern im Handeln von Richtern und Staatsanwälten wurde (häufig) in Publikationen in der Zeitschrift „Neue Justiz" öffentlich gemacht. Diese öffentlichen Formulierungen dienten auch als Vorlage für die Selbstverpflichtung der betroffenen Personen. Gleichzeitig verursachte dieses Anleitungssystem eine gewisse Starre und Unbeweglichkeit (vgl. ibid., 30ff; Kirchheimer 1965, 404ff, besonders über die Instrukteure[97]), noch verstärkt durch die Praxis der Auslegung der Gesetze, in der es keine Reibungen zwischen Lehr- und herrschender Meinung gab (ibid., 409) und zu der keine öffentliche und unabhängige Prozessberichterstattung existierte. Das Prozessberichterstattungsverbot galt jedoch nicht für die sogenannten Schauprozesse. „Die minuziöse Vorbereitung der Inszenierung und der Massenreaktionen, die auf das Schauspiel (des Prozesses, E.M.H.) zu folgen haben, lohnt sich daher nur in Fällen von außergewöhnlicher politischer Bedeutung." (ibid., 409; vgl. dazu die Schauprozesse der 50er Jahre, Fricke/Steinbach/Tuchel 2002) „Direkte Eingriffe in einzelne Prozesse durch Partei oder Staatssicherheit waren in den siebziger und achtziger Jahren die Ausnahme." (Raschka 2000, 10) Bei insgesamt 406 politischen Strafverfahren in der Honecker-Amtszeit konnte kaum eine Einmischung gefunden werden.

Eingriffe und Kontrollen wie in den 1950er Jahren waren nicht mehr notwendig, „... da sich die politische Justiz, wie die Gerichtsbarkeit der DDR insgesamt, im Sinn der Partei als Teil des sozialistischen Systems stabilisiert hatte. ... Wichtiges Instrument zur Lenkung der Justiz war in dieser Zeit (in der

---

[97]   „Die Hauptarbeit des Instrukteurs als ‚Helfer und politischer Berater' besteht darin, ‚die unmittelbare Transmission der politischen Leitung von oben nach unten' sicherzustellen." (Kirchheimer 1965, 404, zitiert nach: Benjamin 1954)

Honecker-Ära, E.M.H.) die Kaderpolitik. Nur politisch Zuverlässige konnten in Funktionen im Justizdienst aufsteigen."[98] (ibid., 10)

Neben der schnellen Ausbildung von Richtern und Staatsanwälten in Kurzlehrgängen nahmen die ehemaligen juristischen Fakultäten ihre Arbeit auf[99]. Nach der ‚Babelsberger Konferenz' 1958 wurde der juristische Studienplan erheblich verändert. Künftige Juristen als Justizfunktionäre sollten lernen, die „... wissenschaftlichen Lehren des Marxismus-Leninismus in ihrem Tätigkeitsbereich schöpferisch anzuwenden, die Reinheit der marxistisch-leninistischen Theorie zu wahren, unduldsam gegen bürgerliche Ideologien zu kämpfen, Erscheinungen des Revisionismus zu entlarven und bürgerliche und kleinbürgerliche Auffassungen zu überwinden ..." (Protokoll 1995, Schroeder, 19; vgl. auch Mollnau 1996, 231 ff; vgl. dazu: Güpping 1997)

Zu Beginn des Studiums wurden Studierende in Seminargruppen zusammengefasst, denen sie über das gesamte Studium angehörten. Ihre Ausbilder und Gruppenleiter mussten die Studierenden schon während der Studienzeit auf ihre Eignung als Justizfunktionäre regelmäßig einschätzen und bewerten. „Jeder Seminarleiter mußte sich ein genaues Bild verschaffen über die gesamte politisch-ideologische Grundhaltung des Studenten, um eine Einschätzung geben zu können, die über die bloße Beurteilung einer fachlichen Leistung hinausgeht." (Protokoll 1995, Schroeder, 19)

Der Aufbau der Rechtsanwaltschaft, der sogenannten freien Berufe in der SBZ/DDR nach 1945, ging einen etwas anderen Weg. Bis 1948 wurden Rechtsanwälte wegen ihrer Aktivitäten im NS überprüft, jedoch führte die NSDAP-Mitgliedschaft nicht unbedingt zu einer Nichtzulassung. Zum Beispiel waren in Thüringen 1947 von 195 zugelassenen Anwälten 111, das sind 56,9 Prozent, ehemalige NSDAP-Mitglieder, und bis 1950 stieg der Anteil auf 60,7 Prozent (vgl. Gerlach 1996, 141, vgl. auch Lange 1995; Lorenz 1994). 1950 griff die Deutsche Zentralverwaltung für Justiz (DJV) erneut ein. Jetzt wurde zusätzlich überprüft, welche politische Einstellung die Rechtsanwälte zur jungen DDR

---

[98]   Gab es wirklich einmal in der Regierungszeit Honeckers schwierige politische Strafverfahren, so suchten Staatssicherheit, Generalstaatsanwalt und Oberste Gerichte lokale Gerichte aus, die die ‚richtigen' Entscheidungen fällten.

[99]   „Studenten, die Richter oder Rechtsanwalt werden wollten, wurden an der Humboldt-Universität in Berlin ausgebildet (zukünftige Wirtschaftsjuristen gingen nach Halle oder Leipzig, zukünftige Staatsanwälte nach Jena)." (Markovits 1993, 70) Die Akademie für Staats- und Rechtswissenschaften, die eine Institution des Ministerrates der DDR für die Aus- und Weiterbildung für leitende Mitarbeiter des zentralen und regionalen Staatsapparats, der Justiz und des Auswärtigen Dienstes war, galt als weitere juristische Fakultät der DDR (vgl. dazu Ludz unter Mitarbeit von Kuppe 1979, 35/36; Brentzel 1997).

hatten, und es wurde auch diskutiert, ob die DDR als sozialistischer Staat überhaupt Rechtsanwälte brauchte. Die letzte Frage wurde schnell fallengelassen, denn in der SU gab es bereits bewährte Anwaltskollegien. Außerdem war bereits in den frühen Jahren der DDR die Politik um internationales Ansehen bemüht.

Die grundsätzlich andere Entwicklung des gesamten Justizbereiches in der DDR gilt nicht durchgängig für die Anwaltschaft. „Die Rechtsanwälte, die bis zur Teilung für alle Gerichte Groß-Berlins zugelassen sind, behalten ihre Zulassung auch für die jeweils andere Stadthälfte. Selbst mit dem Bau der Mauer endet dieser Zustand nicht. So gibt es noch in den achtziger Jahren acht Ost-Berliner und einen West-Berliner Anwalt mit Auftretungsbefugnis für die Gerichte der anderen Seite." (Gerlach 1996, 142)

Erst 1953 kommt es zur Kollektivierung der Rechtsanwälte. Nach dem Vorbild der SU sollten sich die Anwälte zu Kollegien zusammenschließen. In 14 Bezirken und in der Hauptstadt wurden Kollegien gegründet; der jeweilige Vorsitzende des Kollegiums wurde im Vorfeld auf Systemtreue überprüft und von der Partei berufen. Der Beitritt war freiwillig und 1953 traten von 840 Anwälten 165 den Kollegien bei. Anwälten aus Kollegien war es erlaubt, einträgliche Beratungsgeschäfte mit Betrieben abzuschließen, und sie zahlten weniger Steuern. In der Folgezeit zieht sich ein Teil der Anwälte auf Notariate zurück, andere verlassen die DDR, insbesondere als Justizministerin Hilde Benjamin den Druck auf die Anwälte verstärkt, um das Ziel einer sozialistischen Anwaltskollegenschaft zu erreichen. Die Kollegien werden mehr und mehr beschnitten, so besteht „die Möglichkeit für das MdJ, alle gefaßten Beschlüsse wieder aufzuheben ..." (vgl. ibid., 143). Missliebigen Anwälten wird die Zulassung entzogen, so 1976 dem Rechtsanwalt Götz Berger[100], der das Rechtsmittel der Berufung für Robert Havemann einlegte. 1976 tritt dann das Zivilgesetzbuch (ZGB) in Kraft, und als das MdJ in Zusammenarbeit mit dem MfS das Regelwerk für Kollegien zu diskutieren beginnt, bestehen die Kollegien darauf, dass das Gesetz zu den Rechtsanwaltskollegien ein Volkskammergesetz wird. Mit dieser Intervention haben die Kollegien Erfolg. „Als Aufgaben der Rechts-anwälte werden zunächst die ‚Stärkung der sozialistischen Gesetzlichkeit', die ‚Verwirklichung der Rechtssprechung' und die ‚Festigung und Weiterentwicklung des sozialistischen Rechtsbewusstseins der Bürger' genannt. Erst dann folgen mit der Verteidigung im Strafprozess, der Rechtsvertretung und der Rechtsberatung die eigentlichen originären Betätigungsfelder der geschichtlich gewachsenen Advokatur." (ibid., 145) Und diese Differenzierung spricht, in Absetzung vom Vorspann, für das ‚eigentliche' professionelle Handeln, dem weitere Handlungs-

---

[100]   Götz Berger war während des Dritten Reiches Anwalt der Roten Hilfe und langjähriger Weggefährte von Hilde Benjamin (ibid., 144).

muster der professionellen Organisation folgen. Nach der neuen Ge-
schäftsordnung werden jetzt die Vorstände der Kollegien gewählt, und 1982 gibt
es eine neue Rechtsanwaltsgebührenordnung (RAGO). Die Anwälte in den
Kollegien gehören zu den Spitzenverdienern der DDR, Umsätze von 100.000
DDR-Mark pro Anwalt sind üblich, nach Steuern und Kollegienabgabe bedeutet
das ein Einkommen von 40.000 DDR-Mark pro Jahr. Das ist sehr viel mehr als
Richter und Staatsanwälte verdienten. Gegen Neuzugänge oder Einkommenseinbußen setzen die Kollegien sich geschlossen zur Wehr. 1983 gibt es 33 Einzel-
anwälte und 568 Anwälte in Kollegien. Politisch werden die Anwälte generell als
nicht ganz zuverlässig eingeschätzt, gesellschaftlich wuchs das Ansehen der
Anwälte von Jahr zu Jahr. Als die DDR zusammenbricht, streben Richter, Staatsanwälte, Justitiare, Hochschullehrer oder Behördenmitarbeiter mit juristischer
Ausbildung in den Anwaltsberuf. 600 DDR-Anwälten stehen 60.000 BRD-
Anwälte gegenüber; 1996 gibt es bereits 5.000 Anwälte in den neuen
Bundesländern.

Die DDR-Anwälte waren nicht frei und unabhängig wie ihre westlichen
Kollegen, sie bildeten keine Oppositionsgruppen, aber als Stützen der Gesell-
schaft kann man sie mehrheitlich auch nicht bezeichnen. Doch hinter dem
Rücken der Politik, quasi als politische Pflichtkür, kultivierten zumindest die
Anwälte ihr Professionsbewusstsein von der ‚geschichtlich gewachsenen
Advokatur‘.

1989 gab es 20 Einzelanwälte und 572 Anwälte in Kollegien (Will 1996,
Zeitzeugen 1995a, 1995b, 1995c u.a.). Die bekanntesten Einzelanwälte waren
Wolfgang Vogel, Diether Posser und Karl Kaul (vgl. dazu Perels 1995; Rosskopf
2002; Whitney 1993).

Sozialistische Rechtsmittel: Eingaben und Resozialisierungsmaßnahmen

Im letzten Abschnitt beziehe ich mich auf die wissenschaftliche Literatur zu
diesem Thema und auch auf Auszüge aus sechs Expertengesprächen mit zwei
Juristen.

Der Jurist, Jg. 1938, der als Verfassungsrechtler in der Forschung an der Akademie der
Wissenschaften arbeitet und der das Gespräch damit eröffnet, dass er zu der Generation des XX.
Parteitages der SU (1956)[101] gehöre, beginnt 1959 mit seinem juristischen Studium an der

---

[101]   „Auf dem XX. Parteitag der KPdSU leitete Chruschtschow am 25. Februar 1956 mit seiner
Geheimrede über Personenkult und Herrschaftsmethoden Stalins eine Periode der Entstalinisierung
ein. Chruschtschow prangerte in seiner Rede Stalin und den Stalinismus an, verurteilte gleichzeitig aber
auch die Herrschaft der Geheimpolizei und forderte mehr individuelle Freiheit sowie eine allgemeine
Liberalisierung der Regierung." (o. V., o. J.: Der Kalte Krieg – Chruschtschows Entstalinisierung und
Koexistenzpolitik.   Verfügbar   über: http://www.kssursee.ch/schuelerweb/kalter-
Fußnote wird auf der nächsten Seite fortgesetzt

Universität Leipzig. 1963 beendet er sein Studium. Von 1963 bis 1964 arbeitet er als Dozent für Copyrecht an der Filmhochschule in Babelsberg und geht 1964 an die Akademie der Wissenschaften (AdW). 1972 wechselt er innerhalb der AdW in das neu gegründete Institut für Staat und Recht. 1968 reicht er seine Promotion ein und habilitiert sich Ende der 70er Jahre. Er ist verheiratet, seine Frau war eine der Direktorinnen am Modeinstitut der DDR, und 1965 und 1967 werden sein Sohn und seine Tochter geboren, die beide zum Zeitpunkt der Gespräche zwischen 1991 und 1993 noch studieren, der Sohn Maschinenbau, die Tochter Malerei. Seit Ende 1991 ist der Verfassungsrechtler arbeitslos und rechnet mit einem Übergang in den Ruhestand. Er kommt aus einer Mittelschichtfamilie und ist bei seiner Mutter aufgewachsen.

Der andere Jurist wird 1952 geboren, er entstammt einer Familie der Aufbauzeit der DDR, beide Eltern haben bei der Polizei gearbeitet. Auch er blickt wie der Verfassungsrechtler auf eine klassische DDR-Schullaufbahn zurück. Während der EOS hat er den Eisenbahnerberuf erlernt und arbeitet nach dem Abitur noch sechs Monate als Eisenbahner, weil er das für Jura erforderliche Studienalter von 20 Jahren noch nicht erreicht hat. Während seiner FDJ-Zeit ist er auch Mitglied in der ‚Gesellschaft für Sport und Technik'. Von Januar bis Juni 1971 macht er ein Vorpraktikum bei einem Staatsanwalt und beginnt im WS 1971/72 mit dem Studium, das er 1975 abschließt. 1975 wird er Staatsanwaltsassistent, nach fünf Jahren beigeordneter Staatsanwalt. Er wird für ein Jahr zur Bezirksparteischule delegiert, ein Jahr später ist er Staatsanwalt, und 1986 erfolgt die Berufung zum Staatsanwalt beim Generalstaatsanwalt der DDR in Berlin, wo er unter anderem an der Kriminalstatistik für die gesamte DDR arbeitet. Dieses Projekt wird nach der Wende als ABM-Projekt bis 1993 gefördert, 1994 ist er arbeitslos, und 1995 wird er Angestellter beim Landeskriminalamt in einem der neuen Bundesländer. Der Staatsanwalt war seit 1971 zweimal verheiratet und ist es seit 1988 zum dritten Mal. Aus jeder Ehe gibt es ein Kind. Die Tochter aus der ersten Ehe studiert heute Jura in Westdeutschland.

Beide Juristen haben keine Übernahmeanträge gestellt; auch der Übergang in den Rechtsanwaltsberuf kommt für beide nicht in Frage.

Zwei Rechtspflegeinstitute, worauf von den Juristen immer wieder in den Gesprächen hingewiesen wurde, waren einmal die Eingaben und zum anderen die besonderen Resozialisierungsprozesse.

Eingaben

In der westlichen Gesellschaft wird der (gerichtsfähige) Streit, wenn es zu keiner gütlichen Einigung zwischen den Parteien kommt, vor Gericht ausgetragen. In der sozialistischen Gesetzlichkeit gab es die Eingaben. „Ein DDR-Bürger hat gegen seine Verwaltung im wesentlichen zwei Rechtsbehelfe: Das Rechtsmittel und die Eingabe. *Rechtsmittel* sind förmliche Beschwerden, die in zahlreichen Einzelregelungen beim Erlass bestimmter Verwaltungsentscheidungen vorgesehen sind. Sie können vom Betroffenen bei der Behörde eingelegt werden, die den beanstandeten Verwaltungsakt erlassen hat; hilft diese Behörde der Beanstandung nicht ab, so entscheidet endgültig die nächsthöhere Behörde. Rechts-

---

krieg/kk/chruschtsch ..., Zugriff: 17. Oktober 2005)

mittel ähneln der westdeutschen Verwaltungsrechtsklage also insofern, als sie nur gegen eine staatliche Einzelentscheidung zulässig sind, nur dem Adressaten dieser Entscheidung zustehen und damit praktisch die Verletzung eines subjektiven Rechts voraussetzen." (Markovits 1987, 267)

Anders die Eingaben, die ein teilweiser Ersatz für die 1952 abgeschaffte Verwaltungsgerichtsbarkeit waren (Roggemann 1984, 254). Sie sind formlose Beschwerden, Hinweise, kritische Einwände oder Vorschläge, die jeder DDR-Bürger an die zuständigen Institutionen bis hin zum ZK richten konnte. Die Eingabe bewegte sich zwischen den Petitionen der Ständegesellschaft und der Verwaltungsgerichtsbarkeit. „Die Beachtung der Vorschläge und kritischen Hinweise der Bürger ist ... verpflichtendes Gebot für jeden, der in unserem Staat Verantwortung trägt." (Bernet/Schöwe/Schüler 1988, 282) Eingaben setzen nicht die Verletzung subjektiver Rechte voraus, „sondern können auch nicht-rechtliche Mängel zum Gegenstand haben: etwa lange Wartezeiten im Straßenbahnverkehr oder die Knappheit von Bananen im staatlichen Handel" (Markovits 1987, 267).

Das Eingaberecht war ein selbständiges Grundrecht der Bürger, und wenn eine hohe Anzahl von Eingaben vorlag, dann war das kein Zeichen dafür, dass die DDR-Bürger nicht zufrieden waren, sondern es zeugte von dem hohen Grad an Mitgestaltungswillen der Bürger (Bernet/Schöwe/Schüler 1988, 282) Die Eingabe ist demnach ein Instrument der Mitgestaltung oder, wie es Mühlberg 1999 klassifiziert, das Eingaberecht ist eine informelle Konflikt-bewältigung, die bereits 1953 gesetzlich fixiert wurde, vor allem deshalb, weil die Eingabenempfänger Vorschriften brauchten, um die Eingaben bearbeiten zu können. „In der Tat handelt es sich bei der Eingabe um ein Instrument der Konfliktbewältigung vor allem gegenüber der Verwaltung." (ibid., 343) Diese Beschwerdekultur hat sich in der unmittelbaren Nachkriegszeit in der SBZ/DDR entwickelt. Zum Beispiel erhielt der Präsident der DDR, Wilhelm Pieck, 1952 über 80.000 Eingaben.

Also, wenn man jetzt mal ganz oberflächlich etwas demagogisch sagen würde, es gab so etwas wie ein Grundrecht auf Meckern. Das ist natürlich kein zivilisatorisches Grundrecht. Ich will mal so sagen, wir haben nun beide (der Interviewte und die Interviewerin, E.M.H.) nicht in dieser NS-Gesellschaft gelebt, aber ich kann mir sehr gut vorstellen, wenn das deutsche Volk in der Zeit des Faschismus so viel kritisiert und gemeckert hätte wie in der DDR, dann wären die wahrscheinlich alle eingesperrt worden oder irgend so etwas.

Das ist wahrscheinlich sozusagen eine innere Struktur des Sozialismus, die, solange es Sozialismus geben wird, wahrscheinlich immer so bleiben wird. Das ist eine unentwickelte Form von Mitwirkung an der Politik, die hat man nicht in irgendwelche progressiven Formen übersetzen können. Ich weiß auch nicht, wie man das machen soll, das ist für mich ein bisschen ein Problem. Man kann es nur auffangen in Form einer direkten Demokratie, die es unentwickelt auch bei uns gegeben hat. Aber der eigentliche Hintergrund ist ein anderes Problem. Es geht um das Problem des Zusammenbruchs des Wertesystems in den 1980er Jahren. Wir waren uns über zwanzig oder über dreißig Jahre im Prinzip darüber einig, dass es irgendein paar Grundwerte des Sozialismus gibt, als die Führung begann, für sich selbst diese Grundwerte nicht mehr zu akzeptieren ... Vom Standpunkt des durchschnittlichen DDR-Bürgers war das ein Problem des Abgehens von den Werten. Die Gesellschaft hatte einen Wert, eine gewisse Art von Gleichheit aller. Das war nicht eine Gleichheit der Armut, aber es war eine Gleichheit sozusagen auf einem relativ niedrigen Niveau. Solange das auch von der Führung anerkannt wurde, haben die Leute gesagt, naja gut, es ist eben nicht so besonders schön in dieser DDR, und es ist überhaupt nicht schön in diesem Sozialismus, aber soweit ist die Führung von uns in ihrem Lebensstandard auch nicht entfernt.

Aber das Volk hat es natürlich richtig gesehen, ganz unabhängig davon, wie es aussieht, dass die Führung sich sozusagen von diesem gemeinsamen Wert, dass alle ungefähr gleich sind, entfernt hat (gemeint ist die Fernsehreportage von 1990 über das Regierungsviertel Wandlitz, der auch bei ihm den gefühlten Unmut bestätigte, E.M.H). (Gespräch 1991, Jg. 1938, Jurist, Verfassungsrechtler in der Forschung, AdW)

Die Eingabekultur der DDR wurde offiziell als Meinungsumfrage gesehen (Staadt 1996), die die Bereiche Arbeitswelt, Konsum, Verkehr, Kinder- und Altenversorgung, Rechtsfragen, aber auch Neuerungs- und Verbesserungsvorschläge ansprach. Das häufigste Eingabethema war bis 1989 die Wohnungsfrage. Den Verantwortlichen in der Partei und in den politischen Ämtern waren jederzeit die harten Fakten bekannt. „Die Unterscheidung zwischen gesellschaftlich positiven und gesellschaftlich negativen Eingaben verrät sich auch in der Art und Weise, wie Eingaben idealer weise von der Verwaltung behandelt werden sollten. DDR-Juristen betonen immer wieder zwei wesentliche Elemente einer guten ‚Eingabenarbeit': Die Vertreter staatlicher Macht sollen dem Bürger menschliche Wärme und Mitgefühl entgegenbringen und sie sollen Beschwerdeführer (und noch besser: sein Kollektiv), wenn irgend möglich, in die Lösung des von ihm angesprochenen Problems einbeziehen." (Markovits 1987, 270; vgl. auch Pohl/Schulze 1978, 1979; Bernet/Schöwe/Schüler 1986; Bernet 1990 u.a.)

Über welches Volumen von Eingaben wird geredet? Etwa 750.000 Eingaben wurden jährlich registriert, die an den Staatsrat bis hin zu den dörflichen Handelsorganisationen gerichtet waren. In einem Staat, in dem der Staat gleichzeitig Vermieter-, Arbeitgeber-, Verkäufer- und andere Funktionen übernimmt, können Eingaben nur ein Sammelbehelf sein. Diese überwiegende Zahl der Beschwerden (Versorgung usw.) wird in westlichen Systemen über den Markt geregelt, und da ist es nicht verwunderlich, dass „... allein die Zahl der registrierten Eingaben in der DDR die der Verwaltungsrechtsklagen in der Bundesrepublik um mehr als das 21fache übersteigt" (Markovits 1987, 271).

Aus- und Übersiedlungswünsche, insbesondere in Anlehnung an die Helsinki-Akte von 1975 und ihre weiteren Ausführungen in den 1980er Jahren, zu denen häufig insbesondere bei Ausreise-Ablehnungen Eingaben geschrieben wurden, wurden in der Regel nicht bearbeitet und an die ‚zuständigen Organe' mit einer politischen Interpretation weitergeleitet. Besonders hoch waren Anträge und auch Eingaben zu Ausreisen aus der DDR nach dem Honecker-Besuch

1987 in der BRD.

„Das Hauptziel des sozialistischen Verwaltungsrechtsschutzes ist es eben nicht, wie in westlichen Ländern, dass der Bürger ‚sein' Recht bekommt, sondern dass ein Dialog zwischen Bürger und Staat entsteht, in dessen Verlauf das Problem von der Verwaltung erkannt … und – wenn es geht unter Mitarbeit des Bürgers – einer Lösung zugeführt wird, die den gesellschaftlichen Interessen entspricht." (Markovits 1987, 272) Es geht nicht um eine Konfrontation des Bürgers mit dem Staat, sondern es geht um Kooperation zwischen Bürger und Staat. Die sozialistische Eingabe sollte das Bürger- bzw. das Gemeinwohl verwirklichen. Bernet u.a. heben hervor, dass die meisten Bürger ihre Rechtsmittel kameradschaftlich abfassten. „Das Eingabensystem, mit seiner Mischung aus Wärme, Kollektivität, Informalität und Nörgelei (die Meckerecke der Nation [Staadt 1996]), entspricht der permanenten Bindung des sozialistischen Bürgers an diesen Staat besser als jeder gerichtliche Rechtsschutz." (ibid., 273)

Oder anders betrachtet: Die Eingabe und ihr Verwaltungsablauf, die teilweise Einbeziehung von Betriebs- und Wohnkollektiven in die Lösung der Probleme, der Mangel an Berechenbarkeit, wann und wie entschieden wurde, deuten nicht nur auf eine Unbestimmtheit der Rechtsquelle hin, sondern – was wesentlich schwerer wiegt –, diese Prozeduren waren gezielt auf die Vermittlung der Gesinnung der Rechtspflege bezogen. Das ist Kadijustiz als eine spezifische Form der Streitschlichtung (vgl. Weber 1964; Jung 2002 und andere).

Resozialisierungsmaßnahmen

Was im westlichen Rechtssystem als Bewährung nach der Verbüßung einer Straftat bekannt ist, war im DDR-Rechtssystem die umfängliche ‚Begleitung' durch gesellschaftliche Maßnahmen der Wiedereingliederung. Die Expertengespräche mit dem Staatsanwalt zu dieser Maßnahme nahmen weite Strecken der Gespräche ein. Er war dem politischen und juristischen System gegenüber uneingeschränkt loyal, denn er hatte das Gefühl, er könne an ‚etwas mitwirken'. Was er damit meint, wird schon bei seiner Berufswahl positiv beschrieben.

Aber wir haben (während der Schulzeit, E.M.H.) dann auch Gerichtsverhandlungen besucht. Und das hat mich schon sehr beeindruckt, die Tätigkeit eines Staatsanwalts. Das hat mich interessiert, verbunden mit einem ausgeprägten Gerechtigkeitssinn, den man in dem Alter hat. Ich wollte eine Verbindung. Ich wollte nicht nur Straftaten bearbeiten oder als Polizist tätig sein bei der Strafverfolgung, sondern ich wollte auch die justizielle Verarbeitung mit beeinflussen und daran teilnehmen. Und da bot sich das für mich an. Das war für mich eine qualifiziertere Tätigkeit, die mit mehr Möglichkeiten verbunden war. (Gespräch 1994, Jg. 1952, Staatsanwalt)

Die intensive Arbeit beider Eltern, Schicht- und Nachtdienste, besondere Einsätze und alles, was mit der Polizeiarbeit verbunden ist, verlangen von ihm und seinem jüngeren Stiefbruder Disziplin, Anpassung und Mitmachen. Nachfragen dazu bringen nur ein Achselzucken hervor und „wir haben ja nichts anderes kennengelernt".

Berichtet er jedoch von seiner staatsanwaltlichen Tätigkeit im Bereich Resozialisierung, läuft er fast zur Hochform auf.

Wobei ich eben durch dieses halbe Jahr Vorpraktikum schon relativ feste Vorstellungen hatte, mit welcher Situation ich es zu tun habe, da es keine Konzentration auf bestimmte Deliktbereiche gab. Es war eben die allgemeine Kriminalität vom Karnickel-Diebstahl bis zur schweren Körperverletzung. (Gespräch 1993)

Aber in erster Linie interessiert ihn nicht das Delikt, sondern:

... so etwas wie asoziales Verhalten zum Beispiel. Das war ja nun nicht politisch motiviert. ... Darunter verstand man, wer sich aus Arbeitsscheu mehrere Monate der Arbeit entzieht und das gesellschaftliche Zusammenleben oder die staatliche Ordnung beeinträchtigt. Da gab es verschiedene Formen der Beeinträchtigung, die man so definiert hat in Richtlinien. Also im Sinne eines nicht geschlossenen, aber doch Katalogs der Formen von Beeinträchtigung. Also zum Beispiel: Zechprellerei, oder das Nicht-Begleichen von Zahlungsverpflichtungen, die demonstrative Missachtung gesellschaftlicher Einflussnahme durch die Abteilung Innere Angelegenheiten der örtlichen Räte. ...

Ja, das ist ja so, dass das Kontrollsystem, das Kontrollnetz ziemlich engmaschig gestaltet (war). Wenn jemand Schwierigkeiten mit seiner Arbeitsdisziplin (hatte), dann ist er doch im Wohngebiet, im Betrieb aufgefallen. Wenn es da über längere Zeit schon Probleme gab, dann waren die Betriebe verpflichtet, den örtlichen Rat, den Rat des Kreises oder den Rat der Stadt über das arbeitsscheue Verhalten dieses Bürgers zu informieren. Die Abteilung Innere Angelegenheiten hat dann auf der Grundlage der berühmt-berüchtigten Gefährdeten-Verordnung die Erfassung des Betreffenden als kriminell gefährdeter Bürger vorgenommen. Man ging also davon aus, da gibt es bestimmte massive Anzeichen arbeitsscheuen Verhaltens zum Beispiel oder Alkoholmissbrauch während der Arbeitszeit oder Nicht-Begleichen von Zahlungsverpflichtungen, Unterhaltsverpflichtungen. Dann sind die durch Ratsbeschluss erfasst worden und haben dann auf Grund dieser Gefährdeten-Verordnung Auflagen bekommen, sich wöchentlich oder einmal im Monat zu melden, (oder) bis dann und dann den Nachweis darüber vorzulegen, dass sie ihre Zahlungsverpflichtungen erfüllt haben, sich einer fachärztlichen Heilungsbehandlung zu unterziehen. Oder, was in der Regel war, den Arbeitsplatz nicht ohne Zustimmung des Rates der Stadt zu wechseln. Das war außergerichtlich, ... dem Strafrecht vorgeschaltet.

Das war darauf gerichtet, möglichst zu verhindern, dass der Abweichler bestraft werden musste. Nun haben sich aber aus den verschiedensten Gründen, wegen Lebensuntüchtigkeit, auch (wegen) permanenter Unlust zur Arbeit, oder weil sie einen anderen Lebensstil hatten, einige geweigert ... zu arbeiten. Meistens waren das auch ziemlich labile, primitive Typen. Ungelernte, auch aus schlechten Verhältnissen Stammende, was man durchaus erkannt hat, dass man auch gemerkt hat, dass in den seltensten Fällen der Einsatz der Strafe zum Erfolg geführt hat.

Es gab eben keine anderen Mittel in der damaligen Zeit. Man hat das auch akzeptiert, wie es bestand, ... sich durch soziale Absicherung, Vollbeschäftigung ausgezeichnet, was für sich alleine genommen nichts Schlechtes ist. Da war es auch unverständlich, wenn man die Sicherheit eines Arbeitsplatzes eben nicht als solche akzeptieren konnte und genutzt hat, um sich ein vernünftiges Leben zu gestalten, sondern rumgehangen hat, was meistens mit Alkohol verbunden war, oder auch dann andere Straftaten begangen hat. Und dann sind die wegen asozialen Verhaltens in Tateinheit mit Diebstahl in der Regel auch zu einer Strafe mit Freiheitsentzug verurteilt worden.

> Und das war dieser Widerspruch (mit den Resozialisierungsmaßnahmen, E.M.H.), dass eben auch in den Betrieben und Kollektiven die Werktätigen das nicht verstanden haben, dass so keine übergroße Toleranz mit den ‚Assis', sage ich jetzt mal, oder Bummelanten bestand. (Gespräch 1993)

Diese Betreuungs- und Kontrollmaßnahmen wurden auch bei häufiger Straffälligkeit wiederholt. Er betont, dass er uneingeschränkt diese Maßnahme mit der arbeitskollektiven Beteiligung für gut hält, aber dass alles in allem die Rückfallquote 70 bis 80 Prozent betrug.

Aber nicht nur die Straftäter und die Arbeitskollektive schätzten die Maßnahmen wenig, auch innerhalb der verschiedenen Instanzen der Rechtspflege konnten sich die Staatsanwälte und Richter häufig nicht durchsetzen. Hinzu kam, dass auch die Betriebe sich weigern konnten, in die Resozialisationsmaßnahmen mit einzusteigen.

> Aber ich muss Ihnen dazu sagen, so repressiv wie die Verfolgung dieser Delikte war, so gleichberechtigt war die Behandlung, das ist jetzt vielleicht ein hochgestochenes Wort, weil die Ausgangssituation für sie ungünstig war, aber immer wieder wurde versucht, auch unter Einbeziehung oder Einflussnahme der Staatsanwälte und Richter sie nicht nur zu bestrafen ... .
>
> Richter und Staatsanwälte sind zum Beispiel in die Arbeitskollektive gegangen, haben mit den Kollegen darüber beraten, was man nun mit den ‚Assis' machen kann. Wir haben versucht, auf Ablehnungen natürlich mit innerer Überzeugung zu argumentieren. Nicht etwa, weil wir zu so einer Position gezwungen worden wären. Richter und Staatsanwälte sind also in die Kollektive gegangen und haben versucht, trotz aller Bedenken zu wirken, die haben gesagt, wir nehmen den nicht mehr, die Brigade geht in Streik, wenn der kommt. Bis dahin ging es manchmal. Und wir haben gesagt: Nein, ihr müsst es wieder versuchen. Also die Einstellung in den Kollektiven war oft sehr ablehnend. Wir haben versucht, uns für den Strafentlassenen dann einzusetzen.
>
> Wir haben versucht, mit Engelszungen ... auf die Leute einzureden, und sie dazu zu bewegen, dass sie unvoreingenommen, soweit das überhaupt möglich war, den Abweichler wieder aufzunehmen, dass sie dem von ihren Sachen was abgeben, die sie vielleicht sowieso zu Hause raussortieren werden, alte Möbel, Bekleidung ..., dass sich einer findet, der ihm das Geld ein bisschen verwaltet. Manchmal auch eine ältere Kollegin, die dann mal vorbeigeht und saubermacht. Oder, was in Anführungsstrichen ‚ganz beliebt' war, weil die ja immer gesagt haben, wir werden frühmorgens nicht wach, wenn sie nachts gefeiert haben, dann sollte da jemand vorbeigehen. Fahrt doch vorbei, haltet an und klingelt den heraus, am besten nehmt ihr ihn gleich mit zur Arbeit. (Gespräch 1993)

Anfang der 1980er Jahre gibt es auf Drängen der Betriebe einen Ministerratsbeschluss, dass die ehemaligen Straffälligen nicht mehr in die regulären Arbeitsbrigaden aufgenommen werden müssen, sondern dass diese Personen in einer besonderen Brigade zusammengefasst werden, sie rund um die Uhr von einer Person betreut werden, und das sowohl im Betrieb wie in eigens geschaffenen Wohnheimen. Mit einer Schlusseinschätzung unterstreicht der hier interviewte Staatsanwalt noch einmal detailliert diese Form der Rechtspflege und übt gleichzeitig Kritik an der jetzigen Rechtspflege und am beruflichen Habitus der Richter und Staatsanwälte.

Ohne nun meinen eigenen Stand hervorheben zu wollen, aber ich glaube schon, dass die Staatsanwälte da eine besondere Rolle gespielt haben, in der Verbindung mit den Arbeitskollektiven zum Beispiel, weil ja jetzt so viel von Demokratisierung die Rede ist. Es war natürlich nicht alles autoritär oder alles erzwungen. Es gab durchaus eine große Zahl demokratischer Elemente in der Rechtspflege, die man heute suchen kann, die es heute nicht gibt. Ich denke da nicht nur an die gesellschaftlichen Gerichte und an die Mitwirkung der Kollektivvertreter, Vertreter der Arbeitskollektive in den gerichtlichen Hauptverhandlungen, auch mit eigenem Mitspracherecht. Oder an die Teilnahme der Polizisten und Staatsanwälte an den Kollektivbeurteilungen, die den Hauptverhandlungen vorausgingen und in deren Ergebnis dann Vertreter der Arbeitskollektive benannt wurden, die die Auffassung des Arbeitskollektivs im Gerichtssaal vertreten haben. Ich denke an verschiedene Formen der Bürgschaften zum Beispiel, wo sich Arbeitskollektive oder auch private Bürgen bereit erklärt haben, innerhalb der Bewährungszeit, falls eine Bewährung zustande kam, bestimmte Pflichten zu übernehmen und auch die Einhaltung von Verpflichtungen des Beschuldigten oder Angeklagten, den Verurteilten zu überwachen.

Und es gab durchaus viele Elemente, die einer demokratischen Justiz gut zu Gesicht stehen. Die natürlich heute keine Berechtigung mehr haben, das ist mir schon klar, weil das nicht realisierbar ist. Aber die durchaus auch eine größere Nähe, eine größere lebensweltliche Verbindung der Justiz und der Gesellschaft bewirkt haben. Während es doch heute so ist, dass dem normalen Bürger, selbst dem ausgebildeten Juristen, das Justizsystem doch als etwas undurchschaubar, abgehoben von der gesellschaftlichen Wirklichkeit ... vorkommt, das kaum direkt eine Verbindung hat zu den Leuten, zu den Bürgern, zu den Kollektiven. (Gespräch 1993)

2.4 Die Journalisten und andere Medienberufe[102]

Journalismus und Journalisten – Der historische Weg zum Journalistenberuf – Professionelles Handeln oder: Ist der Journalismus eine Profession? – Medien- und Kulturberufe: Journalisten und andere in der DDR – Ausbildung der Journalisten – Das Mediensystem

Der ‚umgelenkte Skeptiker'? Jg. 1930-1998, leitender Journalist beim Rundfunk, Fernsehen und Dokumentarfilm der DDR, Mitglied der Akademie der Künste der DDR – Die Sanktion einer Abweichung – Vom Napolaschüler zum sozialistischen Journalisten und Dokumentarfilmer – Der Dokumentarfilmer als biographischer Experte

Das Ringen um eine exponierte Position – Jg. 1935, Ingrid Zuckermann, Rundfunk- und Printmedienjournalistin – Biographisches – Biographische Konstruktionen zu Lebensbildern

‚Unter Genieverdacht'?, Jg. 1942-2003, Der Journalist und Mediendozent Paul Gatt

---

102 Für die kritische Durchsicht der ersten Fassung eines Teils dieses Beitrages bedanke ich mich bei Hartman Leitner, Michaela Pfadenhauer, Ursula Streckeisen und Wilke Thomssen. Eine gekürzte Fassung dieses Beitrages mit dem Titel „Journalismus als Beruf. Kritik, Kompetenz und das Alltagsgeschäft". In: Pfadenhauer, Michaela, Hg., Professionelles Handeln. Wiesbaden: VS Verlag für Sozialwissenschaften 2005, 147-163.

– Kulturelles Kapital: Der professionelle Habitus – Das Biographische im Professionellen und vice versa

„Ich war immer schon ein zielstrebiger Mensch", Jg. 1957, Pia Braun, Rundfunk- und Fernsehjournalistin – Biographisches – Die Wendegewinnerin – Ausblick

Journalismus und Journalisten

Aus soziologischer (und historischer) Sicht gehören Journalismus und Journalisten zum System medienvermittelter Kommunikation, und zwar Kommunikation über laufende Ereignisse und gegenwärtige Phänomene: Journalisten sind befasst mit der Sammlung, Aufbereitung und Verbreitung von Nachrichten (Dofivat 1976; Silbermann 1982), zu denen sie zugleich Stellungnahmen und/oder Gesichtspunkte der Meinungsbildung mitliefern. Nach Maßgabe der (technischen) Möglichkeiten ihres Mediums an ein zunächst unbestimmtes Publikum adressiert, schaffen sie jeweils ‚Öffentlichkeit(en)' in dem Maße, wie sie Aufmerksamkeit wecken und wach halten, wobei einige nachrichtenerzeugende Bereiche als Dauerthemen institutionalisiert sind, so dass sie normativ die Aufmerksamkeit derjenigen beanspruchen, die als ‚Zeitgenossen' (im Schützschen Sinn) gelten wollen. Ursprünglich auf die Herstellung und Verbreitung von Druckschriften begrenzt, schließt der Bereich journalistischer Tätigkeit heute Rundfunk, Fernsehen und jegliche Art elektronischer Medien ein. Und da Kommunikation unverzichtbar beziehungsweise umgekehrt diese zum Motor der Differenzierung geworden ist, lassen sich Umfang und Reichweite journalistischer Tätigkeit so wenig eindeutig abgrenzen, wie sich die Zahl der Journalisten eindeutig angeben lässt.

Das Statistische Bundesamt führt unter der Kategorie 821 sozialversicherungspflichtige PublizistInnen, und dazu gehören auch Schriftsteller, Dramaturgen, Lektoren, Redakteure, Rundfunk- und Fernsehsprecher. Von insgesamt 36.172.000 sozialversicherungspflichtig Beschäftigten gehörten der Kategorie 821 im Mai 2003 insgesamt 133.000 Personen an, davon waren 42 Prozent weiblich und 58 Prozent männlich. Die zweite Quelle sind Angaben zu den Freien Berufen. Zu den Freien Berufen werden heilkundliche, technisch-naturwissenschaftliche, rechts- und wirtschaftsberatende und Kulturberufe gerechnet (vgl. Mieg 2003, 20). „Angehörige Freier Berufe erbringen aufgrund besonderer beruflicher Qualifikation persönlich, eigenverantwortlich und fachlich geistig-ideelle Leistungen, unabhängig im Interesse ihrer Auftraggeber und der Allgemeinheit. Ihre Berufsausübung unterliegt in der Regel spezifischen berufsrechtlichen Bindungen nach Maßgabe der staatlichen Gesetzgebung oder des von der jeweiligen Berufsvertretung autonom gesetzten Rechts, welches die Professionalität, Qualität und das zum Auftraggeber bestehende Vertrauensverhältnis gewährleistet und fortentwickelt." (vgl. BFB-Jahrbuch 2001/2002, 229; vgl. auch Der Bundesgesetzgeber 1998 PartGG [BGBl.I,1878], in: Bericht der Bundesregierung vom 19.06.2002, 2) Das Bundesministerium für

Wirtschaft und Arbeit und der Bundesverband der Freien Berufe ermittelten für 2003 für die freien Kulturberufe 168.300 von insgesamt 782.665 Personen, 2004 gehörten 816.759 Personen den Freien Berufen an, davon wurden 187.000 Personen den Freien Kulturberufen zugeordnet. Zu den Freien Kulturberufen gehören per definitionem Künstler, Journalisten, Diplompädagogen, Dolmetscher, Übersetzer, Schriftsteller, Designer, Restauratoren, Yogalehrende, Tanztherapeuten und Okularisten. Die dritte Institution oder auch Quelle ist der „Bericht der Bundesregierung über die soziale Lage der Künstlerinnen und Künstler in Deutschland" (2000), hier insbesondere zur Künstlersozialversicherung, die 1983 für selbständige Künstler und Publizisten gegründet wurde. Der Versichertenbestand wird geordnet nach Wort[103], Bildende Kunst, Musik und Darstellende Kunst. Am 1. Januar 2000 hatte die Künstlersozialversicherung 107.169 Mitglieder, davon waren rund 41 Prozent weiblich. Der Versichertenbestand hat von 1983 mit 12.559 und 1999 mit 107.167 Mitgliedern um mehr als 90 Prozent zugenommen. In diesem Bericht wird auch darauf hingewiesen, dass es nur wenige Versicherte unter dem 30. Lebensjahr gibt, die Hauptzugänge bewegen sich zwischen dem 30. und 40. Lebensjahr.

Der Deutsche Journalistenverband (DJV [BRD → VDJ in der DDR]) sieht sich als größte deutsche Journalisten-Gewerkschaft mit 40.000 Mitgliedern. Karin Gottschall (1999) legt ihrer Studie über „Freie Mitarbeit im Journalismus" 54.000 hauptberufliche Journalisten und Journalistinnen zugrunde[104]. „Zwei Drittel der Journalisten sind fest angestellt, ca. ein Drittel ist freiberuflich tätig (Angaben des Deutschen Journalistenverbandes). Dabei arbeitet die Mehrheit für Zeitungen (45 Prozent) und Zeitschriften (15 Prozent); ca. 20 Prozent sind beim öffentlichrechtlichen, ca. 6 Prozent beim privaten Rundfunk tätig." (Gottschall 1999, 639).

Es wird der Frage nachgegangen, ob der Journalismus eine Profession ist. Zur Klarstellung scheint erst einmal dienlich zu sein, den deutschen historischen Weg des journalistischen Berufs nachzuzeichnen, zum anderen wird zu zeigen sein, dass es gerade nicht der Wunsch nach objektiver und freier Berichterstattung und Information ist, der das Pressewesen hervorbringt, sondern dass im Gegenteil am Anfang des Pressewesens die Verbreitung parteilicher Standpunkte in Flugschriften, Pamphleten usw. steht, und dass es die Umstellung der Kommunikation auf mediale Vermittlung – gewissermaßen die List der Vernunft – selbst ist, die zur

---

[103]   Zur Kategorie Wort gehören Schriftsteller, Belletristen, Dichter, Bühnen-, Film-, Funk- und TV-Autoren, Lektoren, Journalisten, Redakteure, Bildjournalisten, Bildberichterstatter, Pressefotografen, Kritiker, wissenschaftliche Autoren, PR-Beschäftigte, Übersetzer, Vortragsredner und Sonstige. 1999 waren aus dem journalistischen Bereich (von Journalist bis Kritiker) 16.080 Personen Mitglieder in der Künstlersozialversicherung.

[104]   Diese Anzahl stimmt mit der von Weischenberg (1995, 511f) genannten überein. Der gewerkschaftliche Organisationsgrad liegt nach Weischenberg bei 56,3 Prozent.

Auflösung von (dogmatisch begründeten) Wahrheitsansprüchen beiträgt. Verberuflichung, die Entwicklung beruflicher Standards und eine Berufsethik sind Teile eines Professionalisierungsansatzes, der sich im Wesentlichen aus der Logik medienvermittelter Kommunikation selbst entwickelt, insbesondere an der Schnittstelle, wo sich aus der medienvermittelten Kommunikation ein eigenständiger, gewinnversprechender Wirtschaftszweig verselbständigt. Und nicht zuletzt ist es die Figur oder auch Idee des (politischen) Bürgers, die ebenfalls auf Kommunikation angelegt ist und daher dort, wo es politisch virulent wird, die Entwicklung des Journalismus begünstigt.

Der historische Weg zum Journalistenberuf

Vorläufer des redaktionellen Journalismus in Deutschland mit einem Arbeitsmarkt war die sogenannte präjournalistische Periode im 16. Jh. (Pamphlete, öffentliche Bekanntmachungen u.a.), ihr folgte die Periode des korrespondierenden Journalismus. Hier wurden Nachrichten per Korrespondenzen eingeholt, gesammelt und veröffentlicht. Journalisten, die diese Arbeit besorgten, waren überwiegend Postmeister oder Drucker, die ihre Nachrichten ohne redaktionelle Bearbeitung in kleiner Auflage veröffentlichten. „(E)in Räsonnement, wie die Zeitgenossen das Diskutieren der Ereignisse nannten, blieb in vielen der so entstandenen ,Avisenzeitungen', sei es wegen mangelnder Qualifikation der ,Redakteure', sei es, weil die Zensur wenig Spielraum dazu ließ, bis weit ins 19. Jahrhundert hinein aus." (Requate 1995, 118) Nahezu parallel entwickelte sich zwischen 1750 und 1850 der sogenannte Schriftstellerjournalismus, der langsam abgelöst wurde vom redaktionellen Journalismus oder auch, wenn wir die Trägerschaft mit einschließen, vom Herausgeber- und Verlegerjournalismus. Der Herausgeberjournalismus war in jedem Fall mit dem Gründer der Zeitung bzw. der Zeitschrift verbunden. Für die Verlegerzeitung, das Familienunternehmen, über Generationen in einer Hand, war das primäre Interesse der wirtschaftliche Erfolg ihrer Presseprodukte (vgl. ibid., 118-124). Untersuchen wir nun die Entstehung eines Arbeitsmarktes für Journalisten. „... in Form von Zeitungsredaktionen, die mit fest angestellten, hauptberuflichen Redakteuren besetzt wurden. ... (Dieser Arbeitsmarkt) war ein Teil der Herausbildung eines literarisch-publizistischen Marktes, der seit dem ausgehenden 18. Jahrhundert zunächst einer kleinen, aber langsam wachsenden Zahl von Männern und sehr wenigen Frauen die Möglichkeit eröffnete, vom Schreiben in seinen unterschiedlichen Formen zu leben." (ibid., 125)

In der ersten Hälfte des 19. Jh. steckte der Journalismus noch in den Kinderschuhen. Den Zeitungsverlegern, die gleichzeitig Redakteure waren, standen nebenberuflich Gymnasiallehrer, in kleineren Orten Pfarrer, aber auch Schriftsteller zur Seite, überwiegend Akademiker, die Fremdsprachen beherrschten und für die Auswertung ausländischer Zeitungen verantwortlich zeichneten. „Vor allem im

Vormärz sehnten sich viele (Schriftsteller) nach den Zeiten zurück, in denen es noch möglich gewesen war, von einer Mäzenenrente zu leben oder in einer Stellung als Hofpoet oder Bibliothekar ohne größere dienstliche Verpflichtungen und ohne Erwerbsdruck seinen schriftstellerischen Neigungen nachzukommen." (ibid., 125) Die Ausbreitung des literarisch-publizistischen Marktes bot denjenigen eine Chance, die diesem Broterwerb nachgehen wollten, bedeutete jedoch auch Druck und Zwang für diejenigen, die davon leben mussten, denn die Einkommen aus dieser Tätigkeit sicherten in dieser Zeit nur wenigen ein angenehmes Auskommen. Langsam setzte sich jedoch bei den Verlegerzeitungen (zum Beispiel bei der Cottaschen Allgemeinen Zeitung oder dem Hamburger Correspondenten) die Einstellung von ein bis zwei Redakteuren durch. Historisch sind diese Entwicklungen von den Karlsbader Beschlüssen[105] und der Zeit des Vormärzes (1830-1850) gerahmt, dem 19. Jh., einer Zeit, in der sich die Strukturen des öffentlichen Interesses oder auch der Öffentlichkeit veränderten (Habermas 1990)[106]. Die Verdrängung „der Verlegerredakteure sowie (der) nebenberuflich tätigen Redaktionshilfen bis zur quasi vollständigen Durchsetzung von Berufsjournalisten in den politischen Zeitungen zog sich bis ins 20. Jahrhundert. Einen Schub erhielt die Entwicklung in den siebziger Jahren des 19. Jahrhunderts, als sich in Folge des Reichspressegesetzes der wirtschaftliche Spielraum der Zeitungen erweiterte und eine Welle von Neugründungen einsetzte." (Requate 1995, 130) Trotz der Einstellung von Redakteuren[107] wurden aber weiterhin freie Mitarbeiter für die Zeitungs-

---

[105]   Die Karlsbader Beschlüsse waren die politische Reaktion auf die Ermordung des deutschen Dramatikers August von Kotzebue durch den Studenten Karl Ludwig Sand am 23. März 1819. Den vom österreichischen Staatskanzler Fürst von Metternich ausgearbeiteten Karlsbader Beschlüssen traten Preußen und acht weitere Staaten bei. Die Karlsbader Beschlüsse beinhalteten eine allgemeine Pressezensur, das Verbot der Burschenschaften, die Entlassung revolutionär gesinnter Lehrkräfte vornehmlich an den Universitäten inklusive der Überwachung der Universitäten und die Einrichtung einer zentralen Untersuchungskommission in Mainz. Aufgehoben wurden die Karlsbader Beschlüsse 1848 (vgl. http://www.dsg.ch vom 16. März 2004).

[106]   In England (Habermas 1990, 122ff), Frankreich und USA (Requate 1995) beginnen diese Entwicklungen bereits in der zweiten Hälfte des 18. Jh. (kritisch zu Habermas 1990: Jäger 1973, 76ff). Neben der strukturellen Veränderung der überwiegend bürgerlichen Öffentlichkeit war für die Entwicklung des deutschen Pressewesens im 19. Jh. auch entscheidend, dass neben der in Preußen 1717 eingeführten Schulpflicht in Deutschland der Schulzwang 1870 eingeführt wurde, was dann 1919 in der Weimarer Verfassung (Art. 143) mit den Rechten und Pflichten zum Schulbesuch und der Unterrichtspflicht des Staates festgeschrieben wurde. Nicht nur der kleine Kreis der Bürgerlichen konnte schreiben und lesen, sondern in diese Bildungsreformen wurde auch die große Gruppe des Landarbeiter- und Industrieproletariats mit einbezogen.

[107]   Immer wieder klagten die Zeitungsverleger darüber, dass sie keine geeigneten Kräfte für die Redaktionsarbeit fanden. Auf Stellenausschreibungen, so auf ein Inserat in der *Schlesische(n) Zeitung*, 1879, bewarben sich 60 bis 70 Personen. Die Stelle war mit 3500 Mark Jahresgehalt ausgeschrieben und sollte „mit einem den höheren Gesellschaftsklassen angehörenden Publicisten christlicher Abstammung besetzt werden, welcher mit einer vollständig abgeschlossenen Gymnasial- und

Fußnote wird auf der nächsten Seite fortgesetzt

arbeit herangezogen.

Die Journalisten des 19. Jh. kamen überwiegend aus dem Bildungsbürgertum und aus der Beamtenschicht (50 bis 57 Prozent) (ibid., 139ff). Der Anteil der Journalisten/Redakteure aus den Handwerkerschichten nahm ab, Redakteure aus dem Arbeitermilieu waren ohnehin selten und kamen in der Regel aus dem Buchdruckerberuf. Der Berufszugang, das meint in diesem Zusammenhang die schulische und universitäre Ausbildung der frühen Journalisten, war heterogen. Rund 80 Prozent der tätigen Journalisten/Redakteure hatten ein Studium absolviert, 5 bis 6 Prozent waren Studienabbrecher, und weniger als 20 Prozent hatten nicht studiert. Ungefähr die Hälfte der Akademiker war promoviert. „Wie sehr der Journalistenberuf im allgemeinen Bewußtsein als ein akademischer Beruf galt, wird nicht zuletzt daran deutlich, daß es offenbar mindestens bis in die achtziger Jahre des 19. Jahrhunderts üblich war, Journalisten mit ‚Herr Doktor' anzureden." (ibid., 145) In dieser Zeit gab es zahlreiche Journalisten, die erst nachdem sie eine Redakteursstelle hatten, ihren Doktorgrad erwarben oder noch einmal ein Studium aufnahmen, sei es um etwas nachzuholen, sei es wegen des Prestiges oder um ihre Karrierechancen zu verbessern oder auch um besser für ihren Beruf gewappnet zu sein. Die soziale Zusammensetzung der im Pressewesen Tätigen änderte sich erst nach dem Reichspressegesetz 1874[108], als das Pressewesen expandierte und die Redaktionen um Ressorts vergrößert wurden. Zeitungen, die ihr Schwergewicht auf Handels- und ökonomische Fragen konzentrierten, beschäftigten bis zu 44 Prozent Nicht-Akademiker, die Erfahrungen in kaufmännischen Berufen hatten. Das Politikressort und das Feuilleton blieben Nicht-Akademikern weitgehend verschlossen. Die ‚Akademisierung' der Redaktionen wurde insbesondere von Journalisten beklagt, die im Ausland (z. B. England, Frankreich usw.) Erfahrungen machten. Sie hoben hervor, dass die akademischen Journalisten die Zeitungsherstellung wie eine akademische Disziplin betrachteten, schwerlastig, voll mit grauer Theorie, ausgearbeitet für ein lernbedürftiges Publikum (ibid., 155ff). Im Lokaljournalismus war das Verhältnis Nicht-Akademiker zu Akademikern 30 zu 70, jedoch mit der Ausbreitung der lokalen Berichterstattung gegen Ende des 19. Jh. wurde das ein Bereich,

---

Universitätsbildung ausreichende Kenntnis der neuesten Geschichte und der preußischen Staatseinrichtungen, stilistische Gewandtheit und die Fähigkeit verbindet, französische und englische Zeitungen ohne besonderen Zeitaufwand zu lesen" (Requate 1995, 160/161). Andere Verleger, so der Chefredakteur der *Breslauer Zeitung*, stellten 1896 fest, „daß journalistischer Erfahrung auf lange Sicht der Vorrang vor dem Besitz formaler Bildungspatente" zu geben sei (ibid., 161).

[108]   Das Reichspressegesetz brachte nicht die insbesondere von der liberalen Presse erwartete Pressefreiheit. Bis weit in das 20. Jh. ertrug die Presse Zumutungen durch die Polizei und die Gerichte. Der Redakteur der linksliberalen *Berliner Zeitung* erlebte in seiner nahezu 50-jährigen Tätigkeit 33 Gerichtsprozesse und 20 Verurteilungen. Generell kann man sagen, dass die Presse in Deutschland in starkem Umfang polizeilicher und gerichtlicher Verfolgung ausgesetzt war (vgl. ibid., 244ff)

der mehr und mehr Nicht-Akademikern offen stand. Im letzten Drittel des 19. Jh. gab es dann für die Lokalredaktion den (überwiegend) vor Ort arbeitenden Reporter.

Journalisten des 19. Jh. hatten, bevor sie in den Journalistenberuf eintraten, häufig andere Berufstätigkeiten ausgeübt. Vor 1870 waren 32 Prozent der festangestellten Redakteure im Erstberuf Schriftsteller, nach 1870 waren es um 46 Prozent. Ihnen folgten Gymnasiallehrer und Hauslehrer[109] (vor 1870 um 30 Prozent und nach 1870 um 14 Prozent), ebenso wie in sehr viel kleinerem Umfang Justizangestellte, Rechtsanwälte, Pastoren, Ärzte, Privatdozenten, Professoren, Ingenieure und Chemiker, aber auch kaufmännische Angestellte, Buchhändler, Bibliothekare, Schauspieler oder auch Dramaturgen. Um 1850 lag das Berufsantrittsalter noch um 34 Jahre, um 1890 war es bereits auf 28 Jahre gesunken. Die großen Zeitungen boten zum Ende des 19. Jh. Volontariate für Berufsanfänger an.

Bereits im 19. Jh. ranken sich zwei Mythen um den Journalistenberuf. Auf der einen Seite der Mythos von der ‚gescheiterten Existenz‘, auf der anderen Seite der Mythos vom ‚geborenen Journalisten‘. Das Auffangbecken für gescheiterte Existenzen in anderen Berufen war dieser Beruf im 19. Jh. nicht, denn „die Zusammensetzung des Journalistenberufs (ist) weitgehend unabhängig von zyklischen Schwankungen in Studentenfrequenzen im allgemeinen als auch in einzelnen Fächern ...“ (ibid., 162). Unabhängig von zyklischen Akademikerschwemmen (Lehrer, Juristen) strebten nach der Lockerung der Pressegesetze 1874 mehr und mehr Akademiker in diesen Beruf, das waren nebenberufliche Schriftsteller, Freiberufler, aber auch Menschen aus Überbrückungsberufen wie Hauslehrer. Zwischen 53 und 56 Prozent der Journalisten studierten im 19. Jh. Philosophie, Geschichte und Philologie. 21 bis 33 Prozent hatten Jura, zwischen 4 und 15 Prozent Theologie, 3 bis 11 Prozent Nationalökonomie studiert, und schließlich kamen zwischen 4 bis 15 Prozent aus der Medizin oder anderen Naturwissenschaften (ibid., 162ff). Journalisten oder auch Redakteure, so kann man für die zweite Hälfte des 19. Jh. zusammenfassen, sind also keine Leute, die in anderen Berufen gescheitert sind, sondern „die ihren richtigen Beruf gefunden haben" (ibid., 165).

---

[109]   Der Beruf des Hauslehrers wurde nur in einer bestimmten Lebenszeit, in der Regel unmittelbar nach dem Studium, ausgeübt und starb im Laufe des 19. Jh. aus.

Gibt es typische Karrieremuster für diesen Beruf, gibt es den geborenen Journalisten? Um 1848 wurden zahlreiche Personen aus dem Schul- und Hochschuldienst, aber auch Juristen, die sich gegen die offizielle Politik wandten und kritische Schriften verfassten, politisch verfolgt und aus dem Staatsdienst entlassen. Sie konnten durch den Übergang in den Journalistenberuf überleben (ibid., 169/170). Wieder andere entschieden sich nach einer Zeit als Juristen, Gymnasiallehrer, Privatdozenten im Staatsdienst, in der sie parallel schon journalistische Beiträge verfasst hatten oder sich auch für die journalistische Arbeit beurlauben ließen, nach entsprechenden Angeboten in Chef- oder Redakteurpositionen zu wechseln (ibid., 172). Auch für ehemalige Militärpersonen war der Journalistenberuf interessant, insbesondere dann, wenn sie die Kriegsberichterstattung übernehmen konnten. Nicht zuletzt waren es die Schriftsteller, die neben ihrer schriftstellerischen Tätigkeit Kritiken und Essays schrieben, häufig aber dann in das Feuilleton der Zeitungen wechselten, wenn die Möglichkeit eines Vollzeitberufes bestand. Erfahrungen in anderen Berufen, gepaart mit einer Fähigkeit schreiben zu können, brachten schließlich Lehrer, Pfarrer, Ingenieure in den Journalismus. Ehemalige Schauspieler und Dramaturgen gingen in das Feuilleton, oder ‚Reisende', im Auftrage des Auswärtigen Amtes, und Handelsleute fungierten als Korrespondenten[110] verschiedener Zeitungen. Das alles waren Journalisten, die nicht unfreiwillig aufgrund besonderer Lebensumstände diesen Beruf ergriffen, sondern weil im Laufe der zweiten Hälfte des 19. Jh. dieser Beruf mehr und mehr attraktiv wurde[111]. „Mit der Expansion der Presse öffnete sich der Journalistenberuf zwar, doch diese Öffnung erfolgte vor allem durch das Entstehen neuer Zugangskanäle, nicht durch eine allgemeine Erweiterung der Zugangsmöglichkeiten zu dem (bürgerlichen) Beruf." (ibid., 178) Ein guter Leumund, neben Sach- und Fremdsprachenkenntnissen, und ein angesehener Mentor bildeten Zugangsvoraussetzungen. Nicht selten holten Verleger ein Gutachten von Professoren ein, die die Bewerber kannten, oder aber die Professoren empfahlen bestimmte Absolventen den Verlegern. Die Zugangschancen zu einer festen Anstellung als Redakteur politischer Zeitungen waren überwiegend abhängig von persönlichen Kontakten und vom Bekannt-

---

[110]   Korrespondenten waren Kontaktleute, die in den jeweiligen Ländern, aus denen sie berichteten, lebten und/oder ihren Geschäften nachgingen. In der Regel recherchierten sie nicht, sondern setzten ihre Berichte aus den Lokalzeitungen zusammen. Die *Allgemeine Zeitung* des Verlegers Cotta, die in den 40er Jahren des 19. Jh. als eine der größten Zeitungen mit einer Auflage von 9000 Exemplaren relativ erfolgreich war, hatte 23 Korrespondenten in Paris, 13 in Wien und Korrespondenten in China, Ostindien, Mexiko und Peru (Requate 1995, 278/279). Aus Wien berichteten überwiegend Regierungsbeamte, aus Paris und London hingegen berichteten Schriftsteller und Journalisten, unter anderem Heinrich Heine (derselbe 1885, Englische Fragmente, 233-302).

[111]   Der Journalistenberuf stellte für jüdische Hochschulabsolventen häufig einen erstrebenswerten kulturellen Beruf dar, da ihnen der Eintritt in den Staatsdienst als Professor, Studienrat oder Richter verboten war.

heitsgrad eines Schreibenden. Erst der wachsende Nachrichtenbedarf schuf nach 1870 größere Chancen für freie Mitarbeiter.

Vor 1848 war für 47 Prozent der Beruf des Journalisten auch der endgültige (Lebens-)Beruf, nach 1890 war das für 71 Prozent der Fall. Der Übergang oder auch der Wechsel vom Journalisten- zum Schriftstellerberuf war eher selten. Eindeutige Wechsel lagen vor 1848 bei 16,5 Prozent, nach 1890 waren es nur noch 11 Prozent der Journalisten, die Schriftsteller wurden. Der Rückzug aus dem Journalistenberuf war vom Erfolg als Schriftsteller abhängig (u.a. Theodor Fontane[112], Hermann Löns). Sofern die journalistische Tätigkeit in den 70er Jahren des 19. Jh. als Lebensberuf betrieben wurde, ist er es bei den allermeisten auch geblieben. Nur wenige vollzogen realiter den Übergang in eine Hochschullehrerlaufbahn oder in den Staatsdienst (zwischen 1,5 und 3,5 Prozent). Einigen Feuilletonjournalisten gelang es, die Leitung von Theaterhäusern zu übernehmen, und wenige wurden Lobbyjournalisten in Wirtschafts- oder anderen Verbänden. „(D)ie journalistische Tätigkeit in Deutschland (hatte) ganz im Gegensatz zu Frankreich nicht die Funktion einer Sprosse auf einer weiter nach oben führenden Karriereleiter ..."" (ibid., 187), sondern eröffnete eher selten die Möglichkeit für weiterführende Karrieren zum Beispiel in der Politik. Geographische Mobilität als ein Merkmal des Journalistenberufs war vor allen Dingen bis zur Mitte des 19. Jh. die Folge erzwungener Mobilität durch politische Ausweisungen. Dieser Typus war in der zweiten Hälfte des 19. Jh. nahezu verschwunden, denn „(i)n dem Maße, wie der Einstieg in den Beruf gezielter und unabhängiger von äußeren Zwangslagen angestrebt wurde, bekam die eigene Entscheidung auch bei der Frage der geographischen Mobilität zunehmend Gewicht" (ibid., 192). Das Sesshaftwerden ist ein weiteres Merkmal der Verberuflichung des Journalismus.

Gleichzeitig zogen sich die Verleger, die Eigentümer von Zeitungen, mehr und mehr aus der alltäglichen Zeitungsarbeit zurück, jedoch muss mit dem Mythos aufgeräumt werden, dass sich zumindest einige Verleger der im Familienbesitz befindlichen Unternehmen nicht in die redaktionelle Arbeit einmischten und die Selbständigkeit der Redaktionen nicht beeinflusst hätten, insbesondere dann, wenn dem Verlagsunternehmen von Seiten der Regierung mit Lizenzentzug gedroht wurde (ibid., 203-209). Es kann nicht davon ausgegangen werden, dass generell die Abhängigkeiten von den Verlagsunternehmern zum Ende des 19. Jh. zunahmen, denn die Situation der Journalisten verbesserte sich eher durch den expandierenden Markt. Auf der einen Seite machte der expandierende Zeitungsmarkt den Arbeitsmarkt für Journalisten größer, auf der anderen Seite jedoch war es weiterhin

---

[112]   „Theodor Fontane, der zwischen 1860 und 1870 das Feuilleton der *Kreuzzeitung* redigiert hatte, war anschließend nicht mehr als Redakteur tätig und somit vornehmlich Schriftsteller. Er schrieb jedoch weiterhin Theaterkritiken für die *Vossische Zeitung*." (ibid., 179)

schwierig, im Journalistenberuf Fuß zu fassen und ein Auskommen zu finden (ibid., 221/222). Die Entwicklung des redaktionellen Journalismus führte zur einer allmählichen (Ab-)Schließung der Berufsgruppe, und das bei aller Unterschiedlichkeit der sozialen Herkunft und der Bildungsverläufe der Journalisten.

Der äußeren Schließung oder auch Abgrenzung einer Berufsgruppe stellt sich in der Regel die innere Organisation der Berufsgruppe zur Seite. Berufsständische Vereinigungen stehen bei jeder Profession als Träger des professionellen Projekts im Mittelpunkt der Diskussion (Larson 1977), um die Institutionalisierung der Profession voranzutreiben (Requate 1995, 222). Bereits vor der Reichsgründung 1871 wurden die ersten Journalistenvereine gegründet.

Der erste Deutsche Journalistentag wurde 1864 in Eisenach abgehalten, zu dem die Zeitungen Mitarbeiter entsenden sollten. Gelegenheitsjournalisten waren auf Journalistentagen nicht erwünscht. Auf den jährlich stattfindenden Journalistentagen wurden presserechtliche Fragen (später Entwürfe zum Reichspressegesetz), das Ansehen des Berufs, aber auch die Abschaffung von Spezialgesetzen gegen die Presse (provisorische Beschlagnahme), die Altersversorgung für Journalisten und Hinterbliebene oder die Nachrichtenversorgung durch das „offiziöse Wolffsche Telegrafenbüro" (ibid., 224) diskutiert. Insbesondere die Diskussionen um das Reichspressegesetz wurden stark von den Vertretern der liberalen Presse geprägt; die konfessionelle, die sozialdemokratische oder die nationale Presse fühlten sich auf den Journalistentagen nicht vertreten. Von 1883 bis 1890 gab es keine Journalistentage, und als die Journalistentage danach wieder erstarkten, wurde das Rahmenprogramm immer umfangreicher. So gerieten die Journalistentage „zu wahren Inszenierungen von Bürgerlichkeit" (ibid., 228), die standespolitischen und professionellen Fragen hatten nur noch wenig Raum neben Festakten, Empfängen, Festessen und Reden eingeladener Gäste. Diese Veranstaltungen sollten das Erscheinungsbild beziehungsweise das Image des Berufs verbessern (ibid., 233). Das Reichspressegesetz von 1874 war allgemeinpolitischer, nicht aber „standespolitischer Natur" (ibid., 231). „Forderungen seitens der Journalisten nach besserer Bezahlung oder andere Ansprüche an die Verleger finden sich hier ebenso wenig wie Forderungen nach Einrichtung von Journalistenschulen oder gar einem Journalistenexamen." (ibid., 233) Die Vorstellung, dass man diesen Beruf erlernen könne, widersprach der Legende vom „geborenen Journalisten", den eine „gewisse künstlerische Aura" umgab (ibid., 234). In der Öffentlichkeit wurde der Journalistenberuf als ein respektabler Berufsstand mit einer geselligen Vereinspolitik wahrgenommen.

Am Ende des 19. Jh. hatte sich das Berufsbild des Journalisten trotz ungeregeltem Berufszugang und innerberuflicher Heterogenität entwickelt. Bei Feuilletonjournalisten waren die Grenzen zum Schriftstellerberuf weiterhin fließend, jedoch in allen anderen Ressorts und Positionen gingen diese Ambitionen nahezu gegen Null. Requate und andere sprechen von einer marktbedingten

Verberuflichung mit informellen Professionalisierungsansätzen. „So waren Entstehung und Ausdifferenzierung des Journalistenberufs nicht nur ein anonymer Marktprozess. Vielmehr können in dem Einfluss, den die Journalisten auf die Rekrutierung (hatten) sowie (in den) tatsächlichen oder vermeintlichen Anforderungen, die an neue Kollegen gestellt wurden, nämlich zu diesem Beruf ‚geboren' zu sein und zudem mindestens im politischen Journalismus möglichst eine akademische Ausbildung zu haben, Ansätze zu einem informellen Professionalisierungsprozeß gesehen werden." (ibid., 238)

Die Bemühungen, das Image des Berufes zu verbessern und nicht als „Pariakaste" (Weber 1992, 191) zwischen hochgebildeten Publizisten und dem Zeitungsproletariat zu gelten, nicht als Randgruppe, die sich in die alten Formen der staatlichen Laufbahnberufe nicht mehr einfädeln wollte und nach neuen ‚freien' Berufen suchte, können als der Versuch angesehen werden, den Journalistenberuf zu einem bürgerlichen Beruf zu machen. Für die Anerkennung als bürgerlicher Beruf war weniger das Ansehen des Berufs wichtig, sondern wer in diesen Beruf ging. Das waren überwiegend Personen aus bürgerlichen Elternhäusern, die sich von den bürgerlichen Laufbahnberufen verabschiedeten.

Es ist nicht von der Hand zu weisen, dass den Journalisten in der Diskussion um die freien Berufe kaum ein Platz in der Professionsliteratur eingeräumt wurde und wird, obwohl Journalist zu werden bedeutete, dass man „in besonderem Maße dem bürgerlichen Ideal von ‚Selbständigkeit' entsprach" (Requate 1995, 242; Siegrist 1988a, 1988b). Ähnlich wie die frei praktizierenden Ärzte und Rechtsanwälte war der Beruf des Journalisten nicht risikolos, auf eine vorgezeichnete Laufbahn konnte man sich – wie bei den Ärzten und Anwälten – nicht verlassen.

Die rechtlichen Beschränkungen der Pressearbeit durch Zensur, polizeiliche, häufig vorschnelle Beschlagnahmungen von Tages-, Wochen- oder Monatsausgaben, Gerichtsprozesse und Verurteilungen, angedrohtem oder vollzogenem Entzug der (Gewerbe-)Konzession standen einerseits der Kommerzialisierung der Presse, andererseits der Entwicklung eines Selbstverständnisses der Journalisten während des ganzen 19. bis hinein ins 20. Jh. im Weg. Selbst nach der Änderung des Reichspressegesetzes von 1874 gab es drei Felder der Auseinandersetzung zwischen Justiz und Zeitungen. Das waren der Zeugniszwang und auch die Zeugniszwangshaft, Beleidigung bei der Wahrnehmung öffentlicher Interessen (von der Beleidigung von Privatpersonen bis zur Majestätsbeleidigung) und nicht zuletzt „... die Anwendung des ‚Groben-Unfugs'-Paragraphen auf die Presse" (Requate 1995, 255). „Wenn dennoch der Druck auf die Presse langfristig abnahm, lag dies zum einen daran, daß die ‚Institutionalisierung' der Presse voranschritt und die Zeitungen lernten, mit gesetzlichen Bestimmungen, den Gängelungen und Verurteilungen zu leben. ... Ging es bei der vormärzlichen Zensur in erster Linie um eine Meinungskontrolle, also darum, die Verbreitung von Ideen und Meinungen zu verhindern, verlagerte sich die strafrechtliche Verfolgung der Presse auf eine

Nachrichtenkontrolle." (ibid., 264) Alles in allem ging es darum, die ungehinderte Berichterstattung einzuschränken. Nicht die im Vormärz leitende Idee der Meinungsbildung sollte unterdrückt werden, sondern es ging um die Verhinderung einer kritischen Öffentlichkeit, die von den Zeitungen „mittels Recherche und Weitergabe von Informationen" (ibid., 264) unterstützt wurde. Offen bleibt jedoch die Frage, ob die Tendenzen der Verberuflichung, die bis heute anhalten, letztendlich auch Tendenzen sind, die die Professionalisierung des Journalismus vorantreiben. Oder ist der Journalismus gar nicht professionalisierbar?

Professionelles Handeln oder: Ist der Journalismus eine Profession?

Max Weber kündigte auf dem ersten Deutschen Soziologentag in Frankfurt 1910 eine wissenschaftliche Untersuchung des Zeitungswesens an, die auch nach dem „Schicksal und der Situation des Journalistenstandes fragen" sollte (Weber 1992, 191)[113]. In seinem Vortrag ‚Politik als Beruf', genauer über den Typus des Politikers, schreibt er dem Politiker die Rolle eines Demagogen des gesprochenen Wortes zu, aber noch nachhaltiger ist für ihn das gedruckte Wort. „Der politische Publizist und vor allem der *Journalist* ist der wichtigste Repräsentant der Gattung." (ibid., 191) Der Journalist hat keine feste soziale Klassifikation. Er hebt hervor, dass die journalistische Leistung mindestens so viel Geist beanspruche wie die Gelehrtenleistung, nur im Unterschied zur Gelehrtenleistung muss diese sofort ‚auf Kommando' entstehen. Die Verantwortung für diese Leistung ist „eine weit größere ..., und auch das Verantwortungs*gefühl* jedes ehrenhaften Journalisten im Durchschnitt (steht) nicht im mindesten tiefer ... als das des Gelehrten. ... Daß vollends die Diskretion der irgendwie tüchtigen Journalisten durchschnittlich höher steht als die anderer Leute, glaubt niemand. Und doch ist es so." (ibid., 192) So stellt Max Weber fest, „daß der journalistische Arbeiter immer weniger, der kapitalistische Pressemagnat ... immer mehr politischen Einfluß gewinnt" (ibid., 193). Nicht zuletzt ist die „journalistische Laufbahn einer der wichtigsten Wege der berufsmäßigen politischen Tätigkeit. Ein Weg nicht für jedermann. ... Das Leben des Journalisten aber ist in jeder Hinsicht Hasard schlechthin. ... Die oft bitteren Erfahrungen im Berufsleben sind vielleicht nicht einmal das Schlimmste. ... Es ist durchaus keine Kleinigkeit, in den Salons der Mächtigen der Erde auf scheinbar gleichem Fuß, und oft allgemein umschmeichelt, weil gefürchtet, zu verkehren und dabei zu wissen, daß, wenn man kaum aus der Tür ist, der Hausherr sich vielleicht wegen seines Verkehrs mit den ‚Pressebengeln' bei den Gästen besonders rechtfer-

---

[113]   Zitiert nach der editorischen Anmerkung 53, in: Weber, Max (1919): Politik als Beruf. München und Leipzig: Duncker & Humblot, hg. von Mommsen, Wolfgang J., Schluchter, Wolfgang, und in Zusammenarbeit mit Birgitt Morgenbrod (1992): Max Weber, Wissenschaft als Beruf 1917/1919, Politik als Beruf 1919. Tübingen: J.C.B. Mohr (Paul Siebeck).

tigen muß ..." (ibid., 195, 196)

1913, nach der starken Ausweitung des Berufs durch die entstandene Massenpresse, hatten nur noch 25 Prozent der Redakteure eine akademische Bildung (vgl. Weischenberg 1995, 512). Die Öffnung des Journalistenberufs durch den Prozess der Entakademisierung geht also einher mit der Ausbreitung des Pressewesens, dem Ausbau der Redaktionen mit neuen Ressorts und stärkerer Aufgabenteilung. Diese Entwicklung führte aber nicht dazu, sich auf dem Reichstag der Presse 1913 auf ein Ausbildungskonzept für Journalisten zu einigen.

Die Ideen eines solchen Konzepts schwankten zwischen ‚journalistischer Begabung' und praxisorientierter Hochschulausbildung. Da es zu keiner Einigung kam, wurden Journalisten weiterhin – wenn überhaupt – in der Praxis ausgebildet, und deshalb konnten dann auch die Nationalsozialisten den geringen Bildungs- und Ausbildungsstand der Journalisten in den 1930er Jahren für ihre Zwecke ausnutzen (Schriftleitergesetz der Nationalsozialisten 1933). „Diese Pervertierung des Themas Journalistenausbildung durch die Einschränkung des Berufszugangs nach ideologischen Maßstäben hatte seine Tabuisierung nach dem Zweiten Weltkrieg zur Folge." (Weischenberg 1995, 513-515)

Erst 1968 brachte der Deutsche Journalistenverband dieses Thema wieder auf die Tagesordnung, nachdem sich zwei Jahre zuvor der Journalistenverband und die herrschende Publizistikwissenschaft langsam von „einem Journalismus der Berufenen und Begabten" getrennt hatten (ibid., 515). Im September 1969 schloss der Bundesverband Deutscher Zeitungsverleger e.V. mit den Gewerkschaften einen „Vertrag über die Ausbildungs-Richtlinien für Redaktionsvolontäre an Tageszeitungen" ab, in dem ein abgeschlossenes Hochschulstudium als berufsqualifizierendes Merkmal anerkannt und die zweijährige Volontariatszeit für diese KandidatInnen auf ein Jahr reduziert wurde (vgl. ibid., 515). Das von den Gewerkschaften favorisierte Berufsbild (Studium an einer Hochschule und/oder an einer anerkannten Ausbildungseinrichtung plus Volontariat) wurde von den Verlegern nicht als bindend akzeptiert; erst im Mai 1990 kam es zum Abschluss eines Tarifvertrags für Volontäre.

In diesem Kontext spielen Hochschulabschlüsse eine zentrale Rolle, sie „... bilden heute in der Regel die erste Schleuse für die Chance auf einen Arbeitsplatz in den Medien" (ibid., 519). Es scheint, dass der Journalistenberuf wieder ein Akademikerberuf geworden ist. Zwei Drittel der Journalisten hatten in den 1990er Jahren ein Fachstudium und/oder ein Journalistik-, Publizistik- oder kommunikationswissenschaftliches Studium abgeschlossen. Jedoch wird diese universitäre Ausbildung in der Regel durch eine berufsbezogene Ausbildung nach dem

Studium an einer überbetrieblichen Journalistenschule[114] ergänzt, die entweder vom Deutschen Journalistenverband und/oder privaten Verlegern betrieben wird. Und dennoch gibt es rund ein Viertel der heute tätigen Journalisten, die ihre „journalistischen Kenntnisse und Fähigkeiten ganz außerhalb einer formalisierten Ausbildung erworben (haben). Insofern ist der deutsche Journalismus – fernab aller Professionalisierungs-Anstrengungen – auch faktisch nach wie vor ein ‚offener Beruf‘." (ibid., 521)

Für das 19. Jh. bis zum Ende der Weimarer Zeit kann von einem informellen Professionalisierungsprozess gesprochen werden (Einfluss auf die Rekrutierung des Nachwuchses in den Redaktionen, Journalistenvereinen und -tagen; die modernere Form sind die Redaktionsstatuten der 1960er Jahre, die nach der Spiegelaffäre 1962 in einigen Redaktionen in Kraft gesetzt wurden), jedoch bleibt der Prozess informell, weil sich die Zugangsmöglichkeiten zu diesem Beruf weitgehend einer Institutionalisierung (verbindliche Ausbildung, Zugang und/oder Ausschluss) bis heute entziehen (Requate 1995, 398; Gottschall 1999, 639; Weischenberg 1977, 1995, 1998)[115].

Doch nicht nur die mangelnde Kontrolle beim Zugang zum Journalistenberuf, das Fehlen einer verbindlichen Norm für die Journalistenausbildung, der niedrige berufsständische Organisationsgrad, der noch sehr offene organisatorische Arbeitnehmerstatus und anderes sind Stolpersteine auf dem Weg in die Professionalisierung, sondern die ‚Kritik‘ ist nicht wie in anderen sozialen Professionsgebilden „ausdrücklich eingebaut; etwa (wie) in der Wissenschaft, die durch und von der Kritik lebt. In jedem Beruf ist Kritik notwendig, in dem die Anwendbarkeit spezialisierter Normen von der nicht eindeutigen Interpretation einer regelmäßig

---

[114]   Einige Einrichtungen der Aus- und Fortbildung für Journalisten sollen hier genannt werden: Journalistenschule Axel Springer, Ausbildungsdauer zwei Jahre; rtl-Journalistenschule, Ausbildungsdauer zwei Jahre; Henri-Nannen-Schule, Hamburger Journalistenschule, Ausbildungsdauer etwa 18 Monate; Kölner Journalistenschule für Politik und Wirtschaft, Ausbildungsdauer vier Jahre; Georg von Holtzbrinck-Schule für Wirtschaftsjournalisten, Ausbildungsdauer 18 Monate. Daneben gibt es konfessionelle Einrichtungen und Ausbildungsstätten der Bundesländer für Journalisten.

[115]   „(...) perhaps the impossibility of controlling the main lines of development makes journalists feel so much at the mercy of powers beyond their reach that they have never taken up problems where their influence might be of some effect" (Carr-Saunders/Wilson 1964, 270). Weaver und Wilhoit stellen 50 Jahre später fest, dass „(t)he modern journalist, then, is *of* a profession but not *in* one. The field has come to represent the prototype of the occupational form that Wilensky (1964) foresaw some twenty years ago. The journalist is in a ‚hybrid organization‘ that combines both professional attributes and bureaucratic controls. The career journalist values ‚professional standards of work‘ ... ‚is an important link between professional culture and civil culture, the man of knowledge and the man of power‘ (Wilensky 1964, 158). The institutional forms of professionalism, however, likely will always elude the journalist." (Weaver/Wilhoit 1991, 145)

sehr komplexen Situation abhängt oder die Normen sich von ambivalenten Wertvorstellungen höherer Allgemeinheit ableiten und immer wieder neu bestimmt werden müssen. Solche Berufe werden professionalisiert, das heißt mit bestimmten sozialen Schutzmechanismen ausgestattet, die Kritik ermöglichen, indem sie sie auf bestimmte Normen und auf einen bestimmten Personenkreis beschränken." (Lepsius 1964, 83)

Im Rahmen einer Profession ist die Kritik von Angehörigen der Profession, die sich einem Zugangsmechanismus untergeordnet haben, kompetente Kritik. Solange sich die Kontrahenten an die professionellen Regeln halten, genießen sie auch den Schutz der Profession. Jedoch sind „Berichterstattung und Informationen ... derart weitläufige Tätigkeiten, daß es schwierig ist, durch feste Zugangsregeln die Berufszugehörigkeit eines Journalisten festzulegen und den Geltungsbereich seiner Berufsautonomie so zu definieren, daß sie nicht zu einer Beschränkung führt." (ibid., 85) Die Einhaltung der Berufsmoral und die notwendigen Sanktionen bei einer Abweichung können durch kein Standesgericht geklärt werden, und damit ist es unmöglich, jemanden aus der Profession auszuschließen. Die Strukturbedingungen verhindern eine Professionalisierung; die Journalisten bleiben allenfalls eine Quasi-Profession, selbst dann, wenn ihnen ein Informationsrecht und ein Zeugnisverweigerungsrecht zugestanden werden und die journalistische Sorgfaltspflicht ein unverzichtbarer Bestandteil ihrer Berufsrolle ist. Die Autonomie der Journalisten ist durch die Institutionalisierung der Pressefreiheit gewährleistet (Satz 2 des Art. 5, Abs. II GG, siehe ibid., 85), ein Bestandteil ihrer Berufsrolle jedoch ist diese Autonomie nicht.

Der Journalistenberuf ist nicht nur ein Fall ‚unvollständiger Professionalisierung', sondern auch ist der Journalistenberuf nicht professonalisierbar, beziehungsweise dies nur um den Preis der Aufgabe, mindestens aber Gefährdung von Presse- und Meinungsfreiheit. Das war und ist überall dort zu beobachten, wo Journalisten auf ihre ‚gesellschaftliche Verantwortung' und auf Standards (zwangs-)verpflichtet wurden. Auch ist in diesem Zusammenhang auf die unterschiedliche Wirksamkeit professioneller Kontrolle hinzuweisen. Die Mitgliedschaft in Ärzte- und Anwaltskammern ist eine Zwangsmitgliedschaft, und diese Einrichtungen können aufgrund der ihnen zugesprochenen Aufgaben und Rechte, mit Hilfe von Ehrengerichten, im äußersten Fall Mitglieder aus der Profession ausschließen, wenn diese die Regeln verletzten. Regelverletzungen können zivil- oder strafrechtliche Tatbestände sein, die dem Ansehen der Profession schaden, es können jedoch auch Vergehen gegen das professionelle Selbstverständnis sein (zum Beispiel Datenfälschungen, Plagiate usw.) (vgl. Hoerning 2003). Demgegenüber ist das Kontrollorgan für journalistisches Handeln, der Deutsche Presserat (gegründet 1973), ein freiwilliger Zusammenschluss deutscher Zeitungs- und Zeitschriftenverleger, des Journalistenverbandes und der Gewerkschaft Ver.di, Fachbereich Medien. Der Deutsche Presserat ist ohne standespolitisches und -rechtliches

Mandat. Er kann Vergehen einzelner Journalisten nicht bestrafen, sondern gegen das Veröffentlichungsorgan (Zeitung, Zeitschrift, Rundfunk oder Fernsehen) das Mittel der Prestigeverknappung in Form von (folgenlosen) Rügen aussprechen.

Meinungsfreiheit und die Rolle der Presse/Medien streben partiell auseinander. Ein Aspekt ist die tendenzielle Entgrenzung des Nachrichtenwürdigens nicht nur in der Regenbogenpresse[116]. Ein anderer Aspekt ist der investigative Journalismus, wo es, wie insbesondere bei den muckrakers[117], systematisch nicht einfach um soziales Engagement geht, sondern darum, dass hier nun die ausdifferenzierte Presse und das Problem der Macht des Einflusses der Presse und deren Verantwortbarkeit bewusst werden und sie daraus mehr oder weniger konkret ihren Auftrag entnimmt.

In Untersuchungen über das Selbstbild der Journalisten, die überwiegend von Medien- und KommunikationswissenschaftlerInnen und weniger von SoziologInnen durchgeführt werden, sehen sich Journalisten als Kritiker von Missständen, als Personen, die ihr Publikum, die Leser, die Hörer oder die Fernsehzuschauer

---

[116]   Das Caroline-Urteil des Europäischen Gerichtshofs für Menschenrechte vom 24.06.2004 schränkt den unbegrenzten Anspruch der Öffentlichkeit auf Informationen ein. Gegen dieses Urteil machten Chefredakteure namhafter Zeitungen, Zeitschriften und des Fernsehens am 16.08.2004 mobil und forderten die Bundesregierung (den Bundeskanzler und die Justizministerin) dazu auf, dass die Bundesregierung gegen das Urteil vor die Große Kammer des Europäischen Gerichtshofs gehen möge, weil es als unverhältnismäßiger Eingriff und als Einschränkung der Presse- und Informationsfreiheit gesehen wird. Sie argumentieren, dass nicht nur PolitikerInnen Personen der Zeitgeschichte sind, sondern auch Personen, die kein Amt und keine Funktion im Sinne der oben genannten Definition ausüben (vgl. http://www.spiegel.de, Zugriff 10.10.2004; http://www.faz.net, Zugriff 10.10.2004; htpp://www.echr.coe.int, Zugriff 10.10.2004).

[117]   Die Entwicklung der amerikanischen Presse – von der Presse als parteipolitisches Sprachrohr bei der Ablösung von der Kolonialmacht England, zur Penny Press für Jedermann in den 30er Jahren des 19. Jh., bis hin zur journalistischen Arbeit der Enthüllung („muckrakers') – führt in den Investigativjournalismus mit gut recherchierten Nachrichten als Reportage. Die Hervorhebung soziologischer und sozialreformerischer Aspekte beeinflusste nicht nur „... das Verständnis von Presse, sondern auch das von Demokratie ..." (vgl. Requate 1995, 41). Schon zu Beginn des 20. Jh. hatte sich die US-Presse „als geachtete und gefürchtete öffentliche Kontrollinstanz etabliert", wobei sich die Grenzen zwischen Enthüllungs- und Sensationsjournalismus verwischen. In Deutschland wurde die Entwicklung bewundernd aber auch naserümpfend zur Kenntnis genommen.

Die Konzeption der englischen Presse als vierte Macht (Fourth Estate), eine Presse, die bereits am Ende des 18. und über das gesamte 19. Jh. ihre kritische Funktion gegenüber der Politik wahrnahm, verstand sich als „Bindeglied zwischen der öffentlichen Meinung und der Regierung" (ibid., 46). „Verglichen mit den USA blieb die englische Presse trotz ihres so selbstbewußt vertretenen Anspruchs auf die Rolle des ‚Fourth Estate' eng mit der ‚political machine' (den Parteien, E.M.H.) verbunden ..., das Vordringen des Reportagejournalismus mit starker Verbilligung der Zeitungen verlief in England wesentlich gebremster als in den USA und machte vor allem vor der sogenannten ‚quality press' weitgehend Halt." (ibid., 49)

über ihre Rechte und Ansprüche aufklären, als Vermittler neuer Ideen, als Wächter der Demokratie, als Berichterstatter, aber auch als Unterhalter ihres Publikums, als Anwälte der Benachteiligten, als Stellvertreter oder auch als Sprachrohr der Bevölkerung und nicht zuletzt als Pädagogen und Erzieher (vgl. Böckelmann 1993; Böckelmann et al. 1994; Dofivat 1956; Schneider/Schönbach/ Stürzebecher 1993; Weaver/Wilhoit 1991; Weischenberg 1977, 1995, 1998 u.a.). Ihre Berufswahl und -orientierung ist häufig von missionarischem Eifer, von den spannenden und abenteuerlichen Elementen des Berufs, von individueller Selbstverwirklichung durch den Beruf oder auch von der gesellschaftlichen Anerkennung dieser Tätigkeit geprägt (Schneider/Schönbach/Stürzebecher 1993, 367).

Bei Journalisten der ehemaligen DDR finden wir häufig die Grundüberzeugung, dass man in diesem Beruf für Ideale und Werte der Gesellschaft einsetzen kann, was Pannen (1992) in seiner Studie zu Funktion und Selbstverständnis der ostdeutschen Journalisten auf den Begriff „Die Weiterleiter" gebracht hat.

Die gesellschaftliche Anerkennung journalistischen Handelns und journalistischer Leistung drückt sich in den zahlreichen Publizistik- und Journalistenpreisen der unterschiedlichen Institutionen aus. Prominente Preise sind der Adolf-Grimme-Preis, die Preise der Deutschen Fernsehanstalten, der von der Henri-Nannen-Stiftung gestiftete ‚Egon-Erwin Kisch'-Preis, der vom Presseclub Concordia gestiftete Preis für journalistische Leistungen für Menschenrechte, Demokratie und Presse- und Informationsfreiheit. Mit großem Stolz stellen Zeitungen, Zeitschriften, Journale, das Fernsehen und andere Medien ihre PreisträgerInnen dem Publikum vor. Von diesen Preisen profitieren nicht nur die PreisträgerInnen, sondern auch die Arbeitsorganisationen, in denen sie tätig sind. In den USA ist der begehrteste Journalistenpreis der Pulitzer-Preis, der 1904 von dem Verleger Joseph Pulitzer (1847-1911) zuerst für Werke der Literatur, Theater und Biographie und als Anreiz für die Branche und Qualitätsstandards gestiftet wurde. Später kamen die Preise für Fotografie, Reportage, Feature, Musik, investigativen Journalismus, Journalismus der Kategorie Zeitgeschehen und andere hinzu. Heute werden jährlich in 21 Kategorien Pulitzer-Preise vergeben. 2004 gingen fünf der begehrten Medienpreise an die ‚Los Angeles Times', die je mit 10.000 Dollar dotiert waren (vgl. *www.pulitzer.org*).

Es lässt sich zusammenfassen: Die marktbedingte Verberuflichung des Journalismus zeigt durchaus informelle Professionalisierungsansätze, in denen sich neben Ausbildung, Beruf, Berufsorganisationen auch Standards professionellen Handelns definieren lassen, jedoch sind diese auf allgemeine ethische und verfassungsmäßige Maßstäbe bezogen.

Medien und Kulturberufe: Journalisten und andere in der DDR[118]

Weder der DDR-Sozialreport von 1990 (Winkler) noch der Sozialreport von 1995 (Winkler) geben Auskunft darüber, wie viele erwerbstätige Frauen und Männer in der DDR als Journalisten bei Zeitungen, Zeitschriften, Rundfunk, Fernsehen und anderen Medien beschäftigt waren. Auch die bildungsstatistischen Ergebnisse der Volkszählungen der DDR 1950 und 1981 geben darüber keinen Aufschluss (Köhler/Rochow/Schulze 2001).

Ausbildung der Journalisten

Die offiziellen Richtlinien zur Ausbildung sahen vor, dass Journalisten der DDR ihre journalistische Ausbildung an der Sektion Journalistik der Universität Leipzig absolvieren beziehungsweise eine der dafür zuständigen Fachschulen besuchen sollten. Es zeigt sich jedoch in einer Studie von 1979, dass von 101 befragten Lokaljournalisten nur 16 eine entsprechende Ausbildung hatten. Eine Besonderheit des DDR-Journalismus in den Anfängen waren die Volkskorrespondenten, die den Lokaljournalisten zur Seite gestellt wurden. Volkskorrespondenten waren sozialistisch gesinnte Arbeiter und Bauern, die die Lokaljournalisten über die lebensweltliche Praxis informierten, teilweise selbst kleine Artikel schrieben und die Lokalredaktion über die Wirkung einzelner Artikel auf die Arbeiter- und Bauernschaft unterrichteten. Die Volkskorrespondenten hatten ebenso wie die Redakteure nur wenig Rückhalt bei der Bevölkerung, jedoch ging die Partei davon aus, dass dies daran lag, dass es zu wenige von ihnen gab. Hingegen bemängelten die Redaktionen den häufig eingeschränkten Sachverstand und die handwerklichen Unfähigkeiten, und die Leser kritisierten die Parteilichkeit und waren misstrauisch, dass die Volkskorrespondenten ihre Informationen auch an die Staatssicherheit weitergaben.

Die Arbeit der Journalisten in der DDR war hoch geschlechtsspezifisch segregiert. Journalistinnen arbeiteten bei Frauenzeitschriften und besetzten auch dort die Chefinnensessel, in den traditionell männlichen Ressorts, in den großen Bereichen der Innen- und Außenpolitik, Wirtschaft usw. finden sich jedoch nur wenige Journalistinnen. Politische Magazine im Fernsehen leiteten sie nicht eigenverantwortlich. 1961 berichten Redakteurinnen von „viel Herzlosigkeit, Gleichgül-

---

118   Auf die Bearbeitung der Journalisten-Nachkriegsgeschichte in den drei westlichen Besatzungszonen – und späteren Bundesrepublik Deutschland – wird hier verzichtet. Beispielhaft haben sich Nori Möding und Alexander von Plato mit dem Aufbau des westdeutschen Rundfunks und der Lizenzvergabe für die Wiederzulassung oder Neugründungen von Zeitungen und den Antragstellern in der britischen Besatzungszone beschäftigt (Möding/Plato, von 1987a, 1987b, 1988, 1989a, 1989b; Möding 1990, 1995).

tigkeit und Unverständnis von seiten der männlichen Kollegen in der Redaktion gegenüber den berufstätigen Müttern an ihrer Seite" (Pannen 1992, 10).[119]

Das Mediensystem

Als das politische System der DDR zusammenbrach und die Medieninstitutionen als regierungsnahe Institutionen abgewickelt wurden, hatte das auf die Medienberufe eine besondere Wirkung. Diese wurden im Transformationsprozess nicht in erster Linie als Fachleute für Medien evaluiert, sondern ihre Mitgliedschaft in den DDR-Medieninstitutionen reichte häufig aus, um sie aus dem Arbeitsmarkt des öffentlichen Dienstes (Rundfunk- und Fernsehanstalten, Hoch- und Fachhochschulen) weitgehend auszugrenzen. Ihr zu DDR-Zeiten herausgebildetes kulturelles Kapital hatte im Transformationsprozess nur eine geringe Reichweite. Das, was Passungsverhältnisse im Transformationsprozess unterstützte, waren modernisierbare und anpassungsfähige Traditionsbestände in den professionellen Biographien, so wie das bei den Medizinern der DDR der Fall war (vgl. dazu Abschnitt 2.1)

Mit der Gründung der DDR wurden die Bereiche, die sich mit der Konstruktion der öffentlichen Meinung (Zeitungen, Rundfunk, später Fernsehen, Bühnenbereiche, Filmproduktion usw.) beschäftigten, nahezu vollständig umgewälzt[120]. Der Medienbereich stand zu DDR-Zeiten unter dem dauernden Entscheidungsvorbehalt der Partei. „... Die Konsequenz dieser Situation ist eine unmittelbare Bezogenheit der Interessenbildung und der Interessendurchsetzung auf die Partei, ihre Programmlinie, Zuständigkeit und Organisationsstruktur. Durch die mangelnde institutionelle Differenzierung gibt es keine parteineutralen Räume für die Willensbildung und Entscheidungsfindung. Es stehen dafür keine von der Parteilinie unabhängigen Wertbegründungen zur Verfügung." (Lepsius 1994, 19/20)

---

[119]   Zitiert nach Scheel, Daniela (1985): Zwischen Wertung und Wirkung. DDR-Zeitschriftenprofile 1950-1980 am Beispiel von Geschlechterrollenproblematik und Frauenbild. Köln: ohne Verlag, 59f.

[120]   „In den Medienbereich der SBZ griffen auf der zentralen Ebene etwa 14 Facheinheiten der SMAD ein. ... Ihre internen wie externen Arbeitsbeziehungen wurden stabsmäßig koordiniert und grundsätzlich über militärisch-disziplinarische wie parteipolitische Strukturen gleich mehrfach kontrolliert. ... Die Zensur (Sprachregelung und Presselenkung, E.M.H.) als das wichtigste negative Instrument der Medienpolitik blieb bis zum Untergang der DDR bestehen. ... In der schriftlichen Verpflichtungserklärung bekundeten die Redakteure (der Lizenzpresse, E.M.H.), daß sie ... nur Nachrichten des ADN (Nachrichtenagentur der SBZ/DDR, E.M.H.), des Büros für Information der SMAD (sowjetische Militäradministration in Deutschland, E.M.H.) und der TASS (sowjetische Nachrichtenagentur, E.M.H.) veröffentlichen wollten. ... Das Rundfunkwesen wurde im Dezember in die Kompetenz der Deutschen Zentralverwaltung für Volksbildung entlassen. Deren Rundfunkreferat leitete Hans Mahle (1911-1999, Volksschule, kaufmännische Lehre, wurde während seiner Emigration

Fußnote wird auf der nächsten Seite fortgesetzt

Die Führungs-, Leitungs- und Kontrollpositionen in politisch ideologisch hochsensiblen Berufen und deren Beschäftigungsorte wurden nach 1945 vielfach von zurückgekehrten (Ost-)Emigranten und/oder verdienten Kämpfern gegen den Faschismus übernommen. „Die strategischen Schaltstellen im Bereich der Medienlenkung und -kontrolle des Apparats der Staatspartei waren ... durch Moskau-Remigranten[121] besetzt. ... Medienpolitik war also unmittelbarer Bestandteil der Machtpolitik, und diese war zunächst ausschließlich der Besatzungsmacht vorbehalten. Politische Loyalität zur Besatzungsmacht war das dominante Qualitätsmerkmal für Positionen im Medienbereich, ... alle weiteren Merkmale waren nachrangig."[122],[123] (Foitzik 2002, 110) Damit wurde die historische Generationsab-

---

in der Sowjetunion mit der Radioarbeit in einem Jugendsender vertraut gemacht, E.M.H.), der als Mitglied der ‚Gruppe Ulbricht' aus der UdSSR nach Berlin zurückgekehrt war. ... 1947 wurde das Rundfunkreferat der Deutschen Zentralverwaltung für Volksbildung in eine Generalintendanz des deutschen demokratischen Rundfunks umgebildet, unter einem neuen Titel blieb Hans Mahle auf seinem alten Posten. ... 1949 wurden dann nach sowjetischem Muster Quartalspläne und 1950 sogar Jahrespläne der Rundfunkarbeit eingeführt, die der Abteilung Agitation und Propaganda der SED-Landesleitung sowie der Generalintendanz zur Bestätigung einzureichen waren. ... Für SBZ-Medien galten Pressemeldungen und Artikel des SNB (sowjetisches Nachrichtenbüro, E.M.H.) als Pflichtbeiträge, die an vorgeschriebenen Stellen veröffentlich werden mußten. ... 1948 lieferte das ‚Sowinform' aus Moskau 2643 Artikel nach Deutschland, davon wurden 2281 in 65 Medienträgern veröffentlicht." (Foitzik 2002, 95-98 und 103) Ausführlicher zu Hans Mahle: Galle, Petra (2002), 366-396.

[121]   „Nach Informationen des Roten Kreuzes und des Roten Halbmondes der UdSSR kehrten von 1945 bis zum Sommer 1954 insgesamt 658 deutsche Kommunisten aus der Sowjetunion in die SBZ/DDR zurück." (Hartewig 2000, 2, zitiert nach Änne Kundermann an Anton Joos, ZK-Abtl. Leitende Organe, Sektor Kaderregistratur, am 22.6.1954, in: SAPMO-BA Z PA IV 2/11/188, Bl. 103 f [SAPMO steht für Stiftung Archiv der Parteien und Massenorganisationen der ehemaligen DDR, E.M.H.])

[122]   Foitzik verweist jedoch darauf, dass nicht davon ausgegangen werden kann, dass der größte Teil der leitenden Positionen im Medienbereich von Remigranten aus der Sowjetunion besetzt wurde, denn die Besatzungsmacht favorisierte NKFD-Kader für diese Arbeit – das waren umgeschulte kriegsgefangene Antifa-Kader (Foitzik 2002, 112). In Konkurrenz zu den NKFD-Kadern und den Remigranten aus der Sowjetunion traten Rückkehrer aus der Westemigration, die unmittelbar nach dem Krieg erst einmal in der westlichen Besatzungszone gearbeitet hatten. Das waren „... antifaschistische Kommentatoren und Mitarbeiter westdeutscher Rundfunkstationen, die in die SBZ beziehungsweise DDR gingen, darunter Herbert Gessner, Karl Eduard von Schnitzler, Helmut Schneider, Günter Cwojdrak, später auch Karl-Georg Egel. ... Die aus den Westzonen übergesiedelten Journalisten fanden sich in der Westabteilung des Berliner Rundfunks wieder. Ihnen mangelte es zwar nicht an Professionalität, doch sie erschienen dem Gros der Hörer dennoch unglaubwürdig, weil sie die Erfolge beim Wiederaufbau in der SBZ ebenso wie die Not in den Westzonen überhöhten und allgemein brennende Fragen – etwa nach der Rückkehr der Kriegsgefangenen aus den sowjetischen Lagern oder nach dem Umfang der Reparationen an die Sowjetunion – auf Geheiß der Besatzungsmacht und ... wohl auch aus eigenem Antrieb unbeantwortet lassen mussten." (Holzweißig 2002, 84)

lösung in dieser Profession bereits nach dem Ende des Zweiten Weltkrieges in der SBZ und späteren DDR durch die Intervention der sowjetischen Besatzungsmacht eingeleitet.

In Medienberufen der DDR zu arbeiten, war, wenn man Erzählungen von Journalisten in der Presse, im Rundfunk, in den Fernsehanstalten, beim Dokumentar- und Spielfilm sowie von Lehrenden in den Facheinrichtungen folgt, politisch nicht immer einfach, persönlich häufig frustrierend, aber gleichzeitig eine Herausforderung, zum Aufbau der neuen Gesellschaft beizutragen und diesen Gesellschaftsentwurf auch zu konsolidieren. Linientreue und politische Loyalität als politisch-öffentliche Commitments waren die Voraussetzung, um in den Medieninstitutionen arbeiten zu können.

In der Studie wurden vier Angehörige aus Medienberufen der Jahrgänge 1930-1998, 1935, 1942-2003 und 1957 (zwei Interviewte sind Frauen) untersucht. Keiner der Untersuchten entstammte dem bürgerlichen oder bildungsbürgerlichen Milieu, sie waren Aufsteiger, und sie hatten keine medienspezifische Ausbildung (Studium des Journalismus/Kommunikationswissenschaften oder Ähnliches). Sie waren Mitglieder der SED und in der Regel am Ende der Schulzeit oder zu Beginn des Studiums oder einer Berufsausbildung in die Partei eingetreten. Sie hatten sich für ein Bleiben in der DDR entschieden, obwohl durchaus für einige Chancen und Anreize bestanden, die DDR zu verlassen. Als Verbleibsgründe wurden die Herausforderung, an einer neuen sozialistischen Gesellschaft mitzuarbeiten, sowie persönlich ernst genommen und gefördert zu werden, genannt.

Auf der anderen Seite gab es berufspolitische Eingriffe in diese Karrieren, die das öffentliche Commitment (vgl. Becker 1964 [deutsch in Griese 1979]; Kanter 1968; Sheldon 1971; Hoerning/Kupferberg 1999; Kupferberg 1998) und die biographischen Investitionen existenziell irritierten. Ebenso wie die Wirtschaftsexperten der DDR, wussten sie über gesellschaftliche Fehlentwicklungen Bescheid (vgl. Pirker et al. 1995), aber sie verhielten sich wie die Wirtschaftsexperten loyal in ihrer Kritik, und sie blieben an die Idee eines besseren Sozialismus, nach Abtreten der alten Führung, gebunden. Es gab Situationen, in denen sie ihre professionelle Pflicht zur Neutralität an die zweite Stelle setzten. Öffentliches Commitment, Loyalität, solidarische Kritik und Verbleib in der DDR waren nicht nur Opfer für

---

[123]   „Die Parteikontrolle, die sich auf Personen in führenden Positionen konzentrierte, ermittelte in der ersten Phase für die gesamte DDR 348 Westemigranten. Im März 1953 wurden 732 leitende Genossen aus der Westemigration gezählt. Doch beide Überprüfungen blieben unvollständig. Überhaupt muß die Anzahl der Westemigranten höher veranschlagt werden, wenn Literaten, Musiker, Theaterleute, bildende Künstler, die keine führenden Parteifunktionäre waren, sowie Westemigranten in der mittleren Etage der Macht hinzugerechnet werden. Die überwiegende Mehrheit der Kommunisten in der westlichen Emigration war jüdischer Herkunft." (Hartewig 2000, 2, dazu die Fußnoten 5 und 6)

die Idee der sozialistischen Gesellschaft, sondern im Gegenzug bot ihnen das System Schutz, Sicherheit und vielfach eine neue Heimat beziehungsweise historische und auch professionelle Identität (Niethammer 1990a; 1990b). Reglementierungen und Eingriffe in berufliche Verläufe und Biographien konnten mehr oder minder schmerzhaft kompensiert werden. Das politisch-öffentliche Commitment war für diese Aufsteiger aus dem Kleinbürgertum und der Arbeiterklasse nicht nur eine biographische Investition in ihre professionellen Karrieren, sondern das öffentliche Commitment dokumentierte Zugehörigkeit, politische Heimat und auch lebensgeschichtliche Identität für die (häufig) ihrer Herkunft entfremdete neue Intelligenz.

Der ‚umgelenkte Skeptiker'? Jg. 1930-1998, leitender Journalist beim Rundfunk, Fernsehen und Dokumentarfilm der DDR, Mitglied der Akademie der Künste der DDR[124]

Der Dokumentarfilmer aus kleinbürgerlichem und mit geringem kulturellem Kapital ausgestattetem Elternhaus wird von einem gesellschaftspolitischen ‚Erlösungsgedanken' beherrscht. Das Motiv der Erlösung lässt sich aus den traumatischen Erfahrungen in der Jugendzeit ableiten, in der der Zusammenbruch des nationalsozialistischen Deutschlands den Dokumentarfilmer zu einer besonderen berufsbiographischen Verpflichtung an den ‚Humanismus' veranlasst. Bestimmte Äußerungen des Dokumentarfilmers können für das Generationenthema fruchtbar gemacht werden (vgl. Bude 1987). Zunächst kann er, bezogen auf seinen Geburtsjahrgang, Schelskys (1963) ‚Skeptischer Generation' zugerechnet werden. Dem generationellen Typus des Skeptikers entspricht der Dokumentarfilmer vordergründig jedoch wenig. Der ‚typische' Skeptiker, so könnte man unterstellen, scheut die persönliche Einlassung in große gesellschaftliche Ideologien und ist ein eher privatistischer Alltagspragmatiker, mit einem Blick auf die Unmittelbarkeit von Problemlösungen und die konkreten Erfordernisse des persönlichen Lebens. Bei dem Interviewten aber wurde die jahrgangsbezogene Disposition zum ‚idealtypischen' Skeptiker nicht manifest, sondern durch andere Sozialisationsrahmenbedingungen überformt. Der Generationszusammenhang dieser Jahrgänge, der verlorene Krieg, die entwertete politische Ideologie des Nationalsozialismus und eine zerstörte Heimat, gilt in gleicher Weise für den Dokumentarfilmer, der jedoch die Ereignisse anders verarbeitet als seine Altersgruppe in den westlichen Besatzungszonen.

Die Sanktion einer Abweichung

1982 wird dem bekannten und auch international anerkannten Dokumentarfilmer,

---

[124]   An den Interpretationen der Journalistengespräche hat Holger Herma mitgearbeitet und mitgeschrieben.

Jg. 1930, eine strenge Parteirüge erteilt, weil er auf dem Kongress des Verbandes der Film- und Fernsehschaffenden einen Vortrag zur „Rolle und Funktion der DDR-Medien" hielt, den er den dafür zuständigen Gremien vorher nicht zur ‚Abstimmung' vorgelegt hatte[125]. Diese Abweichung wurde nicht mehr, wie früher üblich, durch Freunde und Mentoren geregelt, sondern die Partei setzte ihre Instrumente – das Parteiverfahren – ein.

Ich hatte mich eigentlich verstanden, und darin liegt die Tragik, als eine Stimme aus der Partei für die Partei. Nicht aber als eine Stimme gegen die Partei oder, wie man das später definiert hat, als einen Dolchstoß in den Rücken der Partei. So ist mein Auftritt damals auf diesem Kongress von Joachim Herrmann[126] bezeichnet worden. ... Ich habe mir gedacht, dann bist du eigentlich dazu berufen, mal auf einige grundsätzliche Diskrepanzen zwischen Schein und Sein aufmerksam zu machen, und habe mir dazu ein, wie ich glaubte, geeignetes Forum gesucht, das war ein Kongress des Verbandes der Film- und Fernsehschaffenden, und habe dort in 15 Punkten zum Ausdruck gebracht, was meiner Ansicht nach in Sachen Medienpolitik faul ist im Staate DDR. Das hat nicht funktioniert, da ist ganz scharf zurückgeschlagen worden. ... Es war an sich kaum so sehr gegen mich gerichtet, wie ich heute meine, als vielmehr gegen das ganze Feld, aus dem ich kam, nämlich aus dem Feld von filmkünst-lerisch und literarisch Tätigen. Es war sozusagen ein Exempel, das statuiert wurde. Leute, die mich eigentlich für unangreifbar hielten, sind zusammengezuckt, mein Gott, wenn das mit dem so gemacht wird, dann aber nun wirklich lieber die Finger weg und möglichst still und zurückhaltend sein. (Gespräch 1991)

Seine als provokativ klassifizierte Abweichung wird mit Sanktionen belegt. Er wird beruflich degradiert, das mit einem Kollegen geführte Dokumentarfilmstudio wird aufgelöst, und er wird in die DEFA, Abteilung Dokumentarfilm, als Autor und Regisseur versetzt. Nicht tangiert von diesen Sanktionen sind die Mitgliedschaften in der Partei, im Verband der Film- und Fernsehschaffenden, im Schriftstellerver-band und die seit 1969 bestehende Mitgliedschaft in der Akademie der Künste, in der er von 1974 bis 1978 der Sekretär der Sektion Darstellende Kunst war. Er

---

[125]   Ein ausführliches Portrait über die Arbeit des Rundfunk- und Fernsehmachers und des Dokumentarfilmers findet sich in Steinmetz/Prase (2002), S. 33-158, besonders S. 101-121 über das Vortragsdokument 1982, die Auflösung des Dokumentarfilmstudios und über die IM-Tätigkeit seit 1957 (122-125). Bei der Analyse der Stasi-Akten wird hervorgehoben, dass der Dokumentarfilmer sich bereits zu Beginn der 1980er Jahre „politisch weitsichtig und zugleich engagiert" für den Erhalt des Sozialismus durch Veränderungen ausspricht. „Nähme man (ihn) beim Wort, würde man (ihn) als frühen Diagnostiker des notwendig bevorstehenden Scheiterns des DDR-Sozialismus beschreiben müssen – lange vor Gorbatschow. Zugleich legen (seine Ausführungen) eine nicht unerhebliche Portion Narzissmus an den Tag. Der Zustand der DDR-Gesellschaft wird am Maßstab des treuen Parteisoldaten ... gemessen." Deshalb stellt sich auch die Frage: „Sind seine Verzweiflung und sein gekränkter persönlicher und professioneller Narzissmus so groß, dass er einfach (für den Staats-sicherheitsdienst [Stasi], E.M.H.) aufschreibt, was er für richtig und nötig hält?" (ibid., 124/125)

[126]   *Joachim Herrmann* war seit 1967 Kandidat und ab 1971 Mitglied des Politbüros und Sekretär des ZK der SED, verantwortlich für Agitation und Propaganda; von 1971 bis 1978 war er Chefredak-teur des ‚Neuen Deutschland'. Am 18. Oktober 1989 wurde er durch das Politbüro aller Funktionen enthoben und im Januar 1990 aus der SED/PDS ausgeschlossen (Černý 1992, 186).

verliert das Privileg des Reisepasses, ist 52 Jahre alt und seit 32 Jahren im journalistischen Geschäft. Er gehört zu den Aufbauern mit politisch exklusiven Mentoren wie Karl Gass, Gottfried Hermann, Herbert Gessner und Gerhart Eisler – einigen der Remigranten aus Ost und West, die die Medienarbeit in der DDR mit in Gang setzten. 1991, in unserem ersten Gespräch, erklärt er auf die Frage, ob das ‚erniedrigende Parteiverfahren‘, die Auflösung seines Dokumentarfilmstudios, die berufliche Degradierung und der Entzug des Reiseprivilegs nicht Grund für eine Ausreise aus der DDR gewesen seien, dass dieser Schritt für ihn nach reiflichen Überlegungen nicht in Frage gekommen sei. Er zitiert Frank Beier, den Regisseur des Films ‚Die Spur der Steine‘, der 1990 sagte, dass berufliche Eingriffe durch die Partei für ihn erträglich waren:

Es ging uns nicht an das Leben, es ging uns möglicherweise nur an das Wohlleben, wenn man, als Dramaturg herausgenommen wurde und eine Zeitlang an einem Provinztheater gearbeitet hat usw. Also diesen Unterschied zwischen lebensbedrohlich und wohllebensbedrohlich, den halte ich für sehr bedeutend ... (Gespräch 1991)

Er hätte, so weitere Gründe, politisch nie eine Heimat in der Bundesrepublik finden können, was er weiter unten erläutert. Er war zwar international anerkannt, aber würden die westlichen Kollegen, die immer seine Leistungen als Dokumentarfilmer anerkannt hatten, ihn nicht als Bittsteller und Konkurrenten behandeln? Am Ende dieser Argumentation hebt er hervor, dass er 52 Jahre alt war und dies aus westlicher Sicht kein gutes Alter für einen beruflichen und politischen Wechsel sei.

Und man hat dann die Sache ertragen, sicherlich auch im Hinblick darauf, dass man nicht wusste, wie man hätte weiterleben sollen. (Gespräch 1991)

Diese Verbleibsgründe haben sicher in der Realität eine Entsprechung. Ein Jahr nach seiner Rede legt der Dokumentarfilmer einen selbstverfassten Lebenslauf zum Abschluss des Parteiverfahrens vor. In einjähriger Arbeit wurde dieser Lebenslauf in Begleitung und mit Unterstützung eines verdienten Genossen für die Parteikommission angefertigt, und darin weiß er bereits, wie er weiterleben wird.

Es ist meine Absicht, parallel zur Arbeit an Dokumentarfilmen auch literarische Formen zu erproben. Ich möchte das eine noch nicht lassen, aber zugleich das andere tun. Schon zweimal in meinem Leben habe ich mich von gesicherten Ufern ‚abgestoßen‘, um Neuland zu erobern; 1962 vom Rundfunk (zum Fernsehen), 1965 vom Fernsehen (zum Dokumentarfilm). Jedes Mal war es ein Wagnis, das ich durchzustehen hatte. Ich hoffe zuversichtlich, es nochmals zu schaffen. (Auszug aus dem für das Parteiverfahren verfassten Lebenslauf, 1983)

Es scheint deutlich, dass von Seiten der Partei nicht die Absicht bestand, den Dokumentarfilmer in seiner Schaffenskraft zu vernichten, sondern es wird ihm Vertrauen entgegengebracht, er muss sich bewähren. Wir wissen auch, dass es abgestufte Verfahren innerhalb der formalen Verfahren gab (berufliche Umsetzung, Entfernung aus dem Beruf und Bewährung in der Produktion). Die Abschiebung in die BRD erfolgte in der Regel, wenn die anderen Verfahren nicht griffen. Durch dieses Verfahren wurden zwei Fliegen mit einer Klappe geschlagen. Das Umfeld war verschreckt, denn die Instrumente wurden gezeigt, doch die Partei verlor keinen verdienten und professionellen Genossen. Was könnte die mit dem Partei-verfahren Beschäftigten in ihrer Entscheidung sicher gemacht haben, dass Abwei-chungen wie diese, die zum Parteiverfahren führten, sich nicht wiederholten? Um auf diese Frage eine Antwort zu finden, müssen wir uns in die Biographie des Dokumentarfilmers vertiefen.

Vom Napolaschüler zum sozialistischen Journalisten und Dokumentarfilmer

In dem für das Parteiverfahren geschriebenen Lebenslauf verweist er auf seine kleinbürgerliche Herkunft. 1930 geboren worden zu sein heißt, während eines Teils seiner Kindheit und Jugend im Nationalsozialismus sozialisiert zu werden. Der Vater, ein einbeiniger Behinderter, städtischer Beamter der untersten Verwaltungs-ebene, avanciert im Nationalsozialismus zum Stadtinspektor in einer Kleinstadt in Ostpreußen. 1941 wird sein Sohn für die nationalsozialistische Eliteschule Napola vorgeschlagen. 1945 endet diese Karriere abrupt, die Familie verlässt Ostpreußen und flüchtet in die SBZ.

Obwohl man ja mit 14 Jahren noch nicht alles überschaut und durchschaut hatte, worauf man hin ausgerichtet werden sollte. Aber in einem Punkte also hatte die Erziehung natürlich funktioniert. Sie war eine ganz straffe zentralistische Erziehung. Selbst der Lehrplan oder der Ablauf des Tages war im Prinzip so etwas wie ein Befehl- und Gehorsam-Ablauf. Also eine strenge Hierarchie, oben der Anstaltsleiter, dann die verschiedenen Hundertschaftsführer, das waren in der Regel Studienräte, ja, von ihrer bürgerlichen Herkunft her, dann die Zugführer, das waren die Klassenlehrer, meist auch Studienräte oder Oberstudienräte; und dann gab es nochmal die gleiche Hierarchie innerhalb der jungen Leute selbst. Also Jungmannzugführer, Jungmanngruppenführer usw. usf. Also dieser Zentralismus, der von oben nach unten ging und niemals, sagen wir mal, eine wie vielleicht an den britischen Colleges ausgeprägte Lehrsituation, wie sie vielleicht dort bestand, dass also vielleicht auch ein Meinungsbildungsprozess von unten nach oben hätte geben können, das gab es nicht. ... Es gab einen straffen Zentralismus und so fand ich mich also mit diesen Erfahrungen von vier Lebensjahren, vom 10. bis zum 14. Lebensjahr, fand ich mich dann also als Umsiedler 1945 im Harz wieder. (Gespräch 1991)

Im Alter von 14 Jahren findet er sich in einer gänzlich neuen politischen Lebens-welt wieder. Die Erfahrungen der vier vorangegangenen Jahre gelangen zu einer Art biographischen Disposition, laufen aber leer, da sie aufgrund der wegbrechen-den politischen Rahmenbedingungen nicht mehr gültig sind. Mit der Mitgliedschaft in der Napola war ein autoritäres Sozialisationsprogramm des Jugendlichen ver-bunden, das sein Weltbild und seine ideologischen Orientierungsrahmen prägte. Es folgt der radikale Zusammenbruch dieses Weltentwurfs und parallel dazu der schmerzliche Verlust von Heimat. Er begibt sich auf eine dringende Suche nach Erklärungen; die mangelnde Autorität im Elternhaus – repräsentiert vor allem durch den schwachen Vater – kann in diesem Zusammenhang keine Hilfe leisten:

Und so sahen wir uns dann alle 1945 wieder, und für mich war die Frage drängend, warum bin ich jetzt hier, und warum gibt es das jetzt nicht mehr, also dieses heimatliche Ostpreußen, und so habe ich mich dann, als die Schule wieder begann, im November 1945, vorher war ich zeitweilig als Schlosser-lehrling und im Tiefbau tätig, eigentlich immer um die Frage gesorgt, Begründungen zu finden für diesen ungeheuren Umbruch in diesem Leben – und das war ja noch ein jugendliches Leben. Und so kam ich an Leute, die mir das zu erklären vermochten. Es waren Antifaschisten, die in den Schuldienst damals eintraten, der Lehrkörper war ein außerordentlich heterogen zusammengesetztes Gebilde, es gab konservative Oberstudienräte und strenge Leute. (Gespräch 1991)

Dem Vater wurde wegen seiner NSDAP-Mitgliedschaft eine Beschäftigung in der Verwaltung verwehrt, und bis in die 1950er Jahre schlägt er sich mit dem Verkauf von selbstgefertigten Laubsägearbeiten durch. Er beendet sein Arbeitsleben als Buchhalter in einem Konsum.

Der Sohn beginnt sofort nach seiner Rückkehr aus der Eliteschule mit einer Schlosserlehre und kehrt danach so schnell wie möglich auf die Schulbank zurück.

Ein sehr guter Lehrer für Geschichte und Gegenwartskunde nahm sich meiner Fragen an; er bewirkte es auch, dass ich noch im letzten Schuljahr (1949) Mitglied der Sozialistischen Einheitspartei Deutsch-lands wurde. An die Stelle der Autorität der Eltern trat die Autorität der Partei. (Auszug aus dem für das Parteiverfahren verfassten Lebenslauf, 1983)

Mit diesem Erweckungserlebnis und der folgenden Konversion, symbolisiert durch den Eintritt in die SED, löst er sich von seiner nationalsozialistischen Ver-gangenheit. Zu dieser Vergangenheit gehört auch sein Vater beziehungsweise sein Elternhaus. 1949 macht er das Abitur und beginnt bei der örtlichen Zeitung als Volontär. 1950 verlässt er das Elternhaus und geht zum Berliner Rundfunk. Eine atemberaubende Journalistenkarriere beginnt. 1969 wird er Mitglied in der Akade-mie der Künste, von 1974 bis 1978 ist er Sekretär der Sektion Darstellende Kunst, und 1989 wird er zum Professor für die Klasse Dokumentarfilm ernannt. Diese Berufskarriere wurde von Mentoren aus der Gründergeneration entworfen, un-terstützt, abgeschirmt, aber auch kontrolliert und korrigiert, und diese Mentoren konsultiert er zu allen Lebensfragen. Dem Napolaschüler aus kleinbürgerlichem, nationalsozialistisch belastetem Elternhaus wurde die Chance gegeben, sich in der sozialistischen Gesellschaft eine neue Identität zu erwerben, und er ergriff diese Chance.

Als die Eltern Mitte der 1950er Jahre ihrem Sohn darlegen, warum sie sich durch eine Übersiedlung in die Bundesrepublik ein besseres Leben erhoffen und eine Übersiedlung planen, „tritt der Sohn aus der Familie aus".

Ich habe damals in einem Brief gesagt oder geschrieben, wenn sie das tun, müssten sie sozusagen mich aus ihrem familiären Bund als ausgetreten betrachten, ja, weil ich hier meine Sache gefunden habe, von der ich nicht lassen kann, und für den es damals schon, sagen wir mal, eine Aufgabe von Prinzipien bedeutete, aus der DDR in die Bundesrepublik zu gehen. (Gespräch 1991)

Der Vater wird nicht nur von Partei und Staat verstoßen, sondern auch von seinem Sohn und symbolisch durch sozialistische Mentoren ersetzt. Wo gewöhnlich jugendliches Fehlverhalten zum Verstoß aus dem familiären Kreis führt, geschieht bei ihm das Gegenteil; die Eltern werden wegen moralischer Enttäuschung aus der Welt des Sohnes entlassen. Für den Sohn ist es ‚unvorstellbar', dass die Eltern ‚die Sache' verraten, sie scheinen innerlich noch der alten Welt verhaftet, einer Ideologie, die des aufgezwungenen gemeinsamen biographischen Umbruchs und des Verlustes der Heimat verdächtigt wird.

Die gesellschaftliche Verheißung durch den Sozialismus ist für ihn im Gegensatz zu seinen Eltern so stark aufgeladen, dass selbst schwierige Entscheidungszwänge der engsten Angehörigen nicht akzeptiert werden, und das Risiko einer familiären Entzweiung in Kauf genommen wird. Was er für seine Mutter noch tun kann und will, ist die Wiederherstellung der verlorengegangenen, der geordneten, heilen Welt der Vergangenheit. Es tritt hier erneut das Motiv des Traumas verlorener Heimat auf, an dem sich eine der zentralen biographischen Leitlinien des Dokumentarfilmers abzuarbeiten scheint.

Diese Punkte scheinen an einem Fallbeispiel Mannheims Theorie der Generationseinheiten zu veranschaulichen. Das heißt, die Verarbeitung des besonderen Generationszusammenhangs, den eine bestimmte Kohorte zum Ende des Faschismus erfahren hat, ist nicht homogen, sondern streut je nach gesellschaftspolitischen Sozialisationsrahmen, die sich im Nachkriegsdeutschland herausgebildet haben. Zweifellos wäre es zu kurz gegriffen, wenn man nicht noch darauf eingänge, weshalb er überhaupt in die SBZ zieht und sich ganz explizit gegen den Westen wendet. Denn allein die geographische Verwurzelung wird nicht kausal zu bestimmten Generationseinheiten führen, aber es ist ein ergiebiger Fall, um bestimmte biographische Verläufe deutscher Geschichte unter dem Gesichtspunkt historischer Generationen zu skizzieren.

Darin trafen sich die Interessen der Gründer und der Aufbauer in den 1950er Jahren. Die Gründer der DDR schwiegen über die „… Stalinschen Verbrechen, … die Aufbaugeneration (redete nicht über) ihre Vorgeschichte im ‚Dritten Reich'" (Land/Possekel 1994, 33). Niethammer (1990a) nennt diese Zeit die „guten Jahre der DDR", ein „glückliches Volk ohne Vergangenheit". Durch die Aufbauarbeit der Gründer und Aufbauer in den 1950er Jahren fand sich eine historische Generation, die es übernahm, das Erworbene zu schützen und an die Nachrückenden dosiert weiterzugeben. Das Feld wurde von ihnen strukturiert, und darin übernahmen die Gründer und später die Aufbauer wichtige Gralshüter-Funktionen.

Und hier schließt sich der Kreis. Das wichtigste Commitment im Leben des Dokumentarfilmers ist das öffentlich-politische – alle biographischen Investitionen stehen im Dienst der Sache (vgl. Andrews 1991). Durch seine biographischen

Investitionen wird seine Biographie ausgebessert und in die richtigen Bahnen, in denen er sein Können demonstrieren kann, gelenkt. So gesehen, wirkte das Ereignis Parteiverfahren wie eine biographische Bilanzierung, die Grenzen wurden ausgetestet, und die Laufbahn im sozialen Raum wurde, wenn auch eingeschränkt, fortgesetzt. Die Ordnung war wieder hergestellt, und der Abweichler trat ins Glied zurück. Die Behandlung des Strukturkonflikts – was ist loyale Kritik? – wurde vertagt und historisch an das bürgerliche Modell des Verhältnisses Staat und Künstler gebunden.

Und hier ist fast im Modell etwas benannt, was sich, nach meinem Dafürhalten, durch die Jahrhunderte hindurch kaum geändert hat. Zumindest in der wiedererstandenen feudalen Struktur des realen Sozialismus ist der Künstler oder der Intellektuelle im weitesten Sinne im Grunde genommen der ungeliebte, aber der gebrauchte Partner der Macht gewesen. (Gespräch 1991)

Das Verhältnis der Intelligenz, der Intellektuellen, der Experten und der Professionellen zur Politik, ein weltweites Problem, bleibt auch in der DDR ungelöst. Intelligenzrenten, Einzelverträge, kritische oder lobende Hervorhebungen auf Parteitagen, Plena oder zu anderen offiziellen Anlässen kompensieren den Diskurs über das Verhältnis zwischen Politik und Intelligenz.

Und wie übersteht der Dokumentarfilmer die Wende? Im zweiten Gespräch 1992 geht er darauf ein. Der Medienfachmann, der vor 1989 seinen Ruhestand in seine Lebensplanung nicht aufgenommen hatte, sieht das neue Rentenrecht als beabsichtigte politische Ausgrenzung, die nicht nur Personen aus den oberen Rängen und Positionen der DDR trifft, sondern auch die bürgerlichen Wissenschaftler. Dieses Vorgehen ist für ihn ein Schritt zur systematischen Vernichtung und auch Stigmatisierung der DDR-Intelligenz. Die Gründe, soziale Beziehungen zu den Arbeitsorganisationen und KollegInnen aufrechtzuerhalten, sind durch die Abwicklung und Umwandlung der Betriebe entfallen. Die materiellen Möglichkeiten, die vormals einen statusgemäßen Umgang – auch mit Gästen aus der BRD – möglich machten, entfallen ebenfalls; die sozialen Beziehungen zu Freunden in der Bundesrepublik werden zur Peinlichkeit, wenn man Einladungen nicht erwidern kann. Die Stigmatisierung jedoch wird nicht nur durch den Verlust des ökonomischen Kapitals deutlich, sondern das kulturelle Kapital wird durch den Verlust der alten sozialen Ordnung entwertet: Der Dokumentarfilmer verliert durch den Transformationsprozess seinen vormaligen Status. Von ihm wenden sich Personen ab, mit denen er in DDR-Zeiten ‚ein Herz und eine Seele‘ beziehungsweise denen er behilflich war. Der doppelten Entwertung seines Laufbahnkapitals – durch die ehemaligen Freunde und Bekannten und durch das Rentenrecht der ‚neuen‘ Gesellschaft – setzt er den ‚Mecklenburger Eintopf‘ als Symbol kosmopolitischer bildungsbürgerlicher Lebensweise entgegen, ein die politischen Gezeiten überdauerndes kulturelles Kapital.

Wenn allerdings Leute zu uns kommen, und sie freuen sich darüber, dass ein mecklenburgisches Eintopfgericht auf den Tisch kommt, und sie sehen es nicht an als Zeichen ... einer existentiellen

Verarmung, sondern als eine Originalität, die ihnen angeboten wird, ist der Abend außerordentlich fröhlich und vergnügt. (Gespräch 1992)

1998 stirbt er – 68 Jahre alt – an Krebs. Sein Vorhaben, die Geschichte des Rundfunks, des Fernsehens und des Dokumentarfilms der DDR zu schreiben, kann er nicht mehr durchführen.

Der Dokumentarfilmer als biographischer Experte

Der Antifaschismus wird in dieser Biographie zum Verheißungsideal. Hier können Erklärungen gefunden werden, und weiterhin bieten sich nach den ‚ungeheuren Umbrüchen' Anknüpfungspunkte für einen neuen, stringenten Lebensplan. Er ist zwar alt genug, die straffen Sozialisationsmuster der Napola dauerhaft zu inkorporieren, aber zu jung, um den Faschismus zu verstehen. Die Ordnung der Welt ‚dieses jungen Lebens' bricht zusammen, was neuen Stabilisierungsbedarf nach sich zieht. Zudem wird schmerzlicherweise die Heimat verloren, wofür Erklärungen gefunden werden müssen. Antworten bieten sich in einem neuen Sozialisationsprogramm an, das heißt im Kontext antifaschistischer Kreise. Der ‚ungeheure Umbruch' findet damit eine Abfederung durch die theoretisch hergeleitete Einsicht in die Notwendigkeit des Scheiterns. Es entsteht eine investitionswürdige politische Alternative zum fragwürdig gewordenen zerstörten Weltbild, also eine Option zur Wiederherstellung von innerer Heimat.

Die schmerzhaften Erfahrungen von Verlust und Zusammenbruch sollen durch die überzeugte Mitarbeit an einem gesellschaftlichen Gegenmodell, dem Sozialismus, geheilt werden. Es ist also im Leben des Dokumentarfilmers Einschneidendes geschehen, was sehr schmerzlich am eigenen Leib erfahren und für den Jugendlichen zu einem Erlebnis wurde, das nie mehr geschehen darf. Die Verheißung durch die ideologische Übernahme eines alternativen Gesellschaftsmodells, das zudem noch den Zusammenbruch des alten Modells aus seiner inneren Dynamik erklären kann, führt zu einem emphatischen Verhältnis gegenüber dem politischen Neuanfang.

Personen aus der Gründergeneration der DDR werden zu Mentoren und leisten gleichzeitig Kompensation für die ausbleibende Orientierung durch die Eltern. Antifaschismus und Sozialismus werden zum neuen Sozialisationsprogramm. Es folgt nicht nur eine Zeit der Neuorientierung, sondern auch der Erklärung und Bewertung der unmittelbaren Vergangenheit:

Und jetzt kommt das, was, sagen wir mal die spätere Entwicklung bestimmt. Der Zentralismus dieser Partei hat mich überhaupt nicht gestört. Denn man hatte mir erklärt, das, was Faschismus war, hatte die und die Gründe, und musste notwendig aus den und den Gründen scheitern. Und wir sind die anderen, wir sind das Gegenteil davon, ja? Jetzt gilt es also, alle Kräfte sozusagen einzusetzen, um das Gegenteil aufzubauen, nämlich eine zunächst einmal antifaschistisch-demokratische Ordnung, aber natürlich mit dem Endziel eines Sozialismus. Und dass dies wiederum mit zentralistischen Mitteln geschah, war für mich überhaupt kein Problem. (Gespräch 1993)

Der Dokumentarfilmer ist eine politische Figur, die wieder Experimente wagt und an Systementwürfe glaubt, die auf Dogmen gebaut sind und mit Spätverheißungen operieren. Der idealtypische Skeptiker hat jedoch miterlebt, wie das politische System der frühen Jugend auf verheerende Weise zusammenbrach, und zieht daraus die Konsequenz, dass große Gesellschaftsmythen in Zweifel gezogen werden müssen. Daraus folgt der vielfach beschriebene politische Typus, der sich Adenauers ‚Keine Experimente' zu Herzen nimmt, keine Wagnisse mehr eingehen will und das gesellschaftlich Überschaubare gestaltet. Der ältere Dokumentarfilmer wird glühender Verfechter der Idee des Sozialismus. Die Erfahrungen mit zentralistisch orientierten Loyalitätsverpflichtungen führen nicht zu einem Zweifel und Ausstieg aus diesen Strukturen, sondern werden gleichsam von der einen zur anderen Ideologie transformiert. Der Sozialismus wird für ihn so zu einer Verheißung, an die er ähnlich emphatisch gebunden scheint wie an den Nationalsozialismus. Zweifellos besteht ein Unterschied im Erleben beider Ideologien, da der Nationalsozialismus für ihn zum Sozialisationsfaktor wurde, und zu dem er aufgrund seines jungen Alters vermutlich kein oder nur ein geringes reflexives Verhältnis aufbauen konnte. Eine strukturelle Ähnlichkeit in der Bindungsfähigkeit liegt aber in der besonderen Affirmation beider gesellschaftlicher Verheißungen. Das heißt, seine Emphasefähigkeit erfährt keinen Bruch. Man könnte sagen, er konvertiert von der einen Ideologie zur anderen. Sein persönliches Engagement in der Profession und für den Sozialismus wirken daher wie Konsequenzen einer besonderen generationellen Erfahrung. Somit wäre er ein Angehöriger einer besonderen Generationseinheit der Skeptiker, die den biographischen Bruch nicht als Rückzug ins Private verarbeitet, sondern aktive historische Kompensation einfordert.

Seine Tätigkeit in den Medien erscheint für ihn somit auch als adäquates Mittel, das neue System voranzubringen. Seine rebellische Attitüde, die bei ihm aber nicht die Färbung einer rein provokativen Haltung wie in der Generation der Halbstarken erhält, folgt aus einer besonderen Affirmation des politischen Systems. Im Jahr 1982 wird diese Attitüde (... „Wer kann, muß sich einmischen") manifest, jedoch vom System unterbunden und scharf sanktioniert. Der Dokumentarfilmer richtet sich zwar jahrelang in der ‚höhnischen Kluft' zwischen Sein und Schein der DDR-Ideologie ein, ist sich dieses Kompromisses aber durchgängig bewusst. Als er glaubt, genügend Reputation fachlich und politisch zu besitzen, fühlt er sich dazu berufen, seine öffentlichkeitswirksame Position in den Dienst der Allgemeinheit stellen zu müssen, das heißt, er klagt die diskursive Praxis von Kritik ein. Genauer gesagt: Er fühlt sich automatisch berufen – „Und ich habe mir gedacht, dann bist du eigentlich dazu berufen ..." –, der höheren Sache zu dienen, wenn sich die Konstellationen günstig erweisen. Damit scheitert er bekanntermaßen und erholt sich nur schwer von der damit einhergehenden Erniedrigung.

In dem 1991er-Gespräch ist seine umfassende biographische Verunsicherung gepaart mit der Hoffnung auf eine Wertschätzung der Arbeit durch das neue Interesse an werkimmanenter Retrospektive der DDR. Die Bilanzierung seiner beruflichen und schöpferischen Tätigkeit muss sich an neuen Kriterien abarbeiten, bleibt aber letztlich – fast trotzig – stabil, da sie noch sehr stark auf die allgegenwärtige DDR und deren im Grunde befürwortete Ideologie bezogen ist.

Im zweiten Gespräch 1992 hat er einen Tiefpunkt erreicht. Er wirkt depressiv und wird von starken Rückenschmerzen geplagt. Als „Propagandist der untergegangenen Ordnung" wurde er wegevaluiert und findet sich in einem sozialen Vakuum wieder. Der gesellschaftliche Diskurs über seine Arbeit ist fast ausschließlich ablehnend und entwertend; zusätzlich belastend ist die Erfahrung vom Neu- und Umformieren seines sozialen Umfeldes, die er sehr eindringlich über das Wegbrechen gewohnter Sicherheiten thematisiert. Er empfindet enorme Angst vor sozialem Abstieg und tiefe Ressentiments gegenüber dem neuen System. Daraus folgt für ihn eine fatalistische und gesellschaftliche Verweigerungshaltung („Wenn mich das System nicht braucht, will ich es auch nicht!").

Im dritten Gespräch zeigen sich eine zaghafte berufliche Rehabilitierung und eine Entwicklung von der ‚Okkupierung' durch das und zur ‚Adoptierung' des neuen Systems. Der gesellschaftliche Diskurs zur Arbeit von DDR-Kulturschaffenden ändert sich von einer lapidaren Wegevaluierung zum neu erwachenden Interesse an systemimmanenter Ästhetik. Neue soziale Ausdrucksmöglichkeiten (Vorträge und Diskussionen) ermöglichen ihm die Reflexion seiner 40jährigen Arbeit für das System; zunehmendes Interesse an seiner gesellschaftlichen Rolle bietet Raum für eine vorsichtige Rehabilitierung und zu Retrospektiven, die weitaus differenzierter als noch im ersten Gespräch ausfallen.

Das Ringen um eine exponierte Position – Jg. 1935, Ingrid Zuckermann, Rundfunk- und Printmedienjournalistin

Biographisches

Ingrid Zuckermann, Jg. 1935, muss 1951 nach der neunten Klasse die Schule verlassen. Sie beginnt eine Lehre, die sie nach sechs Monaten abbricht, und arbeitet von 1952 bis 1954 als Büroanfängerin in einem Verlag. 1954 beginnt sie erneut eine Lehre als Verlagsbuchhändlerin, die sie 1957 abschließt. Von 1957 bis 1962 arbeitet sie in verschiedenen Verlagen, besucht von 1955 bis 1958 die Abendschule und erreicht die Hochschulreife. Sie beginnt 1962 mit dem Studium der Philosophie und Germanistik und schließt 1967 ab; 1968 wird ihre Tochter geboren. Sie arbeitet von 1967 bis 1968 im Ministerium für Kultur, in der Zensurabteilung für russische Literatur. Die nächsten fünf Jahre verbringt sie beim Rundfunk als Wissenschaftsredakteurin und leitet dort später die Abteilung Wissenschaft. 1981 verlässt sie aufgrund von Auseinandersetzungen den Rundfunk und wechselt zu den Printmedien; dort arbeitet sie bis 1989. Der Zeitungsverlag wird von einem Westberliner Verlag gekauft. Sie wird übernommen und soll eine Buchsparte für sowjetische Literatur entwickeln. Mitte 1991 überwirft sie sich mit dem Verleger und scheidet auf eigenen Wunsch aus.

Biographische Konstruktionen zu Lebensbildern

Der Fall Ingrid Zuckermann ist unter den Gesichtspunkten politischer Commitments außerordentlich konfus, was sich auf der Datenebene zunächst dadurch äußert, dass die Thematisierung des Lebenslaufs willkürlich mit einer großen Anzahl von narrativen Ausflügen in private und emotionsschwangere Anekdoten zerfasert. Zudem entstand der Eindruck, dass Ingrid Zuckermann diesen Lebensverlauf hochgradig dramaturgisch und pathetisch inszeniert. Die Verbindung emotionaler Launen und biographischer Entscheidungen sind keine reine Rhetorik, sondern die tragende Struktur des Falls. Trotz der oft wirren und unzusammenhängenden Erzählstruktur hatten aus diesem Blickwinkel einige Strukturhypothesen Bestand.

Das aussagekräftigste Bild ergab sich im Zusammenhang mit der Entscheidung für den Verbleib in der DDR. Ein Großteil der Interviewtexte bestand in darauf bezogenen Gründen und Erwägungen, so etwa ‚Angst vor Heimatlosigkeit‘, Distinktion gegenüber der BRD wegen zugeschriebener patriarchalischer Geschlechterverhältnisse, Ehrfurcht vor den Gründern und Aufbauern der DDR aufgrund ihrer moralischen Glaubwürdigkeit durch ihre Erfahrung in Konzentrationslagern (KZ).

Ich fühlte mich so heimatlos, was ich da alles erlebt habe in diesen (kapitalistischen) Gesellschaften, weil ich eben immer mit diesen flotten Autos gefahren bin. Das klingt alles wie schlechter Kintopp. Es klingt so gestanzt, so wie ein Klischee. Aber ich habe durch diese Tramperei so einen bestimmten Ausschnitt gehabt. Also wer arbeitslos war und was sich sonst so abspielte, das habe ich alles nicht mitbekommen. Gar nichts. Und da habe ich auch so viele Verletzungen erlebt. Ich habe immer gespürt, wie diese Leute über andere dachten und das kannte ich von meinen Leuten nicht, die hier im KZ gesessen hatten und die nun versuchten, was aufzubauen. Von denen kannte ich so etwas nicht. Und ich hatte die auch lieb inzwischen. ... Ein Gefühl von Vertrautheit und Geborgenheit oder so was. (Gespräch 1991)

Väterliche Mentoren ersetzen die fehlende Elternstütze, insbesondere 1957 nach dem Tod der Mutter, bei der sie nach der Scheidung der Eltern 1949 lebte. Über die soziale Herkunft der Eltern erfahren wir wenig in den Gesprächen. Hervorgehoben wird, dass ihr Vater Kaufmann und Inhaber eines Lebensmittelgeschäfts war, eine Baumschule besaß und eine Bienenzucht betrieb, durch Grundstücke vermögend wurde und 1946 aus dem Krieg als Alkoholiker heimkehrte. Als Scheidungsgrund wird der Alkoholismus des Vaters genannt. Die Mutter ist eine gelernte Friseuse, die nach 1945 als Sekretärin arbeitete.

Freunde als Mentoren übernehmen Stützfunktionen im emotionalen und beruflichen Bereich. Diese Gatekeeper werden stark emotional besetzt und treten als Freunde auf, die gebraucht, gemocht und geliebt werden. Diese Verhältnisse führt sie auch zur Erklärung des Verbleibs in der DDR an, eine Entscheidung, die offenbar ‚nicht nur die politische Entscheidung' war, denn sie definierte es als Adoption.

Ich hatte Verwandte nur im Westen, ein Onkel (der Verwandtschaftsgrad ist nicht klar, sie sagt: ‚Verwandt um sieben Ecken herum', E.M.H.), war an der Universität Dozent und wollte mich in den Universitätsbetrieb hineinhieven. Und dann bin ich mehrere Jahre vor 1961 gefahren ohne mich zu entscheiden, also in jedem Sommer. ... Ich bin in der BRD vier bis sechs Wochen getrampt, um mich zu entscheiden, ob ich dort leben will oder nicht. ... Das ist ja nicht nur eine Sache, warum ich da so oft rübergefahren bin. Das war nicht nur die politische Entscheidung. Also ich hatte nun inzwischen schon diese väterlichen Freunde gern. Ich hatte ja keinen Vater und keine Mutter mehr (die Mutter starb 1957, als sie 22 Jahre alt war, E.M.H.), aber diese väterlichen Freunde, also die Verlagsleiter, die waren meine Freunde, die hatten mich irgendwie adoptiert. ... Als meine Mutter 1957 starb, da war ich ein Vierteljahr krank, total fertig und habe krank gespielt und nicht gearbeitet, Nervenzusammenbruch nannte man das, also ich weiß nicht, was es wirklich war. Und da ist eben der Abteilungsleiter, der Chef, der kam aus bürgerlichen Verhältnissen, ... der ist jeden Tag mit mir drei oder vier Stunden spazieren gegangen, um mir zu erklären, dass das Leben noch einen Sinn hat. Und jede Woche hat er mich einmal in die Oper mitgenommen, weil er sehr viel in die Oper ging. Also das war einer dieser väterlichen Freunde. Und da gab es dann mehrere. Das war dann der Chef von, ... später und noch einer vom Verlag ... Ich brauchte diese Männer, also die hatte ich so gern. (Gespräch 1991)

Zentrales Motiv zum Verbleib in der DDR sind Statusängste, die gewohnt exponierte Stellung in größeren sozialen Konstellationen zu bewahren.

Aber die Alternative, rüber zu gehen, die gab es nicht. Was soll man da? Da kann man sich nur verkaufen, war meine Vorstellung. ... Ich hätte auch nicht mehr beruflich den Anschluss gefunden, wenn ich jetzt auf ein gutes Leben setze, als auf einen Beruf mit viel Wirksamkeit als Journalist. Da wusste ich schon, die Sprachen, die ich mal (zu lernen) angefangen hatte und die ich noch vor 1961 konnte, also wenn jemand da noch so ein bisschen Englisch gelernt hat bei den Tramptouren (durch Westdeutschland, E.M.H.), (das reicht nicht), du bist ja denn gar nicht mehr konkurrenzfähig. Das hat bestimmt eine Rolle gespielt. Dieses Unvermögen durch die Isolation und die geschlossene Gesellschaft für den eigenen Beruf nämlich. Ich hätte mir die Mobilität nicht zugetraut. (Gespräch 1992)

Der Westen wird zunehmend zur Erfahrung, wohin sie eigentlich gehört, und wohin nicht. Es ist ein immer wiederkehrendes Motiv der Selbstpositionierung in der Schichthierarchie, worin der Westen die Folie mehr ernüchternder als ermutigender Erfahrungen einnimmt. Vertreter beider Systeme boten gleichsam Adoptionen an, wobei darin unterschiedliche Gegenwertskriterien zur Geltung kommen. Die Option des Westens wird nach ernüchternden Erfahrungen (die Erfahrung der Käuflichkeit) letztendlich fallengelassen. Der Tod der Mutter gilt dabei als Grunderlebnis, das offenbar eine Phase hochgradiger Sensibilisierung und Suchprozesse in Gang setzt, die die Richtigkeit der Entscheidung umso wahrhaftiger werden lässt.

Und ich vermute, das wusste ich bestimmt nicht so gut, dass ich drüben, wenn ich nicht einen heirate, der ein Konto, der ordentlich Geld ranschafft und ich da die Salondame bin, dass war ja so die Intention meiner Mutter, und das wollte ich nicht, das war ja langweilig auf die Dauer. Dann bin in den Kleine-Leute-Staat, da dachte ich, bedeute ich mehr. Da müsste ich viel mehr erzählen. (Gespräch 1992)

Der Statusverzicht wird bewusst in Kauf genommen, um im Kreis der ‚kleinen Leute' dafür umso mehr Bedeutung einnehmen zu können. Darauf folgt die (nur abschnittsweise wiedergegebene) Geschichte der Kulturambitioniertheit der Mutter, die aber letztlich als Kulturlosigkeit charakterisiert wird: „Meine Mutter hat viel gelesen, aber das war auch alles."

Und ich vermute, das weiß ich nicht genau, das ist so spekulativ, ich denke, dass ich so dachte: wenn ich da drüben nicht den richtigen Mann finde, dann kann ich das im Osten besser. Und ich war auch wer hier in der Schule. ..., bevor es mit mir langsam in der Schule bergab ging. Ich war erst so ein Vorzeigekandidat, weil ich in der Nazizeit nicht zum Unterricht ging, sondern meine Mutter hat einen Fernunterricht organisiert. Und da konnte ich das Einmaleins und Bruchrechnung schon, als ich in die Schule kam. Da war ich eine legendäre Person in meiner Umwelt. (Gespräch 1991)

Das ist eine der Stellen im Gespräch, wo die herausragende Bedeutung des besonderen sozialen Statuserhalts und -erwerbs deutlich wird. Die Option, in den Westen zu gehen, wird eigentlich fallengelassen aus Furcht, nicht den richtigen Mann zu finden und ein langweiliges Leben als ‚Salondame' zu führen. Diese Interpretationen der Geschlechterchancen in der BRD haben sich bei Ingrid Zuckermann verfestigt und werden zu einem Handlungsmuster. Sie erklärt, dass diese Einsicht direkt mit der Erfahrung des Statusverlustes noch zu Schulzeiten zusammenhing, als sie sich von einer ‚legendären Person' bei Schuleintritt zur Bedeutungslosigkeit (scheinbar aufgrund politischer Eingriffe) zu entwickeln drohte.

Aber das war zu der Zeit (als sie zwischen Ost und West in den Ferien pendelte, E.M.H.) noch keine theoretische Einsicht, sondern diese sympathischen Leute im Osten. Als ich diese Westleute kennen lernte, da war für mich klar, also mit denen will ich eigentlich nichts zu tun haben. Also da wurde ich taxiert, wie die Figur und die Kleidung, und ob ich für diese Männer, die Wirtschaftswundermänner (etwas darstelle, E.M.H.). Das habe ich doch dann sehr massiv erlebt, dass man taxiert wurde und danach verhielten sich die Leute. Also so habe ich das empfunden. Vielleicht habe ich mir auch etwas ausgedacht und es übertrieben, aber so habe ich das erlebt. Und in der BRD hatte ich einen Taxwert. Und das hat mir Schwierigkeiten gemacht, mich da einzufügen. Und da habe ich dann Sehnsucht nach meinen Ostleuten gehabt, die nicht ‚taxierten'. Ich erfuhr, dass einige meiner Ostleute im KZ waren. Sie hatten andere Werte, die mich irgendwie berührten, als ich diesen Typus kennen lernte. Es war ... eine Entscheidung. Die Politik hat dir schon soviel angetan im Osten und nun willst du Karriere machen. (Gespräch 1991)

Bei allen Antworten nach dem Verbleib in der DDR, den Freunden, der Heimat, den ‚netten Leuten', der ökonomischen Sicherheit, dem dekadenten und unsicheren Westen – steht offenbar im Vordergrund, dass es sich um keine politische Entscheidung gehandelt hat. Sie deutet aber auch an, dass sie eine Art Tauschgeschäft erwartete, entsprechend einer Äußerung an anderer Stelle: „Wenn ich schon bleibe, müsst ihr mir das ausloben, denn ich bin nicht irgendwer." Diese Gegenwerte werden teilweise spektakulär eingeklagt. Sie schien sich ihrer Chancen in der BRD bewusst gewesen zu sein, und das Aufgeben dieser Option fiel ihr nicht leicht. Auch scheint der Wunsch, zu einer Elite gezählt zu werden, für sie in der ‚kleinen', überschaubaren DDR kontrollierbarer. Im Westen fürchtet sie, nur Mittelmaß zu bleiben. Im Vordergrund steht damit immer die Suche nach einem Sozialnetz für Statusbestätigungen. In gewisser Weise steht sie damit in der Tradition der mütterlichen Ambitionen, sozialen Aufstieg zu zementieren. Daran war die Mutter, trotz Privatunterrichts in der Vorschulzeit für ihre Tochter und Klavierspielunterrichts, eigentlich gescheitert.

Der Parteieintritt 1962, sie ist 27 Jahre alt und beginnt mit dem Studium, ist kein bürokratischer Akt, sondern

ich habe durch Marx begriffen, dass diese Revolution eine Partei braucht, die muss organisiert sein, und das Individuum muss seine persönlichen Interessen zurückstellen und für die Sache arbeiten. Ich habe dann auch Lenins Parteitheorie akzeptiert für mich. Und das war wirklich eine kleine Sensation. (Gespräch 1992)

Dass die Journalistin schließlich ihre Biographie in der DDR konsolidiert hat, kommuniziert sie permanent in ihren sozialen Kontexten. Daraus entsteht eine Erwartungshaltung der Form: „Wohin das Juwel fällt, ist Dank zu erwarten." Über Chefredakteure und ihre Arbeit beim Rundfunk und in der Zeitungsredaktion sagt sie:

Die Chefredakteure haben ja nie geschrieben, das waren ja solche Typen, die im Grunde von der Sache nicht viel verstanden, das war die Regel. So dass die ihre Aufpasserfunktion ausüben konnten. ... Also es war schon eine Zeit (die letzten Arbeitsjahre bis 1989, E.M.H.), wo ich nur noch überlegt habe, wie hält man sich 'raus und wie kann man überhaupt noch irgendwie vegetieren in der Redaktion. Also es war nicht so eine Situation, nun passiert etwas, jetzt ist was passiert, und nun ist man so unfreiwillig in was ganz anderes geraten. Man hat es nicht vorausgesehen, dass sich da was so fundamental ändert, aber eine Befreiung war es auch, auch eine persönliche.

(Innerhalb der Arbeit, E.M.H.) hast du dir irgendwann einen Ruf geschaffen und warst irgendwer, und damit konntest du gut leben, der hat sich auch nicht verändert, weil ja die Leute nicht so sehr viel Zeit hatten, sich mit dir als Individuum zu befassen, sondern du spielst deine Rolle, und wenn du die Rolle noch einigermaßen spielst, da kann sich bei dir, wenn man genau hinguckt, was du wirklich tust, kann sich allerlei verändert haben, aber du bist immer noch die Figur. (Gespräch 1993)

Nach der Wende arbeitet sie zunächst bei einem Westberliner Verlag, um eine spezifische DDR-Sparte aufzubauen, fühlt sich aber mit ihren Konzeptionen nicht gewürdigt. Innerhalb von sechs Monaten sechs Bücher herauszubringen, sieht sie als Zumutung und als unseriös an. „Ich war immer stolz, daß man im Osten so langsam machen konnte, und dann mal was Gutes." (Gespräch 1991)

Sie kündigt und arbeitet als freie Mitarbeiterin im ehemaligen Rundfunk der DDR. Sie unterwirft sich nicht dem täglichen Produktionsdruck, sondern erarbeitet längere Rundfunkbeiträge über Besonderheiten im ehemaligen DDR-Alltag und ihre Veränderungen durch die Wende. Nach wenigen Jahren zieht sie sich aus dem Journalistengeschäft zurück und wünscht sich:

... ich möchte kein erfahrungsarmes, kein befriedetes Leben führen, sondern ich möchte gern Lebenssteigerung, und die kriege ich jetzt so schwer. (Gespräch 1993)

‚Unter Genieverdacht?‘, Jg. 1942-2003

Der Journalist und Mediendozent Paul Gatt

Die Gespräche mit dem Journalisten und Mediendozenten finden in seiner Ein-
zimmerwohnung in einer großen Neubausiedlung im Ostteil Berlins statt, in der
jeder Winkel mit Büchern, Manuskripten, Zeitungen und elektronischer Ausstat-
tung ausgefüllt ist. Der Journalist und Mediendozent hat von 1961 bis 1966
Theater- und Kulturwissenschaften an der Humboldt-Universität in Berlin studiert
und 1984, während seiner Tätigkeit als Oberassistent an der Hochschule für Film
und Fernsehen der DDR, zur ‚Gattungsspezifik der Fernsehkunst‘ promoviert.
1971 wurde er Mitglied der SED, 1990 ist ihm seine Partei abhanden gekommen,
so dass sich aus seiner Sicht ein Austritt erübrigte.

Er ist der Sohn einer alleinerziehenden, ungelernten Arbeiterin, die für
folgendes Milieu steht:

Sie war Magdeburgerin. Sie hat immer in dieser Stadt gelebt, sie ist niemals aus dieser Stadt rausge-
kommen. Es gibt zwei Reisen: eine ins Rheinland und eine nach Potsdam, das waren die großen
Reisen ihres Lebens. Später im Alter kam sie zu mir nach Berlin. Ab und zu fuhr sie in den Harz, aber
ansonsten ist die nie verreist. (Gespräch 1991)

Er hat regelmäßige Kontakte zu seiner Mutter, die sich in seiner Darstellung als
eine bildungsbewusste Arbeiterin – ein prototypisches Bild aus der alten Sozialdemokratie – und als Bewunderin ihres aufsteigenden Sohns bewegt. Als die Mutter
1984 stirbt, ist er 42 Jahre alt.

Alle vier Wochen war ich in Magdeburg bei ihr. Manchmal auch dazwischen, und ich habe auch den
Sommerurlaub bei ihr verbracht. ... Sie hatte die Volksschule absolviert. Ich weiß nicht, ob sie bis zur
letzten Klasse die Schule gemacht hat, aber sie war eine kulturell sehr interessierte Frau, und sie hat
viel gelesen. Das kommt ... aus der alten Sozialdemokratie. Der sozialdemokratische Arbeiter war ein
gebildeter Arbeiter. ... Sie war stolz auf meine berufliche Laufbahn. Sie ist drei Tage vor meiner
Promotion gestorben, sie wusste es und hat mitgebangt. Ich hatte auch schon vor Abschluss meiner
Dissertation sehr viele Publikationen, und sie hat auch einiges davon gelesen, besonders das, was eher
ins Journalistisch-Publizistische hineinging, das interessierte sie. Sie hat, da sie ohnehin sehr viel las, bis
zuletzt die Zeitung von vorne bis hinten gelesen. Sie ist völlig untypisch, wenn man die Angabe macht:
ungelernte Arbeiterin. Meine Mutter liebte Musik, sie kannte Opern sehr genau ... und sie war stolz
darauf. Mit Muttern zu Hause habe ich mich wohlgefühlt. (Gespräch 1991)

Er war zweimal verheiratet – von 1966 bis 1972 und von 1973 bis 1978 – und hat
aus diesen Ehen vier Kinder und inzwischen drei Enkelkinder. Nach seiner
Meinung scheiterten seine Ehen zum einen an den äußeren Verhältnissen (schlech-
te und zu enge Wohnverhältnisse), zum anderen daran, dass er immer zu viel
gearbeitet habe. Seine Arbeitswut – wie er es nennt – sei bis zum heutigen Tag ein
Problem in allen Beziehungen, die er eingeht, aber auch ein generelles Problem der
Berufsauffassung in diesen Berufen.

Es ist ... das Eigenartige in diesen wissenschaftlichen Berufen. ... Wer sich nicht mit aller Kraft selbst hineinwirft, wer sich nicht selber diszipliniert, ... es gilt eben nicht der Feierabend für jeden, wer das nicht einsieht, und wer das nicht fertig bringt, der ist ja letztendlich in unseren Berufen verloren. Aber diese Einsicht zu gewinnen, war in der DDR außerordentlich schwer. (Gespräch 1992)

Betrachten wir seinen beruflichen Verlauf: Nach Beendigung des Studiums arbeitet er als Regisseur, Dramaturg, Schauspieler und freiberuflicher Autor an einer Provinzbühne. Dort wird er 1968

... zur Kündigung gezwungen ..., denn ich hatte Verbindungen zur Tschechoslowakei. Mir ist ein Programmheft verboten worden, das war die erste Sache. Dann war ich mehrere Male zu unterschiedlichen Gelegenheiten laut geworden mit politischen Stellungnahmen zu dem, was in der ČSSR vorging. Das war die erste Welle. Die zweite Welle kam dann um 1976 herum in der Biermann-Affäre. Ich habe weder für noch gegen die Ausbürgerung unterschrieben, weil ich Biermann kannte. Wenn wir uns nicht eine Opposition leisten können, dann steht dieser Staat auf ziemlich wackligen Füßen. Das machte Furore seinerzeit. Das ging bis in die 1980er Jahre hinein. Ich habe dann im Jahre 1988 einen Brief an Honecker geschrieben, weil ich einfach als Mitglied der Partei beleidigt war, wenn ich bei Kundgebungen an der Führung vorbeigetrieben wurde. (Gespräch 1991)

Nach seiner Kündigung am Theater 1968 geht er für ein Jahr als fester freier Mitarbeiter zum Deutschen Fernsehfunk und arbeitet dort als Regieassistent und Autor, aber auch hier scheitert er.

Die zweite Sache, an der ich scheiterte, war an der politischen Institution des Deutschen Fernsehfunks, wo ich als Autor arbeitete. Ich habe Stücke für das Fernsehen geschrieben, die dann nicht gesendet wurden. Mein Geld habe ich bekommen, nur die Sachen wurden nicht gespielt. Das ist frustrierend. Das war das Fürchterliche, so dass man sich dann sagte, das kann es nicht gewesen sein. Als das dritte Stück verboten wurde, ich aber trotzdem mein Geld bekam, da habe ich gedacht, ich kann doch nicht mein Leben lang für Schweigegelder arbeiten, das mache ich nicht. ... Ab Ende 1970 schrieb ich nur noch lyrische Gedichte. ... Ich war sicherlich kein schlechterer Autor als die meisten anderen, davon bin ich auch nach Durchsicht meiner Arbeiten (heute) noch überzeugt. Das ist sicherlich keine Selbstüberschätzung. Aber ich glaube auch nicht, dass der deutschen Literatur ein so ungeheurer Verlust entstanden ist. (Gespräch 1991)

1969 wechselt er als wissenschaftlicher Assistent für Fernsehdramatik an die Humboldt-Universität, wo er bis 1972 arbeitet; 1971 geht er für sechs Monate an die Lomonossow-Universität nach Moskau. Sein Selbstverständnis als Kulturproduzent in seinen Rollen als Theoretiker für Fernsehdramatik und Fernsehkunst und als – wenn auch gescheiterter – Fernsehautor drückt sich darin aus, dass in seinen Augen Künstler und Kulturschaffende die innovative Vorhut der Gesellschaft sind.

Das ist eine russische Erscheinung, weil es dort eine sehr große Diskussionskultur gibt, auch unter Künstlern. Die Proletarisierung der öffentlichen Meinung ist nicht so fortgeschritten wie in der DDR. Bei uns (in der DDR) wird gesagt, was macht der schon, der schreibt ja bloß Bücher. Schreiben kann ja jeder. ... Es war aber immer die Elite, die geschrieben, die nachgedacht hat. ... Es ist wirklich kein Mythos, dass die Leute in der Sowjetunion an Buchläden Schlange stehen. Wir haben es auch gemacht. Ich habe jetzt nach der Wende und nach der Einheit die Lust verloren, in Buchläden zu gehen ... (Gespräch 1991)

1972 wechselt er als Oberassistent für Fernsehdramatik und Fernsehkunst an die Hochschule für Film und Fernsehen ‚Konrad Wolf‘ der DDR in Potsdam, die er ‚Schule‘ nennt, und arbeitet gleichzeitig als freier Film- und Fernsehkritiker für verschiedene Tageszeitungen und Journale.

Ich stand immer mit einem Bein in der Schule, mit dem anderen Bein habe ich außerhalb der Schule journalistisch gearbeitet, ich habe (wissenschaftliche und künstlerische) Publikationen gemacht, wozu sich die meisten nicht verpflichtet fühlten. (Gespräch 1991)

1974 reicht er seine erste Dissertation an der Hochschule für Film und Fernsehen ein, die nicht angenommen wird, weil der dort beschriebene kommunikationstheoretische Ansatz zu dieser Zeit als bürgerlich galt; 1977 versucht er es ein zweites Mal mit einem leicht variierten kommunikationstheoretischen Ansatz und wird erneut abgelehnt.

Der Kommunikationsgedanke galt als bürgerlich. Die Medien der Massenkommunikation waren dazu da, dass die Führung ihre Botschaft an die Massen schickt. Das heißt, es ist eine von vornherein geplante Einwegkommunikation, die aber auch nicht in ihren Massenreaktionen erfasst werden darf. Das gab es nicht. Es war die Vorstellung, die Propagandabotschaft arbeitet sich durch zu den Massen, nichts anderes. (Gespräch 1992)

Als seine unmittelbare Vorgesetzte 1982 pensioniert wird, reicht er eine dritte Version seiner Dissertation ein, und 1984 gelingt es ihm endlich zu promovieren. Als er sich danach um die Facultas Docendi[127] bemüht, stößt er erneut auf Widerstand.

Die Stellen an Hochschulen waren nicht begehrt. Was anderes waren Dozenturen. Dazu musste man die Facultas Docendi haben, die Grundlage war die Fachqualifikation. Ich habe zweieinhalb Jahre gebraucht, bis ich mit der Facultas Docendi bestätigt wurde. ... Die Bestätigung wurde durch den unmittelbaren Kollegenkreis erteilt, das machte dann der unmittelbare Vorgesetzte. Und der ließ sich ein bisschen Zeit. (Gespräch 1991)

Er erhält die Facultas Docendi, nachdem er an dieser Hochschule 15 Jahre unterrichtet hatte. Nach der Wende 1991 wird sein Oberassistentenvertrag in einen befristeten wissenschaftlichen Mitarbeitervertrag umgewandelt. 1992 enden die Aufträge für Fernsehkritiken in Tageszeitungen und Journalen, und im Oktober 1993 wird er aus der Hochschule für Film und Fernsehen entlassen. Antizipatorisch im Hinblick auf eine mögliche Entlassung sagt er im ersten Gespräch 1991:

Aber wenn ich entlassen würde, das würde mich verunsichern, das würde ich sagen. Ich wüsste ungefähr, was ich mache, das braucht wieder einen neuen Ansatz. Bei mir ist es nicht diese tägliche

---

[127]   „Voraussetzung für die Berufung zum Hochschullehrer ist – auf Antrag des Bewerbers – die Erteilung der ‚Facultas Docendi‘ (Lehrbefähigung) durch die für das jeweilige Fachgebiet verantwortliche Fakultät des Wissenschaftlichen Rates. Sie wird aufgrund fachlicher Leistungen in Lehre und Forschung, ‚der Fähigkeit des Bewerbers zur Festigung und Entwicklung des sozialistischen Staatsbewußtseins der Studenten‘, von Praxiserfahrung und einer in der Regel mindestens 2jährigen Lehrtätigkeit an einer Universität oder Hochschule erteilt." (Glaeßner 1985, 1392)

Ordnung, in die ich eingepasst bin, sondern eine bestimmte Lebensordnung. Ich bin in gewisser Weise auch ein disziplinierter Mensch. Es macht mir echte Probleme, wenn ich bei einem Auftrag einen Termin überziehe. ... Ich habe mit der Arbeit, wo ich meine Pflicht mache und wo ich weiß, es lastet mich nicht aus, so eine bestimmte Ruhe. Ich habe mein Geld, und ich weiß, ich habe einen bestimmten Kreis, in dem ich mich bewege, was auch nicht unwichtig ist. Also das würde mir fehlen. ... Die Schule ist so ein Stückchen Familie. Ich gehe durch die Schule, sage den Leuten ‚Guten Tag', man begegnet ein paar Bekannten. Für mich war die Zeit, als ich freischaffend beim Fernsehen gearbeitet habe, eine gewisse Verunsicherung. Freischaffend sein, das wäre nicht unbedingt mein Traum, nicht für lange Zeit. Mit Kritiken könnte ich über die Runden kommen. Alles, was ich jetzt nicht schaffe, das könnte ich dann schreiben. Ich wäre kein sozialer Härtefall, aber es wäre unangenehm. Ich kann es nur so diffus sagen, es wäre unangenehm. ... Es ist so das Gefühl, aber bitte verstehen Sie das nicht melodramatisch, es ist so ein bisschen das Gefühl, ein Stückchen Heimat verloren zu haben. Ich fühle mich ein bisschen fremd. Es ist nicht so, dass es existentiell ist, weil ich auf der anderen Seite mit einer gewissen Belustigung wahrnehme und denke, ach Gott, da war mal das und das, und was haben sie jetzt daraus gemacht. Oder auch Veränderungen an Kollegen und Bekannten, früher war er Abteilungsparteisekretär, und was ist er jetzt, jetzt steht er der CDU nahe. Mein ehemaliger Prorektor für Gesellschaftswissenschaften grüßt jetzt mit ‚Grüß Gott', das ist eher belustigend. ... Es ist ein anderes Klima eingezogen. (Gespräch 1991)

Schon beim ersten Gespräch merkt er, dass er im neuen Spiel – so wie im alten – wieder keine guten Karten haben wird, nämlich dass die Positionen an ‚seiner Schule' bereits vergeben sind. Durch eine Kündigung würde ihm sozusagen ein Teil seiner Existenzgrundlage und auch seiner ‚Heimat' entzogen werden. Die Einschätzung seiner Qualifikationen gerät dadurch nicht ins Wanken, denn er hat zu DDR-Zeiten so viel in seine berufliche Laufbahn investiert, dass er das daraus entstandene Commitment[128] auch nicht wegen eines Systemwechsels aufgeben wird (Becker 1964/1979; Kanter 1968; Andrews 1991).

Ich bin nicht traurig, dass ich nicht die große Karriere gemacht habe und sagen kann, so jetzt bist du Professor, hast einen Lehrstuhl, und du bist Mitglied der und der Akademie. Dann wäre ja Schluss, das wäre das Ende. Ich habe eine ganze Menge erreicht. Ich habe mich in meinem Beruf nicht voll ausgelebt, das werde ich auch in Zukunft nicht tun. Es muss noch ein bisschen Kraft übrigbleiben, und ab und zu muss man auch die Tätigkeit wechseln können. Im Augenblick bin ich so weit, dass ich sage, man müsste 'mal wieder was anderes anfangen, ich weiß noch nicht, was. Es ist auch nicht so, dass ich losgehe und einfach ein Rosenzüchter werde, also völlig aussteige. Ich bleibe immer in

---

[128] Commitment oder auch Bindung kann man als konsistentes individuelles Verhalten über die Zeit definieren (Becker 1979 [1964]). „Man kann ... sagen, dass eine Person dann gebunden (committed) ist, wenn sie konsequent gewisse Aktivitäten innerhalb einer Reihe von unterschiedlichen Situationen verfolgt. Konsequentes Verhalten wird über einen längeren Zeitraum hinweg beibehalten. Auch wenn der Handelnde sich an zahlreichen disparaten Handlungen beteiligt (Situationsanpassung), so betrachtet er sie dennoch als für ihn konsequente Handlungen. Denn von seinem Standpunkt aus sind sie im Hinblick auf ein gesetztes Ziel nützlich. Schließlich ist ein bezeichnendes Merkmal von Bindung, dass der handelnde Mensch andere realisierbare Alternativen ablehnt und unter den möglichen Handlungsarten die heraussucht, die ihm für seine Ziele am geeignetsten erscheinen." (Becker 1979 [1964], 59) Weitere Ausführungen dazu in: Hoerning/Kupferberg (1999); Hoerning (1999b).

meinem Bereich. Also so viel habe ich schon begriffen, dass ein gewisses Spezialistentum auch eine Verpflichtung ist, dass man dran bleiben muss. (Gespräch 1991)

Der Journalist und Mediendozent hat zeitlebens damit zu kämpfen, dass ihm seine Lebensordnungen verloren gehen. Er gründet zweimal eine Familie, und beide Familien lösen sich wieder auf, er versucht, sich in unterschiedlichen beruflichen Karrieren während der DDR-Zeit zu etablieren, was mit bescheidenem Erfolg gekrönt ist. Als Ratgeberin, sowohl für seine Familien- als auch für seine beruflichen Fragen, fungiert seine Mutter, bei der er sich wohlfühlt, die ihn aber aufgrund ihrer ‚lebenspraktischen Erfahrungen' nicht beraten kann. Diese emotionale Lebensordnung endet mit dem Tod der Mutter kurz vor seiner Promotion.

Als ich ihn im Mai 1993 erneut treffe, sind seine Tage in der Hochschule (Kündigung zum Oktober 1993) gezählt.

Ich hatte 1991 noch mehr Illusionen. Ich habe geglaubt, dass vieles noch leichter zu bewältigen sei. (Gespräch 1993)

Er bewirbt sich ohne Erfolg und übernimmt an verschiedenen Hochschulen Lehraufträge. 1993 erhält er wieder als freier Mitarbeiter von einigen Tageszeitungen Aufträge für Fernsehkritiken. Er gründet mit Eigeninitiative ein Medieninstitut, besucht Medien- und andere Fachkonferenzen, schreibt Bücher und Aufsätze über die Medien der DDR, aber auch über Kommunikationstheorien. 2003 stirbt er – 61 Jahre alt – während einer Konferenz an Herzversagen.

Kulturelles Kapital: Der professionelle Habitus

Die Jüngeren – so auch er – erlebten, dass die leitenden und Vorgesetzten-Positionen mit Gründern und Aufbauern besetzt wurden, deren politische Zuverlässigkeit eine Garantie für berufliche Standards war. Die über Mentoren und Gralshüter gebundenen Learning-by-doing-Prozesse waren inzwischen formalisierten Ausbildungswegen gewichen. Gleichzeitig hatten sich die relativ jungen leitenden Kader aus der Aufbaugeneration in ihren Positionen eingerichtet; für die Nachrückenden war die Luft auf diesen Etagen ziemlich dünn (Engler 1992).

Meine damalige Chefin, sie war ... Brecht-Assistentin, ... wurde an die Schule geschickt, damit überhaupt eine Fernsehforschung stattfand. Sie hatte von Fernsehen keine Ahnung, außer, dass sie quasi als eine Art von politischer Kommissar im Fernsehen gesessen und dort, ... Fernsehspiele gelesen, befürwortet oder abgelehnt hatte. Sie kam an die Schule und sollte dort das Fernsehen durchsetzen, und zwar mit der Konzeption: Der sozialistische Realismus in der Film- und Fernsehkunst. Das heißt, sie nahm eine kulturpolitische Kategorie und überprüfte, ... inwieweit ist die in Werken enthalten, die im Film oder im Fernsehen produziert wurden. (Gespräch 1992)

Der Journalist und Mediendozent tritt 1966 in das Berufsfeld der Kulturschaffenden ein, nachdem 1965 auf dem XI. Plenum, nach einem kulturpolitischen Tauwetter seit 1961, rabiate und radikale Verbotsmaßnahmen im Bereich der Kulturschaffenden durchgesetzt wurden. Die Gründer und linientreuen Aufbauer beenden

Experimente, die den Anflug eines demokratischen Sozialismus zeigten, in denen loyale Kritik eine große Rolle spielte, und vergewisserten sich des zentralistischen Prinzips der Führung und Leitung, so auch in den kulturproduzierenden Institutionen.

Es gab die offizielle Ideologie, die immer darauf zielte: Wir erreichen alle. Ich sage immer, das ist das Tapfere-Schneiderlein-Syndrom: 17 Millionen auf einen Streich. Wenn man als Kritiker sagte, das ist etwas, was nicht alle erreicht, dann hieß es, um Gottes willen, lass das nicht laut werden. Später wurde dann stärker auf einzelne Kreise (Zielgruppen) hingearbeitet, und das festigte sich dann auch. Das war in den 1970er bis in die frühen 1980er Jahre, als es sehr viele Auseinandersetzungen gab, auch (im Fach) Dramatik, zum Beispiel um Probleme der Leitung von Kollektiven. (Gespräch 1991)

Die Institutionalisierung der Profession wurde weitgehend durch fachfremde Ideen angeleitet, die professionellen Interessen wurden in die Dienste der Politik gestellt. Das drückt sich speziell in der Rekrutierungspolitik für die Leitungsebenen aus. Während in den 1950er Jahren die re-emigrierten aufrechten Genossen und ihre Ziehkinder aus der Aufbaugeneration – auch aus fachfremden Berufen – in die kulturproduzierenden Institutionen und ihre Lehreinrichtungen gingen, finden wir bei den späteren Einsteigern Hochschulabsolventen: KulturwissenschaftlerInnen, HistorikerInnen, PhilosophInnen, Theater- und auch MedienwissenschaftlerInnen. Im beruflichen Alltag rieben sich die professionellen mit den politischen Interessen, wobei die politischen Interessen – repräsentiert durch die Kader – in der Regel Vorrang hatten. Selbst wenn es möglich war, eine dem wissenschaftlichen Lehrplan übergeordnete Position als Parteigruppenorganisator zu bekleiden, reichte dies nicht aus, um wissenschaftliche Interessen durchzusetzen.

Die Entwürfe für den Ausbildungsplan waren Sache der Wissenschaftler. Die Parteigruppe konnte völlig dagegen laufen. Ich war zu der Zeit Parteigruppenorganisator. Das war der, der die Parteigruppe leitete. Wir waren dort zehn oder zwölf Leute, das heißt eine relativ kleine Gruppe. Aber diese Gruppe war für die Film- und Fernsehwissenschaft des Landes zuständig. Die Parteigruppe hatte den Vorteil, dass ich dort auch meinem Professor auf die Füße treten konnte in meinem Amt als Parteigruppenorganisator, dass ich sagen konnte, pass mal auf, hier und hier stecken in dem Entwurf Dogmatismen drin. Das konnte ich in der Parteigruppe machen, aber ich bekam dann wieder auf dem normalen Dienstweg einiges hinter die Löffel. Es war immer eine Spannung. Wenn man auch heute davon ausgeht, dass Funktionäre in besonderem Maße die Interessen der Partei in den Institutionen durchsetzten, dann ist das eine ganz ambivalente Geschichte. (Gespräch 1991)

Diese Eingriffe hatten zur Folge,

... dass die wissenschaftliche Arbeit weder gut dotiert ... noch begehrt war. Es brachte weder Ruhm noch Ehre noch ein bequemes Leben. Man war immer mit den Arbeiten anderer beschäftigt und immer mit den Schicksalen anderer Leute ... beladen. Also dort jemanden zu finden, der sich tatsächlich, wie wir immer sagten, als Nachwuchs in die wissenschaftliche Arbeit stürzte, das war ungeheuer schwer in der DDR. (Gespräch 1991)

Der Karriereverlauf des Kulturschaffenden wird auf mehreren Ebenen irritiert und in negative Verlaufskurven gelenkt. Seine Stellungnahme zur Zerschlagung des Prager Frühlings 1968 und seine Nicht-Stellungnahme zur Biermann-Affäre 1976 führen zu Stellenwechsel beziehungsweise Nicht-Verwertung seiner Arbeit. Der

Karriereverlauf des Journalisten und Mediendozenten scheitert daran, dass er ‚seine‘ professionellen Handlungsräume und Rationalitätskriterien über drei verschiedene Versionen seiner Dissertation und einen Antrag auf Erteilung der Facultas Docendi durchzusetzen versucht, jedoch ignoriert, dass die Medienpolitik und auch die Ausbildung des künstlerischen und wissenschaftlichen Nachwuchses der Kulturschaffenden dem Vorsitzenden des Politbüros, Honecker, in einem besonderen Verhältnis unterstanden. „Honecker kontrollierte durch Joachim Hermann (Sekretär des ZK) unmittelbar die Medien und über diese das, was als öffentliche Meinung in der DDR galt.“ (Lepsius 1995, 349) Selbst wenn er als Parteigruppenorganisator Vorlagen seiner wissenschaftlichen Vorgesetzten aus den Angeln heben konnte, reichen sein Status und seine Befugnisse nicht aus, seine eigene wissenschaftliche und Lehrkarriere voranzutreiben.

Das Biographische im Professionellen und vice versa

Paul Gatt, der als ein unter Genieverdacht stehender Typus von Künstler innerhalb seiner Profession auffiel, ist ein permanenter Stilisierer seiner kulturellen und politischen Arbeit. Zu dieser Stilisierung gehören das Bedauern über den ‚Verlust von Theorie‘ und Selbstkennzeichnungen wie ‚Ich bin Intellektueller‘, Stilisierungen, die in der nächsten Sekunde in Melancholie und Sarkasmus umschlagen können.

Paul Gatt wirkt wie ein Einzelgänger. In der Ausübung seines Berufs wie auch im Privatleben arbeitet er in Nischen. Auf diese Weise hat er sich in der DDR eine ‚Schmuddelbiographie‘ zugelegt, wie er sie oft selbst nennt. Paul Gatt ist zwar kein Gegner der DDR-Gesellschaft – im Gegenteil bezeichnet er sich als aufrichtigen Sozialisten –, er bleibt aber empfindlich gegenüber der Einschränkung von Menschenrechten, freier Meinungsäußerung und mangelnder Flexibilität im Apparat. So versteht er sich stets als Humanist, favorisiert beispielsweise Werte wie ‚Erziehung zur Mündigkeit‘, gerät damit aber regelmäßig in Konflikt mit Funktionären. Dass ihm daraus kein größerer Schaden entsteht, schreibt er seiner Größe im System zu, seiner Geschicklichkeit mit den institutionellen Strukturen umzugehen und einer offenbar geschickt eingesetzten charismatischen Kompetenz.

Generell bezeichnet sich Paul Gatt als ‚komischen Kauz‘ und Eigenbrötler. Im privaten Leben komme man schwer mit ihm aus, und deshalb habe er sich lieber auf eine Single-Existenz eingerichtet, statt auf eine dauerhafte Partnerschaft zu hoffen. Er folgt einer Einschätzung seiner Mutter, die schon immer gesagt habe, dass er eher zum Einzelgänger tauge, der ja ‚auch nie eine richtige Familie kennen gelernt habe‘. In Bezug auf Systemloyalität und die Profession wirkt Paul Gatt eigenartig freischwebend. So beansprucht er ein werkimmanentes Leistungsethos, das rein an der Qualität eines Forschungsprozesses ausgerichtet ist, keiner Ideologie verpflichtet sein dürfe und immer auf Distanz zum Apparat und zur Politik bleiben solle. Seine Arbeit versteht Paul Gatt durchaus im Dienst des Aufbaus einer sozialistischen Gesellschaft, aber dass diese Gesellschaft ausgerechnet die der DDR ist, wirkt wie ein Zufall. Zwei Textbeispiele sollen das illustrieren:

Das weiß ich nicht, ich bin kein gelernter DDR-Bürger. Nein, in die DDR war ich hineingeboren, und wenn ich ein anderes Land hätte wählen wollen, wäre es sicherlich nicht die Bundesrepublik gewesen. Ich weiß nicht welches, dazu kenne ich zu wenig, aber die BRD hat mich nie gelockt. Sie haben mich nie gefragt, warum sind Sie eigentlich in der DDR geblieben? Ich könnte es Ihnen genauso wenig sagen. Weil ich zufällig hier geboren bin, (vielleicht). Weiter nichts. Wenn ich in ein Land hätte gehen wollen, dann wirklich (in eines), das sich in Bewegung befindet. ... Das war nach der Kubakrise 1962, da gab es noch mal so eine ziemlich harte Auseinandersetzung USA – Kuba. ... Da sind wir, eine ganze Gruppe von Studenten, ins ZK marschiert, das war zum ersten Mal, dass ich im ZK war, zur Abteilung Hoch- und Fachschulwesen, und haben gefordert, dass internationale Brigaden für Kuba aufgestellt werden. ... Da war ich mit dabei. Dafür sollten wir alle aus der Universität fliegen wegen Kriegsvorbereitung, obwohl wir eigentlich das Beste wollten, nämlich Verteidigung eines sozialistischen Landes. Da ist mir das erste Mal der Gedanke gekommen, ... so ernst muss es ... denen doch nicht sein. Das sind so die kleinen Geschichten. (Gespräch 1992)

Paul Gatt begreift sich als ortloser, dem Schicksal der Zufälligkeit höriger Weltbürger. Der Verbleib im Staat wird als reine Bequemlichkeit stilisiert. DDR wie BRD seien gleichermaßen keine ernstzunehmenden Alternativen, da Deutschland generell Unbeweglichkeit repräsentiere, und kein Boden, auf dem wirkliche Leidenschaft für gesellschaftspolitisches Wirken noch Platz finden könne.

Das ist eigentlich auch für mich die Generation (die Aufbaugeneration, E.M.H.), die sich um ihr Leben betrogen fühlt, was bei mir nicht der Fall ist. (Interviewerin: ... „Sie sind jetzt auch in einer prekären Situation?") Also jetzt mal ohne allen Quatsch, ohne Brücke und ohne alles, ja, ich nehme es als Herausforderung an. Ich nehme es als Herausforderung, und das ist keine Schutzbehauptung, sondern da ich nicht verblödet bin, da ich auch arbeiten kann, sehe ich also für mich zumindest über die Runden zu kommen ... vielleicht nicht mit Glanz und Gloria und nicht mit dem ganz großen Einkommen, sehe ich also für mich da doch relativ wenig Schwierigkeiten. Ich muss es einfach schaffen. Das ist etwas für mich, wo ich sage, so ... Es ist ja letztendlich auch ... ich habe wieder ein Ziel dabei. (Gespräch 1993)

In den 1991er- und 1992er-Gesprächen hebt er in der Bilanzierung seiner privaten und professionellen Leistungen hervor, dass er trotz allem auf seinem Grabstein die Worte haben möchte: ‚Er starb an Langeweile'.

Wenn ich in der Bundesrepublik aufgewachsen wäre, wäre ich jetzt wohl Beamter, hätte es irgendwo gepackt, ... Dann wäre ich jetzt irgendwo wahrscheinlich Intendant oder so, das traue ich mir durchaus zu, also ich wäre garantiert nicht irgendwo in so einer kleinen Position geblieben dort. Das hätte ich geschafft, aber im Grunde ... das Leben wäre doch zu Ende. ... Ich fühle mich einfach jetzt herausgefordert. (Gespräch 1993)

Auch hier inszeniert sich Paul Gatt wieder als enttäuschter Abenteurer, dessen eigentlichen Kompetenzen unpassende Rahmenbedingungen gegenüberstehen. Insofern existieren gleichsam immer zwei Paul Gatts, einer, den die realen gesellschaftlichen Verhältnisse hervorgebracht haben, und ein anderer, praktisch in unrealisierter Potenz. Paul Gatt stilisierte sich zwar immer im Duktus des Understatements, seine Geschichte im Ganzen ist aber – offensichtlich von ihm selbst nicht ungewollt – die einer Tragikomödie.

„Ich war immer schon ein zielstrebiger Mensch", Jg. 1957, Pia Braun, Rundfunk- und Fernsehjournalistin

Biographisches

1957 wird Pia Braun geboren, von 1964 bis 1972 besucht sie die Grundschule und von 1972 bis 1976 die EOS. Seit der ersten Klasse der Grundschule absolviert sie gleichzeitig die Musikschule und schließt 1976 als Flötistin ab. Im Nebenfach studiert sie Klavier. Während ihrer Kindheit und Jugend ist sie zeitweise auch Leistungssportlerin im Schwimmen. 1976, in der 12. Klasse, tritt sie in die Partei ein. Von 1976 bis 1981 studiert sie an der Humboldt-Universität zu Berlin Kulturwissenschaften, und seit 1976 engagiert sie sich im ‚Oktoberclub' bis 1981. Mit dem ‚Oktoberclub' unternimmt sie zahlreiche Auslandstourneen in sozialistische und nicht-sozialistische Länder. Nach Beendigung des Studiums 1981 arbeitet sie als Redakteurin in der Musikredaktion des Rundfunks, 1985 wird sie stellvertretende Chefredakteurin beim Jugendradio DT 64.

1986 wird ihr Sohn geboren, eine Rückkehr an den Arbeitsplatz nach dem Babyjahr ist nicht möglich, weil diese Stelle gestrichen wurde. Auf einer anderen Stelle beim Jugendradio DT 64 arbeitet sie bis zum 31. August 1991. Sie kündigt das Arbeitsverhältnis und ist seit dem 1. September 1991 Unternehmerin eines Journalistenbüros mit zwei ehemaligen Kollegen von DT 64. Im Auftrag oder im Angebot werden den Sendeanstalten Rundfunk- und Fernsehsendungen, auch Sendungen für andere Medien hergestellt. Zusätzlich arbeitet sie als feste freie Mitarbeiterin beim SFB 2 mit einer eigenen Sendung ‚Eastside' und moderiert das Kulturmagazin ‚Espresso'.

Die Wendegewinnerin

Das Label ‚Wendegewinnerin' stammt von Pia Braun. Sie gehört zu der Gruppe, die nach der politischen Wende relativ nahtlos ihre Berufskarrieren fortsetzen und konsolidieren können. Sentimentale Rückblicke oder politische Ressentiments bleiben fast völlig aus. Ihre berufsbiographische Orientierung fand vor der Wende statt; sie absolviert das Studium der Kulturwissenschaften und arbeitet für das Jugendradio der DDR. Mit diesem Rüstzeug passiert sie die Wendemarke. Daher fällt diese Zeit nicht in die ungleich schwierigeren Orientierungsanforderungen, die nach der Wende erst stattfinden. Sie selbst schreibt sich zu, ein Ideal- beziehungsweise ein Sondertypus zu sein: Mit hohem Selbstbewusstsein, als eine Art ‚mentales Kapital', verarbeitet Pia Braun Brüche ihres Berufsverlaufs souverän und beruft sich immer wieder auf naturgegebenes ‚Durchsetzungsvermögen'.

Die Neuerungen durch die Wende sind insofern tatsächlich ‚nur' Neuerungen im Sinne von Zuwachs an Optionen, Erlebnissen und Erfahrungen. Man erinnere sich an die Biographien, die durch höheres Alter an Anschlussfähigkeit verlieren beziehungsweise nicht mehr die biographische Flexibilität aufbringen können, den Status zu festigen oder gar auszubauen.

Sie ist auch nicht mehr in einem Alter, in dem berufsbiographische Konfigurierungen in die schwierige Wendezeit fallen, sondern ihre ersten Stabilisierungsversuche fallen in die zweite Hälfte der 1980er Jahre, in eine Zeit, als objektive Vorstrukturierungen gestützt wurden. Man könnte also von einer generationalen Disposition sprechen, die einen bestimmten Möglichkeitsraum eröffnet hat, im Sinne von – wie sie selbst ausführt – nicht zu alt und nicht zu jung gewesen zu sein. Mögliche Risiken dieser Kohorten hat sie, die begeisterte Journalistin des Jugendradios, durch ihre Agilität ausräumen können. Ihre biographische Gegenwartseinschätzung wirkt euphorisch:

Also da bin ich immer in meiner Orientierung, und mag sie noch so eng gewesen sein, relativ glücklich gewesen. Und ich denke, insofern ist mein Alter eigentlich toll, was die Wende betrifft. Man ist nicht mehr so ganz doof und ist nicht ganz unerfahren und ist auch noch nicht ganz alt, dass man also sagt, oh jetzt weiß ich aber gar nichts mehr. Eigentlich ist es eine wahnsinnig aufregende Zeit. Ich gehöre auch nicht zu denen, die sagen, ich will die Mauer wiederhaben, also höchstens mal im Spaß. Das könnte es auch nicht sein, nach der Erfahrung jetzt (1989 bis 1992, E.M.H.). Denn dann würden zum Beispiel wir jetzt nicht hier sitzen, und ich wüsste nicht, wie es ist, mit einem Wessi befreundet, also so liiert zu sein. ... Ich hätte nicht die Erfahrung, bei einem Westsender zu arbeiten. Und so weiter. Das ist irre, das beflügelt mich auch. Also mir geht es richtig gut. (Gespräch 1992)

Während der Studienzeit wird sie Mitglied im ‚Oktoberclub' und hat dadurch auch Gelegenheit, an Tourneen ins nicht-sozialistische Ausland teilzunehmen. Zur Aufnahme im ‚Oktoberclub' sei sie durch einen ‚puren Zufall' gekommen, und der sich anschließende Berufsverlauf zeigt sich als stringent. Auffallend war auch der Duktus des Pragmatischen beim Parteieintritt:

Wir waren so gut wie alle Mitglieder in der Partei. Ich habe den Antrag schon in der 12. Klasse gestellt, also in Erfurt noch. ... Mein Vater war Parteimitglied und der hat mich nicht besonders beeinflusst, aber ich kann das gar nicht sagen. Ich hatte den Eindruck, und für meine spätere Zeit kann ich das deutlich sagen, dass das so war, das eigentlich Wichtige und das, was an Auseinandersetzungen für mich in meinen Kreisen, wo ich mich bewegt habe, passierte innerhalb der Partei. Also an der Universität waren bis auf drei, vier Studenten alle an unserer Sektion in der Partei und das waren mitnichten irgendwelche Mitläufer, das waren zum Teil schon sehr rebellische Leute, also auch die Professoren und die Assistenten. Und alles, was wir politisch durchgekämpft haben für unsere Studienrichtung, haben wir alles über die Partei gemacht. ...

Also sagen wir mal so, das Verrückte war ja bei uns in der DDR, ich habe das, glaube ich, schon in anderem Zusammenhang auch schon gesagt, wenn man irgendwie Verantwortungsträgern so erschien, als würde man etwas bewegen wollen, was sich von außen wahrscheinlich komisch anhört, weil man ja immer denkt, in der DDR wurde nichts bewegt, aber, ich habe es immer so erlebt. Ich habe in meiner Art, wie ich so bin halt dann, wenn ich irgendwo war, zu allen Dingen immer etwas gesagt. Und dann wurde man sofort rausgepickt, weil man ja jemand war, der sich irgendwie engagierte und äußerte.

Es war ein Privileg, in die Partei einzutreten. Soweit ich mich erinnere, wurden da nur einige wenige überhaupt angesprochen. Das hing wiederum damit zusammen, jetzt weiß ich es wieder, dass das soziale Gefüge in der Partei irgendwie gewahrt werden sollte, dass also nicht allzu viel Intelligenz und hin und wieder auch ein Arbeiter rein sollte.

Ich meine, was ist man in der 12. Klasse, ist man Intelligenzler? Aber man ist auf jeden Fall kein Arbeiter. Also ich erinnere mich, dass ich einfach irgendwie gefragt wurde und so einen Antrag in der Hand hatte und den mit nach Hause nahm und das irgendwie mit meinem Vater besprach, und der unterstützte mich sehr, denn der war ja auch in der Partei. Der sagte: Ja, klar, tritt da ein. Das war für mich gar kein Ereignis, das war irgendwie so. (Gespräch 1992)

Die Parteimitgliedschaft hat instrumentellen Charakter. Sie ist dort opportun, wo es den persönlichen oder den Zielen ihrer Auffassung von professionellem Handeln dient. Im Vergleich zu den anderen Fällen fehlt die politische Reflexion des Parteieintritts. Sie ist eine Person, deren politisches Selbstverständnis nicht den Standards genügen muss, die sich die ‚großen Intellektuellen' in dieser Untersuchung aufgebürdet haben. Das macht sie nicht zur unpolitischen Person, sie wirkt politisch in der Form eines Pragmatismus und nicht in der Form eines ideologischen Dogmatismus. Wenn also gleichsam die Rahmenbedingungen nützlich sind, einflussreichere Handlungsrahmen herzustellen, dann ist ein Zweck erfüllt. Jedoch habe sie – und das scheint ihre ganze berufsbiographische und gesellschaftspolitische Haltung auf den Punkt zu bringen – immer ‚die Meinung gesagt'. Diese Einschätzung ist Angelpunkt zahlreicher Selbstinterpretationen des Verlaufs ihrer Berufsbiographie und hat sich für sie selbst zu einem Erfolgsprinzip verdichtet.

Wenn einer meiner Kollegen, wer auch immer, ob ein alter oder ein junger, sich heute als Widerstandskämpfer bezeichnet, dann muss ich immer unheimlich loslachen. Weil es völlig idiotisch ist, wenn man da gearbeitet hat, dann hat man sich da arrangiert. Man hat natürlich versuchen können, das sehe ich aber in der westlichen Welt ganz genau so, Grenzen auszuschreiten. Das haben wir auch gemacht oder einige von uns. Und wie gesagt, das war auch zum Teil mit heißen Dingen verbunden. Aber Widerstandskämpfer waren wir alle nicht. (Gespräch 1992)

1994 wurde sie gefragt, ob sie bei dieser Aussage von 1992 bleibe, und sie antwortet:

Absolut, ich oder wir waren keine Widerstandskämpfer. Ich habe immer meine Meinung gesagt zu den jeweiligen Geschichten, die mich betrafen, aber ich habe niemals große gesellschaftliche Veränderungen gefordert oder überhaupt nur im Sinne gehabt. (Gespräch 1994)

Das Familienleben erscheint in den Gesprächen als eine Art ‚blinder Fleck'.

Bis zu meinem 18. Lebensjahr haben meine Eltern mir sozusagen alles ermöglicht oder haben mich durch die Erziehung dazu befähigt, was ich heute kann und was ich heute bin. Also das danke ich ihnen sehr. ...

Aus heutiger Sicht habe ich das Gefühl, ich war eine Maschine. Also ich habe in meinem Elternhaus von dem, was man Liebe nennt oder was man menschliches Miteinander oder Beziehungen nennt, nichts erfahren. Null. Meine Schwester ... empfindet es nicht ganz so, also ... die hatte ein besseres Verhältnis zu meinen Eltern über die Jahre, erst einmal lebte die ja auch in derselben Stadt bis vor vier Jahren, und die war immer irgendwie näher. Ich weiß es auch nicht so recht zu beschreiben, ich frage mich das auch, ob es zeitliche Gründe waren?

Mein Vater ist Lehrer und er ist eine Lehrermentalität durch und durch. Das heißt, er sagt etwas, was er gut findet, und er ist der Meinung, der andere muss das auch so finden.

Ja, nun ist er ja nur Sportlehrer, aber er hat diese Mentalität des Lehrerdaseins so inhaliert, jemand anderen zu belehren, was mich auf Deutsch gesagt ankotzt bis zum ‚Gehtnichtmehr‘, weil der mich noch heute ... ich komme gleich zum Kern, noch heute habe ich das Gefühl, dieser Mann will mich belehren.

Es ist natürlich wahrscheinlich emotional derart zugespitzt, dass ich auch gar nicht mehr bereit bin, das anders zu hören. Das will ich mal einschieben und mal einräumen, das kann schon sein. Aber ich frage mich jedes Mal, der müsste doch eigentlich unheimlich stolz auf seine Tochter sein und ist er auch, in gewissem Sinne ist er es auch.

Also er hat eine Zeit lang, da war in der Fernsehzeitung, eben immer wenn ich ... gerade dran war, ein kleines Passbild von mir in der Zeitung und das hat der hundertmal ausgeschnitten, alle Artikel und alles. ... Das ist die eine Seite, wo ich auch weiß, ... er hat ja keine Sorgen mit mir, ich bin aus dem Haus, ich bin selbständig, ich mache meinen Beruf und ich bin anerkannt in meinem Beruf.

Und andererseits habe ich immer das Gefühl, dass er meint, eigentlich habe ich doch letzten Endes alles falsch gemacht, was sich insbesondere auf meinen Sohn und mein Privatleben bezieht. Da ist immer diese Bewertung drin und das nervt mich. (Gespräch 1994)

Vorherrschend zeigt sich ein dominanter patriarchalischer Vater, der seiner Tochter die Anerkennung ihrer Berufs- und Lebenskarriere verweigert. Die Mutter nimmt in diesem Prozess nur eine marginale Rolle ein, ihr gegenüber empfindet die Gesprächspartnerin keine besonderen Emotionen. Ihr ganzes Leben hätte generell erst nach dem Auszug aus dem Elternhaus zu Beginn des Studiums, als sie nach Berlin ging, angefangen.

Etwas ‚Eigentliches‘ habe in der Familie nicht stattgefunden. Dieses eher düstere Statement führt aber nicht zu einem ‚motivationalen Durchhängen‘, sondern eher zu gesteigertem Ehrgeiz. Die Wendegewinnerin ist eine ‚Macherin‘, die sich immer auf ihre innere Energie zur Bewältigung von Lebens- und Berufsphasen berufen kann. Am Projekt des Sozialismus hängt sie nicht dogmatisch oder gar verbittert. Entscheidend für sie ist es, Dinge pragmatisch voranzutreiben und weniger ideologisch, vielmehr vertraut sie auf ihre Macht persönlicher Durchsetzungskraft, private aber auch politische Interessen zu kommunizieren.

Ausblick

Für die Bewertung der Dienstleistungen der Medienexperten waren in erster Linie die politische Gesinnung der Person und der politische Tenor des Werkes ausschlaggebend. Die Parteibürokratie definierte die professionellen Standards, die berufsständische Vereinigung sekundierte bei diesem Prozess. Kritik an der öffentlichkeitswirksamen Arbeit der Medienexperten wurde in abgeschirmten

Zirkeln oder in ihren paternalistischen Parteimilieus vorgetragen (Land/Possekel 1998). Parteimitgliedschaft und Parteiarbeit in den Institutionen reichten nicht aus, um in den Kultur-Institutionen Karriere zu machen, sondern das Wohlwollen der politischen Gralshüter/Torwächter war das entscheidende soziale Kapital für diese Berufskarrieren.

Die Medienexperten erlebten, dass die leitenden und Vorgesetzten-Positionen mit Gründern und Aufbauern besetzt waren, deren politische Zuverlässigkeit eine Garantie für berufliche und auch professionelle Standards war. Die vorgestellten Berufsverläufe der Journalisten und Medienfachleute verschiedener Jahrgänge verweisen darauf, dass individuelle Ansprüche und Leistungen in diesem Berufsfeld sich den politischen Vorgaben und der Kontrolle durch die ‚linientreuen' Vorgesetzten unterwerfen mussten. Das individuelle Scheitern in diesem Beruf bezieht sich nicht auf die Verletzung professioneller Standards (zum Beispiel Bewertungen durch Professionsangehörige oder auf die Verletzung professionsethischer Regeln), sondern auf außerhalb der Profession entwickelte politische Vor- und Aufgaben der Journalisten und Medienfachleute im Rahmen der DDR-Politik (Schabowski 1990, 1991).

2.5   Frauen in Führungspositionen – Kader der administrativen Dienstklasse[129]

Frauen als Arbeitsmarkt-, Bildungs- und Kaderreserve – Die soziale Konstruktion der symbolischen Ordnung – Die Professorin – Die Generaldirektorin – Ausblick

Frauen als Arbeitsmarkt-, Bildungs- und Kaderreserve

Die hohe Frauenerwerbsquote, die kontinuierliche weibliche Erwerbstätigkeit und die entwickelte Erwerbsneigung der DDR-Frauen waren „Strukturmerkmale des Beschäftigungssystems der DDR-Gesellschaft" (Sørensen/Trappe 1995; Trappe 1995). „Daß in der DDR seit den siebziger Jahren jeweils rund die Hälfte aller Abiturienten, die Hälfte der Studenten und Beschäftigten weiblich war, galt der SED als Nachweis vollzogener Gleichstellung." (Helwig 1995, 1248) In den 1980er Jahren waren die Frauen auf den unteren Hierarchieebenen der akademischen Massenberufe bemerkenswert stark vertreten. „70 Prozent aller Lehrer (mehr als 95

---

[129]   Mit Veränderungen 2003b publiziert in: Hitzler, Ronald und Michaela Pfadenhauer (Hg.) (2003): Karrierepolitik (Reihe ‚Soziologie und Politik'). Opladen: Leske + Budrich, S. 231-243.

Prozent aller Erzieher, mehr als 90 Prozent aller Grundstufenlehrer), ca. 50 Prozent aller Ärzte, 57 Prozent aller Zahnärzte und sogar 68 Prozent aller Apotheker und schließlich 54 Prozent aller Richter (waren) Frauen" (Meyer 1986, 296). Von der Stunde Null bis zum Zusammenbruch hatte die DDR auf dem Sektor Frauenpolitik – so scheint es auf den ersten Blick – Außergewöhnliches geleistet.

Auf den zweiten Blick zeigt sich, dass die Verstetigung der geschlechtsspezifischen Berufswahl, der vergleichsweise langsame Zugang von Frauen in Männerberufe und die Einkommensunterschiede zwischen Frauen und Männern auf allen Beschäftigungsebenen trotz hoher Frauenqualifikations- und Beschäftigungsquote erhalten blieb. Wenn wir dann den Frauenanteil innerhalb der einzelnen Berufshierarchien betrachten, treffen wir auf ein altes Phänomen, nämlich Frauen durch Segregation und durch Marginalisierung in die Erwerbsarbeit zu integrieren. Herbeigeführt wurde dies durch die Frauenpolitik der DDR, die die Frauen „vorrangig nach der Familiensituation und weniger nach den beruflichen Leistungen" beurteilte (Frauenreport '90, 96). Oder wie es Herta Kuhrig 1989 zusammenfasst: „Es wurde mehr Politik für die Frau als Mutter gemacht als Politik gemeinsam mit den Frauen für die Emanzipation ihres Geschlechts. ... Frauenpolitik wurde mehr und mehr zur Bevölkerungspolitik. ... Erfolge der Frauenpolitik wurden gemessen an Geburtenzahlen, nicht ... an ... sozialen Erscheinungen, die über den Stand der Emanzipationsprozesse des weiblichen Geschlechts Aufschluß geben ..." (ibid., 1139/1140) Die Frauenfrage in diesem Sinne war ein Nebenwiderspruch.

Strukturpolitisch waren die DDR-Frauen der 1950er Jahre die Arbeitsmarktreserve (Budde 1997b, 185ff). Bis Ende der 1940er Jahre wurden die Frauen – nachdem sie während des Zweiten Weltkrieges häufig als Statthalterinnen die Positionen der Männer eingenommen hatten – in die zweite Reihe verwiesen. Selbst die Frauenfördermaßnahmen der sowjetischen Besatzer blieben vollmundige Versprechen. Die Stunde der Frauen der 1950er Jahre erschöpfte sich in „Frauen in Blaumännern, auf Traktoren und hinter Fließbändern" (ibid., 188), die Stunde oder die Zeit der Akademikerinnen war sie nicht. Die wenigen Frauen, die es in Spitzenpositionen schafften, wurden von Zeit zu Zeit als ‚Paradefrauen' bzw. als einsame Pionierinnen vorgestellt, sozusagen als Ausnahme von der Regel. Auch waren häufig die Frauen, die höchste Positionen erreicht hatten, nicht in jedem Fall Vorbilder[130]. Festgeschrieben wurde in der DDR in den 1950er Jahren das Idealbild

---

[130]   Dass dieser Gedanke nicht abwegig ist, dokumentieren die Biographien über Hilde Benjamin (1902 bis 1989), die als bürgerlich kommunistische antifaschistische Kämpferin ihre Karriere als Oberstaatsanwältin und Kaderleiterin von 1945 bis 1949 begann, als gnadenlose Richterin von 1949 bis 1953 wirkte, mit harter Hand von 1953 bis 1967 das Justizministerium führte, bis 1967 maßgeblich am neuen Familien- und Frauenrecht der DDR beteiligt war und 1967 als Ministerin entlassen wurde. „Kaltgestellt mit Ordensblech und Ehrentitel" arbeitete sie bis zu ihrem Tod an der Akademie für Staatswissenschaften und Rechtswissenschaften (Brentzel 1997; Feth 1997). Die

Fußnote wird auf der nächsten Seite fortgesetzt

der erwerbstätigen Frau.

Am Ende der 1950er Jahre, aber auch in den 1960er bis Mitte der 1970er Jahre stellten die Frauen die Bildungsreserve der DDR dar. Während die Frauen in den 1950er Jahren Kriegsausfälle und Abwanderungen kompensierten, setzte in den 1960er Jahren „der wirkliche Take-Off der Frauenförderung" (ibid., 191; Hildebrandt 2000; Steiner 2000) in der DDR ein, ausgelöst durch das 1961 verbreitete Kommunikee „Die Frau – der Frieden und der Sozialismus", eine Initiative von Lotte Ulbricht. Die Frauenförderpläne wurden beschlossen und eingeführt. 1963 wurden das Frauensonderstudium und das Fernstudium eingerichtet, Stipendien für studierende Mütter wurden aufgestockt und Krippen- und Kindergartenplätze wurden kostenlos vergeben. Die Arbeitsorganisationen wurden in Sachen der Frauenförderung rechenschaftspflichtig.

Mit der Berufslenkung sollten dann auch die alten Zöpfe der frauenspezifischen Ausbildungs- und Arbeitsplätze abgeschnitten werden, vor allem sollten Frauen in den 1960er Jahren die wissenschaftlich-technische Revolution unterstützen. Dieser politische Wunsch hatte keine Breitenwirkung. Lediglich der Lehrer-, der Arzt- und der Richterberuf wurden feminisiert, nicht jedoch die traditionellen naturwissenschaftlichen Berufe.

Gleichzeitig kam es zu einer Diversifizierung der wissenschaftlichen Arbeit. Die wissenschaftliche Arbeit geriet in den Zeitrhythmus der Industriearbeit, das heißt, Anfang und Ende waren vorgegeben, die Verantwortung wurde auf mehrere Gruppenmitglieder verteilt, Publikationsdruck bestand nicht. Dadurch wurden die wissenschaftlichen Standards und die Exklusivität porös (Budde 1997b, 199/200). Die verschiedenen akademischen Berufsebenen, in denen zahlreiche hochqualifizierte Frauen zu finden waren, waren hocharbeitsteilig und hierarchisch organisiert, mit dem Ergebnis, dass die wissenschaftliche Arbeit entindividualisiert und entautonomisiert wurde. In dieser Pyramide waren Frauen häufiger als Männer die wissenschaftlichen ‚Sachbearbeiterinnen'. Die diversifizierten Berufsebenen wurden entweder aufgrund bestehender Traditionen (wie in der Medizinerprofession) übernommen oder neu geschaffen. Deshalb können wir nicht von Deprofessionalisierung reden, sondern es handelt sich um Professionsdiversifizierung, die die Erwerbsarbeit der Frauen begünstigte, aber auch gleichzeitig in Sackgassen führte.

Verspätet wurden die qualifizierten Frauen in den 1980er Jahren langsam, aber stetig zur Kaderreserve. Der verspätete und (häufig selbst) beschränkte Zugang

---

Akademie war eine Institution des Ministerrates der DDR für die Aus- und Weiterbildung für leitende Mitarbeiter des zentralen und regionalen Staatsapparats, der Justiz und des Auswärtigen Dienstes. Die Akademie galt als die fünfte juristische Fakultät neben den Universitäten Halle, Jena, Leipzig und Berlin (Ludz unter Mitarbeit von Kuppe 1979, 35/36).

von Frauen in die Leitungsebenen akademischer Berufsfelder war immer nur – wie wir oben gesehen haben – ein partieller Zugang bzw. eine Integration auf den unteren Ebenen. Dazu kam die real alleinige Verantwortung für die Vereinbarkeit von Beruf und Familie, entgegen dem Familiengesetzbuch der DDR 1965. Die politische Konstruktion der Vereinbarkeit von Beruf und Familie verhinderte weitgehend Spitzenkarrieren und dadurch auch den Elitenwechsel in den Professionen. Die Schattenseiten der staatlich verordneten Frauenpolitik wurden von den Frauen nicht politisiert (ibid., 207). Auch hatte die weibliche Intelligenz kein Interessenvertretungsorgan und keine Lobby im „Demokratischen Frauenbund Deutschlands", dort zogen die Arbeiterinnen und Bäuerinnen an ihnen vorbei. Hilde Benjamin, Ministerin für Justiz von 1953 bis 1967, hatte schon früh erkannt, dass es an einer Interessenvertretung für Akademikerinnen und insbesondere für Juristinnen in der DDR fehlte. „Auf ihre Initiative wurde die ‚Interessenvertretung für Juristinnen' ins Leben gerufen, deren Richtlinien von Hilde Benjamin unterzeichnet, im April 1958 herausgegeben wurden." (Budde 2003, 212)[131]

Wie aber gelang es nun den (wenigen) Frauen, in die Vorzimmer der Macht zu kommen? Um als Wissenschaftlerin oder Professionelle in Ämter der Politikberatung zu gelangen oder ein Kombinat zu leiten, musste ‚frau' zur Kaderreserve gehören. Um Kaderreserve in der DDR zu werden, genügte es nicht, sich im Bildungs- und Beschäftigungssystem zu qualifizieren und/oder in einer regierungsnahen Institution zu arbeiten und sich dort durch hervorragende berufliche Leistungen bemerkbar zu machen, sondern das Feld der gesellschaftlichen Arbeit musste mindestens ebenso engagiert bestellt werden. In der Kaderakte wurden die Leistungen im Bildungs-, Berufs- und politischen Verlauf, die soziale Herkunft und die politischen Leistungen der übrigen Familienmitglieder von den politisch beauftragten/ernannten Gralshütern (das waren LehrerInnen, AusbilderInnen, Pionier- und FDJ-LeiterInnen und Vorgesetzte) festgehalten, deren Auswertung schon sehr früh über den Zugang zu Bildungs- und Berufskarrieren, aber auch über den Zugang zu Positionen in der administrativen und operativen Dienstklasse (Solga 1994) entschieden.

Wie aber sah die Lebenspraxis der professionellen Frauen aus, die zwar

---

131   Vgl. Fußnote 216, S. 212, BA-DP1/VA/6345: Ministerium für Justiz. Der Minister, 15.4.1958. Richtlinien für die Schaffung der Interessenvertretung der weiblichen Juristen in den Bezirken. In jedem Bezirk sollte ein Frauenaktiv aus drei bis max. sieben Mitgliedern gebildet werden. Dieses Frauenaktiv beriet und unterstützte die Juristinnen des Bezirks in ihrer beruflichen und gesellschaftlichen Arbeit. Wenn es notwendig sein sollte, unterstützte das Frauenaktiv die Juristinnen auch bei persönlichen Angelegenheiten. Das Frauenaktiv begleitete die berufliche Weiterbildung der Juristinnen und beobachtete und kontrollierte die Durchsetzung der Gleichberechtigung trotz Doppelbelastung. Das Frauenaktiv musste auch dafür Sorge tragen, dass die Gleichberechtigung von Juristinnen und Juristen von allen MitarbeiterInnen der Justiz akzeptiert wurde.

nicht zur sozialistischen Führungselite gehörten, aber sehr eng, bewusst und selbst gewählt im Sinne der herrschenden Parteipolitik in der administrativen Dienstklasse arbeiteten? Um das nachvollziehen zu können, möchte ich Ausschnitte aus den Bildungs- und Arbeitsbiographien einer Professorin für Soziologie an der Akademie der Wissenschaften der DDR und der Generaldirektorin eines Kombinats vorstellen.

Die soziale Konstruktion der symbolischen Ordnung

Die interviewten Frauen waren einem Ruf gefolgt, der mehr als Professionalität forderte, nämlich Loyalität gegenüber der politischen Führung und ihren Beschlüssen. Es war ihre Aufgabe, auf den ihnen zugewiesenen Plätzen an der sozialen Konstruktion der symbolischen Ordnung mitzuarbeiten, sie zu verbreiten und auch durchzusetzen.

In diesem Sinne wird der Begriff symbolische Ordnung für die politische Ordnung der DDR-Gesellschaft verwendet, der Ordnung, die offiziell diskutiert und dokumentiert wurde. Die Aufgaben und Erwartungen in den Arbeitsprozessen sind definiert, werden kontrolliert, gelobt oder kritisiert, und die Evaluierungsprozesse durch die politischen Machthaber entscheiden über den weiteren Verlauf der beruflichen Karriere. Zu unterschiedlichen historischen Zeiten fühlten sich die beiden ausgewählten Frauen als Mitglieder der administrativen Dienstklasse der politischen Ordnung der DDR verpflichtet. Auf der Arbeitsebene bedeutet das, dass sie mit ihren Arbeitsprodukten die politische Ordnung unterstützen und sie damit auch rekonstruieren, und immer dann, wenn es um Konstruktionsprozesse gehen könnte, stoßen sie an die Grenzen ihrer Handlungsmöglichkeiten.

Da ist zunächst die Professorin für Soziologie, Leiterin des Bereichs Sozialpolitik an der Akademie der Wissenschaften, Jg. 1930, 1989 ist sie die Vorsitzende des wissenschaftlichen Rates[132] ,Die Frau in der sozialistischen Gesellschaft' und Mitglied der administrativen Dienstklasse. Mit ihrer Forschungsgruppe an der Akademie der Wissenschaften erarbeitet sie Vorlagen, Expertisen, wissenschaftliche Studien zur Vorbereitung der Planung und Durch-

---

132   Wissenschaftliche Räte waren forschungsleitend und -koordinierend. In den Gremien der wissenschaftlichen Räte wurde diskutiert und die Wissenschaftsorganisation festgelegt. Neben dem wissenschaftlichen Rat für naturwissenschaftliche Forschung gab es den wissenschaftlichen Rat für die gesellschaftswissenschaftliche Forschung. Die Gründung geht auf den Politbürobeschluss vom Oktober 1968 zur Entwicklung der Gesellschaftswissenschaft in der DDR zurück. Die wissenschaftlichen Räte waren für Ausgestaltung, Organisation und Koordinierung des ,Zentralen Forschungsplans' verantwortlich. Die Räte wurden Organisationen zugeordnet, und in diesem Konzept nimmt die Akademie der Wissenschaften eine herausragende Stellung ein (Zimmermann et al. 1985, 1522ff).

setzung frauenpolitischer Maßnahmen. Als verschiedene Mitarbeiterinnen und Mitarbeiter der ZEIT 1986 die DDR zum zweiten Mal bereisen (Dönhoff/Leonhardt/Sommer 1964; Sommer 1986), treffen sie die Professorin: „Für die Frau, die wir zum Thema ‚Frauen in der DDR' trafen, blieb uns kaum Zeit. Eine Stunde zwischen zwei anderen Terminen. Im Galopp musste Frau Professor ... ihr Programm absolvieren. Immerhin ist sie eine der Oberfrauen des Landes. Die Frauen sind ihr Beruf. ... (E)ine Frau, geübt im Umgang mit Männern, die Frauenfragen eher belächeln." (Menge in Sommer 1986, 183/184)

Die zweite Frau, Jahrgang 1942, ist Generaldirektorin eines Kombinats mit 8.500 Beschäftigten. 1989 gab es 175 Kombinate in der DDR, zwei Kombinate wurden von Frauen geleitet. Die Generaldirektorin *Brunhild Jäger* leitete das VEB Fotochemisches Kombinat, Wolfen, die Generaldirektorin *Christa Bertag*, die hier befragt wurde, leitete das VEB Kosmetik Kombinat, Berlin.

Tabelle 9: Kombinate in der DDR 1989

Ministerium für ...	Anzahl der Kombinate	Generaldirektorinnen
Allgemeiner Maschinen-, Land- maschinen- und Fahrzeugbau	9	0
Bauwesen	21	0
Lebensmittelindustrie	19	0
Chemische Industrie	15	2
Elektrotechnik/Elektronik	16	0
Erzbergbau, Metallurgie und Kali	8	0
Geologie	3	0
Glas- und Keramikindustrie	8	0
Handel und Versorgung	1	0
Kohle und Energie	23	0
Land-, Forst- und Nahrungsgüterwirtschaft	13	0
Leichtindustrie	4	0
Materialwirtschaft	2	0
Schwermaschinen-/Anlagenbau	13	0
Umweltschutz/Wasserwirtschaft	1	0
Werkzeug-/Verarbeitungsmaschinenbau	6	0
insgesamt	**175**	**2**

Quelle: Herbst/Ranke/Winkler 1994, 478-511.

Die Generaldirektorin ist diplomierte Chemikerin und Absolventin eines dreijäh-rigen gesellschaftswissenschaftlichen Studiums an der Parteihochschule.

Gemeinsam ist den Frauen, dass sie verheiratet sind. Die Professorin mit einem Aufbauer der 1950er Jahre, Jg. 1929, der von 1973 bis 1982 Minister war, dann aber entlassen und zum Vizepräsidenten der Deutsch-Sowjetischen Freund-schaft wurde.

Die Generaldirektorin hat ihren gleichaltrigen Mann in der Arbeiter-und-Bauern-Fakultät (ABF[133]) kennen gelernt, und von da an gehen sie gemeinsam nach Leuna ins praktische Jahr, zum Studium nach Merseburg und in die Ehe. Am Ende der DDR hat der Ehemann einen hohen ministerialen Rang in der administrativen Dienstklasse erreicht, und diese Karriere endet 1989.

Beide Frauen haben Kinder, sie sind auch Großmütter, und sie sind in erster Ehe verheiratet. Zu Beginn des 20. Lebensjahres treten beide Frauen als überzeugte Mitstreiterinnen in die Partei ein. Beide haben die ‚richtige' soziale Herkunft: das kommunistische Arbeitermilieu; und die großen Vorbilder sind die Großeltern und deren Überleben im Nationalsozialismus.

Die Professorin

Die Professorin, Jg. 1930, gehört zu den ‚jungen Aufbauerinnen', die enthusiastisch die neue Zeit begrüßen und die auf jeden Fall an diesem neuen Staat mitarbeiten wollen.

Also für mich war es überhaupt keine Frage, dass diese neue Zeit die Richtige für mich war, das war meine Welt, das wird unsere Welt, und das wird die bessere Welt. (Gespräch 1991)

Die Bildungsbiographie der Professorin ist eine – wie viele Biographien der Aufbauer – Patchworkbiographie: von der Volksschule über die Wirtschaftsoberschule zur Fachschule für Wirtschaft und Verwaltung an die Universität Leipzig (zum Studium des Marxismus-Leninismus), danach fünf Jahre Assistentin und Marxismus-Leninismus-Dozentin an der Hochschule für Ökonomie, von dort delegiert an die Akademie für Gesellschaftswissenschaften zur Aspirantur. Sie promoviert 1962 und wird Sekretärin der Forschungsgruppe ‚Frau im Sozialismus' an der Akademie der Wissenschaften. Von 1968 bis 1978 leitet sie die Forschungsgruppe, und ab 1978 ist sie wissenschaftliche Leiterin des Bereichs Sozialpolitik. Drei Jahre später wird sie zur Vorsitzenden des Wissenschaftlichen

---

[133]   Die Arbeiter-und-Bauern-Fakultäten (ABF) waren Studieneinrichtungen zur Erlangung der Hochschulreife an den Universitäten der DDR und gingen aus den Vorstudienanstalten am 1. Oktober 1949 hervor. Sie waren nach gesellschaftswissenschaftlichen, mathematisch-naturwissenschaftlichen und medizinisch-landwirtschaftlichen Einrichtungen gegliedert. Von einer Auswahlkommission, die unter der Leitung des FDGB stand, wurden Arbeiter- und Bauernkinder in einem dreijährigen Studium für den Übergang in die Hochschule/Universität delegiert und vorbereitet (Abschluss: Abitur). Bis zur Schließung 1963 gingen 33.729 Personen diesen Weg. Die ABF existierte bis 1989 an der Technischen Hochschule Freiberg und an der Universität Halle. Neben dem Zugang zur Hochschule wurde auch auf das Auslandsstudium (in der Regel in der Sowjetunion) vorbereitet. Nach der Wende blieb die Einrichtung an der Universität Halle erhalten, wurde jedoch umbenannt in das ‚Institut zur Vorbereitung auf das Auslandsstudium'. Das Delegationsverfahren wurde zu Gunsten eines freien BewerberInnenverfahrens geändert.

Rates ‚Die Frau in der sozialistischen Gesellschaft' ernannt, was auch zur Mitgliedschaft in der Frauenkommission beim Politbüro des ZK führt. Sie wechselt von der operativen in die administrative Dienstklasse. Ihre berufliche und politische Bindung an die herrschende Klasse verbietet ihr Kritik an der politischen und alltäglichen Praxis der ‚Frauenfrage'. Erwartet wird von ihr, dass sie den Nebenwiderspruch, die Frauenfrage, im Sinne der Patriarchen löst, und dazu gehört es, dass alle „Muttis der DDR" einen Kindergartenplatz bekommen, wenn sie es wünschen (Menge in Sommer 1986, 185). Als Vorsitzende des Wissenschaftlichen Rates gibt sie eine Zeitschrift zur Unterstützung der Praxis vor Ort und zur Rechenschaftslegung gegenüber ihren Gralshütern heraus, aber gelegentliche Versuche, ihre Kritik zwischen den Zeilen zu sagen, finden keine Resonanz, ganz im Gegenteil, verschiedenen Frauen, die sich wissenschaftlich, schriftstellerisch oder journalistisch mit diesem Thema befassen, wird sie suspekt und unglaubwürdig. Die Gralshüter geben ihr den politischen Takt vor.

Ich rede jetzt nicht von Inge Lange (Kandidatin des Politbüros und zuständig für Frauenfragen, E.M.H.), da kamst du ja gar nicht ran, den unmittelbaren Kontakt hast du ja doch mit der Mitarbeiterin gehabt. Aber mit Inge Lange wurde es immer schlimmer. Sie saß eben im Politbüro als Kandidatin 26 oder 27 Jahre. ... Weshalb sie so auf Mutti-Politik gesetzt hat, sind wirklich auch ihre Grenzen im theoretischen Denken. Ihr war jeder Feminismus fern. In den Traditionen der Arbeiterbewegung, so wie sie sie auch verstanden hat, ist die Frau gegenüber dem Manne deshalb benachteiligt, weil sie Kinder kriegt. Also sie hat zu vereinbaren. ... Folglich muss man es ihr erleichtern. Das haben wir getan: Mädchen haben die gleiche Bildung, wir haben die Gleichberechtigung verwirklicht, Frauen haben das Recht auf Arbeit. Aber die Bedingungen für die Wahrnehmung dieser Rechte sind unterschiedlich, und die hat sie eben nicht an Geschlecht gebunden gesehen, sondern an Mutterschaft. (Gespräch 1991)[134]

Bei den berufstätigen Frauen in den Betrieben vertritt sie, gebunden und bis zum Ende der 1970er Jahre überzeugt, die Frauenfrage im parteilichen Sinne. Danach wartet sie, die Tagesbefehle erfüllend – wie so viele –, auf die biologische Lösung (Land/Possekel 1994, 1995, 1998; Reich 1992). Sie reproduziert mehr die symbolische Ordnung, als dass sie sie ‚konstruiert', oder anders gesagt: Ihre Konstruktionen sind freiwillig gebunden und der symbolischen Ordnung der Politik verpflichtet, und das sind ‚unsere Muttis', denen Unterstützung von den Männern der Macht ‚gewährt' wird. Schon vor, aber besonders deutlich nach dem Zusammenbruch der DDR wenden ihre wissenschaftlichen Kolleginnen und Kollegen ihr den Rücken zu, von Journalistinnen und Schriftstellerinnen wird ihr

---

[134]   Über die Aufbauer sagt Theo Sommer, der mit Marion Gräfin Dönhoff und Rudolf Walter Leonhardt die DDR bereiste, zu einer Zeit, als die Professorin bereits die Sekretärin der Forschungsgruppe ‚Frau im Sozialismus' war: „Es war schließlich die verblüffendste Erfahrung unserer DDR-Fahrt, eine Erkenntnis, die mir jedenfalls am meisten zu schaffen gemacht hat: daß drüben soviel Lauterkeit am Werke ist, soviel Hingabe, soviel unbezweifelbar moralisches Wollen." (Dönhoff/Leonhardt/Sommer 1964, 110)

die Gefolgschaft verweigert. Nach dem Zusammenbruch der DDR hat sie weder als Wissenschaftlerin noch als Frau der politischen Praxis eine Gefolgschaft, die ihrem nunmehr kritischen Aufbruch, den sie 1989 in der Zeitschrift ,Einheit' publiziert, folgt. Die wissenschaftlichen und politischen Aufbauerinnen und Aufbauer der DDR wurden von der nächsten Generation nur sehr wenig in den Aufbruch nach 1990 mit einbezogen; da ist sie keine Ausnahme: eine Generation, die kein politisches Erbe weitergeben kann (Hoerning 1996). Sie wird Ende 1990 – sie ist 60 Jahre alt – in den Ruhestand geschickt, bleibt Mitglied in der PDS und engagiert sich dort im Arbeitskreis zu Frauenfragen (LISA).

Die Generaldirektorin

Die Generaldirektorin, Jahrgang 1942, wechselt nach der achten Klasse 1957 auf die EOS und in der 11. Klasse in die Arbeiter-und-Bauern-Fakultät mit Internatsbetrieb zur Vorbereitung auf ein Auslandsstudium in der Sowjetunion. 1961 macht sie ihr Abitur, ein Studienplatz Chemie in der SU steht jedoch nicht zur Verfügung.

Aber ich wollte unbedingt Chemie studieren und habe auf das Auslandsstudium verzichtet. ... Ich bin dann (für das praktische Jahr, E.M.H.) nach Bitterfeld gegangen. (Gespräch 1991)

Nach Abschluss des praktischen Jahrs hat sie den Chemiefacharbeiterstatus erworben und beginnt 1962 mit dem Chemiestudium. Im zweiten Studienjahr heiratet die Generaldirektorin, im dritten Studienjahr tritt sie in die Partei ein und ihre Tochter wird geboren; 1967 macht sie ihr Diplom in Chemie und wird Betriebschemikerin in den Leuna-Werken. Fünf Jahre später – sie ist 32 Jahre alt, und 1969 wurde ihr zweites Kind geboren – wird sie zum gesellschaftswissenschaftlichen Studium an die Parteihochschule delegiert. Nach dem Abschluss arbeitet sie als wissenschaftliche Mitarbeiterin in der Abteilung Grundstoffindustrie beim ZK der SED, und als sie 1986 zur Generaldirektorin berufen werden soll, weiß sie, dass der Wechsel von der operativen in die administrative Dienstklasse die ,Mühen der Ebenen' bedeuten wird.[135]

Dann kam die Frage, es wird ein neuer Generaldirektor gebraucht im Kosmetikkombinat, und das lag auch in meinem Verantwortungsbereich, und da wurde die Frage an mich gestellt. Und ich habe mich mit Händen und Füßen gewehrt. Ich wollte das nicht, weil ich, wie soll ich das sagen, ich wusste, was ein Generaldirektor ist. ... Der Generaldirektor war eben für alles verantwortlich, für alles, was in der Volkswirtschaft nicht ging, war der Generaldirektor da. Ich habe damals, das war so in Freundeskreisen und die gingen bis in die Partei hinein, also bis ins Zentralkomitee, da konnte man sich schon über Probleme unterhalten. Und ich habe damals gesagt, der Generaldirektor, das ist doch eine prima

---

[135]   Von den ,Mühen der Ebenen' berichten in ausgezeichneter Weise Theo Pirker, Rainer M. Lepsius, Rainer Weinert und Hans-Hermann Hertle 1995 über die Wirtschaftsführung in der DDR, besonders der Beitrag von Rainer M. Lepsius „Handlungsspielräume und Rationalitätskriterien der Wirtschaftsfunktionäre in der Ära Honecker", 347-362.

Erfindung von Mittag (Wirtschaftsminister der DDR bis 1989, E.M.H.). Er hat dann immer jemanden, den er verantwortlich machen kann. Es war nicht der Minister verantwortlich und schon gar nicht die Parteiführung, sondern das waren die Generaldirektoren, die unfähig waren, diese Probleme zu lösen. Sie konnten sie aber gar nicht lösen. (Gespräch 1991)

Sie übernimmt diese Position, obwohl sie weiß, dass es ein Schleudersitz ist, denn das Kombinat wurde über Jahre mit Verlusten von Männern geführt, die abgelöst wurden. Für die Übernahme stellt sie Bedingungen an das ZK: Zusage von Investitionen und einen ‚machbaren' Plan. Sie erhält diese Zusage, eine außergewöhnliche Geste des ZK, die sie aus der Masse der Generaldirektoren heraushebt. Das nennt Rosabeth Moss Kanter (1977) „tokenism": Eine hohe Sichtbarkeit „aufgrund (der) Unterrepräsentation (von Frauen in diesen Positionen, E.M.H.)" (Müller in Wetterer 1995, 101ff), die den Frauen für ihre Zielverwirklichung Vorteile bringen kann, sie aber gleichzeitig konfrontiert „mit machtvollen, unhinterfragten, stereotypen Wahrnehmungen all ihrer Handlungen" (ibid., 101). Innerhalb kürzester Zeit beherrscht sie das Spiel der Planzahlen und wie man sie erfüllt (vgl. Pirker et al. 1995).

Im Jahre 1986 habe ich das Kombinat übernommen. Ab 1987 schrieb das Kombinat schwarze Zahlen und entwickelte sich sehr gut. Wir entwickelten uns zu einem der Besten in der chemischen Industrie, was nicht mal so gerne gesehen wurde, zumindest nicht öffentlich. Da habe ich mich immer drüber aufgeregt. (Gespräch 1991)

Wie wenig sie aber das berufliche Feld ‚neu' strukturieren kann, erfährt sie während der gefürchteten Leipziger Seminare, in denen Wirtschaftsminister Günther Mittag willkürlich mit ‚seinen' Kombinatsdirektoren abrechnet. Für die Generaldirektorin waren diese Seminare die Reinkarnation der Macht, denn dort wurden „gestandene Leute wie die Lämmer zusammengetrieben" und warteten darauf, dass sie dort nicht genannt wurden (vgl. Pirker et al. 1995, 248ff).

Ich war einmal so weit, auf so einem Leipziger Seminar, da hatte mich der Mittag so gereizt, auch persönlich, da ging es ja immer nicht so fein zu. Da wollte ich aufstehen. Ich war die Wut, die glühende Wut und dachte, jetzt ist Schluss, das lasse ich mir nicht mehr bieten, egal was jetzt kommt. Dann aber kamen Freunde von mir, andere Generaldirektoren, die haben mich richtig festgehalten. Und sagten, mache das nicht. Was erreichst du damit, du wirst rausgeschmissen und an der Sache ändert sich nichts. So war es ja auch. Es gab ja Beispiele. Dann wäre ich jetzt vielleicht ein Märtyrer, ein Opfer des Systems. (Gespräch 1991)

Unter der wohlwollenden Mentorenschaft verschiedener Generaldirektoren und den Männern aus der administrativen Klasse unterhalb der Machtelite erlernt sie ,ihr' Handwerk. Sie kann ihr professionelles Wissen einsetzen und politische Erfolge erringen.

Vor der Übernahme des Betriebs durch die Treuhand nach der Wende war sie die Chefin von 8.500 Beschäftigten und 20 Zuliefererbetrieben. Nach der Privatisierung und dem Verkauf des Berliner Kernbetriebes an einen US-Interessenten 1993 arbeitet sie als Chief Operating Officer mit nunmehr 100 Beschäftigten (Pirker et al. 1995, 237). Sie muss sich in die neuen Bedingungen der Betriebsführung einarbeiten und Tausende von Arbeitsverhältnissen kündigen. Über die Verbliebenen, inzwischen durchmischt mit Kolleginnen und Kollegen aus dem Westen, sagt sie:

Die stehen hinter dem Unternehmen und die sagen, das muss was werden. Und wir wollen, entweder wir stehen so lange bis wir gewonnen haben, oder wir gehen gemeinsam unter. Die Motivation ist unglaublich.

Sie ist sicher nicht bis in den kleinsten Bereich vorhanden, aber in den entscheidendsten Positionen schon. Zum Beispiel auch unsere Leute im Vertrieb. Von denen ich ja sagte, dass wir sie aus eigenen Kräften rekrutiert haben. Alles Leute aus der Forschung, Doktoren und Leute aus dem Verwaltungsbereich, die nie was mit Vertrieb zu tun hatten. Geschult durch Außenstehende. Wir wussten ja selber nicht, wie es geht. Und wir haben alle dabei gelernt. Und es ist eigentlich auch eine tolle Sache, dass wir alle den gleichen Wissensstand haben. Und diese Leute, bei einigen hatte ich wirklich Bedenken, und dachte, ob das man gut geht, wenn ich die nun auf die Händler loslasse. Und Sie glauben das nicht, die haben die besten Ergebnisse gebracht.

Das ist so eine innere Motivation: Also von mir hängt das ab, ob jetzt Umsatz kommt oder nicht. ... Ja, also insofern macht es auch Spaß. Man muss einen großen Optimismus haben. Wenn ich den nicht hätte und dann auch noch immer versuche, ein bisschen locker zu sein, dann hätte ich vielleicht auch schon aufgegeben. Die Belastung ist unheimlich groß. Manchmal würde ich mir schon so einen Ruhepunkt wünschen. (Gespräch 1991)

Den Betrieb gibt es heute noch, und die ehemalige Generaldirektorin ist eine umtriebige Geschäftsführerin geworden, die wiederum einen Tanker flott gemacht hat.

Ausblick

Vorgestellt wurden professionelle Frauen, die der administrativen Dienstklasse angehörten. Die Selbstverpflichtung zur politischen Loyalität ist die handlungsleitende Maxime beider Frauen, wobei die Professorin im Verlauf ihrer Tätigkeit ihre professionelle Reputation verliert, während die Generaldirektorin von Stufe zu Stufe an Reputation gewinnt, so dass am Ende der DDR der Übergang in die Marktwirtschaft eine neue Herausforderung bedeutet. Und sie hat Gefolgschaft, während die Professorin weder gerufen wird noch Gefolgschaft hat.

Die Vorbilder zu diesem Prozess sind männlich, und wenn in Bereichen die Vorbilder fehlen oder wenn Bereiche von ‚gewährender Pose' von Männern konstruiert und strukturiert werden, können Frauen nicht gewinnen. Und möglicherweise hat die ‚gewährende Pose' der Männer in den Zentren der Macht viele hochqualifizierte Frauen der DDR davon abgehalten, sich in die männlichen Vorgaben einzupassen. In den Positionen der administrativen Dienstklasse ging es immer um die Rekonstruktion der symbolischen Ordnung. Von der Konstruktion der symbolischen Ordnung in den Machtzentren waren die Angehörigen der administrativen Dienstklasse, so auch die Professorin und die Generaldirektorin, ausgeschlossen.

Aber neben den Frauen, die in der administrativen Dienstklasse arbeiteten, gab es auch die ‚unruhigen' Frauen, die seit Ende der 1970er Jahre offensiv wurden. Das begann mit Büchern „... von Irmtraud Morgner, Christa Wolf, Gerti Tetzner, Brigitte Reimann, Helga Königsdorf und (mit) Maxie Wanders Ansatz eines ‚literarischen Feminismus' ..." (Budde 1997b, 207) Und Christa Wolf bemerkte 1978 in ihrem Vorwort zu Maxi Wanders „Guten Morgen, du Schöne": „Wieviel Solidarität untereinander, wieviel Anstrengung, die eigene Lage zu erkennen, wieviel Spontaneität und Erfinderlust in ihren Selbsthilfeunternehmen, wieviel Phantasie, welche Vielfalt (in der westlichen Frauenbewegung, E.M.H.). Ich kann nicht finden, dass wir in der DDR gar nicht davon zu lernen hätten." (ibid., 207) Dieses Vorwort war ein Signal für zahlreiche Künstlerinnen und Akademikerinnen, sich mit den staatlich gesetzten Grenzen ihrer Emanzipation zu beschäftigen.

3 Zusammenfassung und Schlussbetrachtungen

Intelligenz und Akademiker – Akademische Berufe und Professionen

Die an dieser Studie teilnehmenden Angehörigen der DDR hatten bis 1989/1990 in den Bereichen Forschung und Lehre als Angestellte gearbeitet, das sind Universitäten und Forschungsinstitute; im Bereich Kultur sind es die Angestellten in Rundfunk, Fernsehen, Film- und Dokumentarfilm, aber auch bei Zeitungen und Zeitschriften; im Bereich Gesundheit sind es die angestellten Mediziner in den Kliniken, Krankenhäuser, aber auch Apotheken; im Bereich Schule sind es die Lehrer; im Bereich der Kirche sind es die Kirchenbeamten; im juristischen Bereich sind es die Angestellten in der Forschung oder in der Praxis der Generalstaatsanwaltschaft und in den Kombinaten sind es Angestellte in leitenden Positionen.

Die Folgen der zweiten Systemtransformation der DDR 1989 und der Übergang in das Institutionengefüge der alten Bundesrepublik zeigen, dass die Berufskarrieren weitgehend in ‚neue' Bahnen gelenkt worden sind. Diese neue Bahnen reichen von der Weiterbeschäftigung im alten Beruf und in der alten, jetzt gewandelten DDR-Institution, Beschäftigung in einer neu gegründeten Institution (zum Beispiel Universitäten, Kliniken, Behörden, Betrieben, Medien) bis hin zur Arbeitslosigkeit, Frühverrentung oder fristgemäßem Austritt aus dem Erwerbsleben. Weder das Geschlecht noch die soziale Herkunft haben den Verbleib oder Nichtverbleib im Arbeitsprozess der Untersuchungsgruppe beeinträchtigt (vgl. Tabelle 3).

Die meisten Angehörigen der DDR-Intelligenz dieser Studie haben sich zu einem frühen Zeitpunkt für den Verbleib in der DDR entschieden. Als Begründung für diesen Verbleib werden sehr unterschiedliche Gründe genannt: Man blieb in der DDR, weil dort die Familie lebte; man blieb in der DDR, weil man keine freundlichen und verwandtschaftlichen Beziehungen nach oder in Westdeutschland hatte und nicht wusste, wohin man gehen sollte; man blieb in der DDR, weil das politische Profil der Bundesrepublik keine lebenswerte Alternative war; oder man blieb in der DDR, weil man am Aufbau des sozialistischen Projekts teilnehmen wollte. Die nicht lebenswerte Alternative Bundesrepublik und der Wille, sich am Aufbau des sozialistischen Projekts zu beteiligen, führten in der Regel in jungen Jahren zur Parteimitgliedschaft.

Am Ende der EOS oder beim Übergang ins Studium bewarb man sich um die Mitgliedschaft in der Partei. Die individuellen Gründe für den Parteieintritt waren unterschiedlich: Einige planten ein Studium und eine Berufstätigkeit in Institutionen, in denen eine Parteimitglied unerlässlich war. Das galt für alle Berufe, die gesellschaftliche Funktionen der Anleitung, Mobilisierung, Aktivierung, Rechtfertigung und Kritik ausführten, und das waren nahezu alle Berufe der pädagogischen und kulturellen Intelligenz. Man wollte seine Arbeitskraft in diesen Berufen zum Aufbau des Sozialismus diesem Staat zur Verfügung stellen. Für andere war die Mitgliedschaft in der Partei die Chance, sich für einen Lebenslauf nach dem Zusammenbruch 1945 zu bedanken, der ihnen ohne Hypotheken Mitwirkung an einer großen Idee ermöglichte. Wieder andere wurden Parteimitglieder, weil sie glaubten, Schulden abtragen zu müssen.

Neben Diskussionen über Gründe des Zusammenbruchs beziehungsweise der politischen Auflösung der DDR-Institutionen (Implosionstheorie, voice durch exit, Verschlechterung der terms of trade, interner Widerstand der Parteireformer, Reformgruppen in der oder unter dem Schutz der evangelischen Kirche oder Bürgerrechtsgruppen vgl. Mayer/Solga 1994, 193ff) wurde auch die Frage gestellt, warum trotz einiger Ansätze einer Zivilgesellschaft – zum Beispiel sich zu versammeln, zu diskutieren, zu demonstrieren oder auch zu organisieren – bis zur Revolution des Herbstes 1989 alle Ansätze einer politischen Generationsbildung vergleichsweise verhalten ausfielen (vgl. Meuschel 1992, 15; Land/Possekel 1994). Hingegen ist zu beobachten, dass der politische Generationswechsel auf die biologische Lösung verschoben wurde, avantgardistische und rezeptive Gruppen hatten sich nicht herausgebildet, die einen Zusammen- oder Umbruch hätten strukturieren können. Deshalb drängt sich die Frage auf, warum die Angehörigen der Intelligenz in der Zeit des Umbruchs so wenig als Träger von Generationsentelechien an die Öffentlichkeit traten, hatten sie doch zumindest seit 1961 mit professioneller Kompetenz über einen ‚besseren Sozialismus' in ihnen gewogenen Zirkeln, an Arbeitsplätzen, im Freundes- und Gleichgesinntenkreis nachgedacht und diskutiert (Land/Possekel 1994; Poppe et al. 1995; Neubert 1997; Veen et al. 2000).

Es scheint, dass die Intelligenz in einem (fast familialen) Generationsvertrag eingebunden war, der von Koalitionen zwischen den Altersgruppen getragen wurde. Die Träger der antifaschistischen Erfahrung und ihre Gefolgsleute, die von ihnen ausgewählten Funktionseliten, die Aufbauer, bestimmten die Politik und setzten Reformen ‚von oben' durch. Sie begründeten ihren Herrschaftsanspruch mit dem „Verweis auf eine (reichlich banalisierte) Geschichtsphilosophie und auf die Behauptung über privilegiertes Wissen um Ziel und Weg des historischen Prozesses zu verfügen" (Meuschel 1991, 26). Der Glaube an die Legitimität des Gesellschaftsentwurfs erzeugte Normenkongruenz. Einzelne Personen schon, aber nicht die Intelligenz als gesellschaftliche Gruppe verließ diese Normbindung nicht am 17. Juni 1953, nicht während der Schauprozesse[106], nicht als die Grenzen 1961 geschlossen wurden, nicht nach dem 11. Plenum 1965, nicht als Havemann 1966 aus

---

[106]   In der DDR brach der latente Konflikt im Jahr 1956 auf, als die Fraktion der ‚Partisanen' unter Walter Jankas und Wolfgang Harichs Führung den Aufstand gegen die Fraktion der ‚Funktionäre' unter Walter Ulbricht probte und unterlag. (vgl. Engler 2000, 43)

der Universität und Akademie der Wissenschaften entlassen und unter Hausarrest gestellt wurde, nicht bei der Niederschlagung des Prager Frühlings 1968, nicht als Biermann 1976 ausgewiesen wurde, und auch nicht als Bahro sein Buch ‚Die Alternative' 1977 publizierte und 1978 dann zu acht Jahren Zuchthaus verurteilt und später ausgewiesen wurde. Es war nicht die Intelligenz, die vor dem Mauerbau, nach dem Helsinki-Abkommen oder im Herbst 1989 massenhaft das Land verließ (Hirschman 1993), sondern die hochverehrte Arbeiterklasse stimmte mit den Füßen ab und verließ die DDR. „Der Prozeß der deutschen Einheit hat allen Beobachtern ein überzeugendes Beispiel dafür gegeben, daß die politisch handelnden Subjekte in bestimmten historischen Situationen sich nur wenig oder gar nicht um die Warnungen und Meinungen ihrer vermeintlichen intellektuellen Für- und Vorsprecher kümmern." (Probst 1993, 12)

Intelligenz und Akademiker

Die Intelligenz war eine Gruppe, der das politische System der DDR eine besondere – negative, aber auch positive – Beachtung schenkte. Die neue Intelligenz verstand sich als ‚Mitgestalter der neuen Ordnung', „als Erzieher der noch nachhinkenden Volksmassen ... mit einer volkspädagogischen Einbindung" (Emmerich 1993, 6/7), vielfach auch als Diener der Partei und der sozialistischen Staatsmacht. Das bedeutete, dass die sogenannten ‚kritischen Beiträge' bevor sie der Fach- oder der Öffentlichkeit schlechthin präsentiert oder publiziert wurden, in den zuständigen parteilichen Gremien abgestimmt werden mussten. „Die auf diese Weise konstituierte Verpflichtung gegenüber einer Macht aber konnte keinesfalls bloß als utilitaristische Interessenkoalition aufgefaßt werden, sondern wurde von der Aura historischer Legitimation umhüllt." (Land/Possekel 1992, 87) Diese Abstimmungen hatten zur Folge, dass ein großer Teil kritischer Beiträge entweder gar nicht erst bis in diese Gremien kamen oder aber, wie es Henrich (1989) berichtet, gar nicht erst ausgesprochen bzw. geschrieben wurden (der vormundschaftliche Staat). Nicht die intellektuelle Distanz, sondern die Verschmelzung mit der neuen Macht mit einer „Bindungs(sehn)sucht", die „intime, kindliche, familiäre" Züge trug und sich in „Gefolgschaftstreue" spiegelte (Emmerich 1993, 8), waren die Basis für das Denkmuster der neuen Intelligenz. Im gesellschaftlichen Gefüge waren die Vertreter der Intelligenz an die Beschlüsse der Partei als Vertreterin der Arbeiterklasse gebunden, sie blieben es, trotz schmerzhafter Erfahrungen mit der Partei, denn sie wollten nicht „Menschen ohne Zugehörigkeit" (ibid., 8), sie wollten keine freischwebenden Intellektuellen sein.

Den bis 1928 Geborenen, den Gründern der DDR mit der Mission der Errichtung eines antifaschistischen und sozialistischen Staates, folgten die 1929 bis 1938 Geborenen als politische Ziehkinder der Gründer, die Aufbauer. Beide Gruppen hatten Erfahrungen mit der Weimarer Zeit, mit dem Nationalsozialismus, sei es durch Verfolgung, Emigration, Kollaboration, Parteimitgliedschaft, Jugendorganisationen, Wehrmacht usw. Die politischen Ziehkinder der Gründer und die folgenden Jahrgänge 1939 bis 1949 sind stärker vom Ende des Krieges, den Nachkriegsjahren und der ‚Abgrenzung von Fehlern der vorherigen Generation' geprägt. Die dann folgenden Geburtskohorten, die bis 1960 geboren wurden, sind diejenigen, die nicht über die Erfahrungen der Gründer und Ziehkinder verfügten, die jedoch mehr oder minder an die historische Mission der Gründer gebunden blieben. Dadurch wurde die Herausbildung einer neuen politischen Generation verhindert. „Der Generationszusammenhang selbst, der die Fraktionen stets aufs neue aufeinander verwies, wurde in den Entscheidungskämpfen der späten Weimarer Republik gestiftet, im antifaschistischen Widerstand und später durch Gefängnis, Konzentrationslager, Vertreibung und Exil gefestigt. Mit sich selbst periodisch im Hader, waren die Altkommunisten die eigentliche Gründergeneration der DDR und bestimmten ihr politisches Geschick bis zum Ende weit mehr als nur mit." (Engler 2000, 43) Der antifaschistische Stalinismus der 1950er Jahre mit seinen gewaltsamen Zügen gegen Andersdenkende, das Scheitern der technokratischen Reform und Utopie (NÖS) der 1960er Jahre und schließlich der real existierende Sozialismus der 1970er und 1980er Jahre (Annäherung der Schichten und Klassen, Einheit von Wirtschafts- und Sozialpolitik, die mit dem Verlust der Utopie einherging) hatte Erfahrungen hinterlassen, die zu einem langsamen und unauffälligem Verfall des Legitimationsglaubens und der Loyalität führten (vgl. Meuschel 1991, 26f). Oder anders ausgedrückt: Der unauffällige Verfall und Verlust der Legitimation brachte 1989 diejenigen zusammen, die sich von der DDR verabschiedeten und das war nicht die Intelligenz. Die Gründer demonstrierten bis zum Ende der DDR ihre Macht. Die Herausbildung einer neuen politischen Generation nach den Gründern wurde zwar zu verschiedenen historischen Zeitpunkten in der DDR versucht, führte aber erst in den späten 1980er Jahren zum Erfolg, als die einen das Land massenhaft verließen und die Intelligenz – in der Partei und in den oppositionellen Gruppen – keine Resonanz für die ‚Reform des Sozialismus' bei den Gebliebenen fand.

Die Gründer der DDR setzten sich aus Ost- und wenigen Westemigranten zusammen. Kommunistische oder sozialdemokratische Emigranten, die nach 1945 in die DDR zurückkehrten, wurden mit hoher Anerkennung als Kämpfer gegen den oder Verfolgte des Faschismus ausgezeichnet. Machtnähe, Staatsbindung und rational begründete historische Mission waren die Grundlagen der politischen und kulturellen Identität der Gründer, die dieses Modell auf alle gesellschaftlichen Bereiche qua Beschlüssen übertrugen. Politisch setzten sie diesen Anspruch durch mehr oder minder schmerzhafte Ausgrenzungen durch. In Schauprozessen wurden Systemabweichungen vorgeführt, Kirchen und Glaubensgemeinschaften wurden verfolgt. Dazu gehört auch die Abwanderung der marginalisierten bürgerlichen Intelligenz in den 1950er Jahren.

Die nachrückenden Jahrgänge, hier besonders die Jahrgänge 1929 bis 1938, wurden von den Gründern als die ‚neue Intelligenz' aufgebaut, sie wurden in besonderen gesellschaftlichen Einrichtungen wie Neulehrerkursen, Arbeiter- und Bauernfakultäten und politischen Bildungseinrichtungen sozialisiert. Die von der Gründergeneration geförderte neue Intelligenz sieht heute ihren Aufstieg nicht als individuelle Leistung, sondern als eine Folge historischer Umwälzungen (Land/-Possekel 1992). Sie „... gehören in die Generationslagerung, die in der DDR sozialisiert wurde, ... das Regime im ganzen trug, aber politisch nicht den dominierenden Einfluß gewann" (Lepsius 1991, 318).

Auch die folgenden Kohorten der neuen Intelligenz blieben an die Mission und an die Konstruktion des kontrollierten Aufstiegs gebunden. Nach der Schließung der Grenzen 1961, dem 11. post-stalinistischen Kulturplenum 1965 und nach dem ČSSR-Debakel 1968 zogen sich verschiedene Mitglieder der Intelligenz relativ folgenlos in das „mehrheitliche Schweigen" zurück (Pollack 1990); andere wurden offiziell durch verdeckte oder offene Berufsverbote umgesetzt, anderen wurde die Ausreise oder eine längere Beurlaubung empfohlen, oder sie wurden - ausgebürgert. „Ohne weitere Hoffnung auf gesellschaftliche Erneuerung, exemplarisch abgestraft und eingeschüchtert, voneinander getrennt und isoliert, (hatten) die ... (Aufbauer), sofern sie das Land nicht verließen, bis 1989 gleichwohl Schlüsselpositionen im gesellschaftlichen, speziell geistig-kulturellen Leben." (Engler 2000, 44) Und gleichzeitig erfreute sich die Partei in den 1970er Jahren, in denen die Aufstiegswege verschlossen und hart umkämpft waren, eines regen Zulaufs (Engler 1992, 99), was von den Eintretenden als ein „... anscheinend unbedeutende(r) Kompromiß der Mitgliedschaft von den Trampelpfaden zu den Alleen des Aufstiegs" (ibid., 95) gesehen wurde. „Die Mitglieder neutralisierten sich durch ... gegeneinander gerichtete Erfolgsstrategien wechselseitig, schwächten sich und statteten gleichzeitig ranghöhere Gruppen mit einer Machtfülle aus, die all ihre Aspirationen, es eines Tages mit ihnen aufnehmen zu können, ruinierte" (ibid., 97). Die individuellen Laufbahninvestitionen ließen die Intelligenz im mehrheitlichen Schweigen trotz besseren Wissens ausharren.

Der lebensbegleitende sekundäre Sozialisationsprozess durch die Gründer, gepaart mit Belohnungen, Verachtungen und auch Bestrafungen, begleitete nicht nur die Aufbaugeneration, sondern alle folgenden Generationen bis zum Ende der DDR. Die zukünftige bessere Welt hatte ihre unerfreulichen Kehrseiten, jedoch wurde die Kritik zurückgehalten, weil sie ‚das Experiment' nicht gefährden wollten oder weil sie sich langfristig keine bessere Alternative als eine sozialistische Gesellschaft vorstellen konnten. Dadurch waren sie bis zur Handlungsblockade an das Konzept des Antifaschismus – häufig in sentimentaler Weise – gebunden.

Auch war das neue Bündnis zwischen Ideologen und Technokraten – Mitte der 1950er Jahre bis zum Ende der 1960er Jahre, Stichwort NÖS – ‚legitimatorisch durchaus wirkungsvoll' und erhöhte die Systemloyalität. „Die Öffnung des Wissenschaftssystems für neue Diziplinen wie Kybernetik und Prognostik, Systemtheorie und Leitungswissenschaften, aber auch für Soziologie und Psychologie, war für die Intelligenz attraktiv. Überdies zeichneten sich geregelte Aufstiegspfade und Berufsbilder ab." (Meuschel 1991, 35/36)

Die 1970er Jahre eigneten sich im Verständnis der Aufbauer wenig zur Abwanderung. Die sozialen Grenzlinien gegenüber der bürgerlichen Intelligenz hatte diese Altersgruppe „letztlich auf ihren Staat, ihre Mission zurückgeworfen" (Land/ Possekel 1992, 88), ihr Aufstieg war ein ungeheurer Karrieresprung, sie hatten beruflich viel erreicht, sie hatten ihre Kinder im Sinne der ‚neuen Idee' erzogen, und sie sahen mehrheitlich für sich keinen Ort in der westlichen Welt.

Die Aufbauer der 1950er Jahre, die Jahrgänge 1929 bis 1938, waren die neuen (jungen) Funktionseliten, die im Auftrag der Machtelite, aber auch, weil sie am sozialistischen Modell trotz besserem Wissen festhielten, darüber wachten, dass der Auftrieb von unten in Grenzen blieb. Hierzu gehörte auch das gesamte Repertoire der Beschwichtigungen, der kleinen Um- und Auswege, der offenen Diskussionen in abgeschirmten Zirkeln, Nischenarbeitsplätze und anderes. Die Aufbauer waren am Ende der DDR eine „Generation politischer Adoptivsöhne" mit grauen Haaren, die politische Perspektiven übernahmen, sich mit ihrer politischen Enteignung abfanden und die „Entschiedenheit an die Stelle von Entscheidung" setzten (Niethammer et al. 1991, 258/259 in Meuschel 1992, 59), selbst dann, wenn sie die Folgen dieser Bindung durchschauten (Mangel an Mitbestimmung, bürokratischer Zentralismus etc.).

Im biographischen Verlauf und im Prozess der Generationsmobilität avancierten die Aufbauer gegenüber der nächsten Generation zu ‚Gralshütern' (gatekeepers). Sie übernahmen die Funktion, Kritik und Veränderungsvorstellungen so zu kanalisieren, dass das politische System und die Gründergeneration, die die politische Spitze bildeten, nicht erschüttert wurden und ihre exponierten Vertreter nicht unter Beschuss gerieten.

Die zweite Gruppe aus der Intelligenz, die für diese Studie ausgewählt wurde, sind die zwischen 1950 und 1960 Geborenen. Beim Umbruch 1989 sind sie zwischen 30 und 40 Jahre alt. Einige der 30- bis 40Jährigen finden wir in den 1980er Jahren in den Bürgerbewegungen und in Oppositionsgruppen der kirchlichen Einrichtungen, sie sind aber auch als kritische Gruppe in der Partei zu finden („‚konspirative[r] Avantgardismus' der dritten SED-Reformergeneration" [Land/Possekel 1994, 36]). Die Mitglieder der kritischen Gruppen stammen häufig aus Familien der ‚neuen Intelligenz' aus der Gründer- oder Aufbauergeneration. Ihre Mütter und Väter nutzten die Aufstiegschancen in der Aufbauzeit der DDR (ABF, 2. Bildungsweg, Aufbaustudium usw.), und sie sorgten dafür, dass ihre Kinder in der Intelligenz verbleiben konnten (Reproduktion der Intelligenz). Die 1950 bis 1960 Geborenen diskutierten hart und kritisch mit ihren Eltern und Lehrern, aber „(d)ie Wahrnehmung der Differenz von Realität und Ideal wendete sich in den frühen 70er Jahren nicht gegen die DDR, die SED oder die Staatssicherheit, sondern vor allem gegen den Pragmatismus und Realismus der älteren Generation. ... Umgekehrt dominierte der Glaube, Partei und Staat für eine Verbesserung der Wirklichkeit im Sinne der Ideale instrumentalisieren zu können." (Land/Possekel 1992, 89) Die Ablösung der Intelligenzkinder (die 1950 bis 1960 Geborenen) von den ,Eltern und Lehrern' erfolgte nicht, denn die ,Väter' unterstützten die ,Reformdiskussionen' der Nachfolgenden als gewogene ,sozialistische' oder ,bürgerliche' Lehrer. Bei dieser Gruppe verkümmerte „das bei der Elterngeneration stark entwickelte Schuld- und Rückerstattungsbedürfnis gegenüber den Gründern der DDR ... Den systembedingten Ursachen für das wiederholte Scheitern eines demokratischen Sozialismus auf die Spur zu kommen, ohne Scheu vor Namen und Verdiensten, war der selbsterteilte Auftrag. ... An der Schwelle zu den achtziger Jahren entschieden sich die einen bewußt für den Verbleib in der Staatspartei, für Reform und Modernisierung von innen, die anderen ebenso bewußt für den Ausstieg aus dem SED-System, für offene Opposition. ... Einfluß gelangten Mitglieder beider Fraktionen erst in und nach der Wende." (Engler 2000, 44/45)

Die Begrenztheit der Möglichkeiten für „systemverändernde Kritik bei gleichzeitiger Identifikation mit der Macht" (Land/Possekel 1992, 90) wurde den Kindern der Aufbauer (die nach 1950 Geborenen) besonders deutlich, wenn Angehörige ihrer Altersgruppe ausgeschlossen wurden bzw. freiwillig oder erzwungenermaßen das Land verließen[107]. Reformen waren ohne öffentliche Kritik nicht durchsetzbar, und wer diese Kritik aussprach, zerstörte nicht nur seine eigene Berufskarriere, sondern stieg aus dem Diskurs über das „sozialistischen Projekt" aus, was nur wenige taten (vgl. Engler 1999, 303ff ,Die dritte Generation'). In den 1950er Jahren hatte das politische System um die Gunst der Bürger gerungen und die, die Arbeitsbeflissenheit und Bildungswillen zeigten, mit sozialen Aufstiegen belohnt (Aufsteigergesellschaft), in den späteren Jahren, in der Etabliertengesellschaft, jedoch rangen „... die Bürger um die Gunst des Systems ..." (Engler 1994, 24), gleichzeitig jedoch entstanden Teilöffentlichkeiten, in denen sich alte Denkstile erhielten oder sich neue Denkstile durchsetzten, die die soziale Wirklichkeit anders deuteten.

---

[107]   Die Prominenten wurden ,ersucht', ihre Stellungnahme zurückzunehmen, die weniger Prominenten wurden häufig Parteiverfahren unterzogen oder verhaftet und zu Gefängnisstrafen verurteilt. Danach begann die Welle des Ausreisens und der Dauervisa. Zahlreiche Künstler verließen die DDR. Eva und Nina Hagen, Thomas Brasch, Manfred Krug, Reiner Kunze, Sarah Kirsch, Klaus Schlesinger, Hans Joachim Schädlich, Günter Kunert sind nur wenige Namen, denn „(I)nsgesamt (kehrten) etwa 100 Literaten, Komponisten, Schauspieler und andere Künstler jeden Bekanntheitsgrads der DDR den Rücken. Die einen blieben aufgrund eines Antrags für immer im Westen, andere kaufte Bonn aus dem Gefängnis frei, und einige wie Jurek Becker, Monika Maron, ... Erich Loest und Günter Kunert lebten mit einem Dauer-Visa fortan als DDR-Bürger in der Bundesrepublik." (Wolle 1998, 244).

Die Loyalität der verschiedenen Altersgruppen der Intelligenz wurde trotz bekanntem Legitimationsverfall des sozialistischen Projekts bis an das Ende der DDR gesichert. Ursächlich dafür war der Generationsvertrag zwischen Gründern und Aufbauern. Dieser Vertrag war auf einen auf die Zukunft gerichteten Re-Sozialisationsprozess ohne die Verarbeitung der eigenen Vergangenheit/Erfahrungen aufgebaut, der insbesondere bei Konversionen das Gewicht eines primären Sozialisationsprozesses hatte. „Das Selbstverständnis dieser neuen Intelligenz war weder im antifaschistischen Kampf und den Leiden der Emigration oder des Widerstands gewachsen oder befestigt, noch konnte es aus einer kritischen Revision eigener Lebensgeschichte entstehen." (Land/Possekel 1992, 88) Der kritische Teil der eigenen Lebensgeschichte wurde nicht diskutiert, sondern dadurch, dass sie ihre Identität durch Abgrenzung (gegen die bürgerlichen Intellektuellen) ausbildeten. Die Unterfütterung bildeten die Partei, der Staat und die Mission. „... Diese Symbiose der Erstarrung stellte die nachfolgende Generation vor eine ungewöhnlich schroffe Alternative: entweder mußten auch sie ihre Zukunft den Großvätern und Urgroßvätern ausliefern oder sie mußten den Traditionszusammenhang verlassen ..." (Niethammer 1990a, 12). Als durch die Systemtransformation nach 1989 die Funktionseliten und Gralshüter ihre Positionen verloren, verwaisten große Teile der DDR-Intelligenz, weil sie ihre Väter, Mentoren, Lehrer, Vorbilder, Netzwerke usw. verloren. Für den zweiten Transformationsprozess nach 1989 standen die bewährten Mentoren und Netzwerke nicht mehr zur Verfügung.

Ausblick: Das Schicksal der Intelligenz – oder wie sie vielfach auch genannt wird: der Intellektuellen – der ehemaligen DDR wird als ‚tragisch' bezeichnet (Lepenies 1992; Bude 1993). In großem Umfang wurden die Institutionen, in denen sie gearbeitet hatten, evaluiert und abgewickelt, was bei nicht wenigen aus dieser Gruppe anhaltenden Hass, Kritik und Missvergnügen ausgelöst hat (stellvertretend Mittenzwei 2001, 526ff). Tragisch deshalb, weil der Zusammenbruch der DDR weder von „einer Gewerkschaft erkämpft noch von Intellektuellen vorgedacht" war (Lepenies 1992, 58). In der DDR gab es keinen Kampf von Solidarność wie in Polen, noch gab es einen mehr als zwanzig Jahre wirksamen Untergrund wie in Prag und Bratislava (ibid., 58). Die Macher und auch Helden des Zusammenbruchs waren Tausende von Menschen – häufig auch Menschen aus Kirchenkreisen –, die seit Anfang Oktober 1989 regelmäßig auf die Straßen gingen und andere, die noch vor der Öffnung der Grenzen die DDR über die ČSSR und Ungarn verließen. „Der Mißerfolg der Intellektuellen in der DDR war weder das Pech von Amateur-Politikern noch der Fehlschluß von Möchtegern-Ökonomen: er war das Desaster der interpretierenden Klasse ...," (ibid., 19), die sich zu stark mit der Macht arrangiert hatte. Nur wenige mussten wie ihre Kollegen in der ČSSR und Polen wegen politischer Abweichung ihr Dasein als Heizer, Taxifahrer oder in anderen Berufen auf Dauer fristen. „Viele Intellektuelle in der Deutschen Demokratischen Republik lebten unter bescheidenen Umständen, aber sie waren keineswegs arm. Ein Protestantismus des Geistes prägte ihre Mentalität, aber ihre Produktionsbedingungen wurden nicht von Mangel geprägt, sondern von Subventionen." (ibid., 60)

Die Intelligenz als operative und administrative Dienstklasse des Staates konnte ihre Aufgabe der Kritik nur in den politischen Bahnen vornehmen, die Staat und Partei vorgesehen hatten. Und in diesen Bahnen spielte immer wieder die politische Gesinnung eine nicht unwesentliche Rolle. Mit Ausnahme der Mediziner und der Kirchenleute wurden diese Vorgaben von der Intelligenz eingehalten. In den Ausbildungs- und Berufsfeldern der Mediziner stieg zwar auch der Anteil der Arbeiter- und Bauernkader (AB-Kader) an, aber weitaus langsamer und weniger als in den Gesellschafts-, pädagogischen, marxistisch-leninistischen Wissenschaften, bei den Juristen, den Philosophen, den Wirtschaftswissenschaftlern und den Journalisten. 1965 lag der Anteil der AB-Kader bei den Hochschullehrern für Theologie bei 2,5 Prozent, während er 1954 3,2 Prozent betrug. Bei den Medizinern lag der Anteil 1965 bei 8,5 Prozent, das war gegenüber 1954 fast eine Verdoppelung. Hingegen lag der Anteil der AB-Kader bei den Hochschullehrern für Wirtschafts- und Gesellschaftswissenschaften, bei den Juristen, den ML-Professoren und den Ausbildern für Journalisten 1965 bei 50,9 Prozent, ein nahezu 100prozentiger Anstieg seit 1954 mit 26,2 Prozent (vgl. Jessen 1999, 374).

Wenn man sich dazu noch die soziale Herkunft der Hochschullehrerschaft 1967 ansieht, so sieht man, dass der Anteil der Bildungs- und Wirtschaftsbürger schwindet, die Mittelschichten, die schon am Ende des Krieges 33,6 Prozent der Hochschullehrerschaft stellten, waren 1967 nur geringfügig auf 33,3 Prozent gefallen. Professoren mit einer Arbeiterherkunft nahmen zwischen 1954 und 1967 von 5,3 auf 17,2 Prozent zu, während Bauernkinder zu beiden Zeitpunkten nur geringfügig vertreten waren (1954 sind es 6,2 und 1967 1,8 Prozent). Die offiziellen Gewinner sind die Hochschulprofessoren mit Arbeiterherkunft, während die Mittelschichten, das Kleinbürgertum zu den heimlichen Gewinnern gerechnet werden können (vgl. ibid., 378ff). Jessen stellt fest, dass die ostdeutsche Hochschullehrerschaft in der Ulbrichtära zwar entbürgerlicht, aber nicht proletarisiert wurde. „Erstmals in der modernen deutschen Hochschulgeschichte büßten die akademischen Berufe jene Vorrangstellung bei der Rekrutierung der universitären Elite ein ... Der Beruf wurde offener und verlor mit dem Auszug der Söhne und Töchter des Bildungsbürgertums auch jene kulturelle Kohärenz, die bislang das Selbstbewußtsein der ‚Gebildeten‘ und ‚Akademiker‘ fundiert hatte." (ibid., 380) Die Fächer grenzten sich jedoch, wie Jessen und auch diese Studie zeigen, voneinander ab. Die medizinische und die theologische Intelligenz unterscheiden sich in der sozialen Herkunft von anderen Fächern.

Im Vergleich mit der westdeutschen Entwicklung (siehe Kap. 1.2) zeigt sich, dass der Austausch des Universitätspersonals und der Austausch innerhalb der akademischen Berufe – mit den oben genannten Ausnahmen – in der DDR konsequent verfolgt wurde. Die Abwanderung von bildungsbürgerlichen Akademikern und deren Familien aus der frühen DDR und in der zweiten Hälfte der 1950er Jahre, ebenso wie die Wissenschaftlerdeportation als Reparationsleistungen an die SU und die Entnazifizierung in der sowjetischen Besatzungszone hatten zur Folge, dass die „Universitäten ... keine relativ autonomen Wissenschaftsrepubliken mehr (waren), deren innere Angelegenheiten in den Händen eines privilegierten Ordinarienpatriziats lagen, sondern Teil eines zentralisierten Staatsapparates, der alle Ansprüche auf Wissenschaftsautonomie und Selbstverwaltung verwarf und statt dessen widerspruchslose Unterordnung unter die Weisungen der führenden Partei verlangte. ... An die Stelle des alten akademischen Hasards war eine Berufslaufbahn in gesicherten Lebenszeitstellen getreten ... Das System der Kaderplanung mit seinen individuellen ‚Perspektivenplänen' und seiner exakten Abstimmung von Angebot und Nachfrage ersetzte die Ausscheidungskonkurrenz durch berechenbaren Aufstieg." (ibid., 430) Mit dem offensiven Entzug des Forschungsmonopols der Universitäten durch den Aufbau von außeruniversitären Einrichtungen wie die Akademie der Wissenschaften und weiterer Parteiinstituten und der Übertragung von Promotions- und Habilitationsrechten an diese Institutionen wurden die Universitäten spätestens nach der dritten Hochschulreform 1968 auf den zweiten wissenschaftlichen Rang verwiesen. Während innerhalb der DDR die außeruniversitären Forschungsinstitutionen die führende Rolle übernahmen, „verschob die SED-Hochschulpolitik das offizielle Berufsbild vom Modell des lehrenden Forschers zu dem des ideologisch erziehenden Lehrers, dessen Forschungstätigkeit erst an dritter Stelle rangierte" (ibid., 432).

Die Umwandlung der Hochschulen, die Veränderung des Hochschullehrer-berufs, die Auswirkungen auf die Ausbildung des Nachwuchses zeigten ihre Früchte erst in den 1960er Jahren, in denen auch der biologische Generationswechsel in den Fächern wirksam wurde, die bis dahin eine relative Kontinuität des bildungsbürgerlichen Gedankenguts hatten, besonders in der Medizin und in naturwissenschaftlichen Fächern. „Ein harter und früher Schnitt ins alte Milieu fand nur dort statt, wo die SED nicht darauf angewiesen war, kognitive Kontinuität durch personelle Kontinuität zu ermöglichen." (ibid., 433) Die Vorstellungen über eine radikale Diskontinuität relativieren sich auch dadurch, dass die Mittelschichten von der Abwanderung der bürgerlichen Schichten insofern profitierten, dass sie mit ihren Aufstiegsaspirationen an Weimar und die NS-Zeit anschlossen. Eine „staatliche Kommission für Wissenschaftliche Grade" konnte sich ebenso wenig konstituieren, wie die „Entwissenschaftlichung der Berufungskriterien" (ibid., 434).

Die Einrichtung von Dauerstellen auf allen Stufen der akademischen Laufbahnen machte den Karriereverlauf risikolos. Der Preis dafür war der „... dauernde (...) Interventionsvorbehalt außerwissenschaftlicher, politischer Gremien, gegen deren Entscheidung es keine Rechtsmittel gab" (ibid., 438). In diesem System war weder Platz für Außenseiter noch für Querdenker. „Während das westliche System Kompetenz und Individualismus belohnt oder zumindest nicht unterdrückt, waren im östlichen System die Werte umgekehrt verteilt. ... Die Opportunitätsstruktur der ostdeutschen Hochschule züchtete strukturellen Opportunismus." (ibid., 438/439) Als aber – auch aus der Intelligenz – in den 1980er Jahren mehr und mehr über „Leistungsschwäche, Motivationsmangel, Mittelmäßigkeit und Stagnation" geredet und auch geschrieben wurde (vgl. Lötsch) geriet der politische Erfolg der gesellschaftlichen Umstrukturierung der Bildung und Ausbildung ins Wanken und Jessen zieht daraus den Schluss, dass „... die SED-Diktatur ihrem eigenen Untergang entgegen" ging (ibid., 439).

Akademische Berufe und Professionen

Die Allgemeinmediziner dieser Studie, Justus Lohmann und Britta Zoll, entstammen dem Bildungsbürgertum, während Onkologin Diana Kroll und der Neurologe Henning Voges aus Familien stammen, die in die neue Intelligenz aufgestiegen sind. Der Landessuperintendent ist dem Bildungsbürgertum zuzuordnen, während der Verfassungsrechtler der ehemaligen Mittelschicht und der Staatsanwalt den Aufsteigern in die neue Intelligenz zuzurechnen sind. Keiner der Journalisten und keine Journalistin kommt aus der bildungsbürgerlichen Schicht. Der umgelenkte Skeptiker und Ingrid Zuckermann stammen aus den ehemaligen Mittelschichten; Pia Braun kommt aus einer Familie der neuen Intelligenz, die im Widerspruch zu ihrer Familie in den Mediensektor einsteigt, während Paul Gatt aus einer Arbeiterfamilie in den freien Journalisten- und Dozentenberuf aufsteigt. Die Professorin für Gesellschaftswissenschaften und die Kombinatsleiterin kommen beide aus proletarischen Verhältnissen und steigen in höchste Positionen auf.

Diese Zusammensetzung der hier vorgestellten Intelligenz verweist darauf, dass die innere Heterogenität der Intelligenz in den 40 Jahren DDR nur zum Teil überwunden werden konnte. Durch die zentralisierte Studienplatzvergabe zur Veränderung der sozialen Zusammensetzung der Studentenschaft veränderte sich auch die soziale Zusammensetzung in den späteren Berufen, durch die Kaderpolitik und durch politische Eingriffe in das Hochschulwesen wurden auch die Laufbahnen der Hochschullehrer verändert. Insbesondere in den Fächern, in denen kognitive Kontinuität durch personelle Kontinuität nicht dringend notwendig war, konnte schon sehr früh ein personeller Generationswechsel durchgesetzt werden. Das berufliche Schicksal der Medienexperten, der Richter und Staatsanwälte und der Leiter von Kombinaten war sehr viel enger mit den politischen Verhältnissen und den Direktiven der Partei verwoben. Ihre Funktion war es, als Erzieher und Wahrer der gesellschaftlichen Ordnung mit Hilfe der Gründer als Lehrer und Mentoren (Gatekeepers) die erste Transformation nach 1945 durchzusetzen. Die Auswirkungen nach der zweiten Transformation 1989 sind bekannt. Was Passungsverhältnisse im Transformationsprozess erzeugte, waren in erster Linie anpassungsfähige Traditionsbestände in den professionellen Biographien. Elemente professioneller Autonomie bedeuten in diesen Biographien, über knappe Ressourcen mit einem hohen Wert zu verfügen.

Von den 13 vorgestellten Personen sind drei Personen Angehörige der bürgerlichen (auch protestantisch geprägten) Bildungsschicht (der Mediziner Justus Lohmann, die Medizinerin Britta Zoll und der Landessuperintendent) und sie gehören klassischen Professionen an, der medizinischen und der theologischen Profession. In einer entinstitutionalisierten Gesellschaft (vgl. Lepsius 1994) kommen jedoch intermediäre Gruppen – und Professionen sind solche Gruppen – außerhalb der offiziellen Politik ‚eigentlich' nicht vor. In einigen Fallgeschichten wurde darauf hingewiesen, welche historischen Kämpfe um Abgrenzung und Anerkennung von den einzelnen Professionen ausgefochten und von welchen bürgerlichen Vorstellungen diese Unterfangen geleitet wurden. Professionstypische Kennzeichen sind häufig historische Errungenschaften, die nicht verloren gehen. Die DDR verstaatlichte die Professionen, aber die Frage ist, konnte sie in die professionellen Zentren, das sind die Wissensbestände, die Ausbildung, die Forschung und die Praxis politisch hineinsteuern?

Betrachten wir die Mediziner. Durch die Reform des Eigentums waren quasi seit der Gründung der DDR private Niederlassungen und nicht-staatliche Kliniken kaum mehr möglich. Bis auf die wissenschaftlichen Gesellschaften wurden alle Standesorganisationen aufgelöst, so dass es keine professionelle Lizenzierung (Approbation, Berufsgerichtsbarkeit) mehr gab. Die im Gegenzug angebotene gewerkschaftliche Organisation wurde nicht als Standesorganisation, sondern als Verteiler von Sozialleistungen angenommen. Alle Versuche, andere nicht professionalisierte Heilberufe als Konkurrenz aufzubauen, scheiterten (Heilpraktiker, Arzthelfer, diplomierte Krankenschwestern). De- oder entprofessionalisiert wurde der Medizinerberuf in der DDR nicht, denn die Ausbildung des wissenschaftlichen Nachwuchses und die Definition des akademischen Karrierepfades verblieben weitgehend in den Händen der Professionsvertreter. Zum Beispiel wurde die Habilitation als Berufungsvoraussetzung bei den Medizinern bis zum Ende der DDR erhalten. Wurden gegen den Willen der Professionsvertreter Stellen parteipolitisch besetzt, so landeten einige von ihnen auf Nebenschauplätzen zum Beispiel in der Sozialhygiene. Aufsteiger in diesen Beruf, denen die bildungsbürgerliche Prägung fehlte, konzentrieren sich nahezu ausschließlich auf die Arbeitsorganisation, auf die hierarchischen Verhältnisse in der Arbeitsteilung mit einem hohen Leistungsethos. Die Medizinerinnen als Ein- und auch Aufsteiger in diesem Beruf bemerkten schnell ihre Grenzen im strukturkonservativen Medizinermilieu in den Forschungskliniken. Die Vereinbarkeit von Beruf und Familie standen kaum auf der Tagesordnung und ihre Karrieren konzentrieren sich auf Versorgung und ausdauernde Therapie.

Zusammengefasst: Der medizinische Kernbereich – das sind Ausbildung, Forschung und Praxis – konnte sich weitgehend der politischen Kontrolle entziehen. Das medizinische Ethos der ganzheitlichen Aufgabenorientierung und die Nähe von Mensch und Tätigkeit erzeugten innerhalb der Profession und bei der Bevölkerung „Vertrautheit mit Autorität, Charisma und Verantwortlichkeit" (Bollinger/Hohl 1981, 455). Nach dem Zusammenbruch der DDR lief der Übergang in die bundesrepublikanische Ärzteschaft und ihre Standesorganisationen nahezu reibungslos, flankiert von der Pharmaindustrie, eigenen Banken und Beratungsstellen.

Die katholischen, protestantischen und die freien Kirchen waren intermediäre Institutionen, in deren Professionskern – Ausbildung, Forschung und Praxis – politisch nicht interveniert wurde. Die Ordination eines Pfarrers in eine Gemeinde lag weiterhin in den Händen der Kirche, die staatliche Bestallung verlief in der Regel nach Absprache. Allgemein hatten die Kirchen durch den stalinistischen Kirchenkampf an Mitgliedern verloren, aber gleichzeitig bildeten sich überzeugte Kleingruppen zum Beispiel gegen die Jugendweihe, Zwangsmitgliedschaft in der FDJ, Wehrdienstverweigerung und Bekenntniszirkel wie die Junge Gemeinde. Dessen ungeachtet setzte der Staat auf Modernisierung und Säkularisierung und weitere Schrumpfung der Kirchen. Zu Beginn der 1970er Jahre beschloss die evangelische Kirche in der DDR als ‚Kirche im Sozialismus' ihre Arbeit zu versehen, sie wollte nicht neben und nicht gegen den Staat agieren, sondern im Staat. Nach dem Verbrennungstod des Pfarrers Brüsewitz verabredeten sich die evangelische Kirche und der Staat zur vertrauensvollen Zusammenarbeit. Für den KSZE-Prozess garantierten diese Verabredungen eine weitgehende Ruhe im Land, denn unter mehr oder minder starkem Druck ihrer engagierten Mitglieder und jungen Menschen schufen die Kirchen Räume für Gegenöffentlichkeiten bis hin zur Diskussionen über die Ausreiseabsichten der Ärzte. Generell begann die Kirche in der zweiten Hälfte der 1970er Jahre sich in der DDR und ihrer Gesellschaft einzurichten. Die in die Kirche eindringenden Gruppen, die sich mit der Ökologie, dem Frieden und den Menschenrechten beschäftigten, lösten innerhalb von Kirchenvorständen und Kirchenleitungen immer wieder Konflikte aus, die beigelegt werden mussten. In diesem Rahmen sieht der Landessuperintendent sein Handeln als christliches Handeln im Rahmen der Verkündigung.

Die historischen Professionsbestände der Mediziner und Pfarrer – das sind Wissensbestände und die nahezu reibungslos funktionierende Arbeitsteilung – geben staatlichen Eingriffen kaum Spielraum. Je traditionsreicher eine Profession ist, das drückt sich in der Verfügung über knappe hochbewertete Ressourcen aus, um so weniger kann die Politik steuernd in die Profession eingreifen. In der Medizin konnte die DDR-Politik durch die Veränderung der Eigentumsfrage und die sozialistische Gestaltung der Gesundheitspolitik einige Merkmale des Mediziner-standes kappen, das medizinische Wissen, die medizinische Arbeitsteilung und der Klientenbezug jedoch blieben davon unberührt. Anders bei den Kirchen: Durch die Ausgrenzung der Kirchen aus dem sozialistischen Erziehungsprogramm (kein Religionsunterricht in den Schulen, Einführung der Jugendweihe) brach ein wesentlicher Einflussbereich der Kirchen weg. Gleichzeitig blieben christliche Traditionsschulen, Krankenhäuser, Kindergärten, Behinderten- und Pflegeheime im Einflussbereich der Kirchen, was eine nicht kleine Zahl von Arbeitsplätzen bedeutete. Aber erst mit der neuen Richtung ‚Kirche im Sozialismus' schuf sich die Kirche auch andere Möglichkeiten, ihren Einflussbereich zu erweitern, so dass vielfach das Ende der DDR als protestantischer Umbruch bezeichnet wird.

Das Recht wurde als ein gesellschaftliches Instrument zur Umgestaltung und Umerziehung der Gesellschaft definiert. Es wurde zum Aufbau des Sozialismus in den Dienst genommen, die Ausbildung der Juristen wurde grundlegend verändert und die juristische Arbeit war durchzogen von politisch-professionellen Kontrollen. Die Entnazifizierungsquote war sowohl in der Hochschullehrerschaft wie auch bei ehemals beamteten Richtern und Staatsanwälten ungewöhnlich hoch. Das bedeutete einen nahezu 100prozentigen Bruch mit den historischen Überlieferungen der Professionskultur. Eine andere Entwicklung nahmen die Anwälte. Sie wurden zwar schon in den 1950er Jahren in Anwaltskollektiven zusammengefasst und gerieten bis zur Einführung des Zivilgesetzbuches der DDR 1976 unter Druck. Der Staat entzog einigen Anwälten die Zulassung, die unliebsame Personen verteidigten. Dazu wurde die Vereinigung der Anwälte nicht konsultiert. 1976 erreichten die Anwälte, dass sie den Vorsitzenden ihres Kollektivs selbst wählen und nicht aus dem Kaderbestand zugeteilt bekamen. Die Anwälte gehörten nach 1976 zu den Spitzenverdienern der DDR, und sie setzten sich gegen diktierte Neuzugänge oder Einkommenseinbußen zur Wehr.

Nach dem Zusammenbruch der DDR strebten Richter und Staatsanwälte, die sich nicht in eine staatliche Prüfung zur Weiterbeschäftigung in der neuen Bundesrepublik begaben oder nicht begeben wollten, aber auch Justiziare und Anwälte in juristische ‚Umschulungen' zum Anwalt in der neuen Bundesrepublik als Angehörige der freien Berufe. Sie wurden Mitglieder in Anwaltskammern und Standesorganisationen. Im Unterschied zu vor 1989 wurden sie nicht mehr als Anwälte in Anwaltskollektiven vom Staat alimentiert. Die sozialistische Rechtspflege wurde zur Episode der transformierten Anwälte. Insgesamt ist der Anwaltsberuf in der neuen Bundesrepublik weiblicher geworden, ähnlich wie die medizinischen Berufe.

Die Medienexperten der DDR, das sind die Journalisten, Dokumentarfilmer, Kommentatoren und andere hatten einen expliziten Erziehungsauftrag auf der Basis parteilicher Vorgaben und Kontrollen. Die Parteibürokratie definierte die professionellen Standards; die berufsständischen Vereinigungen sekundierten bei diesem Prozess. Die Ausbildung der Untersuchten dieser Studie ist sehr unterschiedlich. Der Dokumentarfilmer und Mitglied der Akademie der Künste hat nicht studiert, Ingrid Zuckermann studierte Philosophie bis zum Diplom, Paul Gatt studierte Kultur- und Theaterwissenschaft und promoviert zum Thema Medienrezeption, und Pia Braun studierte ebenfalls Kulturwissenschaften. Die professionelle Sozialisation erfolgt nicht schon während der Ausbildungszeit, sondern beginnt innerhalb der Medien und in den beruflichen Fachverbänden.

Vor dem professionellen Handeln rangierten Parteimitgliedschaft, Parteiarbeit und das Wohlwollen des Vorgesetzten, Vorgesetzte, die als zuverlässige Torwächter der Partei das ihnen zugewiesene Amt ausübten. Die Journalistenausbildung wurde konzentriert, und die Stellen wurden mit Emigranten oder zuverlässigen Genossen besetzt. Auch hier findet ein fast 100prozentiger Generationswechsel, wie bei den Juristen, statt. Das Scheitern in diesem Beruf war nicht die Konsequenz aus der Verletzung professioneller Standards, die von Professionskollegen geahndet wurde, sondern es waren politisch nicht korrekte Produkte, die die Verpflichtung zur politischen Loyalität in Frage stellten. Und was politisch nicht korrekte Produkte waren, bestimmten die Vorgesetzten. Die Zwangsverpflichtung auf den Staat erschwerte den Medienexperten die Umstellung nach 1989. Übernahmen in die staatlichen Medien des Rundfunk und Fernsehens fanden bis auf Sozialfälle nicht statt. Unbefristete Arbeitsverhältnisse mit einem geregelten monatlichen Einkommen sind innerhalb der Medienlandschaft außer im öffentlichen Dienst, zu denen die meisten keinen Zugang hatten, kaum vorhanden. Befristete Arbeitsverträge und das Arbeiten in freien Berufen als Anbieter auf eigene Rechnung oder im Auftrag sind die Normalarbeitsverhältnisse in den Medien. Aushandlungen über Entlohnungen, Zeilenhonorare, Kranken- und Altersversorgung werden von journalistischen Gewerkschaften übernommen. Der Verband der Medienbeschäftigten verschafft sich bei Bürgern gesellschaftliches Ansehen durch den von ihm veranstalteten jährlichen Presseball, bei dem sich die politische Klasse auf dem Parkett bewegt, und dieses Ereignis wird medienmächtig für die Zuschauer und Bürger präsentiert.

Die Medienexperten konnten in keine westdeutsche Profession der Journalisten aufgenommen werden, denn diese war nicht vorhanden. Der Zugang bzw. die Eingangsvoraussetzungen für diesen Beruf sind heterogen. Es gibt durchaus informelle Professionalisierungsansätze zur Ausbildung und beruflichen Qualifikation. Tatsache ist jedoch, dass es bis heute keinen universitären Bereich gibt, der über Forschung und Lehre den Nachwuchs ausbildet, der wissenschaftliche Lizenzierungen für den Journalistenberuf vergibt und Quereinstiege unmöglich macht. Als die ehemaligen DDR-Medienexperten mit den bundesrepublikanischen vereinigt wurden, waren sie in erster Linie fachliche Konkurrenz, die den gesamt-deutschen Arbeitsmarkt erobern wollte.

Das Recht und der Journalismus waren Hochschul- und Fachschulbereiche in der DDR, die mit zuverlässigen Genossen aus der Dienstklasse besetzt wurde. Die westdeutsche Rechtspflege bot Juristen der DDR, die nach der Wende in den Anwaltberuf strebten, Unterstützung und Aufnahme an. Die Medienexperten mussten sich in der Regel als freie Berufe auf dem Markt bewähren, und sie konnten sich von den Gewerkschaften in bestimmten Berufsfragen vertreten lassen. Eine traditionsreiche Profession stand nicht zur Verfügung, die den beruflichen Übergang in die neue Gesellschaft kooperativ hätte unterstützen können.

Die hier vorgestellten Frauen arbeiteten in hohen Positionen der administra-tiven Dienstklasse der DDR, die keine Verankerungen in professionellen Orga-nisationen haben. Beide arbeiteten in der Politik, eine im produzierenden Gewerbe als berufene Leiterin eines Kombinats die andere als wissenschaftliche Bericht-erstatterin zur Frauenpolitik der DDR für die Kandidatin des Politbüros. Gleich-zeitig erarbeitet sie einen Forschungsplan im Rahmen ihrer Akademiearbeit.

Nicht alle Berufslaufbahnen, die eine Hochschul- oder Fachhochschulausbil-dung als Zugangsvoraussetzung haben, gehören zu den Professionen, aber Mitglieder von Professionen haben in der Regel eine Ausbildung an einer Hochschu-le oder Fachhochschule absolviert. Der für die Profession zentrale Wissensaustausch und -fortschritt wird in nationalen und internationalen Vereinigungen diskutiert und/oder durch Publikationen in relevanten Fachzeitschriften für die Gemeinschaft zugänglich gemacht. Standards der professionellen Arbeit und der Berufsethos werden durch die professionelle Gemeinschaft festgelegt. Unumgänglich sind die universitären und staatlichen Lizenzierungen der Ausbildung und des Berufsmono-pols. Hindernisse bei der Professionalisierung sind die Bedrohung der Autonomie durch Arbeitsorganisationen, in der der Anteil von Professionsangehörigen, die als Angestellte dort arbeiten, ständig zunimmt. Für komplexe Arbeitsorganisationen, die eine Dienstgesinnung voraussetzen, wie bei den Hochschullehrern und bei den Pfarrern, aber auch bei den Richtern und Staatsanwälten, schließen sich Autonomie und Dienstgesinnung nicht aus, aber die Dienstgesinnung kann die professionelle Autonomie beeinträchtigen. „Ob nun ‚selbständig' oder ‚angestellt' ... in einem totalitären Kontext kommen auch die Professionsangehörigen nicht gut weg" (Wilensky 1972, 202), wenn der politische Zugriff auf ihre Berufskarrieren möglich ist. Nur dann, wenn die Professionen über exklusive Ressourcen verfügen, welche zu den Kernbeständen ihrer Profession gehören und nicht ersetzbar sind, sind sie nicht angreifbar.

Resümee: Die Mediziner, die Theologen und die Naturwissenschaftler konnten sich weitgehend aufgrund ihrer exponierten Stellung in der DDR politischen Eingriffen in ihre Wissensbestände, ihre Forschung oder ihre Praxis entziehen. Das bedeutete, dass in diesen Professionen Traditionsbestände erhalten blieben, die sich für den Übergang nach 1989 in der Regel günstig auswirkten. Die Verstaatlichung von ehemals professionellen Bereichen, in denen traditionshaltige Wissensbestände verworfen und politisch definierte Wissensbestände an ihre Stelle traten, zeigen nach fast 40 Jahren kaum noch professionelle Spuren. Auch bei den Juristen war nach der Wende die Verstaatlichung nicht rückgängig zu machen; jedoch unterstützte die juristische Profession der Bundesrepublik durch Umschulungen ihre zukünftigen Kollegen und nahm sie dadurch in ihre Reihen auf. Von solchen kollegialen Strukturen waren die ehemaligen DDR-Medienexperten weit entfernt. Die Geschichte formt den Menschen, aber Menschen formen auch ihre Geschichte.

Tabellenverzeichnis

Abkürzungsverzeichnis

ABF	Arbeiter- und Bauern-Fakultät
ABM	Arbeitsbeschaffungsmaßnahme
ADN	Allgemeiner Deutscher Nachrichtendienst
AdW	Akamedie der Wissenschaften
Antifa	Antifaschistisch
BEK	Bund der Evangelischen Kirchen in der DDR
BFB	Bundesverband der Freien Berufe
BGBl	Bundesgesetzblatt
BGH	Bundesgerichtshof
BPA	Bund praktischer Ärzte
BRD	Bundesrepublik Deutschland
BVerfGE	Bundesverfassungsgericht
CDU	Christlich Demokratische Union Deutschlands
ČSSR	Československá socialistická republika (Tschechoslowakei)
DA	Demokratischer Aufbruch
DDR	Deutsche Demokratische Republik
DEFA	Deutsche Film AG
DFG	Deutsche Forschungsgemeinschaft
DGS	Deutsche Gesellschaft für Soziologie
DGSP	Deutsche Gesellschaft für soziale Psychiatrie
DJV	Deutscher Journalistenverband (BRD→ s. VDJ in der DDR)
DSU	Deutsche Soziale Union
DT 64	Jugendradio gegründet zum DeutschlandTreffen der Jugend 1964 in Ost-Berlin
DZVJ	Deutsche Zentralverwaltung für Justiz (ab 1949 MdJ)
EKD	Evangelische Kirche in Deutschland
EKG	Elektrokardiogramm
EKU	Evangelische Kirche der Union
EOS	Erweiterte Oberschule
FDGB	Freier Deutscher Gewerkschaftsbund
FDJ	Freie Deutsche Jugend
GG	Grundgesetz
GstA	Generalstaatsanwaltschaft
ha	Hektar
IM	Inoffizieller Mitarbeiter (des Staatssicherheitsdienstes der DDR)
IMSF	Institut für Marxistische Studien und Forschungen
Jh.	Jahrhundert
KPD	Kommunistische Partei Deutschlands
KPdSU	Kommunistische Partei der Sowjetunion
KPM	DDR-Schallplattenfirma, gegründet 1990 von Krahl/Puppel
KSZE	Konferenz über Sicherheit und Zusammenarbeit in Europa
KZ	Konzentrationslager
LDPD	Liberal-Demokratische Partei Deutschlands
LISA	Linke Sozialistische Arbeitsgemeinschaft der Frauen in der Partei Die Linke/PDS
MdJ	Ministerium der Justiz
MfS	Ministerium für Staatssicherheit
MilitärStA	Militärstaatsanwaltschaft

MPIB	Max-Planck-Institut für Bildungsforschung
Napola	Nationalpolitische Erziehungsanstalten
Nato	North Atlantic Treaty Organization
NKFD	Nationalkomitee Freies Deutschland
NS	Nationalsozialismus
NSDAP	Nationalsozialistische Deutsche Arbeiterpartei
OG	Oberstes Gericht
PartGG	Partnerschaftsgesellschaften Gesetz
PDS	Partei des Demokratischen Sozialismus
PR	Public Relations (Öffentlichkeitsarbeit)
RAGO	Rechtsanwaltsgebührenordnung
RGW	Rat für Gegenseitige Wirtschaftshilfe
SAG	Sowjetische Aktiengesellschaft
SAMISDAT	Selbst- oder Eigenverlag
SAPMO	Stiftung Archiv der Parteien und Massenorganisationen der ehemaligen DDR
SBZ	Sowjetische Besatzungszone
SDAG	Sowjetisch-Deutsche Aktiengesellschaft
SED	Sozialistische Einheitspartei Deutschlands
SFB	Sender Freies Berlin
SMA	Sowjetische Militäradministration (z.B. des Landes Sachsen)
SMAD	Sowjetische Militäradministration in Deutschland
SNB	Sowjetisches Nachrichtenbüro
Sowinform	Staatliche Informationsagentur
SPD	Sozialdemokratische Partei Deutschlands
SU	Sowjetunion
UdSSR	Union der Sozialistischen Sowjetrepubliken
UNESCO	United Nations Educational, Scientific and Cultural Organizations
USA	United States of America
VEB	Volkseigener Betrieb
VDJ	Verband Deutscher Journalisten (1949-72, dann: Verband der Journalisten der DDR)
VdJ	Vereinigung der Juristen der DDR
WISMUT	Sowjetisch-deutsches Unternehmen zur Gewinnung von Uranerzen in der DDR
WS	Wintersemester
ZGB	Zivilgesetzbuch
ZK	Zentralkomitee

Literaturverzeichnis

Alheit, Peter, Mühlberg, Dietrich et al. (1990): Arbeiterleben in den 50er Jahren. Konzeption einer ‚mentalitätsgeschichtlichen' Vergleichsstudie biographischer Verläufe in Arbeitermilieus der Bundesrepublik Deutschland und der DDR. (Werkstattberichte des Forschungsschwerpunkts Arbeit und Bildung. 11). Bremen: Universität.

Alheit, Peter (1992): „Strukturprobleme ‚kultureller Wiedervereinigung'". In: Alheit, Peter, Hg., Kultur und Gesellschaft. Plädoyers für eine kulturelle Neomoderne. (Forschungsreihe des Forschungsschwerpunkts Arbeit und Bildung. 18). Bremen: Universitätsbuchhandlung, 395-419.

Anders, Georg (1954): Gesetz zur Regelung der Rechtsverhältnisse der unter Artikel 131 des Grundgesetzes fallenden Personen. (Kohlhammer Kommentare). Stuttgart; Köln: Kohlhammer.

Andrews, Molly (1991): Lifetimes of Commitment. Aging, Politics, Psychology. Cambridge: Univ. Pr.

Angermund, Ralph (1990): Deutsche Richterschaft 1919-1945. Krisenerfahrung, Illusion, politische Rechtsprechung. Frankfurt/M.: Fischer Taschenbuch Verlag.

Arnold, Michael, und Berndt Schirmer (1990): Gesundheit für ein Deutschland. Ausgangslage, Probleme und Möglichkeiten der Angleichung der medizinischen Versorgungssysteme der Bundesrepublik Deutschland und der DDR zur Bildung eines einheitlichen Gesundheitswesens. Köln: Deutscher Ärzte-Verlag.

Autorenkollektiv des Instituts für Marxistische Studien und Forschungen (IMSF) Frankfurt/M. (1975): Die Intelligenz der BRD 1950-1970. Klassen- und Sozialstruktur der BRD 1950-1970, Teil III. Frankfurt/M.: Marxistische Blätter.

Autorenkollektiv unter der Leitung von **Manfred Lötsch** (1980): Die Intelligenz in der sozialistischen Gesellschaft. (Schriftenreihe Soziologie). Berlin (DDR): Dietz.

Autorenkollektiv unter der Leitung von **Rudi Weidig** (1988): Sozialstruktur der DDR. Berlin (DDR): Dietz.

Backhaus, Jan Eric (1999): Volksrichterkarrieren in der DDR. (Rechtshistorische Reihe. 188). Frankfurt/M. et al.: Lang.

Bahro, Rudolf (1977): Die Alternative. Zur Kritik des real existierenden Sozialismus. Köln; Frankfurt/M.: Europäische Verlagsanstalt.

Bathke, Gustav-Wilhelm (1985): Sozialstrukturelle Herkunftsbedingungen und Persönlichkeitsentwicklung von Hochschulstudenten. Theoretisch-empirische Studie. Leipzig (DDR): Akademie für Gesellschaftswissenschaften beim Zentralkomitee der SED, Institut für Marxistisch-Leninistische Soziologie, Dissertation B (Habilitation).

Bathke, Gustav-Wilhelm (1990): „Soziale Reproduktion und Sozialisation von Hochschulstudenten in der DDR". In: Burkart, Günter, Hg., Sozialisation im Sozialismus. Lebensbedingungen in der DDR im Umbruch. (Zeitschrift für Sozialisationsforschung und Erziehungssoziologie. Beiheft 1). Weinheim: Juventa, 114-128.

Baumann, Zygmunt (1987): Legislators and Interpreters. On Modernity, Postmodernity and the Intellectuals. Cambridge: Polity Press.

Becker, Howard S., Geer, Blanche, Hughes, Everett C., and Anselm L. Strauss (1961): Boys in White. Student Culture in Medical School. Chicago; London: Univ. of Chicago Pr.

Becker, Howard S. (1979): „Persönlichkeitsveränderungen bei Erwachsenen". In: Griese, Hartmut, Hg., Sozialisation im Erwachsenenalter. Weinheim: Beltz, 51-62. (Ersterscheinung 1964: Personal Change in Adult Life. **Sociometry**, 27, 1: 40-53.

Behlert, Wolfgang (1991): Organisation und sozialer Status der Richter und Rechtsanwälte in der DDR. **Kritische Justiz**, 24, 2: 184-197.

Behlert, Wolfgang (1994): „Die Generalstaatsanwaltschaft". In: Rottleuthner, Hubert, unter Mitarbeit von Baer, Andrea et al., Steuerung der Justiz in der DDR. Einflußnahme der Politik auf Richter, Staatsanwälte und Rechtsanwälte. (Rechtstatsachenforschung). Köln: Bundesanzeiger, 287-350.

Behlert, Wolfgang (1996²): „Die Staatsanwaltschaft". In: Bundesministerium der Justiz, Hg., Im Namen des Volkes? Über die Justiz im Staat der SED. Wissenschaftlicher Begleitband zur Ausstellung des Bundesministeriums der Justiz. Leipzig: Forum Verlag, 149-156.

Belitz-Demiriz, Hannelore, und Dieter Voigt (1990a): Die Sozialstruktur der promovierten Intelligenz in der DDR und in der Bundesrepublik Deutschland 1950-1982. Der Einfluß der politischen Systeme auf die unterschiedliche Entwicklung in den beiden deutschen Staaten. Teil 1: Theoretische Grundlagen. (Beiträge zur Deutschlandforschung. 7.1). Bochum: Brockmeyer.

Belitz-Demiriz, Hannelore, und Dieter Voigt (1990b): Die Sozialstruktur der promovierten Intelligenz in der DDR und in der Bundesrepublik Deutschland 1950-1982. Der Einfluß der politischen Systeme auf die unterschiedliche Entwicklung in den beiden deutschen Staaten. Teil 2: Empirische Ergebnisse. (Beiträge zur Deutschlandforschung. 7.2). Bochum: Brockmeyer.

Belwe, Katharina (1983): „Soziale Differenzierung der wissenschaftlichen Intelligenz in der DDR-Diskussion". In: Spittmann-Ruehle, Ilse, und Gisela Helwig, Hg., Die DDR vor den Herausforderungen der achtziger Jahre: 16. Tagung zum Stand der DDR-Forschung in der Bundesrepublik Deutschland, 24.-27. Mai. Köln: Wissenschaft und Politik, 106-123.

Belwe, Katharina (1990): Entwicklung der Intelligenz innerhalb der Sozialstruktur der DDR in den Jahren 1978 bis 1989 - eine Literaturanalyse. (Analysen und Berichte. 1). Bonn: Gesamtdeutsches Institut, Bundesanstalt für Gesamtdeutsche Aufgaben.

Benjamin, Hilde (1954): Der Instrukteur – Helfer und politischer Berater. **Neue Justiz**, 8, 10: 283-290.

Berger, Bennett M. (1990): Authors of Their Own Lives. Intellectual Autobiographies by Twenty American Sociologists. Berkeley; Los Angeles; Oxford: University of California Press.

Bericht der Bundesregierung über die Lage der Freien Berufe (2002).

Bernet, Wolfgang, Schöwe, Axel, und Richard Schüler (1986): Funktion, Gestaltung und Wirksamkeit von Verwaltungsverfahrensrecht in der DDR. **Staat und Recht**, 3: 612-622.

Bernet, Wolfgang, Schöwe, Axel, und Richard Schüler (1988): Für effektivere Verwirklichung des Eingabenrechts! **Neue Justiz**, 42, 7: 282-285.

Bernet, Wolfgang (1990): Eingaben als Ersatz für Rechte gegen die Verwaltung in der DDR. **Kritische Justiz**, 23, 4: 153-161.

Bernet, Wolfgang (1995): „Verwaltungsrecht". In: Heuer, Uwe-Jens, Hg., Die Rechtsordnung der DDR. Anspruch und Wirklichkeit. Baden-Baden: Nomos, 395-415.

Bessel, Richard, und Ralph Jessen (Hg.) (1996): Die Grenzen der Diktatur. Staat und Gesellschaft in der DDR. Göttingen: Vandenhoeck & Ruprecht.

Bierwisch, Manfred (1990): Wissenschaft im realen Sozialismus. **Kursbuch** (Abriß der DDR), 101: 112-123.

Böckelmann, Frank (1993): Journalismus als Beruf: Bilanz der Kommunikationsforschung im deutschsprachigen Raum von 1945 bis 1990. (Schriften der Deutschen Gesellschaft für COMNET. 10). Konstanz: Univ.-Verl. Konstanz.

Böckelmann, Frank, Mast, Claudia, und Beate Schneider (1994): Journalismus in den neuen Ländern. Ein Berufsstand zwischen Aufbruch und Anpassung. (Medien und Märkte. 3). Konstanz: UVK.

Bogner, Alexander, und Wolfgang Menz (2001): ,Deutungswissen' und Interaktion. Zur Methodologie und Methodik des theoriegenerierenden Experteninterviews. **Soziale Welt**, 52, 4: 477-500.

Bogner, Alexander, Littig, Beate, und Wolfgang Menz (Hg.) (2002): Das Experteninterview. Theorie, Methode, Anwendung. Opladen: Leske + Budrich.

Bollinger, Heinrich, und Joachim Hohl (1981): Auf dem Weg von der Profession zum Beruf. Zur Deprofessionalisierung des Ärzte-Standes. **Soziale Welt**, 32: 440-464.

Bourdieu, Pierre, und J.-C. Passeron (1971): Die Illusion der Chancengleichheit. Stuttgart: Klett.

Bourdieu, Pierre (1980): Le sens pratique. Paris: Editions de minuit.

Bourdieu, Pierre, Boltanski, Luc, und Pascale Maldidier (1981): „Die Verteidigung der Zunft". In: Bourdieu, Pierre et al., Titel und Stelle. Über die Reproduktion sozialer Macht. Frankfurt/M.: Europäische Verlagsanstalt, 117-168.

Bourdieu, Pierre (1985): Hit-Parade der französischen Intellektuellen oder: Wer richtet über die Legitimität der Richter. **Neue Sammlung**, 25: 403-416.

Bourdieu, Pierre (1987): Die feinen Unterschiede. Kritik der gesellschaftlichen Urteilskraft. Frankfurt/M.: Suhrkamp.

Bourdieu, Pierre (1988a): Die feinen Unterschiede. Kritik der gesellschaftlichen Urteilskraft. Frankfurt/M.: Suhrkamp.

Bourdieu, Pierre (1988b): Homo Academicus. Frankfurt/M.: Suhrkamp.

Brentzel, Marianne (1997): Die Machtfrau. Hilde Benjamin 1902-1989. Berlin: Links.

Brint, Steven (1994): In an Age of Experts. The Changing Role of Professionals in Politics and Public Life. Princeton, N. J.: Princeton Univ. Pr.

Budde, Gunilla-Friederike (Hg.) (1997a): Frauen arbeiten. Weibliche Erwerbstätigkeit in Ost- und Westdeutschland nach 1945. Göttingen: Vandenhoeck & Ruprecht.

Budde, Gunilla-Friederike (1997b): „Paradefrauen. Akademikerinnen in Ost- und Westdeutschland". In: Budde, Gunilla-Friederike, Hg., Frauen arbeiten. Weibliche Erwerbstätigkeit in Ost- und Westdeutschland nach 1945. Göttingen: Vandenhoeck & Ruprecht, 183-211.

Budde, Gunilla-Friederike (2003): Frauen der Intelligenz. Akademikerinnen in der DDR. 1945 bis 1975. (Kritische Studien zur Geschichtswissenschaft. 162). Göttingen: Vandenhoeck & Ruprecht.

Bude, Heinz (1987): Deutsche Karrieren. Lebenskonstruktionen sozialer Aufsteiger aus der Flakhelfer-Generation. Frankfurt/M.: Suhrkamp.

Bude, Heinz (1993): „Das Ende einer tragischen Gesellschaft". In: Joas, Hans, und Martin Kohli, Hg., Der Zusammenbruch der DDR. Soziologische Analysen (edition suhrkamp. 1777). Frankfurt/M.:

Suhrkamp, 267-281.

Buhr, Manfred, und Günter Kröber (1985): Ein stets vitaler geistreicher Dialektiker. **Spectrum**, 16, 12: 22/23.

Bundesgerichtshof (1995): Rechtsbeugung durch DDR-Richter wegen Verhängung von Todesstrafen. **Pressemitteilung des Bundesgerichtshofs**, Nr. 66/1995 vom 16.11.1995 (Verfügbar über: http://www.jura.uni-sb.de/Entscheidungen/Bundesgerichte/DDR.html) (Zugriff: 01.08.03).

Bundesministerium der Justiz (Hg.) (1996a²): Im Namen des Volkes? Über die Justiz im Staat der SED. Katalog zur Ausstellung des Bundesministeriums der Justiz. Leipzig: Forum Verlag.

Bundesministerium der Justiz (Hg.) (1996b²): Im Namen des Volkes? Über die Justiz im Staat der SED. Wissenschaftlicher Begleitband zur Ausstellung des Bundesministeriums der Justiz. Leipzig: Forum Verlag.

Bundesministerium der Justiz (Hg.) (1996c²): Im Namen des Volkes? Über die Justiz im Staat der SED. Dokumentenband zur Ausstellung des Bundesministeriums der Justiz. Leipzig: Forum Verlag.

Bundesministerium für Arbeit und Sozialordnung (Hg.) (2000): Bericht der Bundesregierung über die soziale Lage der Künstlerinnen und Künstler in Deutschland.

Bundesministerium für Wirtschaft und Arbeit (2002): Freie Berufe. http://www.bmwi.de/-Navigation/Wirtschaft/Branchenfocus/freie-...

Bundesrat (2002): Bericht der Bundesregierung über die Lage der Freien Berufe (07.06.2002). 14. Wahlperiode 1998-2002. Drucksache 589/02.

Bundesverband der Freien Berufe (2003): Sozialversicherungspflichtig Beschäftigte (inkl. Auszubildende) nach Wirtschaftsklassen in Freien Berufen in Deutschland am 30.06.2003. http://www.freie-berufe.de

Busse, Stefan, und Christina Schierwagen (1990): Vertrauen im Alltag der DDR: Verlust und Wiedergewinn. **Zeitschrift für Sozialisationsforschung und Erziehungssoziologie**, 1: 153-162.

Caroline-Urteil:

Europäischer Gerichtshof für Menschenrechte. Pressemitteilung des Kanzlers (2004): Kammerurteil in der Rechtssache Von Hannover gegen Deutschland (Beschwerde Nr. 59320/00) (Verfügbar über: http://echr.coe.int/ger/Chamber%20judgment%20von%20...) (Zugriff: 10.10.04)

Feuilletonredaktion der Frankfurter Allgemeine Zeitung (2004): Pressefreiheit. „Es trifft die Pressefunktion in ihrem Kern". (Verfügbar über: http://www.faz.net/s/Rub 8A25A66CA9514B9892E0074EDE4E...) (Zugriff: 10.10.04)

Zensurdebatte. Chefredakteure machen gegen ‚Caroline-Urteil' mobil (Verfügbar über: http://www.spiegel. de/kultur/gesellschaft/0,1518,315786,00.html) (Zugriff: 10.10.04)

FAZ.NET mit Material von AP (2004): Pressefreiheit. „Keine Rechtsmittel gegen ‚Caroline-Urteil'". Verfügbar über: http://www.faz.net/s/Rub 28FC768942F34C5B8297CC6E16FFC...) (Zugriff: 10.10.04)

Carr-Saunders, Alexander M., and Paul A. Wilson (1964²): The Professions. London: Cass. (First edition 1932).

Černý, Jochen (Hg.) (1992): Wer war wer – DDR: ein biographisches Lexikon. Berlin: Links.

Conze, Werner, und Jürgen Kocka (Hg.) (1985): Bildungsbürgertum im 19. Jahrhundert. Teil I: Bildungssystem und Professionalisierung in internationalen Vergleichen. Stuttgart: Klett-Cotta.

Dähn, Horst (1982): Konfrontation oder Kooperation? Das Verhältnis von Staat und Kirche in der SBZ/DDR 1945-1980. (Studien zur Sozialwissenschaft. 52). Opladen: Westdeutscher Verlag.

Dahrendorf, Ralf (1965): Gesellschaft und Demokratie in Deutschland. München: Piper.

Deters, Magdalene, und Susanne Weigandt (1989): „Selbstbilder karriereorienterter Frauen. Bundesrepublik Deutschland und DDR im Vergleich". In: Voigt, Dieter, Hg., Elite in Wissenschaft und Politik. Empirische Untersuchungen und theoretische Ansätze. (Schriftenreihe der Gesellschaft für Deutschlandforschung. Fachgruppe Sozialwissenschaft. 21). Berlin: Duncker & Humblot, 159-174.

Deutscher Bundestag (1991): Fortschreibung des Berichts der Bundesregierung über die Lage der Freien Berufe in der Bundesrepublik Deutschland. Drucksache 12/21.

Deutscher Journalistenverband (DJV) (2004): DJV – mehr als eine Gewerkschaft. http://www.djv-hamburg.de

DIE ZEIT (2006), Nr. 19 und Nr. 31 (s. auch Meyer-Timpe und Wiarda).

Dippel, Carsten (2003): 'Menschenrechte sind kein Luxus'. Ausreise als Problem der Evangelischen Kirche in der DDR. **Deutschland Archiv**, 36, 4: 639-650.

Dönhoff, Marion Gräfin, Leonhardt, Rudolf Walter, und Theo Sommer (1964): Reise in ein fernes Land. Bericht über Kultur, Wirtschaft und Politik in der DDR. Hamburg: Die Zeit.

Dofivat, Emil (1956): Die publizistische Persönlichkeit. Charakter, Begabung, Schicksal. **Gazette**, 2: 157-172.

Dofivat, Emil (1976): Zeitungslehre. 1. Band: Theoretische und rechtliche Grundlagen, Nachricht und Meinung, Sprache und Form. Berlin; New York: de Gruyter (Sammlung Göschen. 2090).

Dusiska, Emil (1973): Wörterbuch der sozialistischen Journalistik. Leipzig: o. V.

Eckert, Joern (2000): Recht und Rechtsgeschichte der SBZ/DDR. **Zeitschrift für Neuere Rechtsgeschichte - ZNR**, 22, 2: 218-238.

Ehrenreich, Barbara (1994): Angst vor dem Absturz. Das Dilemma der Mittelklasse. (rororo Sachbuch. 9739). Reinbek: Rowohlt Taschenbuch.

Emmerich, Wolfgang (1993): „Zwischen Hypertrophie und Melancholie. Die literarische Intelligenz der DDR im historischen Kontext". In: Institut für kulturwissenschaftliche Deutschlandstudien an der Universität Bremen, Hg., Materialien und Ergebnisse aus Forschungsprojekten des Instituts. Heft 4: Intellektuellen-Status und intellektuelle Kontroversen. Bremen: Universität Bremen, FB 10, 4-12 und 22/23.

Engler, Wolfgang (1992): Die zivilisatorische Lücke. Versuche über den Staatssozialismus. (edition suhrkamp. 1772; Neue Folge. 772). Frankfurt/M.: Suhrkamp.

Engler, Wolfgang (1993a): Die Grenzen des Diskurses. **Die Zeit**, 10.12.1993: 61.

Engler, Wolfgang (1993b): Jenseits des Machtprinzips. **Die Zeit**, 15: 67.

Engler, Wolfgang (1994): Die ungewollte Moderne. Essay. (edition suhrkamp. 1925). Frankfurt/M.: Suhrkamp.

Engler, Wolfgang (1999): Die Ostdeutschen. Kunde von einem verlorenen Land. Berlin: Aufbau-

Verlag.

Engler, Wolfgang (2000[2]): "Strafgericht über die Moderne – Das 11. Plenum im historischen Rückblick". In: Agde, Günter, Hg., Kahlschlag. Das 11. Plenum des ZK der SED 1965. Berlin: Aufbau Taschenbuch Verlag, 16-36.

Erbe, Günter (1982): Arbeiterklasse und Intelligenz in der DDR. Soziale Annäherung von Produktionsarbeiterschaft und wissenschaftlich-technischer Intelligenz im Industriebetrieb? (Schriften des Zentralinstituts für sozialwissenschaftliche Forschung der Freien Universität Berlin. 37). Opladen: Westdeutscher Verlag.

Erikson, Erik H. (1977): Identität und Lebenszyklus. Drei Aufsätze. Frankfurt/M.: Suhrkamp (englische Erstausgabe 1959).

Ernst, Anna-Sabine (1996): „Von der bürgerlichen zur sozialistischen Profession? Ärzte in der DDR, 1945-1961". In: Bessel, Richard, und Ralph Jessen, Hg., Die Grenzen der Diktatur. Staat und Gesellschaft in der DDR. Göttingen: Vandenhoeck & Ruprecht, 25-48.

Ernst, Anna-Sabine (1997): ‚Die beste Prophylaxe ist der Sozialismus'. Ärzte und medizinische Hochschullehrer in der SBZ/DDR 1945-1961. (Internationale Hochschulschriften. 210). Münster; New York; München; Berlin: Waxmann.

Ernst, Anna-Sabine (1999): Hochschullehrer der Medizin in der DDR. **BIOS**, 12, 1: 50-57.

Erste Verordnung zur Durchführung des Gesetzes zur Regelung der Rechtsverhältnisse der unter § 131 des Grundgesetzes fallenden Personen, 12. November 1951 (BGBl. I, 886).

Etzold, Eckhard (2000): Die kirchliche Vergütungs- und Besoldungsordnung auf dem Prüfstand. http://bs.cyty.com/stjakobi/unsgem/sparen.htm, Stand: 17.Mai 2000, ee.

Färber, Christine (1995): Wo bleiben die Professorinnen der Medizin? Karrierehemmnisse für Frauen im ärztlichen Beruf. **Jahrbuch für kritische Medizin**, 24: 14-27.

Feth, Andrea (1994): „Die Volksrichter". In: Rottleuthner, Hubert, unter Mitarbeit von Baer, Andrea et al., Steuerung der Justiz in der DDR. Einflußnahme der Politik auf Richter, Staatsanwälte und Rechtsanwälte. (Rechtstatsachenforschung). Köln: Bundesanzeiger, 351-378.

Feth, Andrea (1997): Hilde Benjamin – Eine Biographie. (Justizforschung und Rechtssoziologie. 1). Berlin: Spitz.

Filstead, William J. (1979): „Qualitative Methods: A Needed Perspective in Evaluation Research". In: Cook, Thomas D., und Charles S. Reichardt, eds., Qualitative and Quantitative Methods in Evaluation Research. Beverly Hills; London: Sage.

Fischer, Dirk (1996[2]): „Die gesellschaftlichen Gerichte. Irrweg oder Modell für das vereinte Deutschland?". In: Bundesministerium der Justiz, Hg., Im Namen des Volkes? Über die Justiz im Staat der SED. Wissenschaftlicher Begleitband zur Ausstellung des Bundesministeriums der Justiz. Leipzig: Forum Verlag, 157-164.

Foitzik, Jan (2002): „Remigranten in der Medienpolitik der sowjetischen Besatzungsmacht". In: Krohn, Claus-Dieter, und Axel Schildt, Hg., Zwischen den Stühlen? Remigranten und Remigration in der deutschen Medienöffentlichkeit der Nachkriegszeit. (Hamburger Beiträge zur Sozial- und Zeitgeschichte. 39). Hamburg: Christians, 93-114.

Frauenreport '90, siehe Winkler

Freidson, Eliot (1970): Profession of Medicine. A Study of the Sociology of Applied Knowledge. New

York: Dodd, Mead and Co.

Freidson, Eliot (1975): Dominanz der Experten. Zur sozialen Struktur medizinischer Versorgung. (Medizin und Sozialwissenschaften. 3). München; Berlin; Wien: Urban & Schwarzenberg.

Freidson, Eliot (1979): Der Ärztestand. Berufs- und wissenschaftssoziologische Durchleuchtung einer Profession. Stuttgart: Enke.

Freidson, Eliot (1986): Professional Powers. A Study of the Institutionalization of Formal Knowledge. Chicago; London: University of Chicago Press.

Freidson, Eliot (1994): Professionalism Reborn. Theory, Prophecy, and Policy. Chicago: University of Chicago Press.

Freidson, Eliot (2001): Professionalism. The Third Logic. On the Practice of Knowledge. Chicago: University of Chicago Press.

Fricke, Karl Wilhelm, Steinbach, Peter, und Johannes Tuchel (Hg.) (2002): Opposition und Widerstand in der DDR. Politische Lebensbilder. (Beck'sche Reihe. 1479). München: Beck.

Friedeburg, Ludwig von (1989): Bildungsreform in Deutschland. Geschichte und gesellschaftlicher Widerspruch. Frankfurt/M.: Suhrkamp.

Furian, Gilbert (1992): Der Richter und sein Lenker. Politische Justiz in der DDR. Berichte und Dokumente. Berlin: Eulenspiegel; Das Neue Berlin.

Gängel, Andreas (1994a): „Das Oberste Gericht der DDR – Leitungsorgan der Rechtsprechung – Entwicklungsstationen". In: Rottleuthner, Hubert, unter Mitarbeit von Baer, Andrea et al., Steuerung der Justiz in der DDR. Einflußnahme der Politik auf Richter, Staatsanwälte und Rechtsanwälte. (Rechtstatsachenforschung). Köln: Bundesanzeiger, 253-286.

Gängel, Andreas (1994b): „Richter in der DDR – Wunschbild und Realitätsausschnitte". In: Rottleuthner, Hubert, unter Mitarbeit von Baer, Andrea et al., Steuerung der Justiz in der DDR. Einflußnahme der Politik auf Richter, Staatsanwälte und Rechtsanwälte. (Rechtstatsachenforschung). Köln: Bundesanzeiger, 395-408.

Gängel, Andreas (1994c): „Die DDR-Justiz im Prozeß der ‚Wende'". In: Rottleuthner, Hubert, unter Mitarbeit von Baer, Andrea et al., Steuerung der Justiz in der DDR. Einflußnahme der Politik auf Richter, Staatsanwälte und Rechtsanwälte. (Rechtstatsachenforschung). Köln: Bundesanzeiger, 429-447.

Gängel, Andreas (1996[2]): „Die Volksrichterausbildung". In: Bundesministerium der Justiz, Hg., Im Namen des Volkes? Über die Justiz im Staat der SED. Wissenschaftlicher Begleitband zur Ausstellung des Bundesministeriums der Justiz. Leipzig: Forum Verlag, 47-56.

Galle, Petra (2002): „Ein ‚Moskau-Kader' als Sicherheitsrisiko. Hans Mahles Aufstieg und Fall als Generalintendant des Rundfunks in der SBZ/DDR". In: Krohn, Claus-Dieter, und Axel Schildt, Hg., Zwischen den Stühlen? Remigranten und Remigration in der deutschen Medienöffentlichkeit der Nachkriegszeit. (Hamburger Beiträge zur Sozial- und Zeitgeschichte. 39). Hamburg: Christians, 366-396.

Gaus, Günter (1986): Die Welt der Westdeutschen. Kritische Betrachtungen. Köln: Kiepenheuer & Witsch.

Gaus, Günter (1987[2]): Wo Deutschland liegt. Eine Ortsbestimmung. (dtv Zeitgeschichte. 10561). München: Deutscher Taschenbuch-Verlag.

Geiger, Theodor (1987²): Aufgaben und Stellung der Intelligenz in der Gesellschaft. Nachdruck zum 150jährigen Bestehen des Ferdinand-Enke-Verlages. Stuttgart: Enke (Originalausgabe 1949).

Gella, Aleksander (Hg.) (1976a): The Intelligentsia and the Intellectuals. Theory, Method and Case Study. (Sage Studies in International Sociology. 5). Beverly Hills, Cal.: SAGE.

Gella, Aleksander (1976b): „An Introduction to the Sociology of the Intelligentsia". In: Gella, Aleksander, Hg., The Intelligentsia and the Intellectuals. Theory, Method and Case Study. (Sage Studies in International Sociology. 5). Beverly Hills, Cal.: SAGE, 9-34.

Gerlach, Christian (1996²): „Die Rechtsanwaltschaft". In: Bundesministerium der Justiz, Hg., Im Namen des Volkes? Über die Justiz im Staat der SED. Wissenschaftlicher Begleitband zur Ausstellung des Bundesministeriums der Justiz. Leipzig: Forum Verlag, 141-148.

Gesetzblatt der Deutschen Demokratischen Republik, 1, II, 85, 17. Juli 1951.

Gessen, Masha (1998): Auf den Erfolg unserer hoffnungslosen Mission. Die russische Intelligenzija. München: Kunstmann.

Geulen, Dieter (1998): Politische Sozialisation in der DDR. Autobiographische Gruppengespräche mit Angehörigen der Intelligenz. Opladen: Leske + Budrich.

Geyer, Dietrich (1985): „Zwischen Bildungsbürgertum und Intelligenzija: Staatsdienst und akademische Professionalisierung im vorrevolutionären Rußland". In: Conze, Werner, und Jürgen Kocka, Hg., Bildungsbürgertum im 19. Jahrhundert. Teil I: Bildungssystem und Professionalisierung in internationalen Vergleichen. Stuttgart: Klett-Cotta, 207-230.

Gläser, Jochen, und Grit Laudel (2004): Experteninterviews und qualitative Inhaltsanalyse. (UTB für Wissenschaft. 2348). Wiesbaden: VS Verlag für Sozialwissenschaften.

Glaeßner, Gert-Joachim (1977): Herrschaft durch Kader. Leitung der Gesellschaft und Kaderpolitik in der DDR am Beispiel des Staatsapparates. (Schriften des Zentralinstituts für sozialwissenschaftliche Forschung der Freien Universität Berlin. 28). Wiesbaden: Westdeutscher Verlag.

Glaeßner, Gert-Joachim, und Irmhild Rudolph (1978): Macht durch Wissen. Zum Zusammenhang von Bildungspolitik, Bildungssystem und Kaderqualifizierung in der DDR. Eine politisch-soziologische Untersuchung. (Schriften des Zentralinstituts für sozialwissenschaftliche Forschung der Freien Universität Berlin. 30). Opladen: Westdeutscher Verlag.

Glaeßner, Gert-Joachim (1985): „Universitäten und Hochschulen". In: Zimmermann, Hartmut, unter Mitarbeit von Horst Ulrich und Michael Fehlauer: DDR Handbuch. 2 Bde., hrsg. vom Bundesministerium für innerdeutsche Beziehungen). Köln: Wissenschaft und Politik, 1382-1394.

Glaeßner, Gert-Joachim (Hg.) (1988a): Die DDR in der Ära Honeker. Politik - Kultur - Gesellschaft. (Schriften des Zentralinstituts für sozialwissenschaftliche Forschung der Freien Universität Berlin. 56). Opladen: Westdeutscher Verlag.

Glaeßner, Gert-Joachim (1988b): „Offene deutsche Fragen − Von den Schwierigkeiten, einander anzuerkennen". In: Glaeßner, Gert-Joachim, Hg., Die DDR in der Ära Honecker. Politik - Kultur - Gesellschaft. (Schriften des Zentralinstituts für sozialwissenschaftliche Forschung der Freien Universität Berlin. 56). Opladen: Westdeutscher Verlag, 30-42.

Glaeßner, Gert-Joachim (1988c): „Die Mühen der Ebene − DDR-Forschung in der Bundesrepublik". In: Glaeßner, Gert-Joachim, Hg., Die DDR in der Ära Honecker. Politik - Kultur - Gesellschaft. (Schriften des Zentralinstituts für sozialwissenschaftliche Forschung der Freien Universität Berlin. 56). Opladen: Westdeutscher Verlag, 111-119.

Glaeßner, Gert-Joachim (1988d): Am Ende der Klassengesellschaft? Sozialstruktur und Sozialstrukturforschung in der DDR. **Aus Politik und Zeitgeschichte** (Beilage zur Wochenzeitung ,Das Parlament'), B 32: 3-12.

Glaser, Barney G., and Anselm L. Strauss (1967): The Discovery of Grounded Theory. Strategies for Qualitative Research. New York: Aldine de Gruyter.

Globus (1991), 46. Jg., Zb-9216, 02.09.91.

Gottschall, Karin (1999): Freie Mitarbeit im Journalismus. Zur Entwicklung von Erwerbsformen zwischen selbständiger und abhängiger Beschäftigung. **Kölner Zeitschrift für Soziologie und Sozialpsychologie**, 51, 4: 635-654.

Gouldner, Alvin W. (1980): Die Intelligenz als neue Klasse. Sechzehn Thesen zur Zukunft der Intellektuellen und technischen Intelligenz. Frankfurt/M.; New York: Campus (US-Ausgabe: The Future of Intellectuals and the Rise of the New Class. A Frame of Reference, Theses, Conjectures, Arguments, and an Historical Perspective on the Role of Intellectuals and Intelligentsia in the International Class Contest of Modern Era. New York: The Seabury Press 1979).

Gräf, Dieter (1995a): „Rekrutierung und Ausbildung der Juristen in der SBZ/DDR". In: Deutscher Bundestag, Hg., Materialien der Enquete Kommission >Aufarbeitung von Geschichte und Folgen der SED-Diktatur in Deutschland im Deutschen Bundestag<. Bd. IV: Recht, Justiz und Polizei im SED-Staat. (12. Wahlperiode des Deutschen Bundestages). Baden-Baden: Nomos; Frankfurt/M.: Suhrkamp, 399-450.

Gräf, Dieter (1995b): „Die Mißachtung der Menschenrechte und der rechtsstaatlichen Grundsätze durch die Justiz". In: Deutscher Bundestag, Hg., Materialien der Enquete Kommission >Aufarbeitung von Geschichte und Folgen der SED-Diktatur in Deutschland im Deutschen Bundestag<. Bd. IV: Recht, Justiz und Polizei im SED-Staat. (12. Wahlperiode des Deutschen Bundestages). Baden-Baden: Nomos; Frankfurt/M.: Suhrkamp, 451-485.

Graf, Friedrich Wilhelm (1994): "Eine Ordnungsmacht eigener Art. Theologie und Kirchenpolitik im DDR-Protestantismus". In: Kaelble, Hartmut, Kocka, Jürgen, und Hartmut Zwahr, Hg., Sozialgeschichte der DDR. Stuttgart: Klett-Cotta, 295-321.

Grasemann, Hans-Jürgen (1995): „Die Anleitung der Staatsanwaltschaft". In: Deutscher Bundestag, Hg., Materialien der Enquete Kommission >Aufarbeitung von Geschichte und Folgen der SED-Diktatur in Deutschland im Deutschen Bundestag<. Bd. IV: Recht, Justiz und Polizei im SED-Staat. (12. Wahlperiode des Deutschen Bundestages). Baden-Baden: Nomos; Frankfurt/M.: Suhrkamp, 487-531.

Grassel,, Heinz (1968): „Konflikte im Lehrerberuf". In: Szewczyk, Hans M., Hg., Medizinisch-psychologische Aspekte des Berufslebens in der wissenschaftlich-technischen Intelligenz. Berlin (Ost): o.V.

Grebing, Helga (1977a): Der Revisionismus. Von Bernstein bis zum ,Prager Frühling'. (Beck'sche Elementarbücher). München: Beck.

Grebing, Helga (1977b): Die intellektuelle Opposition in der DDR seit 1956. Bloch, Ernst, Harich, Wolfgang, und Robert Havemann. **Aus Politik und Zeitgeschichte.** Beilage zur Wochenzeitung ,Das Parlament)', B 45, 27/11: 3-19.

Grundmann, Siegfried, und Jens-Peter Heuer (1986): Zur territorialen Struktur der Intelligenz in der DDR. **Deutsche Zeitschrift für Philosophie**, 34, 8: 708-717.

Grunenberg, Antonia (1990): „„Ich finde mich überhaupt nicht mehr zurecht...'. Thesen zur Krise in der DDR-Gesellschaft". In: Blanke, Thomas, und Rainer Erd, Hg., DDR: Ein Staat vergeht. Frankfurt/M.: Fischer Sachbuch, 171-182.

Güpping, Stefan (1997): Die Bedeutung der ‚Babelsberger Konferenz' von 1958 für die Verfassungs- und Wissenschaftsgeschichte der DDR. Berlin: Spitz.

Habermas, Jürgen (1990): Strukturwandel der Öffentlichkeit. Untersuchungen zur einer Kategorie der bürgerlichen Gesellschaft. Frankfurt/M.: Suhrkamp.

Hannover, Heinrich, und Günter Wallraff (1982): Die Unheimliche Republik. Politische Verfolgung in der Bundesrepublik. Hamburg: VSA-Verlag.

Hartewig, Karin (2000): Zurückgekehrt. Die Geschichte der jüdischen Kommunisten in der DDR. Köln; Weimar; Wien: Böhlau.

Hartmann, Heinz, und Marianne Hartmann (1982): Vom Elend der Experten: Zwischen Akademisierung und Deprofessionalisierung. **Kölner Zeitschrift für Soziologie und Sozialpsychologie**, 34: 193-223.

Hein, Christoph (1990): Texte, Daten, Bilder, hg. v. Lothar Baier. Frankfurt/M.: Luchterhand.

Heine, Heinrich (1885): Sämtliche Werke, Sechster Band. Inhalt: Reisebilder II. – Englische Fragmente. Hamburg: Hoffmann und Campe.

Helwig, Gisela, und Maria Hildegard Nickel (Hg.) (1993): Frauen in Deutschland. 1945-1992. Berlin: Akademie Verlag.

Helwig, Gisela (1995): „Frauen im SED-Staat". In: Deutscher Bundestag, Hg., Materialien der Enquete Kommission >Aufarbeitung von Geschichte und Folgen der SED-Diktatur in Deutschland im Deutschen Bundestag<. Bd. III/2: Rolle und Bedeutung der Ideologie, integrativer Faktoren und disziplinierender Praktiken in Staat und Gesellschaft der DDR. (12. Wahlperiode des Deutschen Bundestages). Baden-Baden: Nomos; Frankfurt/M.: Suhrkamp, 1223-1274.

Henrich, Rolf (1989): Der vormundschaftliche Staat. Vom Versagen des real existierenden Sozialismus. (rororo aktuell Essay. 12536). Reinbek b. Hamburg: Rowohlt Taschenbuch.

Herbst, Andreas, Ranke, Winfried, und Jürgen Winkler (1994): So funktionierte die DDR. Bd. 1: Lexikon der Organisationen und Institutionen. Abteilungsgewerkschaftsleitung (AGL) – Liga für Völkerfreundschaft der DDR. (Handbuch. 6348). Reinbek: Rowohlt.

Heuer, Uwe-Jens (Hg.) (1995a): Die Rechtsordnung der DDR. Anspruch und Wirklichkeit. Baden-Baden: Nomos.

Heuer, Uwe-Jens (1995b): „Vorwort". In: Heuer, Uwe-Jens, Hg., Die Rechtsordnung der DDR. Anspruch und Wirklichkeit. Baden-Baden: Nomos, 11-23.

Heuer, Uwe-Jens (1995c): „Auf dem Wege zum Rechtsstaat? Zur Entwicklung der Rolle des Rechts, seiner realen Wirkung in der Gesellschaft der DDR von 1949 bis 1989 (Nachwort)". In: Heuer, Uwe-Jens, Hg., Die Rechtsordnung der DDR. Anspruch und Wirklichkeit. Baden-Baden: Nomos, 611-622.

Heuer, Uwe-Jens unter Mitarbeit von Ekkehard Lieberam (1995d): „Rechtsverständnis in der DDR". In: Heuer, Uwe-Jens, Hg., Die Rechtsordnung der DDR. Anspruch und Wirklichkeit. Baden-Baden: Nomos, 25-74.

Hildebrandt, Karin (2000): „Wissenschaftlerinnen in der DDR". In: Schulz, Günther, Hg., Frauen auf dem Weg zur Elite. Büdinger Forschungen zur Sozialgeschichte. (Deutsche Führungsschichten in der Neuzeit. 23). München: Boldt im Oldenbourg Verlag, 169-188.

Hirschman, Albert O. (1974): Abwanderung und Widerspruch. Reaktionen auf Leistungsabfall bei Unternehmungen, Organisationen und Staaten. Tübingen: Mohr.

Hirschman, Albert O. (1993): Exit, Voice and the Fate of the German Democratic Republic. **World Politics**, 4, 2: 173-202.

Hirschman, Albert O. (1996): Selbstbefragung und Erkenntnis. München; Wien: Hanser.

Hitzler, Ronald, Honer, Anne, und Christoph Maeder (Hg.) (1994): Expertenwissen. Die institutionalisierte Kompetenz zur Konstruktion von Wirklichkeit. Opladen: Westdeutscher Verlag.

Hoeft, Brigitte (Hg.) (1990): Der Prozeß gegen Walter Janka und andere. Eine Dokumentation. (rororo aktuell. 12894). Reinbek b. Hamburg: Rowohlt.

Höhne, Eike (1979): Der sozialistische Lokaljournalist in der DDR. Parteilichkeit, Funktionsbild, Berufsethos. Diplomarbeit an der Sektion Journalistik der Karl-Marx-Universität Leipzig.

Hoerning, Erika M. (1987): „Lebensereignisse: Übergänge im Lebenslauf. Forschungsansätze". In: Voges, Wolfgang, Hg., Methoden der Biographie- und Lebenslaufforschung. Opladen: Leske + Budrich, 232-259.

Hoerning, Erika M. (1990/91): Bürgerliche Intelligenz und Aufsteiger der DDR. Eine soziologische Untersuchung biographischer Umbrüche im Zeitablauf (Projektskizze). Berlin: Max-Planck-Institut für Bildungsforschung, Ms., 135 Seiten.

Hoerning, Erika M. (1995): DDR-Intelligenz im Übergang. Vortrag auf dem 27. Kongreß der Deutschen Gesellschaft für Soziologie, ad-hoc Gruppe: Eliten in Deutschland. Halle a. d. Saale, 3.-7. April.

Hoerning, Erika M. (1996): Aufstieg und Fall der ‚neuen' Intelligenz. **Berliner Debatte INITIAL**, 2: 21-32.

Hoerning, Erika M. (1998): „Intelligenz, Profession und Loyalität". In: Broszuewski, Achim, und Christoph Maeder, Hg., Organisation und Profession. Dokumentation des 2. Workshops des Arbeitskreises ‚Professionelles Handeln', 24./25. Oktober 1997, veranstaltet von der HFS Ostschweiz in Kooperation mit dem Soziologischen Seminar der Universität St. Gallen. Rorschach; St. Gallen: Universitäts-Druck, 34-47.

Hoerning, Erika M. (1999a): „Gemeinwohlorientierung im staatssozialistischen System der DDR". Dokumentation des 5. Workshops des Arbeitskreises ‚Professionelles Handeln': ‚Im Dienste der Menschheit? Gemeinwohlorientierung als Maxime professionellen Handelns'. Publikation siehe: 222 http://soziologie.fb14.uni-dortmund.de/hitzler/akprofhandeln-dokus.html, 18 Seiten.

Hoerning, Erika M. (1999b): „Profession und Loyalität". In: Plato, Alexander von, Hg., DDR – Studien zur Geschichte eines untergegangenen deutschen Staates. (Kurseinheit 5: Erfahrungsgeschichte). Hagen: FernUniversität, 141-159.

Hoerning, Erika M., und Feiwel Kupferberg (1999): Die anhaltende Loyalität der ostdeutschen Intelligenz. **BIOS**, 12, 1: 28-49.

Hoerning, Erika M. (2001): „Der gesellschaftliche Ort der Intelligenz in der DDR". In: Krais, Beate, Hg., An der Spitze. Konstanz: UVK, 113-155.

Hoerning, Erika M. (2003a): „Ärztinnen und Ärzte in der DDR". In: Mieg, Harald A., und Michaela Pfadenhauer, Hg., Professionelle Leistung – Professional Performance. (Wissen und Studium). Konstanz: UVK, 111-146.

Hoerning, Erika M. (2003b): „Karrierepolitik: Professionelle Frauen. Zur sozialen Konstruktion symbolischer Ordnung". In: Hitzler, Ronald, und Pfadenhauer, Michaela, Hg., Karrierepolitik. Beiträge zur Rekonstruktion erfolgsorientierten Handelns. (Soziologie der Politik. 6). Opladen: Leske + Budrich, 231-243.

Hoerning, Erika M. (2003c): „Professionen zwischen Autonomie und kritischer Öffentlichkeit". In: Allmendinger, Jutta, Hg., Entstaatlichung und soziale Sicherheit. Verhandlungen des 31. Kongresses der Deutschen Gesellschaft für Soziologie in Leipzig 2002. Ad-hoc-Gruppe: Professionelle Autonomie – mit oder gegen den Staat? Konsequenzen von Entstaatlichung aus professionssoziologischer Perspektive. (Beiträge aus Arbeitsgruppen, Sektionssitzungen und den Ad-hoc-Gruppen). CD-ROM. Opladen: Lleske + Budrich, S. XXXIV des Inhaltsverzeichnisses, 6 S.

Hoerning, Erika M. (2005): „Journalismus als Beruf. Kritik, Kompetenz und das Alltagsgeschäft". In: Pfadenhauer, Michaela, Hg., Professionelles Handeln. Wiesbaden: VS Verlag für Sozialwissenschaften, 147-163.

Hoff, Peter (1990): ‚Vertrauensmann des Volkes'. Das Berufsbild des ‚sozialistischen Journalisten' und die ‚Kaderanforderungen' des Fernsehens der DDR – Anmerkungen zum politischen und professionellen Selbstverständnis von ‚Medienarbeitern' während der Honecker-Zeit. **Rundfunk und Fernsehen**, 38, 3: 385-399.

Hoff, Peter (1995): „Berufslaufbahnen im Deutschen Fernsehfunk". In: Fischer-Rosenthal, Wolfram, und Peter Alheit, Hg., unter Mitarbeit von Erika M. Hoerning, Biographien in Deutschland. Soziologische Rekonstruktionen gelebter Gesellschaftsgeschichte. Opladen: Westdeutscher Verlag, 189-202.

Holzweißig, Gunter (2002): Die schärfste Waffe der Partei. Eine Mediengeschichte der DDR. Weimar; Wien: Böhlau.

Hornbostel, Stefan (2003): Gegenelite oder verdiente Kämpfer für den Sozialismus? **Historical Social Research/Historische Sozialforschung**, Sonderheft: Funktionseliten DDR, 28, 1/2: 161-186.

Hübner-Funk, Sibylle (1990): Die ‚Hitlerjugend Generation': Umstrittenes Objekt und streitbares Subjekt der deutschen Zeitgeschichte. **Prokla 80, Politische Generationen**, 20, 3: 84-98.

Huerkamp, Claudia (1985): Der Aufstieg der Ärzte im 19. Jahrhundert. Vom gelehrten Stand zum professionellen Experten. Das Beispiel Preußens. (Kritische Studien zur Geschichtswissenschaft. 68). Göttingen: Vandenhoeck & Ruprecht.

Hugenberg, Alfred (2004), http://www.poluni.de vom 01.08.2004.

Infratest (1960): Die Intelligenzschicht in der Sowjetzone Deutschlands, Bd. III: Ideologische Haltungen und politische Verhaltensweisen. Bonn: Bundesministerium für Gesamtdeutsche Fragen.

Jäger, Wolfgang (1973): Öffentlichkeit und Parlamentarismus. Eine Kritik an Jürgen Habermas. Stuttgart et al.: Kohlhammer.

Janka, Walter (1990): Schwierigkeiten mit der Wahrheit. Reinbek: Rowohlt.

Janka, Walter (1991): Spuren eines Lebens. Berlin: Rowohlt.

Janz, Oliver (1988): „Zwischen Amt und Profession: Die evangelische Pfarrerschaft im 19. Jahrhundert". In: Siegrist, Hannes, Hg., Bürgerliche Berufe. Zur Sozialgeschichte der freien und akademischen Berufe im internationalen Vergleich. (Kritische Studien zur Geschichtswissenschaft. 80). Göttingen: Vandenhoeck & Ruprecht, 174-199.

Jarausch, Konrad H. (1988): „Die unfreien Professionen. Überlegungen zu den Wandlungsprozessen im deutschen Bildungsbürgertum, 1900-1955". In: Kocka, Jürgen, Hg., Bürgertum im 19. Jahrhundert. Deutschland im internationalen Vergleich. Bd. 3. München: dtv, 124-146.

Jarausch, Konrad H. (1989): „Die Krise des deutschen Bildungsbürgertums im ersten Drittel des 20. Jahrhunderts". In: Kocka, Jürgen, Hg., Bildungsbürgertum im 19. Jahrhundert, Teil IV: Politischer Einfluß und gesellschaftliche Formation. (Industrielle Welt. 48). Stuttgart: Klett-Cotta, 180-205.

Jarausch, Konrad H. (1990b): „The German Professions in History and Theory". In: Cocks, Geoffrey, and Konrad H. Jarausch, Hg., German Professions, 1800-1950. New York; Oxford: Oxford University Pr., 9-24.

Jessen, Ralph (1994): „Professoren im Sozialismus. Aspekte des Strukturwandels der Hochschullehrerschaft in der Ulbricht-Ära". In: Kaelble, Hartmut, Kocka, Jürgen, und Hartmut Zwahr, Hg., Sozialgeschichte der DDR. Stuttgart: Klett-Cotta, 217-253.

Jessen, Ralph (1996): „Vom Ordinarius zum sozialistischen Professor. Die Neukonstruktion des Hochschullehrerberufs in der SBZ/DDR 1945-1969". In: Bessel, Richard, und Ralph Jessen, Hg., Die Grenzen der Diktatur. Staat und Gesellschaft in der DDR. Göttingen: Vandenhoeck & Ruprecht, 76-107.

Jessen, Ralph (1999): Akademische Elite und kommunistische Diktatur. Die ostdeutsche Hochschullehrerschaft in der Ulbricht-Ära. (Kritische Studien zur Geschichtswissenschaft. 135). Göttingen: Vandenhoeck & Ruprecht.

Joppke, Christian (1993): Why Leipzig? ‚Exit' and ‚Voice' in the East German Revolution. **German Politics**, 2, 3: 393-414.

Joseph, Detlef (1995): „Rechtswissenschaft und SED". In: Heuer, Uwe-Jens, Hg., Die Rechtsordnung der DDR. Anspruch und Wirklichkeit. Baden-Baden: Nomos, 549-609.

Journalisten- und Publizistikpreise::

c't-Autor erhält Publizistikpreis
(Verfügbar über: http://www.heise.de/newsticker/meldung/print/29668) (Zugriff: 30.09.04)

Concordia-Preis
(Verfügbar über: http://www.concordia.at/concordia/relaunch/preis.htm) (Zugriff: 30.09.04)

Preisträger Fairness-Publizistikpreis 2001
(Verfügbar über: http://www.fairness-stiftung.de/FairPreisVer Pub.htm) (Zugriff: 30.09.04)

Der Publizistik-Preis der Stiftung Gesundheit
(Verfügbar über: http://www.stiftung-gesundheit.de/ Publizistikpreis/preis.htm) (Zugriff: 30.09.04)

Pulitzer-Preis 2004
(Verfügbar über: http://www.abendblatt.de/daten/2004/04/10/282520.html?prx=1) (Zugriff: 10.10.04) und
(Verfügbar über http://www.uni-protokolle.de/Lexikon/Pulitzer-Preis.html) (Zugriff: 10.10.04)

Jung, Heike (2002): „Zur Kadijustiz". In: Kühne, Hans-Heiner, Jung, Heike, Kreuzer Arthur, und Jürgen Wolter, Hg., Festschrift für Klaus Rolinski. Baden-Baden: Nomos, 209-217; Zugriff über http://sfm.jura.uni-sb.de am 7. Oktober 2005.

Junge, Winfried, und Hans-Eberhard Leupold (1981): Lebensläufe. Die Geschichte der Kinder von Golzow in einzelnen Porträts. Potsdam/Babelsberg: DEFA-Dokumentarfilm.

Just, Gustav (1990): Zeuge in eigener Sache. Die fünfziger Jahre in der DDR. Frankfurt/M.: Luchterhand.

Kaiser, Tobias, Stutz, Rüdiger, und Uwe Hoßfeld (2005): „Modell- oder Sündenfall? Die Universität Jena und die ‚Dritte Hochschulreform‘". In: Jessen, Ralph, und Jürgen John, Hg., Jahrbuch für Universitätsgeschichte, Bd. 8. Stuttgart: Franz Steiner, 45-70.

Kanter, Rosabeth Moss (1968): Commitment and Social Organization: A Study of Commitment Mechanisms in Utopian Communitites. **American Sociological Review**, 33, 4: 499-517.

Kanter, Rosabeth Moss (1977): Men und Women of the Corporation. New York: Basic Books.

Kantorowicz, Alfred (1978): Deutsches Tagebuch, Bd. 1. (Bibliothek Anpassung und Widerstand. 2). Berlin: Anpassung und Widerstand.

Kantorowicz, Alfred (1979): Deutsches Tagebuch, Bd. 2. (Bibliothek Anpassung und Widerstand. 3). Berlin: Guhl.

Karlsbader Beschlüsse, http://www.dsg.ch vom 16. März 2004.

Kievenheim, Christoph, und André Leisewitz (Hg.) (1973): Soziale Stellung und Bewußtsein der Intelligenz. (Kleine Bibliothek. 23). Köln: Pahl-Rugenstein.

Kirchheimer, Otto (1965): Politische Justiz. Verwendung juristischer Verfahrensmöglichkeiten zu politischen Zwecken. (Politica. 17). Neuwied; Berlin: Luchterhand.

Klare, Hermann (1986): Erleben, Erfahren, Erkennen. Ordentliches Akademiemitglied Hermann Klare gibt zu Protokoll. **Spectrum**, 17, 9: 12-15.

Kleßmann, Christoph (1993): Zur Sozialgeschichte des protestantischen Milieus in der DDR. **Geschichte und Gesellschaft**, 19, 1: 29-53.

Kleßmann, Christoph (1994): „Relikte des Bildungsbürgertums in der DDR". In: Kaelble, Hartmut, Kocka, Jürgen, und Hartmut Zwahr, Hg., Sozialgeschichte der DDR. Stuttgart: Klett-Cotta, 254-270.

Klussmann, Paul G. (1990): Grenzgang in Deutschland. Projektantrag des Instituts für Deutschlandforschung an der Ruhr-Universität Bochum. Bochum: Manuskript.

Kocka, Jürgen (Hg.) (1987): Bürger und Bürgerlichkeit im 19. Jahrhundert. (Sammlung Vandenhoeck). Göttingen: Vandenhoeck & Ruprecht.

Kocka, Jürgen (Hg.) (1989): Bildungsbürgertum im 19. Jahrhundert, Teil IV: Politischer Einfluß und gesellschaftliche Formation. (Industrielle Welt. 48). Stuttgart: Klett-Cotta.

Köhler, Gabriele (1992): „Methodik und Problematik einer mehrstufigen Expertenbefragung". In: Hoffmeyer-Zlotnik, Jürgen P., Hg., Analyse verbaler Daten. Über den Umgang mit qualitativen Daten. (ZUMA-Publikationen). Opladen: Westdeutscher Verlag, 318-332.

Köhler, Helmut (1999): Was die Schulstatistik der SBZ/DDR erfragte. Analyse und Dokumentation des Erhebungsprogramms 1945-1989. (Nebst) Elektronischer Ressource. (Studien und Berichte. 67). Berlin: Max-Planck-Institut für Bildungsforschung.

Köhler, Helmut, Rochow, Thomas, und Edeltraud Schulze (2001): Bildungsstatistische Ergebnisse der Volkszählungen der DDR 1950 bis 1981. Dokumentation der Auswertungstabellen und Analysen zur Bildungsentwicklung. (Studien und Berichte. 69). Berlin: Max-Planck-Institut für Bildungsforschung.

Koestler, Nora (1985): „Intelligenzschicht und höhere Bildung im geteilten Polen". In: Conze, Werner, und Jürgen Kocka, Hg., Bildungsbürgertum im 19. Jahrhundert. Teil I: Bildungssystem und Professionalisierung in internationalen Vergleichen. Stuttgart: Klett-Cotta, 186-206.

Komarovsky, M. (1973): The Unemployed Man and His Familiy. New York: Octagon Books (Erstausgabe 1940).

Konrád, György, und Ivan Szelényi (1978): Die Intelligenz auf dem Weg zur Klassenmacht. Frankfurt/M.: Suhrkamp.

Krais, Beate (1987): „Soziales Feld, Macht und kulturelle Praxis. Die Untersuchungen Bourdieus über die verschiedenen Funktionen der ‚herrschenden Klasse' in Frankreich". In: Eder, Klaus, Hg., Klassenlage, Lebensstil und kulturelle Praxis. Frankfurt/M.: Suhrkamp, 47-70.

Krais, Beate (1990): „Akademiker als neue Klasse? Vortrag auf dem 25. Deutschen Soziologentag in Frankfurt/M., Sektion Bildung und Erziehung" 9.-12.10.1990. Kurzfassung in: Glatzer, Wolfgang, Hg. (1991), Die Modernisierung moderner Gesellschaften. (25. Deutscher Soziologentag. Sektions- und Ad-hoc-Gruppen). Opladen: Westdeutscher Verlag, 37-39.

Krais Beate (1991): „Akademiker als neue Klasse?" In: Glatzer, Wolfgang, Hg. Die Modernisierung moderner Gesellschaften. (25. Deutscher Soziologentag. Sektions- und Ad-hoc-Gruppen). Opladen: Westdeutscher Verlag, 37-39.

Krais, Beate (1993): Von Intellektuellen, Studenten und anderen gebildeten Frauen und Männern. Nachrichten aus der Welt des Geistes. **WSI-Mitteilungen,** 46: 4: 240-250.

Krais, Beate, und Tanja Krumpeter, unter Mitarbeit von Susanne Kraft (1997): Wissenschaftskultur und weibliche Karrieren. Projektbericht über den Arbeitsausschuß „Förderung der Wissen-schaftlerinnen" des wissenschaftlichen Rates der Max-Planck-Gesellschaft zur Förderung der Wissenschaften e.V.. Darmstadt/Berlin, interne Verbreitung.

Krusche, Günter (1989): „Das prophetische Wächteramt. Die zukünftige Rolle der Kirche". In: Knabe, Hubertus, Hg., Aufbruch in eine andere DDR. Rowohlt: Reinbek bei Hamburg, 98-106, 111.

Kuczynski, Jürgen (1987): Die Intelligenz. Studien zur Soziologie und Geschichte ihrer Großen. Köln: Pahl-Rugenstein.

Kudera, Sabine (1989): „Erfahrungen des Nationalsozialismus in kleinbürgerlichen Gruppen". In: Alheit, Peter, und Erika M. Hoerning, Hg., Biographisches Wissen. Beiträge zu einer Theorie lebensgeschichtlicher Erfahrung. Frankfurt/M.; New York: Campus, 70-98.

Kuhrig, Herta (1989): Brauchen wir ein neues Frauenbewußtsein? **Einheit,** 44, 12: 1135-1142.

Kupferberg, Feiwel (1998): Break-up of Communism in East Germany and East Europe. New York: St. Martin's Press.

Lamnek, Siegfried (1988): Qualitative Sozialforschung. Bd. 1: Methodologie. München; Weinheim: Psychologie Verlags Union.

Land, Rainer, und Ralf Possekel (1992): Intellektuelle aus der DDR – Kulturelle Identität und Umbruch. Hypothesen für ein Forschungsprojekt. **Berliner Debatte INITIAL,** 1: 86-95.

Land, Rainer, und Ralf Possekel (1994): Namenlose Stimmen waren uns voraus. Politische Diskurse von Intellektuellen in der DDR. (Herausforderungen. 1). Bochum: Winkler.

Land, Rainer, und Ralf Possekel (1995): ‚Symbolhafte Verweigerung' und ‚Konspirativer Avantgardis-mus'. Abgrenzungen in politischen Diskursen von DDR-Intellektuellen. **hochschule ost,** 4, 3: 18-28.

Land, Rainer, und Ralf Possekel (1998): Fremde Welten. Die gegensätzliche Deutung der DDR durch SED-Reformer und Bürgerbewegung in den 80er Jahren. Berlin: Links.

Lange, Hellmuth (1972): Wissenschaftlich-technische Intelligenz. Neue Bourgeoisie oder neue Arbeiterklasse? Köln: Pahl-Rugenstein.

Lange, Roland J. (1995): „Einbindung und Behinderung der Rechtsanwälte". In: Deutscher Bundestag, Hg., Materialien der Enquete Kommission >Aufarbeitung von Geschichte und Folgen der SED-Diktatur in Deutschland im Deutschen Bundestag<. Bd. IV: Recht, Justiz und Polizei im SED-Staat. (12. Wahlperiode des Deutschen Bundestages). Baden-Baden: Nomos; Frankfurt/M.: Suhrkamp, 605-653.

Larson, M. Sarfatti (1977): The Rise of Professionalism. A Sociological Analysis. Berkeley; Los Angeles; London: Univ. of Calif. Pr.

Lehmann, Karl-Heinz (1996): Recht muß Recht bleiben. Zur Verurteilung eines Richters des Obersten Gerichts der DDR durch Richter des BGH. **Neue Justiz**, 50, 11: 561-616.

Lenhardt, Gero, und Manfred Stock (2000): Hochschulentwicklung und Bürgerrechte in der BRD und der DDR. **Kölner Zeitschrift für Soziologie und Sozialpsychologie**, 52, 3: 520-540.

Leonhard, Wolfgang (1990): Das kurze Leben der DDR. Berichte und Kommentare aus vier Jahrzehnten. Stuttgart: Deutsche Verlags-Anstalt.

Leonhard, Wolfgang (1992a): Die Revolution entläßt ihre Kinder. (kiwi. 271). Köln: Kiepenheuer & Witsch.

Leonhard, Wolfgang (1992b): Spurensuche. Vierzig Jahre nach Die Revolution entläßt ihre Kinder. Köln: Kiepenheuer & Witsch.

Lepenies, Wolf (1992): Aufstieg und Fall der Intellektuellen in Europa. (Edition Pandora. Bd. 10; Europäische Vorlesungen. 1). Frankfurt/M.; New York: Campus; Paris: Ed. de la Maison des Sciences de l'Homme.

Lepsius, M. Rainer (1964): Kritik als Beruf. Zur Soziologie der Intellektuellen. **Kölner Zeitschrift für Soziologie und Sozialpsychologie**, 16, 1: 75-91.

Lepsius, M. Rainer (1990): Zur Lage der Soziologie an den Universitäten der DDR. **Kölner Zeitschrift für Soziologie und Sozialpsychologie**, 42, 2: 313-323.

Lepsius, M. Rainer (1991): Zur Entwicklung der Soziologie in den neuen Bundesländern. **Kölner Zeitschrift für Soziologie und Sozialpsychologie**, 43, 1: 138-145.

Lepsius, M. Rainer (Hg.) (1992): Bildungsbürgertum im 19. Jahrhundert. III: Lebensführung und ständische Vergesellschaftung. (Industrielle Welt. 47). Stuttgart: Klett-Cotta.

Lepsius, M. Rainer (1994): „Die Institutionenordnung als Rahmenbedingung der Sozialgeschichte der DDR". In: Kaelble, Hartmut, Kocka, Jürgen, und Hartmut Zwahr, Hg., Sozialgeschichte der DDR. Stuttgart: Klett-Cotta, 17-30.

Lepsius, M. Rainer (1995): „Handlungsräume und Rationalitätskriterien der Wirtschaftsfunktionäre in der Ära Honecker". In: Pirker, T. et al., Der Plan als Befehl und Fiktion. Wirtschaftsführung in der DDR. Gespräche und Analysen. Opladen: Westdeutscher Verlag, 347-362.

Levinson, Daniel J. mit Darrow, Charlotte N., Klein, Edward B., Levinson, Maria H., und Braxton McKee (1978): Das Leben des Mannes. Werdenskrisen, Wendepunkte, Entwicklungschancen. Köln: Kiepenheuer & Witsch.

Lösch, Anna-Maria Gräfin von (2000): Verlierer und Versager. Die Berliner Juristische Fakultät um 1933. **Jahrbuch für Universitätsgeschichte**, 3: 227-237.

Lötsch, Ingrid, und Manfred Lötsch (1985): „Soziale Strukturen und Triebkräfte: Versuch einer Zwischenbilanz und Weiterführung der Diskussion". In: Akademie der Wissenschaften der DDR, Institut für Soziologie und Sozialpolitik, Hg., Jahrbuch für Soziologie und Sozialpolitik. Berlin (DDR): Akademie-Verlag, 159-178.

Lötsch, Ingrid, und Manfred Lötsch (1990): „Die soziale Schicht der DDR-Intelligenz in den Strukturbrüchen der deutsch-deutschen Entwicklung". In: Meyer, Hansgünter, Hg., Intelligenz, Wissenschaft und Forschung in der DDR. Berlin; New York: Walter de Gruyter, 65-74.

Lötsch, Manfred, und Joachim Freitag (1981): „Sozialstruktur und soziale Mobilität". In: Akademie der Wissenschaften der DDR, Institut für Soziologie und Sozialpolitik, Hg., Jahrbuch für Soziologie und Sozialpolitik. Berlin (DDR): Akademie-Verlag, 84-101.

Lötsch, Manfred, und Gerhard Wörner (1983): „Materielle Lebensbedingungen und Annäherungsprozesse. Theoretisch-methodologische Überlegungen". In: Akademie der Wissenschaften der DDR, Institut für Soziologie und Sozialpolitik, Hg., Jahrbuch für Soziologie und Sozialpolitik. Berlin (DDR): Akademie-Verlag, 161-175.

Lorenz, Thomas (1994): „Die Deutsche Zentralverwaltung der Justiz (DJV) und die SMAD in der sowjetischen Besatzungszone 1945 bis 1949". In: Rottleuthner, Hubert, unter Mitarbeit von Baer, Andrea et al., Steuerung der Justiz in der DDR. Einflußnahme der Politik auf Richter, Staatsanwälte und Rechtsanwälte. (Rechtstatsachenforschung). Köln: Bundesanzeiger, 135-166.

Ludz, Peter C. (1973): „Experten und kritische Intelligenz in der DDR". In: Feuchtwanger, Edgar Joseph, Hg., Deutschland. Wandel und Bestand. Eine Bilanz nach hundert Jahren. München; Wien; Basel: Desch, 210-235.

Ludz, Peter C., unter Mitarbeit von Johannes Kuppe (Hg.) (1979[2]): DDR-Handbuch, hrsg. vom Bundesministerium für innerdeutsche Beziehungen. Köln: Wissenschaft und Politik.

Mannheim, Karl (1985[7]): Ideologie und Utopie. Frankfurt/M.: Klostermann.

Margolina, Sonija (1998): „Ein Dichter zwischen Gulag und Gomorrha". **Der Tagesspiegel**, 16543, 10. Dezember: 3.

Markovits, Inga (1987): Rechtsstaat oder Beschwerdestaat. **Recht in Ost und West**, 31, 5: 265-281.

Markovits, Inga (1993): Die Abwicklung. Ein Tagebuch zum Ende der DDR-Justiz. München: Beck.

Markovits, Inga (1999): Verzerrte Züge. Zu zwei Biographien Hilde Benjamins. **Neue Politische Literatur (NPL)**, 44, 2: 183-192.

Maser, Peter (1997[2]): „Kirchen und Kirchenpolitik". In: Eppelmann, Rainer et al., Hg.: Lexikon des DDR-Sozialismus. Das Staats- und Gesellschaftssystem der Deutschen Demokratischen Republik, 2 Bde. (UTB für Wissenschaft: Uni-Taschenbücher. 1983). Paderborn; München; Wien; Zürich: Schöningh, Bd.1, 446-455.

Mayer, Hans (1991): Der Turm von Babel. Erinnerung an eine Deutsche Demokratische Republik. Frankfurt/M.: Suhrkamp.

Mayer, Karl-Ulrich, und Heike Solga (1994): Mobilität und Legitimität. Zum Vergleich der Chancenstrukturen in der alten DDR und der alten BRD oder: Haben Mobilitätschancen zu Stabilität und Zusammenbruch der DDR beigetragen? **Kölner Zeitschrift für Soziologie und Sozialpsychologie**, 46, 2: 193-208.

Meier, Artur (1974): Soziologie des Bildungswesens. Eine Einführung. (Erziehung und Bildung). Köln: Pahl-Rugenstein.

Meier, Artur (1976/77): Die gesellschaftlichen Funktionen des sozialistischen Bildungssystems bei der allmählichen Annäherung der Klassen und Schichten in der DDR. **Jahrbuch der Akademie der Pädagogischen Wissenschaften der DDR**: 88-99.

Meier, Artur (1981): Bildung im Prozeß der sozialen Annäherung und Reproduktion der Klassen und Schichten. **Jahrbuch für Soziologie und Sozialpolitik**, 2: 116-126.

Meier, Horst (1997): Haben DDR-Richter das Recht gebeugt? **Merkur**, 51, 7: 656-661.

Meier, Klaus (1990): „Auf Kosten der Zukunft – Zur Überalterung der Forschungstechnik und ihren Folgen". In: Meyer, Hansgünter, Hg., Intelligenz, Wissenschaft und Forschung in der DDR. Berlin; New York: Walter de Gruyter, 115-124.

Menge, Marlies (1986): „Frauen von drüben". In: Sommer, Theo, Hg., Reise ins andere Deutschland. Reinbek bei Hamburg: Rowohlt, 183-188.

Meuschel, Sigrid (1991): „Wandel durch Auflehnung. Thesen zum Verfall bürokratischer Herrschaft in der DDR". In: Deppe, Rainer, Dubiel, Helmut, und Ulrich Rödel, Hg., Demokratischer Umbruch in Osteuropa. (Neue Folge. 636). Frankfurt/M.: Suhrkamp, 26-47.

Meuschel, Sigrid (1992): Legitimation und Parteiherrschaft. Zum Paradox von Stabilität und Revolution in der DDR, 1945-1989. Frankfurt/M.: Suhrkamp.

Meuser, Michael, und Ulrike Nagel (1991): „ExpertInneninterviews – vielfach erprobt, wenig bedacht. Ein Beitrag zur qualitativen Methodendiskussion". In: Garz, Detlef, und Klaus Kraimer, Hg., Qualitativ-empirische Sozialforschung. Konzepte, Methoden, Analysen. Opladen: Westdeutscher Verlag, 441-471.

Meyer, Gerd (1986): Frauen in den Machthierarchien der DDR oder: Der lange Weg zur Parität. Empirische Befunde 1971-1985. **Deutschland Archiv, Zeitschrift für Fragen der DDR und der Deutschlandpolitik**, 19: 294-311.

Meyer-Timpe, Ulrike (2006): Enorm beschäftigt. Hochschulabsolventen haben wieder gute Chancen. **DIE ZEIT**, 27.07.2006, Nr. 31.

Michels Roberto (1937[15]): „Intellectuals". In: Seligman, Edwin R. A., and Alvin Johnson, eds., Encyclopaedia of the Social Sciences, Vol. 8. New York: The Macmillan Comp., 118-126.

Mieg, Harald (2003): „Problematik und Probleme der Professionssoziologie". In: Mieg, Harald, und Michaela Pfadenhauer, Hg., Professionelle Leistung – Professional Performance. Positionen der Professionssoziologie. Konstanz: UVK, 11-48.

Mittenzwei, Werner (2002): Die Intellektuellen. Literatur und Politik in Ostdeutschland von 1945 bis 2000. Leipzig: Faber & Faber.

Mixa, Elisabeth (1995): Die gläserne Decke. Arbeitsbedingungen und Karrierebarrieren für Ärztinnen. **Jahrbuch für kritische Medizin**, 24: 28-47.

Möding, Nori, und Alexander von Plato (1987a): Publizist/inn/en in der Nachkriegszeit. Arbeitspapier.

Möding, Nori, und Alexander von Plato (1987b): „Deutsche Trümmer. Erfahrungen, Erinnerungen und Rekonstruktionsarbeiten in Deutschland". In: Friedrichs, Jürgen, Hg., 23. Deutscher Soziologentag 1986. Sektions- und Ad-hoc-Gruppen. Opladen: Westdeutscher Verlag, 461-464.

Möding, Nora, und Alexander von Plato (1988): Journalisten in Nordrhein-Westfalen nach 1945. Skizzen aus einem lebensgeschichtlichen Forschungsprojekt. **BIOS. Zeitschrift für Biographieforschung und Oral History,** 2: 73-81.

Möding, Nori, und Alexander von Plato (1989a): „Nachkriegspublizisten: Eine erfahrungsgeschichtliche Untersuchung". In: Alheit, Peter, und Erika M. Hoerning, Hg., Biographisches Wissen. Beiträge zu einer Theorie lebensgeschichtlicher Erfahrung. Frankfurt/M.; New York: Campus, 38-69.

Möding, Nora, und Alexander von Plato (1989b): Die Stunde Null der Medien? Kontinuität und Bruch in der Medienentwicklung nach 1945. **Unsere Medien – unsere Republik,** 1: 6/7.

Möding, Nora (1990): Nachkriegspublizisten und >68er-Bewegung<. >Als die ganze Redaktion aus Leuten bestand, die unbedingt die Welt verändern wollten, und ich gezwungen war, das zu verhindern<. **Unsere Medien – unsere Republik,** 5: 12/13.

Möding, Nori (1995): „Menschliches, allzu Menschliches. Vom Zusammenleben von NS-Verfolgten und Ex-NS-Begeisterten in den Medien nach 1945". In: Fischer-Rosenthal, Wolfram, und Peter Alheit, Hg., unter Mitarbeit von Erika M. Hoerning: Biographien in Deutschland. Soziologische Rekonstruktionen gelebter Gesellschaftsgeschichte. Opladen: Westdeutscher Verlag, 203-212.

Mollnau, Karl A. (1996[2]): „Die Babelsberger Konferenz von 1958". In: Bundesministerium der Justiz, Hg., Im Namen des Volkes? Über die Justiz im Staat der SED. Wissenschaftlicher Begleitband zur Ausstellung des Bundesministeriums der Justiz. Leipzig: Forum Verlag, 231-235.

MPIB/DFG-Projekt (1999): Datenhandbuch zur Bildungsgeschichte der DDR. Laufendes Forschungsprojekt unter der Leitung von Helmut Köhler. Berlin: Max-Planck-Institut für Bildungsforschung.

Mühlberg, Felix (1999): Informelle Konfliktbewältigung. Zur Geschichte der Eingabe in der DDR. Dissertation. Chemnitz: TU.

Müller, Klaus-Dieter (1994): Zwischen Hippokrates und Lenin. Gespräche mit ost- und westdeutschen Ärzten über ihre Zeit in der SBZ und DDR. (Arzt und Politik in SBZ und DDR). Köln: Deutscher Ärzte-Verlag.

Müller, Otto W. (1971): Intelligencija. Untersuchungen zur Geschichte eines politischen Schlagwortes. (Osteuropastudien der Hochschulen des Landes Hessen. Frankfurter Abhandlungen zur Slavistik. III.17) Frankfurt/M.: Athenäum.

Müller, Ursula (1995): „Frauen und Führung. Fakten, Fabeln und Stereotypisierungen in der Frauenforschung". In: Wetterer, Angelika, Hg., Die soziale Konstruktion von Geschlecht in Professionalisierungsprozessen. Frankfurt/M.; New York: Campus, 101-117.

Nagel, Ulrike (1997): Engagierte Rollendistanz. Professionalität in biographischer Perspektive. (Biographie & Gesellschaft). Opladen: Leske + Budrich.

Neubert, Erhart (1997): Geschichte der Opposition in der DDR 1949-1989. (Forschungen zur DDR-Gesellschaft). Berlin: Links.

Niermann, Hans-Eckhard (2003): „Zwischen Unbehagen und Verdrängung. Die Reaktionen von Richterschaft und Justizverwaltung des Oberlandesgerichtsbezirks Hamm auf die ,Braunbuch-Kampagne' der DDR 1957 bis 1968". In: Requate, Jörg, Hg., Recht und Justiz im gesellschaftlichen Aufbruch (1960-1975). Bundesrepublik Deutschland, Italien und Frankreich im Vergleich. (Interdisziplinäre Studien zu Recht und Staat. 28). Baden-Baden: Nomos, 103-129.

Niethammer, Lutz (1988): Annäherung an den Wandel. Auf der Suche nach der volkseigenen Erfahrung in der Industrieprovinz der DDR. **BIOS**, 1: 19-66.

Niethammer, Lutz (1990a): Das Volk der massenhaften Aufsteiger und ihrer Kinder. Versuch einer historischen Wahrnehmung der laufenden Ereignisse in der DDR. **Frankfurter Rundschau**, Teil I: 6. Januar, 5: 12; Teil II: 8. Januar, 6: 13.

Niethammer, Lutz (1990b): Volkspartei neuen Typs? Sozialbiographische Voraussetzungen der SED in der Industrieprovinz. **Prokla 80, Politische Generationen**, 20, 3: 40-70.

Niethammer, Lutz (1990c): „War die bürgerliche Gesellschaft in Deutschland 1945 am Ende oder am Anfang?". In: Niethammer, Lutz et al., Bürgerliche Gesellschaft in Deutschland. Historische Einblicke, Fragen, Perspektiven. (Fischer. 4387: Geschichte). Frankfurt/M.: Fischer, 515-532.

Niethammer, Lutz, Plato, Alexander von, und Dorothee Wierling (1991): Die volkseigene Erfahrung. Eine Archäologie des Lebens in der Industrieprovinz der DDR. Berlin: Rowohlt.

o. V., o. J.: Der Kalte Krieg – Chruschtschows Entstalinisierung und Koexistenzpolitik. Verfügbar über: http://www.kssursee.ch/schuelerweb/kalter-krieg/kk/chruschtsch..., Zugriff: 17.10.2005.

o. V., o. J.: http://de.wikipedia.org/wiki/Kommunistische Partei Deutschlands, 1-10; Zugriff: 09.09.2005.

Pannen, Stefan (1992): Die Weiterleiter. Funktion und Selbstverständnis ostdeutscher Journalisten. Köln: Edition Deutschland Archiv.

Parsons, Talcott (1968): „The Professions". In: International Encyclopedia of the Social Sciences, Bd. 12. New York; London: The Macmillan Company and the Free Press, 536-547.

Parsons, Talcott (1971). „Higher Education as a Theoretical Focus". In: Turk, Herman, and Richard L. Simpson, Hg., Institutions and Scoial Exchange. Indianapolis: Bobbs-Merrill Company, 233-252.

Perels, Joachim (1995): Diether Posser – Anwalt des Rechtsstaats in restaurativen Zeiten. **Kritische Justiz**, 28: 233-238.

Pfadenhauer, Michaela (2003): Professionalität. Eine wissenssoziologische Rekonstruktion institutionalisierter Kompetenzdarstellungskompetenz. Opladen: Leske + Budrich.

Pfadenhauer, Michaela (Hg.) (2005): Professionelles Handeln. Wiesbaden: VS Verlag für Sozialwissenschaften.

Pfister, Gertrud (1987): „Die Grenzen der Emanzipation – Aufstiegsbarrieren für Frauen in der DDR". In: Voigt, Dieter, Hg., Elite in Wissenschaft und Politik. Empirische Untersuchungen und theoretische Ansätze. (Schriftenreihe der Gesellschaft für Deutschlandforschung. Fachgruppe Sozialwissenschaft. 21). Berlin: Duncker & Humblot, 211-238.

Pirker, Theo, Lepsius, M. Rainer, Weinert, Rainer, und Hans-Hermann Hertle (1995): Der Plan als Befehl und Fiktion. Wirtschaftsführung in der DDR. Gespräche und Analysen. Opladen: Westdeutscher Verlag.

Plato, Alexander von (2002): „Lebensgeschichte und Geschichte. Ein Beispiel aus der Opferkonkurrenz des Kalten Krieges". In: Kursbuch 148: Die Rückkehr der Biographien. Berlin: Rowohlt, 149-162.

Pohl, Heidrun, und Gerhard Schulze (1978): Hohes Niveau der sozialistischen Gesetzlichkeit bei der Bearbeitung von Anliegen der Bürger sichern. **Staat und Recht**, 7: 588-597.

Pohl, Heidrun, und Gerhard Schulze (1979): Gewährleistung der Gesetzlichkeit bei der Eingabenbearbeitung. **Neue Justiz**, 33, 6: 246-248.

Polak, Karl (2002): Parteijurist unter Ulbricht. Frankfurt/M.: Klostermann.

Pollack, Detlef (1990): Das Ende einer Organisationsgesellschaft. Systemtheoretische Überlegungen zum gesellschaftlichen Umbruch in der DDR. **Zeitschrift für Soziologie**, 19, 4: 292-307.

Pollack, Detlef (1994): Kirche in der Organisationsgesellschaft. Zum Wandel der gesellschaftlichen Lage der evangelischen Kirchen in der DDR. Stuttgart; Berlin; Köln: Kohlhammer.

Poppe, Ulrike, Eckert, Rainer, und Ilko-Sascha Kowalczuk (Hg.) (1995): Zwischen Selbstbehauptung und Anpassung. Formen des Widerstandes und der Opposition in der DDR. (Forschungen zur DDR-Geschichte. 6). Berlin: Links.

Porringer, Wolfgang (1990): Polikliniken sind sozialistische Mißgeburten. **Neue Ärztliche**, 13. Dezember.

Pressemitteilung des BEK vom 19.10.89, Anlage zur Schnellinformation des Sekretariats (A 5521-2-/89)

Probst, Lothar (1993): „Mythen und Legendenbildungen: Intellektuelle Selbstverständnisdebatten nach der Wiedervereinigung". In: Institut für kulturwissenschaftliche Deutschlandstudien an der Universität Bremen, Hg., Materialien und Ergebnisse aus Forschungsprojekten des Instituts. Heft 4: Intellektuellen-Status und intellektuelle Kontroversen. Bremen: Universität Bremen, FB 10, 12-21 und 22/23.

Prokop, Siegfried (1984): „Zur politischen und sozialen Entwicklung der Intelligenz der DDR (1955 bis 1961)". In: Badstübner, Rolf, □ erný, Jochen, und Gerhard Keiderling, Hg., Jahrbuch für Geschichte, Bd. 31. Studien zur Geschichte der Deutschen Demokratischen Republik. Berlin: Akademie-Verlag, 153-186.

Protokoll der 37. Sitzung (1995): „Die Umwandlung der Justiz in der SBZ und den Anfangsjahren der DDR". In: Deutscher Bundestag, Hg., Materialien der Enquete Kommission >Aufarbeitung von Geschichte und Folgen der SED-Diktatur in Deutschland im Deutschen Bundestag<. Bd. IV: Recht, Justiz und Polizei im SED-Staat. (12. Wahlperiode des Deutschen Bundestages). Baden-Baden: Nomos; Frankfurt/M.: Suhrkamp, 5-66.

Raab, Gottfried (1995): „Die Lenkung der Staatsanwaltschaft und die Funktion der Staatsanwaltschaft bei der Lenkung der Justiz". In: Deutscher Bundestag, Hg., Materialien der Enquete Kommission >Aufarbeitung von Geschichte und Folgen der SED-Diktatur in Deutschland im Deutschen Bundestag<. Bd. IV: Recht, Justiz und Polizei im SED-Staat. (12. Wahlperiode des Deutschen Bundestages). Baden-Baden: Nomos; Frankfurt/M.: Suhrkamp, 138-164.

Raschka, Johannes (2000): Justizpolitik im SED-Staat. Anpassung und Wandel des Strafrechts während der Amtszeit Honeckers. (Schriften des Hannah-Arendt-Instituts für Totalitarismusforschung. 13). Köln; Weimar; Wien: Böhlau.

Rauh, Hans-Christoph (Hg.) (1991): Gefesselter Widerspruch. Die Affäre um Peter Ruben. Berlin: Dietz.

Reich, Jens (1992): Abschied von den Lebenslügen. Die Intelligenz und die Macht. Berlin: Rowohlt.

Requate, Jörg (1995): Journalismus als Beruf. Entstehung und Entwicklung des Journalistenberufs im 19. Jahrhundert. Deutschland im internationalen Vergleich. (Kritische Studien zur Geschichtswissenschaft. 109). Göttingen: Vandenhoeck & Ruprecht.

Requate, Jörg (Hg.) (2003): Recht und Justiz im gesellschaftlichen Aufbruch (1960-1975). Bundesrepublik Deutschland, Italien und Frankreich im Vergleich. (Interdisziplinäre Studien zu Recht und

blik Deutschland, Italien und Frankreich im Vergleich. (Interdisziplinäre Studien zu Recht und Staat. 28). Baden-Baden: Nomos.

Ringer, Fritz K. (1983): Die Gelehrten. Der Niedergang der deutschen Mandarine 1890-1933. Stuttgart: Klett-Cotta (Erstausgabe: The Decline of the German Mandarins. Cambridge, Mass.: Harvard University Press 1969).

Roenne, Hans Hubertus von (1997): ‚Politisch untragbar ...?' Die Überprüfung von Richtern und Staatsanwälten der DDR im Zuge der Vereinigung Deutschlands. (Berliner Juristische Universitätsschriften. Reihe Grundlagen des Rechts. 7). Berlin: Spitz; Baden-Baden: Nomos.

Roggemann, Herwig (1984): Rechtsschutzprobleme und Eingabewesen in der DDR. **Recht in Ost und West**, 6: 253-361.

Roggemann, Herwig (1995): „Das Recht als Instrument im Kampf um die Machterhaltung – die letzten Jahre der DDR". In: Deutscher Bundestag, Hg., Materialien der Enquete Kommission >Aufarbeitung von Geschichte und Folgen der SED-Diktatur in Deutschland im Deutschen Bundestag<. Bd. IV: Recht, Justiz und Polizei im SED-Staat. (12. Wahlperiode des Deutschen Bundestages). Baden-Baden: Nomos; Frankfurt/M.: Suhrkamp, 761-848.

Rosskopf, Annette (2002): Friedrich Karl Kaul. Anwalt im geteilten Deutschland (1906-1981). (Berliner Juristische Universitätsschriften. Grundlagen des Rechts. 19). Berlin: Spitz; Baden-Baden: Nomos.

Rottleuthner, Hubert (1988): „Die gebrochene Bürgerlichkeit einer Scheinprofession. Zur Situation der deutschen Richterschaft zu Beginn des 20. Jahrhunderts". In: Siegrist, Hannes, Hg., Bürgerliche Berufe. Zur Sozialgeschichte der freien und akademischen Berufe im internationalen Vergleich. (Kritische Studien zur Geschichtswissenschaft. 80). Göttingen: Vandenhoeck & Ruprecht, 145-173.

Rottleuthner, Hubert , unter Mitarbeit von Baer, Andrea et al. (1994): Steuerung der Justiz in der DDR. Einflußnahme der Politik auf Richter, Staatsanwälte und Rechtsanwälte. (Rechtstatsachenforschung). Köln: Bundesanzeiger.

Rottleuthner, Hubert (1995): „Die Lenkung der Justiz in der DDR – institutioneller Rahmen/allgemeine Erkenntnisse". In: Deutscher Bundestag, Hg., Materialien der Enquete Kommission >Aufarbeitung von Geschichte und Folgen der SED-Diktatur in Deutschland im Deutschen Bundestag<. Bd. IV: Recht, Justiz und Polizei im SED-Staat. (12. Wahlperiode des Deutschen Bundestages). Baden-Baden: Nomos; Frankfurt/M.: Suhrkamp, 123-138.

Rudolph, Irmhild (1979): Kader – Intelligenz – Elite. Zu einigen herrschaftssoziologischen Aspekten der Sozialstruktur in der DDR. **Deutschland Archiv**, Sonderheft, 12: 123-135.

Rüschemeyer, Dietrich (1961): Rekrutierung, Ausbildung und Berufsstruktur. Zur Soziologie der Anwaltschaft in den Vereinigten Staaten und in Deutschland. **Kölner Zeitschrift für Soziologie und Sozialpsychologie**, Sonderheft 5: 122-143.

Rüschemeyer, Dietrich (1976): Juristen in Deutschland und in den USA. Eine vergleichende Untersuchung von Anwaltschaft und Gesellschaft. Stuttgart: Enke.

Sacharow, Andrey D. (1973): Wie ich mir die Zukunft vorstelle. Zürich: ohne Verlag.

Sackmann, Reinhold (1990): Generation. Zur Alltagssemantik eines Deutungsmusters. 25. Deutscher Soziologentag 1990, Sektion Biographieforschung; Session: Erfahrung und biographische Sozialisation. Frankfurt/M.: 9.-12. Oktober.

Schabowski, Günter (1990): Das Politbüro. Ende eines Mythos. Reinbek bei Hamburg: Rowohlt.

Schabowski, Günter (1991): Der Absturz. Berlin: Rowohlt.

Schagen, Udo (1996): „Frauen im ärztlichen Studium und Beruf: Quantitative Entwicklung und politische Vorgaben in DDR und BRD". In: Meinel, Christoph, und Monika Renneberg, Hg., Geschlechterverhältnisse in Medizin, Naturwissenschaft und Technik. Bassum; Stuttgart: Verlag für Geschichte der Naturwissenschaften und der Technik, 325-334.

Scheel, Daniela (1985): Zwischen Wertung und Wirkung. DDR-Zeitschriftenprofile 1950-1980 am Beispiel von Geschlechterrollenproblematik und Frauenbild. Köln: o. V.

Schelsky, Helmut (1965): Auf der Suche nach Wirklichkeit. Gesammelte Aufsätze. Düsseldorf: Diederichs.

Schelsky, Helmut (1975): Die Arbeit tun die anderen. Klassenkampf und Priesterherrschaft der Intellektuellen. Opladen: Westdeutscher Verlag.

Schmeiser, Martin (1994): Akademischer Hasard. Das Berufsschicksal des Professors und das Schicksal der deutschen Universität 1870-1920. Eine verstehende soziologische Untersuchung. Stuttgart: Klett-Cotta.

Schneider, Beate, Schönbach, Klaus, und Dieter Stürzebecher (1993): Journalisten im vereinigten Deutschland. Strukturen, Arbeitsweisen und Einstellungen im Ost-West-Vergleich. **Publizistik**, 38: 343-382.

Schulz, Hans-Ulrich (2005): Im Himmel wie auf Erden – Glaubensvermittlung als evangelische Kirche im Sozialismus. Vortrag im Rahmen der Tagung „Religiöser und kirchlicher Wandel zwischen Elbe und Oder". 13. Dezember 2005 im Haus der Brandenburgisch-Preußischen-Geschichte.

Schulze, Rudolf, Schmidt, Eberhard, und Gerhard Zachhuber (2002): gehen oder bleiben. Flucht und Übersiedlung von Pfarrern im geteilten Deutschland und die Gesamtverantwortung der Kirchenleitungen. Leipzig: Evangelische Verlagsanstalt.

Schumpeter, Joseph A. (1959): Capitalism, Socialism and Democracy. London: Allen and Unwin.

Sheldon, M. E. (1971): Investments and Involvements as Mechanisms Producing Commitment to the Organization. **Administrative Science Quarterly**, 16: 143-150.

Shils, Edward (1968): „Intellectuals". In: Sills, David L. (Hg.), International Encyclopedia of the Social Sciences, Vol. 7. New York: Macmillan & Free Press, 399-415.

Siegrist, Hannes (Hg.) (1988a): Bürgerliche Berufe. Zur Sozialgeschichte der freien und akademischen Berufe im internationalen Vergleich. (Kritische Studien zur Geschichtswissenschaft. 80). Göttingen: Vandenhoeck & Ruprecht.

Siegrist, Hannes (1988b): „Bürgerliche Berufe. Die Professionen und das Bürgertum". In: Siegrist, Hannes, Hg., Bürgerliche Berufe. Zur Sozialgeschichte der freien und akademischen Berufe im internationalen Vergleich. (Kritische Studien zur Geschichtswissenschaft. 80). Göttingen: Vandenhoeck & Ruprecht, 11-48.

Siegrist, Hannes (1994): „Der Wandel als Krise und Chance. Die westdeutschen Akademiker 1945-1965". In: Tenfelde, Klaus, und Hans-Ulrich Wehler, Hg., Wege zur Geschichte des Bürgertums. Göttingen: Vandenhoeck & Ruprecht, 289-314.

Siegrist, Hannes (1996): Advokat, Bürger und Staat. Sozialgeschichte der Rechtsanwälte in Deutschland, Italien und der Schweiz (18.-20. Jh.), 2 Bde. (Studien zur Europäischen Rechtsgeschichte. 80) (Ius commune. Sonderhefte). Frankfurt/M.: Klostermann.

Siegrist, Hannes (2001): „Rechtsanwälte". In: www.snl.ch/dhs/externe/protect/textes/D9643.html, ausgedruckt am 01.03.02

Siegrist, Hannes (2001): „Professionalization/Professions in History". In: Smelser, Neil J., and Paul B. Baltes, eds., International Encyclopedia of the Social & Behavioral Scienes, Bd. 18. Amsterdam et al.: Elsevier, 12154-12160.

Silbermann, Alphons (1982): Handwörterbuch der Massenkommunikation und Medienforschung. Berlin: Volker Spiess, Bd. 1, A-K; Bd.2, L-Z.

Sills, David L. (ed.) (1968): International Encyclopedia of the Social Sciences, Vol. 1-19. New York: The Macmillan Company & The Free Press.

Sørensen, Annemette, und Heike Trappe (1995): „Frauen und Männer: Gleichberechtigung – Gleichstellung – Gleichheit?". In: Huinink, Johannes et al., Kollektiv und Eigensinn. Lebensverläufe in der DDR und danach. Berlin: Akademie Verlag, 189-222.

Solga, Heike (1994): ‚Systemloyalität' als Bedingung sozialer Mobilität im Staatssozialismus, am Beispiel der DDR. **Berliner Journal für Soziologie**, 4, 4: 523-542.

Sommer, Theo (Hg.) (1986): Reise ins andere Deutschland. Reinbek bei Hamburg: Rowohlt.

Sozialreport 1995. Daten und Fakten zur sozialen Lage in den neuen Bundesländern, hrsg. vom Sozialwissenschaftlichen Forschungszentrum Berlin-Brandenburg durch Gunnar Winkler. Berlin: SFZ.

Spencer, Herbert (1904): Erfahrungen und Betrachtungen aus der Zeit. Vermischte Aufsätze, hg. von Carus, J. Victor, and Walther Wischmann. Stuttgart: Schweizerbart.

Spiewak, Martin (1998): Dr. habil. Hoffnungslos. Die Alma mater ist eine Rabenmutter. Sie zwingt den Forschernachwuchs in eine jämmerliche Existenz. **DIE ZEIT**, 47, 12. November, 17-47.

Staadt, Jochen (1996): Eingaben. Die institutionalisierte Meckerkultur in der DDR. Goldbrokat, Kaffee-Mix, Büttenreden, Ausreiseanträge und andere Schwierigkeiten mit den Untertanen. (Arbeitspapiere des Forschungsverbundes SED-Staat. 24). Berlin: Freie Universität.

Statistisches Bundesamt (2001): Zeitreihe 000023001 und 00023008, <http://www.arbeitsamt.de/hst/services/statistik/detail/index.html> vom 29.07.

Statistisches Bundesamt, Referat VIII C 2, Tab. BO 2: Erwerbstätige im Mai 2003 nach Berufsordnungen/-gruppen und Stellung im Beruf, http://www.abis.iab.de/bisds/data/dseite_821_BO-w.htm

Statistisches Jahrbuch der Deutschen Demokratischen Republik (1990). Berlin: Haufe.

Stein, Rosemarie (1992): Die Charité. 1945-1992. Ein Mythos von innen. Berlin: Argon.

Steiner, Helmut (1966): „Die soziale Herkunft und Struktur der Richter in der DDR. Möglichkeiten eines entsprechenden Vergleichs mit Westdeutschland". In: Schulz, Robert, und Helmut Steiner, Hg., Soziologie und Wirklichkeit. Beiträge zum VI. Weltkongreß für Soziologie in Evian (Frankreich), 4.-11. September. Berlin (DDR): VEB Deutscher Verlag der Wissenschaften, 92-109.

Steiner, Helmut (2000): „Frauen in der Politik und Wirtschaft der DDR". In: Schulz, Günther, Hg., Frauen auf dem Weg zur Elite. Büdinger Forschungen zur Sozialgeschichte. (Deutsche Führungsschichten in der Neuzeit. 23). München: Boldt im Oldenbourg Verlag, 139-168 (Im Text wird aus dem noch nicht erschienenen Manuskript zitiert).

Steinmetz, Rüdiger, und Tilo Prase (2002): Dokumentarfilm zwischen Beweis und Pamphlet.

Heynowski & Scheumann und Gruppe Katins. Teilprojekt 6: Dokumentarfilm im Fernsehen und gesellschaftliche Wirklichkeit. (Materialien – Analysen – Zusammenhänge. 2). Leipzig: Universitätsverlag.

Stock, Manfred (1997): „Bildung zwischen Macht, Technik und Lebensstil. Das Beispiel der ‚sozialistischen Intelligenz' in der DDR". In: Häder, Sonja, und Heinz-Elmar Tenorth, Hg., Bildung und Erziehung in der SBZ und DDR im historisch-gesellschaftlichen Kontext. Weinheim: Deutscher Studienverlag, 295-333.

Stojanov, Christo (1991): Das ‚Immunsystem' des ‚real existierenden Sozialismus'. **Aus Politik und Zeitgeschichte** (Beilage zur Wochenzeitung ‚Das Parlament'), 41, I, B 19/91: 36-46.

Stolpe, Manfred (1981): „Menschenrechte - Herausforderung und Hoffnung". In: Sekretariat des Bundes der Evangelischen Kirchen in der DDR: Lewek, Christa, Stolpe, Manfred, und Joachim Garstecki, Hg., Menschenrechte und christliche Verantwortung. Berlin: o.V., 6ff, 10 (vgl. Graf 1994, 321).

Streckeisen, Ursula (2001): Die Medizin und der Tod. Über berufliche Strategien zwischen Klinik und Pathologie. Opladen: Leske + Budrich.

Szelényi, Iván (1988): Möglichkeiten und Grenzen des Projekts einer neuen Klasse in Osteuropa. Selbstkritische Überlegungen zu ‚Die Intelligenz auf dem Weg zur Klassenmacht'. **Probleme des Klassenkampfs**, 18, 1: 94-124.

Taler, Conrad (2002): Zweierlei Maß. Oder: Juristen sind zu allem fähig. (Neue Kleine Bibliothek. 80). Köln: PapyRossa.

Thomas, Hans-Joachim (1990): Nein zum Fortbestand der Polikliniken nach 1995. **Ärzte-Zeitung**, 13. Dezember.

Thomas, Jürgen (1996[2]): „Die Übernahme von Richtern und Staatsanwälten der ehemaligen DDR in die bundesdeutsche Justiz". In: Bundesministerium der Justiz, Hg., Im Namen des Volkes? Über die Justiz im Staat der SED. Wissenschaftlicher Begleitband zur Ausstellung des Bundesministeriums der Justiz. Leipzig: Forum Verlag, 275-283.

Trappe, Heike (1995): Emanzipation oder Zwang? Frauen in der DDR zwischen Beruf, Familie und Sozialpolitik. Berlin: Akademie Verlag.

Ule, Carl Hermann (1990): Gerichte und Richter in der DDR – Garanten der Rechtsstaatlichkeit? **Die öffentliche Verwaltung**, 10: 418-425.

Vaillant, George E. (1980): Werdegänge. Erkenntnisse der Lebenslauf-Forschung. Reinbek bei Hamburg: Rowohlt (englische Ausgabe: Adaption to Life. Boston; Toronto: Little, Brown and Company)

Vaillant, George E. (2000): „Psychoanalytische Überlegungen zur biographischen Sozialisation". In: Hoerning, Erika M., Hg., Biographische Sozialisation. (Der Mensch als soziales und personales Wesen, Bd. 17). Stuttgart: Lucius & Lucius, 87-100.

Veen, Hans-Joachim et al. (Hg.) (2000): Lexikon: Opposition und Widerstand in der SED-Diktatur. Berlin; München: Propyläen.

Voigt, Dieter, Voss, Werner, und Sabine Meck (1987): Sozialstruktur der DDR. Eine Einführung. (Einführungen: Die Soziologie). Darmstadt: Wissenschaftliche Buchgesellschaft.

Wasem, Jürgen (1992): Von der ‚Poliklinik' in die Kassenarztpraxis. Versuch einer Rekonstruktion der Entscheidungssituation ambulant tätiger Ärzte in Ostdeutschland. (Discussion Paper. 92/5). Köln:

Max-Planck-Institut für Gesellschaftsordnung.

Weaver, David H., and G. Cleveland Wilhoit (1991²): The American Journalist. A Portrait of U.S. News People and Their Work. Bloomington; Indianapolis: Indiana University Press (Erstausgabe: Weaver, David H. [1946]: The American Journalist. A Portrait of U.S. News People and their Work. – Überarbeitet: 1986 and 1991 by David H. Weaver and G. Cleveland Wilhoit).

Weber, Hermann (1980): Kleine Geschichte der DDR. Köln: Edition Deutschland Archiv.

Weber, Max (1964): Wirtschaft und Gesellschaft: Grundriß der verstehenden Soziologie; Studienausgabe, Halbbd. 1,2, hg. von Johannes Winckelmann. Köln: Kiepenheuer & Witsch, 1. Band XVI, 656 S.; 2. Band XIV, 657-1138.

Weber, Max (1992): Gesamtausgabe, Band 17. Darin „Wissenschaft als Beruf" (49-71) und „Politik als Beruf" (113-254). Tübingen: J.C.B. Mohr (Paul Siebeck).

Weidig, Rudi (1987): „Zur Dialektik von Gemeinsamkeiten und Besonderheiten in der Entwicklung der Klassen und Schichten". In: Akademie für Gesellschaftswissenschaften beim ZK der SED, Hg., Die DDR in den 70er und 80er Jahren. (Thematische Information und Dokumentation, Reihe B: Konferenzen und Tagungen. 64). Berlin: ZK der SED, 94-102.

Weimarer Beiträge, 9 (1982)

Weischenberg, Siegfried (1977): Berufliche Autonomie und journalistisches Selbstverständnis. **Publizistik**, 22: 150-158.

Weischenberg, Siegfried (1995): Journalistik. Medienkommunikation: Theorie und Praxis, Bd. 2: Medientechnik, Medienfunktionen, Medienakteure. Opladen: Westdeutscher Verlag.

Weischenberg, Siegfried (1998²): Journalistik. Theorie und Praxis aktueller Medienkommunikation, Bd. 1: Mediensysteme, Medienethik, Medieninstitutionen. Opladen; Wiesbaden: Westdeutscher Verlag.

Wentker, Hermann (Hg.) (1997): Volksrichter in der SBZ/DDR. 1945-1952. Eine Dokumentation. (Schriftenreihe der Vierteljahreshefte für Zeitgeschichte. 74). München: Oldenbourg.

Wesel, Uwe (1990): Wer darf unter die Beamten? Mit dem zweiten Staatsvertrag soll auch der öffentliche Dienst im alten DDR-Land neu geordnet werden. **Die Zeit**, 17. August, 34: 46.

Whitney, Craig R. (1993): Advocatus Diaboli. Wolfgang Vogel – Anwalt zwischen Ost und West. Berlin: Siedler.

Wiarda, Jan-Martin (2006): Ängstliche Gewinner. Abiturienten und Studenten steht die Berufswelt offen. Aber sie sind unsicher wie selten zuvor. **DIE ZEIT**, 04.05.2006, Nr. 19.

Wilensky, Harold L. (1964): The Professionalization of Everyone? **The American Journal of Sociology**, 70, 2: 137-158. (Gekürzte übersetzte Fassung: Wilensky, Harold L. [1972]: „Jeder Beruf eine Profession?" In: Luckmann, Thomas, und Walter M. Sprondel, Hg., Berufssoziologie. Köln: Kiepenheuer & Witsch, 198-238.

Will, Rosemarie (1996): Die DDR-Rechtsanwälte, das Bundesverfassungsgericht und die juristische Aufarbeitung der komunistischen Vergangenheit. Zum Beschluß des Ersten Senats des BVerfG vom 9. 8. 1995. **Neue Justiz**, 50, 4: 177-181.

Wilmes, Annette (1997): „Der Nürnberger Juristenprozeß". Gesendet im DeutschlandRadio Berlin am 27. November 1997, 30 S. Verfügbar über: http://www.annette-wilmes.de, Zugriff am 09.09.2005

Winkler, Gunnar (Hg.) (1990): Sozialreport DDR 1990. Daten und Fakten zur sozialen Lage in der DDR. Stuttgart; München; Landsberg: Bonn Aktuell.

Winkler, Gunnar (Hg.) (1990): Frauenreport '90. Im Auftrag der Beauftragten des Ministerrates für die Gleichstellung von Frauen und Männern, Dr. Marina Beyer. Berlin: Die Wirtschaft (zitiert als Frauenreport '90).

Woderich, Rudolf (1992): „Mentalitäten im Land der kleinen Leute". In: Thomas, Michael (Hg.), Abbruch und Aufbruch. Sozialwissenschaften im Transformationsprozeß. Berlin: Akademie Verlag, 76-90.

Wörterbuch der marxistisch-leninistischen Soziologie (1977), 2. überarbeitete Auflage, hrsg. von Assmann, Georg, Eichhorn, Wolfgang, und Erich Hahn. Berlin (Ost): Dietz.

Wolf, Christa (1978) „Vorwort". In: Wander, Christa, Guten Morgen, du Schöne. Berlin: Der Morgen.

Wolle, Stefan (1998): Die heile Welt der Diktatur. Alltag und Herrschaft in der DDR 1971-1989. Berlin: Links.

www.professionssoziologie.de/chronik

www.pulitzer.org

Zeitzeugen (Erika Wolf/Dieter Rieke/Wolfgang Schollwer) (1995a): „Veränderung des Parteiensystems 1945-1950". In: Deutscher Bundestag, Hg., Materialien der Enquete Kommission >Aufarbeitung von Geschichte und Folgen der SED-Diktatur in Deutschland im Deutschen Bundestag<. Bd. II/1: Machtstrukturen und Entscheidungsmechanismen im SED-Staat und die Frage der Verantwortung. (12. Wahlperiode des Deutschen Bundestages). Baden-Baden: Nomos; Frankfurt/M.: Suhrkamp, 40-52.

Zeitzeugen (Frank Beyer/Hartwig Ebersbach/Jutta Wachowiak/Günter Feist/Hans Bentzien/Jurek Becker) (1995b): „Kulturpolitische Situation 1961-1976". In: Deutscher Bundestag, Hg., Materialien der Enquete Kommission >Aufarbeitung von Geschichte und Folgen der SED-Diktatur in Deutschland im Deutschen Bundestag<. Bd. III/1: Rolle und Bedeutung der Ideologie, integrativer Faktoren und disziplinierender Praktiken in Staat und Gesellschaft der DDR. (12. Wahlperiode des Deutschen Bundestages). Baden-Baden: Nomos; Frankfurt/M.: Suhrkamp, 483-520.

Zeitzeugen (1995c): „Die Lenkung der Justiz aus der Sicht der Rechtsanwälte/Die Behinderung anwaltlicher Tätigkeit". In: Deutscher Bundestag, Hg., Materialien der Enquete Kommission >Aufarbeitung von Geschichte und Folgen der SED-Diktatur in Deutschland im Deutschen Bundestag<. Bd. IV: Recht, Justiz und Polizei im SED-Staat. (12. Wahlperiode des Deutschen Bundestages). Baden-Baden: Nomos; Frankfurt/M.: Suhrkamp, 164-204.

Zillmann, Peter (2002): DDR-Kirche. Darstellung der Kirchengeschichte der DDR von 1945-1990 in 4 Teilen. Teil I: 1945-1949 Neubeginn, Teil II: 1949-1961 Konfrontation, Teil III: 1961-1978 Entspannung, Teil IV: 1978-1990 Wende. (Kirchengemeinde im Internet), Zugriff: http://www.seggeluchbecken.de/kirche/ddr-kirche.htm, 28.02.2006, 94 Seiten.

Zimmermann, Hartmut, unter Mitarbeit von Horst Ulrich und Michael Fehlauer (1985): DDR Handbuch. Band 1: A-L; Band 2: M-Z, hrsg. vom Bundesministerium für innerdeutsche Beziehungen. Köln: Wissenschaft und Politik, 2 Bde.

Biographische Sozialisation

Herausgegeben von Erika M. Hoerning

Der Mensch als soziales und personales Wesen Bd. 17
(herausgegeben von L. Krappmann und K. A. Schneewind)

2000. X/346 S., kt. € 29,-. ISBN 978-3-8282-0134-7

"Es hat also der Mensch seine innere und äußere Umwelt selbst zu ordnen. Dafür zur Verfügung stehen ihm äußere Erfahrungen und inneres Rückerinnern. ... Und hinsichtlich der Ordnung gedenke, daß sich nur aus innerer Entschiedenheit treffende Formulierungen ergeben" (Gottfried Benn).

Biographie entsteht aus der subjektiven Verarbeitung von gesellschaftlichen Gelegenheiten und Anforderungen in verschiedenen Lebensphasen, ein Prozeß, bei dem einerseits auf Lebenserfahrungen zurückgegriffen werden kann und in dem andererseits fortwährend Lebenserfahrungen gemacht, modifiziert und generiert werden. In diesem Prozeß wird die Biographie zur Sozialisationsinstanz. Die subjektive Ausformung der Biographie und die soziale Struktur des Lebensverlaufs sind in der Realität ein nicht zu trennender Prozeß, konzeptionell jedoch sind es unterschiedliche Gegenstandsbereiche mit sehr unterschiedlichen Sozialisationsverläufen. In diesem Buch wird die Frage der biographischen Sozialisation aus soziologischer, psychologischer und psychoanalytischer Sicht diskutiert.

Aus dem Inhalt:

 *Stuttgart*

Zeitschrift für Soziologie

Herausgegeben von der Universität Bielefeld, Fakultät für Soziologie. Herausgeber: Jürgen Gerhards, Berlin, Peter Preisendörfer, Mainz, Uwe Schimank, Hagen, Hartmann Tyrell, Bielefeld, und Monika Wohlrab-Sahr, Leipzig

Erscheinungsweise: 6 mal jährlich
Jahresabonnement: € 96,- ; (für private Bezieher € 86,-, für Studierende € 43,-)
Einzelheft: € 21,- (jeweils zzgl. Versandkosten). ISSN 0340-1804

Die Zeitschrift für Soziologie ist eine Zeitschrift für das gesamte Fach. Sie veröffentlicht Beiträge aus allen Bereichen der Soziologie. Dies bezieht sich sowohl auf die Vielfalt der Forschungsgebiete als auch auf die Pluralität von Schulen. In den Worten der Gründungsherausgeber von 1971: "Diese Zeitschrift wird ... als ein repräsentatives Organ der deutschsprachigen Soziologie konzipiert, das quer zu den vorhandenen theoretischen Orientierungen und substantiellen Interessensgebieten allen Soziologen dieses Sprachraums offenstehen und die Kommunikation zwischen ihnen ... fördern soll. Der Titel 'Zeitschrift für Soziologie' soll dieser programmatischen Absicht Ausdruck verleihen."

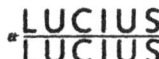 *Stuttgart*

Wörterbuch der Soziologie

Günter Endruweit/Gisela Trommsdorff (Hrsg.)

2., völlig neubearbeitete und erweiterte Auflage

2002. X/754 S., kt. € 34,90. UTB 2232 (ISBN 3-8252-2232-2)

Nachdem die 1. Auflage dieses Wörterbuchs mit 14.000 verkauften Exemplaren ein großer Erfolg geworden ist, verlangte die Weiterentwicklung der Soziologie diese überarbeitete und erweiterte 2. Auflage. Das Wörterbuch umfasst über 350 Stichwörter, die aufgrund ihres deutlich über lexikalische Kürze hinausgehenden Umfangs sich auch gut zur Einführung in zentrale Fragestellungen der modernen Soziologie eignen. Neben der Grundkonzeption, in größeren Überblicksartikeln wichtigere Bereiche und Begriffe der Soziologie eingehend und in sich geschlossen zu behandeln, stehen kürzere, eher lexikalische Stichwortbehandlungen.

In diesem Sinne trägt auch diese Neuauflage der weitergegangenen Entwicklung Rechnung. Neue Stichworte, darunter Ernährungssoziologie, Fremdenfeindlichkeit, Globalisierung, Individualisierung und Milieu, Regionalisierung, Umweltsoziologie wurden aufgenommen. Dafür konnten über 60 neue Autorinnen und Autoren gewonnen werden.

Ein ausführliches Sachregister ermöglicht die detaillierte Auffindung von Fachbegriffen und Zusammenhängen innerhalb und zwischen den Stichworten, so dass sich dieses Wörterbuch nicht nur als Nachschlagewerk, sondern auch zur Erarbeitung von Basiswissen eignet.

Kulturvergleichende Institutionenökonomik
Studien zur kulturellen, institutionellen und wirtschaftlichen Entwicklung
von Helmut Leipold

2006. XII/319 S., kt. € 19,90. UTB 2749 (ISBN 978-3-8252-2749-4)

Zu Beginn des 21. Jahrhunderts haben sich die weltweiten Ordnungsbedingungen in Politik und Wirtschaft grundlegend verändert. Der Autor gibt zunächst eine Übersicht über diesen Wandel und über ökonomische Ansätze zur Erklärung der kulturellen Hintergründe. Anschließend präsentiert er eine eigenständige kulturvergleichende Institutionenökonomik als Grundlage der weiteren Untersuchungen. In den historischen Vergleichsstudien werden die großen ideellen Weichenstellungen für divergente kulturelle und institutionelle Entwicklungen behandelt. Abschließend werden die Eigenarten und Entwicklungspotentiale aktueller Kulturkreise (Afrika, China, Islamischer Kulturraum, Rußland, USA und Deutschland) verglichen.

 *Stuttgart*

Bei Fragen zur Produktsicherheit wenden Sie sich bitte an:
If you have any questions regarding product safety,
please contact:

Walter de Gruyter GmbH
Genthiner Straße 13
10785 Berlin
productsafety@degruyterbrill.com